新西班牙征服史

THE CONQUEST OF NEW SPAIN

貝爾納爾·迪亞斯·德爾·卡斯蒂略
(Bernal Díaz del Castillo)
著

謝章義 譯

AGORA
廣場

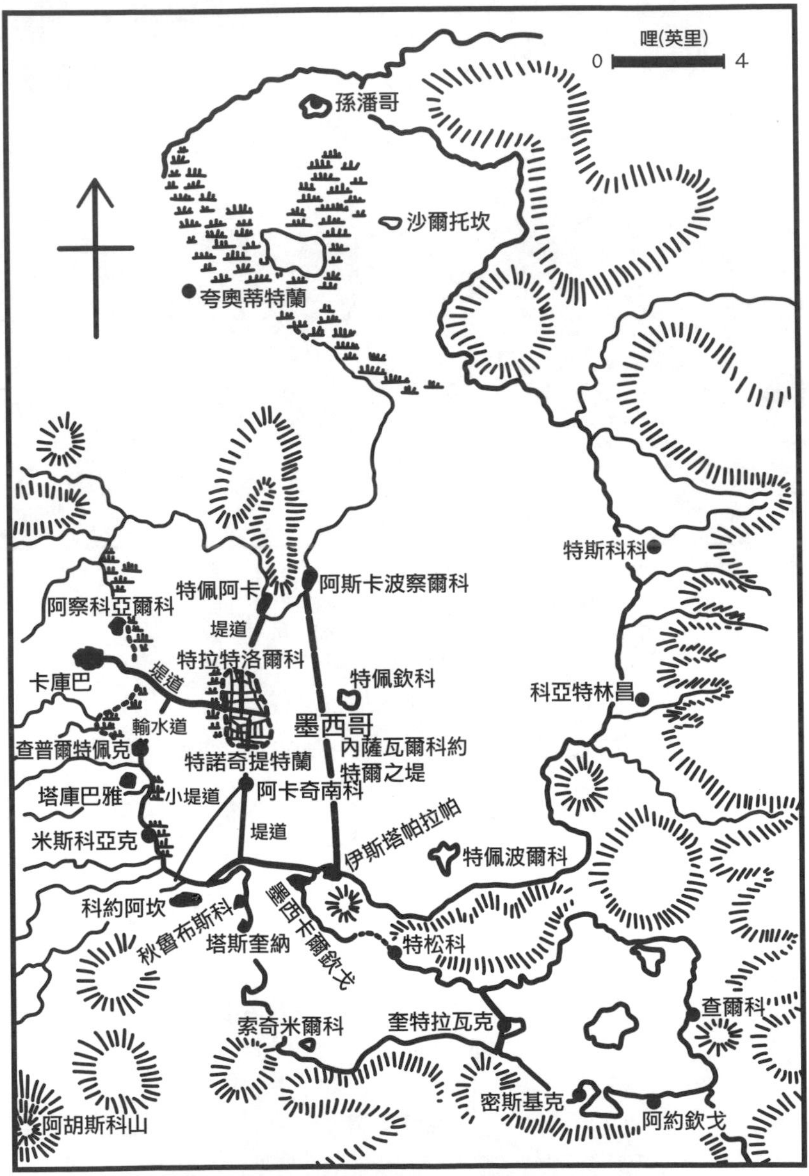

西班牙征服時期的墨西哥城與特斯科科湖地圖

目錄

導讀

貝爾納爾・迪亞斯・德爾・卡斯蒂略（Bernal Diaz del Castillo）是最後一位參與征服墨西哥的存活者，八十九歲時在瓜地馬拉（Guatemala）的莊園去世，去世時和生前同樣窮困。他生於哥倫布發現新大陸的一四九二年，活著見到西班牙征服了大半美洲。儘管他在阿茲特克帝國（Aztec Empire）覆滅的史詩中也扮演重要角色，但他留下的這本「真實而精彩」的《新西班牙征服史》並沒有為家人帶來更多財富。本書於七十六歲時完成，根據他自身略為誇張的描述——於耳聾眼瞎的八十四歲才加上了前言。貝爾納爾・迪亞斯開始寫作時已超過七十歲，且一度放棄。他曾為了自己的文筆與其他有優美文風的史學家比起來較樸實無華、缺乏潤飾光澤而感到灰心。（不過那些人僅僅只是獲知科爾特斯的成就，擁有第一手知識比他還少。）

貝爾納爾・迪亞斯的確並非熟練的名作家，然而他有生動的記憶、優秀的戲劇感。此外他非常清楚自己親身參與了近代歷史中空前未有的偉大成就——是使命感及對黃金的貪欲同時驅使著冒險者們推翻了強大的阿茲特克帝國。對貝爾納爾・迪亞斯來說，冒險者的成功及生還只能用上帝、聖徒的奇蹟干預來解釋，是上帝意囑將新西班牙地區納入天主教及皇帝查理五世（Charles V）的掌控。

貝爾納爾・迪亞斯發現了科爾特斯（Cortes）的教士弗朗西斯科・洛佩斯・德・哥馬拉

（Francisco Lopes de Gomara）、祝頌官貢薩洛・德・伊列斯卡斯（Gonzalo de Illescas）曲解了這段故事（伊列斯卡斯自始至終都在胡說八道），就決定繼續完成這部著作。他好幾次在《新西班牙征服史》中糾正這些史學家的錯誤，憤怒地指控他們無知、心懷不軌。他的目的絕非只是想證實自己曾參與進軍墨西哥，他其實常告知讀者：科爾特斯在戰爭的重要關頭會找指揮官、士兵商議——他自己也被包括在內，因此科爾特斯並非如哥馬拉宣稱：獨自做出一切決定。不過貝爾納爾・迪亞斯並不打算彰顯自己比同袍更重要，而且他自己在長篇記敘的某些事件中並未現身；有時是因為負傷，或是在他出現的部分只用「我們」或「我們這些士兵」來自稱。相較之下，待在家中著述、沒有參與感的歷史學家在些地方只能用定冠詞「這個(士兵)」來指稱冒險人物。

本書所翻譯的記敘包含了分別由科爾多瓦（Cordoba）、格利哈瓦（Grijalva）率領的兩支墨西哥海岸探險隊，兩者貝爾納爾・迪亞斯都參與過。然後是第一支軍隊抵達蒙特祖馬（Montezuma）的城市，西班牙人在此遭到驅逐敗逃，但他們隨後又組織新的軍隊，攻佔了蒙特祖馬傳承給瓜特莫克（Guatemoc）的島嶼帝國首都。不過貝爾納爾・迪亞斯《新西班牙征服史》的內容遠比以上描述更長更豐富，包含了於西班牙、古巴、海地島各地的長篇陰謀故事，科爾特斯差點被滿足於沿海少數殖民地、不思進取的領袖替換掉；而且其著述在最後一次攻打墨西哥人的首都後，還接著述說避過其他征服者，繼續尋找黃金的征途。貝爾納爾・迪亞斯也描述了行軍穿越宏都拉斯（Honduras）森林的糟糕經歷，這是科爾特斯作為「最老的新西班牙征服者」，賭上他最後的榮光和成就踏上西班牙，為自己確保更多財富。此行使科爾特斯獲得了瓜地馬拉的莊園、成為地方首長。

如我們所見，貝爾納爾．迪亞斯坦稱自己是拙劣的作家，完整翻譯他的記敘將幾乎填滿兩大冊。我修掉其中重覆和離題的故事，此外還刪掉他責罵哥馬拉與其他史學家的部分，刪除故事中屢見不鮮的人物、馬匹、武器、物資等表單。我會在括弧內簡要說明刪去篇幅中有助於理解相關事件的重要事實，同時，本書的翻譯是到貝爾納爾．迪亞斯回憶至佔領阿茲特克首都結束。至於想知道科爾特斯後期戰役和最後功業的讀者，其餘的部分請去讀威廉．希克林．普雷斯考特（W. H. Prescott）的經典著作《墨西哥征服史》（*The Conquest of Mexico*）。

普雷斯考特於一百二十多年前寫下其不朽的歷史著作時就大量地引用貝爾納爾．迪亞斯的書，他對貝爾納爾．迪亞斯的讚頌之詞優美的無以復加：

> 貝爾納爾．迪亞斯是自然純樸的兒童，能最真實、直截了當的複製呈現事件。若要我描述他的文章，他可以說是用類似銀版攝影的方式傳達其真實生活的事件，因此他稱得上是史學家，而笛福（Defoe）只是小說家。貝爾納爾．迪亞斯引領我們進入營地中心，與士兵們圍成一團露宿，一起在令人生厭的行軍中消磨時間，聆聽著他們的經歷、不滿的抱怨、征服的計劃、未來的期盼、勝利的喜悅及挫折。他的文章如鏡子般反映出所有生動的場

景、戰役中的浪漫插曲。流逝的五十年對這名老兵的記憶絲毫無損，年輕的火燄在他粗獷故事的字裡行間燃燒。看著他回憶過往，懷念起逝去的英勇同伴，這或許比他於早年成書還更有溫情。人到了暮年或許會沉溺於過去的時光、回憶，對未來憂心忡忡，以至於無力安頓早年的想法；但貝爾納爾．迪亞斯對征服的大義或嚴懲當地人的公正性向來毫無迷惘。他仍然是聖教的士兵，他身邊那些在戰鬥中被擊倒的夥伴都是信仰的烈士。「我的同袍現在在哪？」他問道，「他們在戰爭中倒下，被食人生番殺死，丟到洞裡餵猛獸！但他們的成就理當建一座紀念碑，甚至值得用上黃金的文字銘刻他們的功業；也該請倖存者聚在紀念碑下享受這份榮譽。他們為上帝和君王效力而死，替身處黑暗的人帶來希望，同時，『他們也是為了獲得多數人所渴望的財富』。」貝爾納爾．迪亞斯最後才不經意地娓娓道出其最終目的——也許某些想探討征服者功過的人會認為相較於過往著作，本書提供了更好的入門之鑰。這位老史學家經歷過的所有事件全是既素樸又令人陶醉的實例，不僅敞開了他的胸懷，也為讀者開啟了新的視野。

美國新教徒會質疑西班牙征服者精神是否正直，其實並不令人意外；儘管阿茲特克宗教已嚴重式微，征服者的行為（包括屠殺、拷問、強制改宗）以十九世紀的標準來看並沒有好多少。然而閱讀貝爾納爾．迪亞斯的著作，我們會相信他和他的同袍有著真實的使命感。我們能看到他們依著自己的格律適度行動：如梅塞德會（Mercedarian）的教士（貝爾納爾・迪亞斯似乎忘了他的姓名）在許多場合極力阻止科爾特斯狂熱地強迫印地安人改宗。可別忘了正如普雷斯考特指出——無論是出於信念還是無知，這種對基督宗教的信仰不夠忠貞的舉動在當時應受火刑懲罰。

西班牙人的英勇精神毋庸置疑，他們冒著巨大風險，武器上的優勢常因缺乏火藥或騎兵無法維持機動而化為無形。至於貝爾納爾・迪亞斯對科爾特斯的看法，我正好用普雷斯考特的見解來背書：「科爾特斯致力於使他自身的主張與其追隨者的意見形成適當平衡；每當他肆意顯露他的狡詐、貪婪及些許冷酷時，也藉著充份的公正行為顯示其優秀、英勇的品格。」貝爾納爾・迪亞斯同樣也對其他的西班牙指揮官、各個不同地區的印地安酋長、許多較不重要的西班牙探險隊成員進行性格描述。他對蒙特祖馬的描述巧妙顯示出這位阿茲特克統治者的猶豫不決，同時又有著慷慨、高貴的真實品德，而獲得了西班牙人敬愛。蒙特祖馬的後繼者瓜特莫克也被描繪成勇敢且有尊嚴的領導者，他在首都最後的防衛戰中獲得了對手的欽佩；然而這不能使他免於遭到對手折磨。西班牙人獨斷宣稱他會在已征服的阿茲特克地區激發叛亂，終究還是將他處死。而一開始和西班牙人為敵，後來卻變成盟友的酋長們個個性格鮮明，佩德羅・德・阿爾瓦拉多（Pedro de Alvarado）、克里斯托瓦爾・德・奧利德（Cristobal de Olid）等西班牙指揮官也是如此。奧利德最後因叛亂而被科爾特斯冷酷的處死，這段故事與安德烈斯・德・塔皮亞（Andres de Tapia）、阿隆索・德・阿維拉（Alonso de Avila）的後續經歷同樣落在本書記敘範圍之外。阿隆索・德・阿維拉的下場為西班牙人尋找黃金的整個故事提供了沉重的諷刺，他的船隻和要上繳給國王的皇家五分之一稅（royal fifth）在返回西班牙的途中被法國海盜俘虜，船上也包括征服者絕大多數的戰利品。引發爭執的大量蒙特祖馬王朝戰利品最後抵達的是最能代表天主教的法國君王國庫。西班牙人後來只能藉著俘獲、處死法國海盜聊以自慰。

雖然貝爾納爾・迪亞斯的文風整體而言較為粗陋，偶而仍相當別具一格。他回憶西班牙人從阿華可山脊(sierra de Ahualco)頂峰第一次看到墨西哥山谷的種種景觀是如此生動：「那眾多湖泊、湖畔城鎮、玉米田、石堤道，加上於遠方首都聳立的高塔——這一切就像第二個水上威尼斯。」不過貝爾納爾・迪亞斯的寫作普遍來說還是較為平庸，敘述上並沒有太多技巧，選擇的字詞也很受限，時常以笨拙的文風說長道短。然而無論我們再怎麼非難他的《新西班牙征服史》，用普雷斯考特的話來說：「僅管其他史學家寫的內容更優美，學者和學童還是會反覆閱讀這本書」。以哥馬拉用簡潔洗鍊風格所寫的著作為例：「這本書只能安穩的擱置在架上」。而且貝爾納爾・迪亞斯罕見的能使其故事不被喜好、仇恨、個人虛榮等意圖曲解。對他來說，和科爾特斯一起渡過的軍旅生活已是充份的榮耀，不需要在文筆上使詐來增添自己的聲望或自尊。

華金・拉米瑞茲・卡巴納斯（Joaquín RamírezCabañas）編輯的《新西班牙征服史》（*Historia verdadera de la conquista de la nuevaEspaña*）（fifth edition, Editorial Porrua, 1960）作為授權本，我已經翻譯了貝爾納爾・迪亞斯著作的前一百五十七章，刪去了較無關的插曲（某些段落我已作了簡單的摘要）和他記敘中時常重覆的部分。我無視了該書原本任意而不均勻的分章，照著每個戰役或事件重新分配章節。至於人名、地名，我也避免使用貝爾納爾．迪亞斯那時常雜亂的音譯，從普雷斯考特的記敘或現今地圖選取更為人知的譯名。貝爾納爾．迪亞斯寫作中關於時間和地點的錯誤，我也根據拉米瑞茲或其他可信學者的見解用註腳加以修正。

任何想知道墨西哥後續故事的讀者沒有更好的選擇，我先前已經說過，請接著看普雷斯考特的著作。普雷斯考特對天主教及阿茲特克雙方同樣有無可避免的成見，是基於他所知最具權威性的資料寫下第一流的記敘，而貝爾納爾．迪亞斯作為最具權威性的資料來源，在該書中首次對廣大的英語讀者訴說他自己的故事。其他早先的相關翻譯作品中，莫德萊（A.P. Maudslay）的著作是其中最好的，由哈魯特學會完整出版（Hakluyt Society, 1908-16），但該書的文風較深澀，而且只能在少數圖書館裡找到。坎寧安梅．格拉漢（R. B. Cunninghame Graham）所著的《貝爾納爾．迪亞斯生平》（*The Life of Bernal Díaz*）（Eveleigh Nash, 1915）接續了《新西班牙征服史》的內容，作者非常能幹，而且對征服者功業很有熱忱。該書最有價值的特色是讓貝爾納爾．迪亞斯為自己發聲，但還是很難取代他自己的《新西班牙征服史》。近幾年西班牙人在喬盧拉（Cholula）的托爾特克（Toltec）發現了遺跡，對早年墨西哥殖民的研究幫助很大。但遺跡已普遍傾圮，最晚征服的墨西哥谷地——也就是阿茲特克的原始區域尤為嚴重。早期墨西哥思想和宗教的可靠說明是來自羅蕾特．賽茹爾內（Laurette Séjourné）的著作《燃燒的水》（*Burning Water*）（Thames and Hudson, 1975），而對阿茲特克的詩歌、文字符號及其他古代事物的研究是由愛琳·尼科爾森（Irene Nicholson）《夜晚的螢火蟲》（*Firefly in the Night*）（Faber and Faber, 1959）所提供。

約翰·麥克·寇恩

倫敦

一九六三年五月

前言

我知道多數知名的史學家在開始他們的故事之前，都會用優美的辭藻構成一篇序言為正文記敘增光，刺激讀者的好奇心。但我並非文人，就不敢寫這樣的序言。我們驍勇進取的領袖埃爾南・科爾特斯閣下（Don Hernando Cortes）因其英勇事蹟獲得獎賞，後來受封創立了瓦哈卡谷地侯爵（Marques del Valle）[1]爵位。若想要讚頌他率領我們於征服新西班牙各地區時創下的冒險與英勇功績，需要的是比我更好的流暢文筆與修辭能力。不過我作為忠實的見證者，在上帝的幫助下能將親眼目睹、親身參與的戰爭一五一十地描述，對事實毫無扭曲。我已經是耳聾眼瞎的八十四歲老人了，不幸沒有為子女及後代留下多少財富，只留下了讀者即將看到的這部真實、值得注目的故事。

1 譯者註：Marques del Valle全名為Marques del Valle de Oaxaca。

1

弗朗西斯科・埃爾南德斯・德・科爾多瓦的探險

我是貝爾納爾・迪亞斯・德爾・卡斯蒂略，是最忠於王室的瓜地馬拉聖地牙哥城（Santiago）的市民暨議會成員；我是第一批發現並征服新西班牙各地區及洪都拉斯、伊格拉斯（Higueras）海角的成員，出生於高貴而知名的梅迪納德爾坎波（Medina del Campo）。父親弗朗西斯科・迪亞斯・德爾・卡斯蒂略（Francisco Díaz Castillo）也曾是該城市的議會成員，他以謙恭者知名，而母親瑪莉亞・迪茲・蕾洪（Maria DiezRejon）是他的法定妻子，希望他們的靈魂在天安息。接下來要說我和夥伴的故事，我們這些真正的征服者為國王陛下效力，發現、征服、平定、開拓了新西班牙的各個地區。發現了目前新大陸已知的重要地區，而且這個冒險當時由我們自己著手進行，國王陛下對此一無所知。

我的祖先多半為王室效力，我的父親和其中一位兄長曾效力於國王斐迪南閣下（Don Ferdinand）和伊莎貝拉夫人（Doña Isabella），我希望自己也能效法他們。一五一四年，一位名為佩德拉里亞斯・達維拉（PedrariasDavila）的紳士要到「大陸地區」（Tierra Firme）[1]就任總督，我決定隨他到新征服的地區赴任，在一段平淡的航程後到達農布雷・德・迪奧斯（Nombre de Dios）。我們定居了三、四個月後，當地突然流行瘟疫，許多士兵死去，剩下的人都染病在身、腿上生瘡。除此之外，總督和名為巴斯克・努涅斯・德・巴爾沃亞（Vasco Núñez de Balboa）的有錢人起爭執。巴爾沃亞當時擔任軍隊指揮官，是該地區的征服者。雖然達維拉已經許配了一位女兒給巴爾沃亞，但後來又懷疑這個女婿會起兵叛變，帶士兵逃到南部海域，便下令將巴爾沃亞斬首，懲處了他的士兵。

大家目睹這個事件及其他指揮官之間的動亂，同時也得知古巴近來由我一位名為迪亞哥·貝拉斯克斯（Diego Velazquez）的親戚征服開拓，一些紳士和有地位的人便請求達維拉讓我們去古巴。由於達維拉統治的地區很小，而且已完全征服，不需要從西班牙帶來的這麼多士兵，便欣然同意。

我們一獲得允許就造了艘好船，一路順風抵達古巴，登島後就立即去覲見總督。總督很歡迎我們，承諾會儘快分送多餘的印地安人。我當時是二十四歲。

我們在「大陸」（Tierra Firme）和古巴無事過了三年，一百一十名從「大陸」、西班牙來到古巴卻仍未分得印地安人的殖民者決定去探險，尋找新的島嶼碰碰運氣，展現我們的本領。我們洽商好由一位在島上擁有農莊而且頗能幹的富人——弗朗西斯科·埃爾南德斯·德·科爾多瓦（Francisco Hernandez de Cordoba）擔任我們的領袖。

我們為了這次探險購買了三艘船，其中兩艘容量很大，而第三艘三桅船是向總督迪亞哥·貝拉斯克斯借貸的；他要我們乘這三艘船先到古巴和宏都拉斯之間的小島（現在被稱為瓜納瑟斯群島（Guanaxes Islands））與當地土著戰鬥，擄獲奴隸賣給他作為支付三桅船的費用。不過我們認為總督

1 當時西班牙將此地稱為大陸省份，為巴拿馬沿岸的殖民地。

的要求不合理，逼自由人變成奴隸並不符合上帝及國王的旨意，總督也認為我們的計劃比較好，就為我們發現新島嶼的航行任務提供物資。有些對此有興趣的人曾問過：為何我要記錄貝拉斯克斯的這項提案，這會使他蒙羞，而且對我的故事也沒什麼幫助。我的答覆是：因為他後來和布哥斯（Burgos）的主教胡安・羅德里奎・德・豐塞卡（Juan Rodriguez de Fonseca）聯手迫害我們。

我們三艘船都裝了用木薯樹根做的麵餅，還買了每頭值三披索的豬（當時古巴才剛開拓，島上還沒有羊或牛），又買了食用油和值不了多少錢的貨品來以物易物。我們找了三名舵手，其中為首、也就是引領整個船隊的總司舵是出生於帕洛斯（Palos）的安東・德・阿拉米諾斯（Anton de Alaminos）。我們又找來必要的水手及眼見最好的補給品，如：纜線、繩索、錨鍊、盛水桶，其他航行所需用品——全都是我們自費貸購。

我們召集完士兵，就將位於北海岸、印地安人稱之為阿薩如科（Axaruco）的地方設為出海港。阿薩如科離聖克里斯多瓦爾（San Cristobal）二十四哩，兩年後被開拓成現今的城鎮哈瓦那（Havana）。我們為了讓船隊航向正確的目標，要求聖克里思多瓦爾的教士阿隆索・岡薩雷斯（Alonso Gonzalez）上船同行；另外也選了名為伯納迪諾・因尼格斯（BernaldinoIñiguez）的督察員。如此一來，我們就能依循上帝的旨意抵達富饒的島嶼，或擁有金銀珠寶、各種財富的土著所在之處；而且我們也須要有人保管皇家的五分之一稅（royal fifth）[2]。

一切安排就緒，我們一起聽彌撒，向上帝及聖母禱告，然後開始航行。

我們於一五一七年二月八日離開阿薩如科港，十二天後繞過聖安東尼奧岬（Cape San Antonio），之後就在對水深、水流、常刮風向一無所知的情況下冒險在大洋中向西航行。我們突然遇到暴風雨侵襲，連刮了兩天兩夜，當時危在旦夕，差點翻覆遇難。等到天氣較和緩時繼續航行，離港二十一天後終於看到陸地，大家非常欣喜、感謝上帝保佑。當時還沒人發現這塊土地，也沒聽人說過這個地方。我們從船上可看到離海岸約六哩左右有個大村落，由於在古巴和海地島都沒見過這麼大的村落，便將它取名為大開羅（Great Cairo）。

我們決定選兩艘吃水較淺的小船盡可能靠近岸邊，看看是否有適合的地方可以下錨泊船。三月四日早晨，我們看到十艘很大的獨木舟，上面搭滿了鄰近村落的居民，他們張帆划槳向我們駛來。這種獨木舟的形狀很像木槽，每艘都是用一整根巨大的原木挖空，許多獨木舟大到可以乘載四十名印地安人。

當時還沒有懂猶加敦（Yucatan）語[3]和墨西哥語[4]的翻譯人員，因此那些獨木舟靠近時我們

2 譯者註：當時西班牙王室對殖民地的貴重金屬、寶石徵收其價值五分一之的稅。

3 譯者註：猶加敦半島大致上屬於馬雅（Maya）文明影響的範圍，語言學家將該地語言稱為猶加敦馬雅語（Yucatec Maya），屬於馬雅語系。

4 譯者註：這裡指的是阿茲特克文明使用的納瓦特爾語（Nahuatl）。

是揮手表示和睦，邀請他們上船談話。居民毫無畏懼的靠近，三十多人搭上旗艦。我們給了他們所有人一串珠子項鍊，然後他們在船上張望了很久。他們之中的領導者是「卡西克」（*Cacique*）[5]，他用手勢表示要先乘船回村，改天再帶更多船過來讓我們上岸。

這些印地安人身穿類似短衫的上衣，下半身用當地稱之為馬斯特勒斯（*masteles*）的窄布遮住。我們認為這些人比古巴土著開化，因為古巴土著下半身一絲不掛，只有女性圍了長及大腿的棉布。

隔天早晨那位酋長帶了十二艘配有槳手的獨木舟，笑容滿面的表示友好，要我們搭獨木舟去他的村落，他會供應我們食物和所需的物資。邀請我們上岸時用他們的語言重覆說著：「科內斯，卡多切」（*cones catoche*），意思是「請來我家」，因此我們將此地稱為卡多切角（Cape Catoche），至今在海圖上仍依此為名。

指揮官和士兵見對方殷勤備至，同意放下小船，所有人搭上小船和十二艘獨木舟上岸。我們看到岸邊站滿村裡來的印地安人，決定一起登陸。酋長看到我們登陸後並不朝著村落前進，便向指揮官示意要我們去他家。由於他做了許多親善的表示，我們討論過後，多數人認為就盡可能帶上武器隨他們前進。我們帶了十五把弩弓、十把火繩槍沿路前進，酋長身後有大批印地安人簇擁。

一路前進到某個灌木叢生的小山丘，酋長突然高聲大叫，召喚埋伏好的一群戰士攻擊我們。

隨著酋長的呼喚，這些戰士殺氣騰騰的朝我們衝過來，第一波弓箭射擊就精準的打傷我方十三名士兵。印地安人頭戴羽飾，身穿長及膝蓋的棉甲，帶了長矛、盾牌、弓箭、彈弓和許多石彈，射擊後就搖頭晃腦的揮舞著長矛近身肉搏，打傷我方不少人。不過在上帝保佑下，我方藉著鋒利的刀劍和弩弓、火繩槍的威力將敵方逼退，原野上留下了十五具屍骸。

離印地安人襲擊我們不遠處的小空地上有三間祭拜、禱告用的石屋，裡面有許多泥塑偶像，有的面如惡魔、有的看起來像女性，而從其他差不多醜陋的泥像來看，印地安人似乎盛行雞姦。屋內還放著其他泥像的小木箱，一些含金量不多、以銅主要成份的圓盤，也有一些吊飾、三個頭帶、製成魚形或當地鴨形的小物件，全都用低成色的金子製成。大家一看到金子和石屋，就很高興發現了這個地方，因為我們當時還不知道秘魯（Peru）的存在——秘魯直到約二十年後才被發現[6]。

我們和印地安人交手時，教士岡薩雷斯就把那些木箱、泥偶和金子搬上船。那場衝突中我們

5 加勒比語中的軍事首領、酋長，每個酋長的職權和義務依不同民族而有所差異。

6 譯者註：西班牙征服者法蘭西斯科．皮薩羅（Francisco Pizarro）約於一五二七年與秘魯的印加帝國（Inca Empire）有了第一次接觸；一五二八—一五二九年間回到西班牙獲得西班牙女王授權征服秘魯；一五三三年佔領印加首都庫斯科（Cuzco），扶植十七歲的傀儡君王。

俘虜了兩名印地安人，他們後來受洗獲名為朱利安（Julian）和梅爾喬（Melchior），兩人都是鬥雞眼。這場奇襲結束後我們回到船上治療傷患，繼續向西航行。

司舵讓我們誤以為卡多切是個小島，白天航行、晚上停錨，很小心地前進。航行了十五天後看到一個大海灣旁的大村落，大家認為此處應該有溪流或河川可以汲水。由於船上帶的水桶並不緊實，但我們太窮了，也沒能買更好的水桶，此時我們欠缺飲用水。我們登陸的這天是拉撒路日（St Lazarus' Sunday）[7]，便將此地稱為拉撒羅(Lazaro)，海圖上仍依此標記；當地印地安人稱之為坎佩切（Campeche）。

為了預防上次在卡多切角的遭遇，我們決定帶上武器，乘較小的船艦和三艘小艇登陸。海灣的水很淺，我們於三哩外停錨，在村子附近某個當地居民取水的水池登岸。就我們所見，當地並沒有河流，打算從水池裝滿水桶後就回到船上。我們正要離開時，出現五十多個印地安人，其中身穿上好棉衣、看起像是酋長的人和善的走出村子，打手勢問我們為何而來。我們試圖讓對方理解只是前來取水，而且正要回船上。他們繼續比手勢問我們是否從東方過來，並重覆說著：「卡斯蒂蘭、卡斯蒂蘭」（*Castilan, Castilan*）。但我們不解其意，於是他們邀我們去村落。經過討論後大家決定謹慎防範地跟過去。

酋長一行人帶我們到幾間修建良好的巨大石屋，是他們供奉神像的神廟，牆上畫了大蛇和醜陋的神像。石屋中間有個像祭壇的地方，上頭覆蓋著凝固的血跡；神像的另一邊則有許多塗滿顏色的十字符號。我們以前從未聽過或看過這些東西，很好奇的駐足觀看。

當地人為了確保能戰勝我們，剛剛殺了幾名印地安人祭神。許多印地安女性很平和的在周遭說笑嘻鬧，不過此時也已聚集了相當數量的男性，我們很怕這跟卡多切一樣是另一場伏擊。這時好些穿著粗披風的印地安人帶著乾蘆葦進來，地上鋪了蘆葦；緊接著兩隊戰士個個身穿棉甲，帶著長矛、盾牌、彈弓、石頭，在指揮官的率領下進屋，於離我們不遠處停步。此時神廟屋內走出十個印地安人，他們穿的棉衣長及腳邊。這些人的頭髮很長，髮上凝結了大量血塊，我看他們的頭髮若不剪斷就根本無法梳開。這些人是當地侍奉神靈的祭司，新西班牙地區一般稱之為「帕帕」（*papa*）。他們將被稱為科巴脂（copal）的某種樹脂薰香放在裝滿炭火的土器中燃燒，接著透過示意讓我們理解：我們必須在眼前那堆柴火燒燼前離開小島，否則他們會展開攻擊、殺了我們。祭司下令點燃蘆葦後一言不發的離開，而準備攻擊我們的戰士們開始吹口哨、擊鼓吹號。

我們見了這麼多印地安人的兇悍威脅而感到害怕。由於在卡多切角負傷的士兵還沒恢復，日前也才剛海葬了兩名死去的士兵，大家就決定依序往海邊撤退。我們先沿著海灘走到豎立於海上的大礁石附近，然後用船隻和小艇沿著海岸附近航行。由於之前登陸的村落附近有大批印地安人

7 譯者註：這是紀念拉撒路復活的日子。拉撒路是耶穌的好朋友，也是瑪利亞和馬大的兄弟。據《約翰福音》記載，拉撒路病死下葬四天後，耶穌到其墳前吩咐他走出來，於是拉薩路復活。

守著，我們不敢在那裡上船，怕上岸時會遭到他們攻擊。

我們將水運上船後起航，順風航行了六天六夜，突然被沿海對流的強烈北風侵襲。強風持續了四天四夜，風勢激烈到差點讓船撞上岸，逼我們拋錨停船。我們因此弄斷了兩條錨鍊，其中一艘船還一度被風拖著跑。當時情況相當危急，若是最後一條錨鍊一斷，船隻就會上岸撞個粉碎。不過感謝上帝保佑，我們用別的繩索、纜具保住了船錨。

天氣好轉後，我們為了補充新鮮的飲用水，儘可能沿著海岸繼續航行。如先前所說，我們的水桶並不緊實，裂開了也無法修復。於是我們一直沿著海岸航行，深信無論在哪登陸都能找到水池，或掘井取水。

我們沿既定航線前進，看到一個村落，村落前方三哩有像是河川或溪流出海口的海灣，決定準備在此下錨。這個海岸潮水退得很快，船很可能會擱淺，我們便在三哩外停船。這次我們帶了所有水桶和充足的武器上了小艇，正午時在離村落三哩遠的地方登陸；登陸之處有幾個水池、玉米田和石屋。我們正在裝水時，一大群印地安人從名為錢波通（Champoton）的村落裡沿著海岸靠近。他們人人穿著及膝的棉甲，戴著慣見的羽飾，臉上塗了黑、白、鏽紅色，帶著弓箭、長矛、盾牌、雙手刀、彈弓和石頭安靜的接近。對方直接向我們走來，看起來不像有敵意，示意詢問我們是否從東方過來，我們則示意稱是。此時我們開始困惑於對方所喊的那些語詞是什麼意思，因為聽起來跟拉撒羅的印地安人喊的一樣，但我們始終沒搞懂。傍晚時印地安人回到近處的村莊，我們很害怕這麼一大群印地安人，就設哨警戒。

我們徹夜警戒時突然聽到一大群戰士從農場和村落接近，得知對方不懷好意，便討論該如何因應。有些人主張應立刻上船，但通常在這種情況下眾說紛紜、莫衷一是。大部分人認為印地安人會在我們登船時攻擊，而且他們人數眾多，我們必有性命之憂；也有少部分人主張應該在夜裡主動進攻，俗話說：「先下手為強」。

我們持續爭論到破曉，然後看到敵我雙方的人數接近兩百比一，於是大家祈求上帝保佑、為彼此壯膽，打算奮力一戰以求逃出生天。

天亮之後看到更多戰士戴著羽飾、張旗擂鼓，沿著海岸來和夜晚聚集起來的人會合。他們擺好陣勢，從四方展開包圍後用豪雨般的弓箭、標槍、投石襲擊我軍，打傷了我方八十多名士兵，接著又各拿著長矛、弓箭、雙手砍刀欺身攻擊。雖然我們用刀劍、弩箭、火槍回擊，仍難以招架。他們最後在我方的刀劍上吃了苦頭，逐漸退去，但還保持著安全距離從不遠處繼續射擊。戰鬥時印地安人彼此喊著：「阿爾，卡拉丘尼、卡拉丘尼」（*Al calachuni, calachuni*），意思是「攻擊、殺了指揮官」。我方指揮官身中十箭，而我也中了三箭，其中一支在左脇刺入肋骨間，傷得很重。我方所有人都被長矛刺傷，兩人被敵軍活捉。

對方將我們層層包圍，而且村落還增添了不少生力軍，也有人替他們補給飲水、弓箭，因而指揮官認為再戰下去於事無補。我們每人都受了兩三處箭傷，其中三名士兵被刺穿喉嚨，指揮官也因多處負傷而血跡斑斑。我們已有五十名士兵戰死，快撐不下去了，決定鼓起勇氣殺出重圍，逃到停在岸邊不遠處的小艇避難。我們為了自保，重整密集隊形後朝敵人突圍，而對方發出令人生畏的吶喊、呼嘯，盡力對我們射箭擲矛，持續打傷更多人。

我們接著又遇上危機，由於太多人同時跳上船，小艇開始漸漸下沉。大家盡可能抓住船緣，半划半游的接近那艘吃水最淺、前來接應的船隻。許多人在登船時又再度負傷，尤其是抓住船尾的人成了活靶子挨打。印地安人甚至跳入海中繼續用長矛刺擊。不過感謝上帝保佑，最後我們九死一生逃了出來。

這場惡戰打了一個多小時，我們五十多人戰死，兩人被俘，數天後又海葬了五個因傷勢、饑渴去世的人。先前提到這個村落叫錢波通，而司舵和水手在海圖上將該海岸命名為「惡戰海岸」（*La Costa de Mala Pelea*）。

大家獲得安全後感謝上帝讓我們得以逃脫。不過處理傷勢時，許多士兵因傷口受風、被海水浸得腫脹而怨聲連連。有些人咒罵司舵和那次航行所發現的小島——司舵一直堅持那是個小島而非大陸。

我們處理好傷勢，決定返回古巴。不過幾乎所有的水手都負傷，人數不足以駕船，只好放棄最小的那艘船。我們從船上面取下了帆、錨、繩索，未負傷的水手都分配到另外兩艘船上，然後一把火燒了這艘船。不過我們接著還得面臨更大的麻煩，就是缺乏飲用水。我們在錢波通因遭受攻擊而急忙逃上小艇，裝滿水的水桶都留在岸邊沒能帶走。現下大家都渴的口乾唇裂，無以舒緩。我們這種發現新天地的冒險得承受多大的艱苦呀！沒親身經歷過這番辛勞的人肯定難以想像。

我們為了找到能取得淡水的河流或港灣，航線緊靠著陸地邊緣前進，三天後看到我們認為一定有淡水河的海灣。船上未受傷的十五名水手和三名輕傷的士兵登陸，用尖鋤和一些桶子取水。由於海灣的水是鹹的，他們便在岸邊挖洞取水，不過汲上來的水和海灣的一樣又鹹又苦；不幸的是他們裝滿這種水就上船了。這水根本不能喝，有些士兵喝了之後嘴巴和肚子感到很難受。這個海灣附近常有很多大的短吻鱷魚，我們取名為鱷魚灘（El Estero de losLagartos），並在海圖上標記。

我們降下小艇找水時突然刮起吹往海岸的猛烈東北風，船隻趕緊拋錨停住，上岸的水手緊急將小艇划了回來，又及時加了纜繩、船錨保持船身安穩。我們在此停了兩天兩夜，起錨後繼續往古巴航行；司舵阿拉米諾斯和另兩名舵手討論後建議朝佛羅里達（Florida）航行，他根據海圖認為我們離佛羅里達只剩兩百哩遠，這條航線會比原來的路線更短。

〔船隊朝佛羅里達行駛，及時取得了能解救冒險者乾渴的飲水。探險隊又在當地和印地安人發生激烈衝突，然後結束探險回到古巴，不過指揮官科爾多瓦和三名士兵傷重去世。探險者向總督貝拉斯克斯報告他們發現了有大量人口的新地區，而且當地居民造了石屋、身穿棉衣，擁有金子和玉米田。從卡多切神廟搬來的東西看來比新大陸其他地方找到的更高貴，那些泥偶也引起了一些人興趣，有人將它們當作被羅馬皇帝提圖斯（Titus）和維斯帕先（Vespasian）放逐送到海外的猶太人。[8]

總督審問兩名俘虜胡利安和梅爾喬，問及他們的國家是否有金礦礦脈。雖然他們回答說有一些礦脈，不過貝爾納爾．迪亞斯認為他們說謊。此外西班牙人將新發現的地方稱為「猶加敦」（Yucatan），但其實這兩名俘虜只是在說明他們做麵包所種植的植物是「猶加」（Yuca）——也就是木薯。

總督貝拉斯克斯向皇家議會報告，他於西印度群島的新發現的開銷很大，而皇家議會的主席——布爾戈斯的主教豐塞卡也沒有如實向國王查理五世報告（查理五世當時身處法蘭德斯（Flanders）[9]）。

雖然貝爾納爾．迪亞斯說這個總督貝拉斯克斯是他的親戚，不過他在這次總督要求的悲慘冒險後變得一貧如洗。而且貝拉斯克斯還要求他一旦做好準備，就得再回到猶加敦繼續探險。我們看完了貝爾納爾．迪亞斯這次敘述詳盡的埃爾南德斯艱苦探險，取笑一下西班牙人錯誤的命名。至於貝爾納爾．迪亞斯則是因為有人對他說：「有志於發現新疆土及獲得榮譽的人，都把艱辛的冒險視為理所當然」，於是他就同意再度參與下一次探險。」

8 譯者註：這兩位羅馬皇帝是同名父子Titus Flavius Vespasianus（「Vespasian」是「Vespasianus」的英文變體）。西元六六年猶太行省發生叛亂，當時的皇帝尼祿派維斯帕先擔任軍團統帥，而維斯帕先提拔兒子提圖斯為副將，兩人一起征討猶太人。六八年尼祿因羅馬騷亂自殺，六九年維斯帕先投身競逐帝位，留下兒子繼續鎮壓猶太人。提圖斯於七一年結束猶太戰爭。

9 譯者註：法蘭德斯是古伯國領，大致相當於現代荷蘭南部、比利時及法國北部的某些省份。法蘭德斯是查理五世的出生地，也是他從哈布斯堡家族（Habsburg）繼承的領地。

2

胡安·德·格利哈瓦的探險

一五一八年，古巴總督決定派出另一隻船隊前往之前發現的猶加敦地區，他為此準備了四艘船，其中兩艘參與過埃爾南德斯的探險，另外兩艘是總督自己出資購買。

船隊籌組之際，胡安・德・格利哈瓦（Juan de Grijalva）、阿隆索・德・阿維拉（Alonso de Avila）、弗朗西斯科・德・蒙特霍（Francisco de Montejo）、佩德羅・德・阿爾瓦拉多（Pedro de Alvarado）四人都到了總督迪亞哥・貝拉斯克斯所在的聖地牙哥德古巴城（Santiago de Cuba）找總督洽公。四人都是島上有地位的人物，擁有監護征賦制（*encomiendas*）[1]的權利。貝拉斯克斯將自己的親戚格利哈瓦任命為船隊總指揮，其餘三人分別擔任另外三艘船的指揮官。指揮官負責籌措四艘船的物資、木薯餅、鹹豬肉等儲糧，貝拉斯克斯提供四艘船、交易用的低價小玩意和一些蔬果。他命令我作為副官和這幾名指揮官同行。

大家都聽說新發現的島嶼十分富庶，而且印地安人朱利安供稱新天地有黃金的消息早已傳開，島上尚未擁有印地安人的殖民者、士兵都爭先恐後加入，很快就聚集了兩百四十人。我們都自費購買食物、武器和其他必需品。總督對這次探險的命令是盡可能交易換取金銀財寶，若發現了適合的土地，我們又敢於冒險才加以開拓，否則就直接返回古巴。

所有冒險者聚集後，三名曾參與科爾多瓦探險隊的舵手奉命設置好夜間的桅燈信號，我們於一五一八年四月八日望彌撒後啟程。

我們十天後繞過瓜尼瓜尼科岬（Guaniguanico）（又稱聖安東岬），又過了十天，發現了上次沒看到的科蘇美爾島（island of Cozumel）。由於水流和背風的差異，這次駛得比科爾多瓦那次還遠。我們沿著該島南岸行駛，看到數間屋子的村落和某個沒有礁石的良好停泊點；指揮官和許多士兵上岸，不過當地居民看到我方船艦揚帆駛來，早已四處逃散，因為他們從沒見過這種東西。

士兵們發現兩名行動不便而躲藏在玉米田的老人，就帶他們回來見統帥。我們從埃爾南德斯探險中帶回的朱利安、梅爾喬所居住的小島離這裡只有十二哩遠，他們和本島居民使用的是相同的語言，能充份和老人溝通。藉由翻譯，統帥和善的給老人珠子項鍊，要他們召喚村落的酋長。但老人一去不返。

我們正等著兩名老人回來時，出現了一名講牙買加（Jamaica）語的漂亮印地安女性，她說村子裡的男男女女都害怕的躲到樹林裡。她說的語言和古巴島上的土著幾乎沒有區別，我和很多士兵都能聽懂，有點驚喜的問她如何來到這裡。她說兩年前，她們十人從牙買加島搭大獨木舟到附近的小島捕魚，結果水流將船沖到這塊土地的海岸，當地人將她的丈夫和其他男人殺死，獻祭給偶像。我們認為這位女性能傳遞消息，而且怕朱利安和梅爾喬離開後會藉機回到他們離此地不遠的故鄉，因此統帥就要求她傳喚這個村子的酋長，兩天內來回。

不過牙買加女人帶回的消息是她無論如何都說服不了任何印地安人前來。我們將這個村子命

1 由西印度群島議會授予給殖民者的權利，用以支使勞力並設立城鎮、村落。

名為聖塔克魯茲（Santa Cruz）以紀念我們發現它的日子。[2]

格利哈瓦認為再等下去只是浪費時間，便下令上船離開，該名印地安女性也一起同行。我們循著埃爾南德斯之前的航線前進，八天後到達錢波通附近——這是印地安人之前擊敗我們的地方。這個海灣水很淺，我們離陸地三哩下錨，半數士兵上小船接近村落的屋子。

當地的印地安居民和上次一樣從遠處就開始集結，帶著慣見的武器：弓箭、各種尺寸的長矛（有些矛比我們的長槍還長），還有盾牌、單手刃、雙手砍刀、彈弓和石頭。人人穿著棉甲、帶著鼓和小號角，臉上大多塗了黑色，有些人則塗了紅色和白色。對方曾殺了五十六人、打傷我們所有人，對上次的勝利非常自負，聚集在岸邊等我們一上岸就要發動攻擊。不過我軍從上次的探險中得到了教訓，小船上已搭載了幾門小加農炮，弩弓、火繩槍的彈藥也相當充足。

我們一靠近岸邊對方就猛烈射箭、投擲長矛，雖然我們用加農炮造成不少死傷，不過大雨般落下的箭矢在我們登岸前就射傷半數士兵。我軍登陸後精湛的揮舞刀劍、射擊弩弓，重挫敵方銳氣。儘管敵人持續射擊，不過我方所有人都穿了加襯墊的棉甲，因此印地安人打了一陣子便撤回村落附近的沼澤地。此戰中我方七名士兵戰死，其中包括地位很高的胡安．德．基特里亞（Juan de Quiteria）。統帥格利哈瓦有三處箭傷、兩顆牙齒被打斷，我軍共超過六十人負傷。

我們看到敵人逃散後就立即進入村落安頓傷者、埋葬死者。接著四處張望都沒看到任何人，撤退到沼澤的敵人也都不見了。我們在戰鬥中抓到三個俘虜，其中一個看起來地位比較高。格利哈瓦透過朱利安、梅爾喬要俘虜們傳喚酋長過來，表示我們將不計前嫌，也拿出一些珠子要交給酋長，當成和平的信物。不過他們也一去不返，我們認為也許是翻譯人員並未正確地傳達訊息，甚至說成相反的意思了。我們後來在此多等了三天。

我記得交戰的原野上有許多小蝗蟲，戰鬥中時不時就跳起來撲到我們臉上。當時面對的印地安弓手不計其數，箭如雨下。我們有時把箭誤判為蝗蟲，沒提盾防衛而被擊中負傷；有時則把蝗蟲誤認為飛箭，嚴重妨礙我方戰鬥。

我們上船繼續沿著航線前進，到了原先誤以為是寬大河流的河口，不過這裡其實是天然的良好港灣。水域的兩側是陸地，水面很寬闊，看起來很像海峽，司舵阿拉米諾斯說這是海域和大陸交界之處，是個末端有島嶼的水域，所以我們在海圖中將此稱之為「邊界灣」(Boca de Terminos)[3]。

不過這個水域其實是出口被島嶼分成三個水道的潟湖。

統帥格利哈瓦和其他指揮官、士兵上岸花了三天在水道出口探測水深，又沿著峽灣上下探

2 譯者註：這應是指「五月十字架節」（Festival de la Santa Cruz），為每年五月三日。起源是慶祝羅馬皇帝君士坦丁一世的母親聖海倫娜（Saint Helena）在耶路撒冷找到了釘死耶穌基督的「真十字架」（True Cross）。

3 這個西班牙地名可翻譯成「邊界的海灣」。

索，最後發現它的末端沒有島嶼，我們是停在天然良港內。

海岸上有一些石砌的神廟，裡面有許多泥土、木頭、石頭製的偶像，有的看起來像女性，其他看起來像蛇。屋內還放了許多鹿角。

這裡有如此安全的良港，也是適合開拓的地方，我們便以為附近必有村落，但料想錯了。這附近罕無人煙，石屋是駕著獨木舟經過的商販、獵人興建。此地有許多野兔、野鹿，在灰獵犬的幫助下我們捕獵了十隻鹿和幾隻兔子。我們探測調查結束後就上船離開，灰獵犬則被遺留在那裡。

我們只在白天沿著海岸向西航行，生怕夜晚觸礁或撞上沙洲。三天後看到一條大河的河口，遠遠看起來也是良港，便駕船靠近岸邊。不過我們靠近後才發現水面有沙洲，放下小船測水深後得知兩艘大船無法駛進河口，於是決定讓兩艘大船停泊海上，所有士兵坐上吃水較淺的兩艘船和小艇沿著河流上行。

我們看到河流兩岸有許多裝備著和錢波通相同弓箭、武器的印地安人，河岸也停了獨木舟，推測這附近有大村落，就一路沿著河流航行。此外，我們沿著海岸過來，看到岸邊有放在海裡捕魚的魚簍，便指揮小艇取走了兩個魚簍中的魚。

這條河後來以鄰近村落酋長的名字為名，稱為塔巴斯科河（Tabasco river）；不過由於這條河是在這次航行中由格利哈瓦發現，在海圖裡就以格利哈瓦河（Rio de Grijalva）命名。

我們一路航行，在離村落一哩半之處聽到伐木巨響，原來印地安人正在設置防禦工事、路障、柵欄，無疑的是打算和我們交戰，我們便在離村落一哩多、有許多棕櫚樹的岬角下船。印地安人看到我們上岸，五十多艘獨木舟就朝我們划過來，船上面乘坐頭戴羽飾、身穿棉甲，帶了弓箭、長矛、盾牌、戰鼓的戰士。另有多艘乘滿戰士的獨木舟停在河岸邊，離得較遠，似乎是不敢靠近。我們見到印地安人備戰，原本想用弓弩、火繩槍、大炮開火攻擊，但突然獲得上帝啟示，就先招呼他們靠近。我們先透過能說相同語言的朱利安和梅爾喬請他們不用害怕，我們有話傳達，他們聽了想必會歡迎我們進村，況且我們還帶了一些東西要相送。對方聽懂我們的話，就派四艘坐了約三十人的獨木舟靠近。我們向印地安人展示了綠珠子、小鏡片和「藍鑽」[4]，他們以為這些是對他們而言價值很高的綠松石（chalchihuites）[5]，看了之後態度軟化。

統帥透過翻譯宣告：我們來自遙遠的國家，是偉大君王查理的臣民；偉大的君王查理統治著許多領主、酋長，他們應該接受同樣的統治，肯定大有好處。此外他們可以拿家禽、糧食跟我們換這些珠子。

兩名印地安人（其中一名是首領，另一名是「帕帕」——先前說過，在新西班牙地區是指侍奉神明的祭

4 這些其實是切割的玻璃珠。

5 某種翡翠石。

司）回答說可以接受交換糧食或其他物品的要求；至於另一件事，他們已經有領主了，而且我們才剛到此地，對他們還一無所知，無權要求更多。對方警告我們別像錢波通那樣動手，他們可是已聚集了三「西奇皮拉」（xiquipiles）的軍隊在鄰近區域備戰（一「西奇皮拉」是八千人）。他們很清楚數天前我們在錢波通已有兩百多人負傷，而此處的戰士甚至比錢波通的還強悍。當地人是想知道我們的打算才會進行交流，我們所說的話會傳達給聚集在附近的眾多村落酋長，由他們決定是戰是和。

統帥擁抱使者以示和平，掏出幾串珠子要他們儘快帶回答覆。不過他警告對方：雖然我方並不打算激怒他們，但不儘快回覆的話，我們還是會強行進村。

使者將話傳給酋長和帕帕（帕帕有權和酋長商議、作決定），他們決定送食物當作禮物以示和平，也打算讓鄰近村落湊一些金子送來確保友好，以免和錢波通一樣使人民受戰事波及。

據我後來的了解，此處及新西班牙其他地區的習俗是透過送禮物表示停戰、締結和平，我們往後還會不斷看到。

第二天，三十多名印地安人來到我們駐紮的棕櫚樹岬角，帶了烤魚烤雞、人參果、玉米餅，也帶了放炭的火盆燒薰香將我們所有人薰過。接著在地上鋪了稱之為「佩塔特」（petates）的草席，又鋪了一塊布，向我們展示一些金飾：有些形狀是頭帶、有些看起來像西班牙鴨子，而其他有些像蜥蜴；另外有三條鑲珠的項鍊和其他低成色的金飾，總共值不了兩百披索。此外他們也帶了身上穿的那種披風和布料，很友善的請我們全部收下。他們說沒多少金子能給我們，但往日落之處繼續走有很多。他們不斷說著：「克羅阿、克羅阿」（*Colua*、*Colua*）和「墨西哥、墨西哥」（*Mexico*、*Mexico*），不過這時我們還不知道這兩個字各是什麼意思。

雖然這些人送的禮物價值不高，不過知道當地人確實有金子，我們仍然很滿意。塔巴斯科人送禮後就請我們上路，格利哈瓦答謝、送了對方一些珠子。此時正刮著北風，可能會將海上的兩艘船吹撞上岸，那兩艘船再不離開會有危險；另一方面，大家也急著往他們說有金子的地方前進，就決定立刻上船。

我們登船後沿著海岸航行兩天，在稱之為阿亞瓜盧爾科（Ayagualulco）的地方看到村落。許多印地安戰士在沙灘上行走，他們帶的龜甲盾牌在陽光下閃閃發光，許多士兵就以為那是低成色的金子。這些戰士知道自己站在安全距離外，就在海岸上蹦蹦跳跳、做勢嘲弄著我方船隻。我們在海圖上將此地稱為拉蘭布拉（La Rambla）。

我們繼續沿海岸航行，看到托納拉河（Tonala）入海的海灣；後來返航進灣時將此地命名為聖安東尼奧河（Rio de San Antonio）。

又航行了一陣子，我們見到大河科亞查科亞柯斯河(Coatzacoalcos)的入海口。我們並非為了探索，而是因天候太差決定駛入海灣。那高聳的山峰和終年覆蓋其上的白雪很快就映入我們眼簾。我們伙伴中來自哈瓦那的同名士兵在附近的海上發現了另一座山脈，大家就那座山稱為聖馬丁

（San Martín）山脈。

我們繼續沿海岸航行，阿爾瓦拉多指揮的船率先進入當地所稱的帕帕洛亞潘河（Papaloapan），而我們則因阿爾瓦拉多最先抵達，就將這條河稱為阿爾瓦拉多河（Río de Alvarado）。當地有些托卡塔爾帕村（Tocatalpa）的漁民給了他們一些魚。我們另外三艘船就在河口等阿爾瓦拉多的船出來，統帥對他未經允許就駛入河內而大發脾氣，從此禁止他一船先行，以防他們在其他人無法救援的地方碰上意外。

接著四艘船一起出航來到了另一個河口，我們看到了許多印地安人揮舞著掛著大布旗的長矛，就將這條河稱為搖旗河（Río de las Banderas）[6]。

有些曾到過新西班牙或是還沒去過但有興趣的讀者或許都知道：墨西哥城是非常巨大的城市，跟威尼斯一樣建築在水上，由強大的君王蒙特祖馬統治。蒙特祖馬掌管墨西哥城鄰近領土及整個新西班牙地區，領地是西班牙的兩倍大。他是如此強大，影響力和接收的情報能超出其勢力範圍外。他已經獲知了我們第一個埃爾南德斯探險隊的消息，聽說過我們在卡多切、錢波通發生過的戰鬥，也很清楚我們這次旅程中於錢波通發生的事。蒙特祖馬知道我方士兵雖然數目不多，卻能擊敗當地村落加上鄰近援軍數量龐大的戰士；他也知道我們駛入了塔巴斯科河，與塔巴斯科酋長議和；他也瞭解我們的目的是用貨品交換黃金。這些情報都被畫在類似亞麻布的麻類纖維布料上呈現給他看。蒙特祖馬得知我們正沿著海岸朝他的領地前進，便命令他的各地方首領在我們入港後用黃金交易，特別是那些綠色像是當地綠松石的珠子，因為綠松石和綠寶石一樣高價。他也命令地方首領要仔細探查我們的情況和意圖。

我們後來才知道，其實印地安人的祖先曾預言：來自日出方向留著鬍鬚的人會來統治他們。基於這個理由（也許還有別的原因），許多蒙特祖馬的臣民帶著尾端綁著白布旗長棍（似乎以此作為和平的信號）在河邊看著我們，揮舞著旗幟招呼我們上岸。

我們訝異於這罕見的景象，統帥和指揮官決定放下兩艘小船，命令所有弩弓手、火槍兵以及最年輕敏捷的二十名士兵上船，派指揮官蒙特霍同行。他奉命若是確認帶旗子的人想要開戰、或是發現了其他重要情況就要立刻回報。

感謝上帝，這時的天氣很好——海岸上的氣候很少這麼好。我們靠岸後發現來了三名酋長，其中一名帶了許多隨從的是蒙特祖馬的地方首長。他們送來當地的家禽和當地人吃的玉米餅、熱帶水果、人參果（這裡其他有些地方稱為曼密果（mameyes））。酋長已在地上鋪了草席，坐在樹蔭下邀我們過去。他們的語言是墨西哥語，來自卡多切角的翻譯人員朱利安聽不懂，一切行動都是透過手勢示意。接著他們用燒炭的泥盆燃燒某種樹脂薰香薰過我們。

指揮官蒙特霍將情況回報給將軍，統帥格利哈瓦決定下錨和指揮官、士兵上岸。酋長和地方

6 現在稱為哈馬帕河（Rio Jamapa）。

首長得知他是全軍統帥後，依據當地習俗很莊重接待他，統帥也非常迎合對方。格利哈瓦下令給酋長「藍鑽」和綠珠子，並示意他們帶黃金和我們交易；於是印地安地方首長下令派人到附近的村落收集金飾品交易。在我們停留的這六天，當地人帶來了超過價值一萬六千披索的各式低成色金飾。

這批金子被史學家哥馬拉、伊列斯卡斯和喬維奧[7]說成是塔巴斯科人所贈，雖然他們說得煞有其事，但大家都知道格利哈瓦河及臨近地區都沒有金子，寶石也很少。

我們照例以國王陛下的名義佔領這個地區，統帥賜給印地安人一些西班牙的衣物後表示要回到船上。我們也帶了一個印地安人上船同行，他學會我們的語言後受洗為天主教徒，取名為法蘭西斯科。我後來曾遇到他和他的印地安妻子。

將軍在我們待到第六天時認為印地安人拿不出更多金子來交易，而且船隻在刮起北風、東北風時會有危險，就決定上船。

沿著海岸航行，我們看到一個離岸邊九哩、被海水圍繞的白沙灘小島，便在海圖將它稱為「白島」（Isla Blanca）；離這個岸邊十二哩的不遠處有另一個小島，島上有許多青蔥的樹木，就稱之為「綠島」（Isla Verde）；我們繼續航行，離這個海岸不到五哩內有另一個這個區域最大的小島，島的前方有很好的停泊處，統帥下令停錨。

小島中有煙冉冉升起，格利哈瓦和許多士兵乘上小艇登島探索。我們看到兩座建造精良的石砌建築，都有數級台階通往像是祭壇的地方，祭壇上有樣貌醜陋的當地神像。我們在此發現五個已在夜間被獻祭的印地安人，個個已遭開膛剖腹、砍斷四肢，建築物的牆上淋滿鮮血。這些景象使我們驚懼不已，便在海圖上將這個小島稱為「獻祭島」（Isla de Sacrificios）。

大家到了小島另一邊的海岸，在寬闊的沙灘上用島上的大樹枝和船上的帆布搭了小屋、棚子，許多印地安人和搖旗河的人一樣，帶了各種小金飾到岸邊和我們交易。我們後來才知道他們是奉蒙特祖馬大王命令行事，不過當地人顯得很害怕，帶的東西也很少。統帥下令起錨航行，到約一哩半外的另一個海岸停泊，這個地方後來是人稱維拉克魯斯（Vera Cruz）的港口。

我們在某個沙灘下船，為了躲避遍佈這個地區的許多昆蟲和蚊子而在最高最寬敞的沙丘上搭建小屋。我們的小艇小心的探測港灣水深，發現這個海灣的深度很夠，而且還有小島作為屏障擋住北風，船隻停泊在此非常安全。

完成探測之後，統帥和三十名全副武裝的士兵乘兩艘小船登島，看到有間神廟供奉著又大又醜的偶像（這神像被稱為特斯卡特利波卡神（Tezcatlipoca）），由四個身穿黑披風和兜帽、很像我們道明會（Dominicans）教士的印地安人看管，這些人都是祭司或「帕帕」。

這天他們剛獻祭了兩個男孩，開胸將男孩的心臟和鮮血供奉給那可憎的神像。祭司們在我們

7 這是本書第一次出現對其他史學家駁斥的論述，其他還有很多重覆的批判已經被我刪去。

到達前就正用焚香薰特斯卡特利波卡神像，於是過來用同樣的焚香薰我們。不過我們剛看到兩個男孩的死而過於震驚，對他們的殘忍憤憤不平，就不允許他們這麼做。朱利安和梅爾喬不懂墨西哥語，我們沒有適合的翻譯人員，統帥就用手勢通過我們從搖旗河帶上船的印地安人法蘭西斯科詢問祭司為何要這麼做，得到的答案是庫盧阿（Culua）人命令他們獻祭。但因為他的口齒不清說成「烏盧阿、烏盧阿」（*Ulua*、*Ulua*）。而由於當時統帥胡安・德・格利哈瓦在場，那天又正好是六月的「聖約翰日」（Saint John's Day）[8]，我們就稱這個島為聖胡安德烏盧阿（San Juan de Ulua）。這個港口現在非常知名，它修築了為船隻遮擋北風的屏障，所有從卡斯提爾（Castile）來的貨物都從這裡轉運往墨西哥和新西班牙。

我們駐紮在沙丘時，許多鄰近村落的印地安人帶著金飾來交易，但他們帶的太少、價值太低，我們就沒有計數。我們在此待了七天，而蚊子又令人難以忍受，覺得是在浪費時間。我們現在才知道這裡不是小島而是大陸，陸上有不少大村落和大量印地安人。不過我們帶來的木薯餅已經發霉變酸、爬滿了蟲，士兵的數量太少而無法拓荒；尤其是又有十三名士兵因負傷去世，還有四人仍無法行動。考慮到這些狀況，我們決定向總督貝拉斯克斯告知現況，希望他能派人過來幫忙。雖然格利哈瓦身邊的士兵很少，不過他還是很希望能靠身邊的士兵在此開拓殖民。他始終表現的非常勇敢進取，是英勇無畏的領袖。

後來大家決定讓指揮官阿爾瓦拉多率領建造精良的船「聖賽巴斯提安」（*San Sebastian*）回古巴

傳訊。選他回去的理由有二：其一是格利哈瓦和其他指揮官對於先前阿爾瓦拉多擅自駛入帕帕洛亞潘河的事很感冒；其二是阿爾拉瓦多的健康狀況不大好，並非自願參加這次探險。

於是大家同意所有的傷患和透過交易獲得的金子、棉織物都由阿爾瓦拉多帶回去，每位指揮官各自向貝拉斯克斯表達自己的意見，送那艘船起程返航。

我們在格利哈瓦率領下出航沒多久，貝拉斯克斯就開始害怕探險隊會碰上災難。他想知道我們的消息，就派克里斯托瓦爾·德·奧利德（Cristobal de Olid）率領一些士兵乘一艘較小的船出航找人。奧利德是有勇有謀的指揮官，之後在科爾特斯旗下擔任軍需官。貝拉斯克斯命令他沿著埃爾南德斯的航線前進，直到遇上我們。然而他的船在猶加敦海岸附近停錨時遇上強風，他的司舵決定切斷錨鍊避免翻覆，失去船錨的他只好返回聖地牙哥德古巴城（Santiago de Cuba）。

貝拉斯克斯在港口得知奧利德沒能帶回我們的消息，變得更加焦慮，不過此時阿爾瓦拉多帶著傷患、棉織物、金子回到古巴，並向他報告我們所有的探險經歷。貝拉斯克斯看到阿爾瓦拉多帶回的黃金時，誤以為那是一般成色的金飾品而大大的高估了；當時貝拉斯克斯也有各城市及其他島嶼過來經商的人。國王的官吏征收上繳給陛下的皇家五分之一稅時，所有人都為我們發現如

8 譯者註：聖約翰的西班牙語變體為聖胡安（Saint Juan）。「聖約翰日」又稱「施洗者聖約翰日」，慶祝為耶穌施洗的施洗約翰生日(六月二十四日)；施洗約翰與十二門徒的聖約翰是不同人物。

此富庶的地方所震驚。

阿爾瓦拉多非常能言善道，據說貝拉斯克斯熱情的擁抱他，之後還連開了八天的慶祝、競技活動。富庶土地的存在原本就傳聞在外，現在金子就在眼前，在古巴諸島和卡斯提爾間的傳聞也越來越誇大。這件事我之後會再提到，現在必須先放下貝拉斯克斯的慶祝，回頭談談我們在聖胡安德烏盧阿的情況。

阿爾瓦拉多離開我們朝古巴前進後，大家在司舵的建議下決定盡可能沿著海岸繼續探索。我們在航行中看到圖斯特拉山脈（Sierra de Tuxtla）[9]，兩天後又看到高聳的圖斯潘山脈（Sierra de Tuxpan）（圖斯潘山是以鄰近的村落為名），沿著海岸約六到九哩間的內陸還能看到許多村落，現在都屬於帕努科（Panuco）地區。再往下航行，我們來到了一條又大又急的河流，在河口停船。這條河後來取名獨木舟河（Río de Canoas）。

我們三艘船都下錨停船後稍有鬆懈，突然出現二十艘獨木舟，上面乘滿帶了弓箭、長矛的印地安戰士，他們從河川上朝著看起來最小、離得最近的船衝過去，那艘船由蒙特霍指揮。印地安人率先射箭傷了我方五名士兵，然後用繩索套船試圖拖走，甚至用銅斧砍斷了一條鎖鏈。不過指揮官及士兵英勇對抗，打翻了對方三艘獨木舟，我方其他人急忙搭小船用弩箭和火槍援護。我軍打傷了超過三分之一的印地安人，他們才從原路撤退，結束這次不幸的嘗試。

我們起錨沿著海岸繼續航行，直到一個難以繞行的岬角，此處水流很急、無法繼續前進。司舵阿拉米諾斯告訴統帥不適合再沿著那條航線繼續前進，還說了許多理由。經過一番討論，最後我們決定先回古巴。其中一個原因是很快就會開始下冬雨，而且我們的糧食短缺，還有一艘船正在漏水。不過領導層彼此的意見不合，格利哈瓦說他希望建設殖民地，但被阿維拉和蒙特霍否決，他們說我們的兵力不足以抵禦這個地區數量龐大的印地安戰士，而且大家在這次長途航行中已筋疲力盡。

我們調頭順風航行，在水流的幫助下沒幾天就抵達大河科亞查科亞柯斯河口，不過天候不佳就沒有駛進去，繼續緊靠著海岸駛入托納拉河（我們取名為聖安東尼奧河），在那裡修理了一艘因水流太快而撞上淺灘的船。

我們在修船時，許多印地安人從鄰近三哩的托納拉村和善的靠近，帶了玉米餅、魚、水果送我們。統帥友善的接待來者，贈送綠珠子和「藍鑽」，還示意他們帶金子過來交易。於是當地人和科亞查科亞柯斯及鄰近區域的一些印地安人帶了金飾品來交易，但含金量都太低，沒什麼價值。

除了這類的飾品，多數的印地安人習慣帶著閃閃發光的銅斧。為了展示或突顯階級，銅斧的

9 這裡有誤，探險者在到達聖胡安德烏盧阿前就已經超出了圖斯特拉山脈的範圍。他們在此看到的是圖斯潘山脈的不同區段。

木製手柄都繪有圖樣。我們以為斧頭是用低成色的黃金製成，就和他們交易，三天內收集了六百多把。我們非常高興，而印地安人換得了綠珠子更是樂不可支。但雙方最後都是徒勞無功，因為斧頭是銅製品，而珠子更沒有價值。有名水手非常高興地買了七把斧頭。

我記得一位叫巴托洛梅・帕爾多（Bartolome Pardo）的士兵跑到山丘上的神廟（當地人稱為「庫」（cue），意思是神的房子），他在那裡發現了許多偶像和一些柯巴脂（一種用來薰香的樹脂），還有幾把獻祭和割禮用的燧石刀，而在木箱中發現了像是頭帶、項鍊的金飾物，兩尊鑲了珠子的偶像。這個士兵自己留下了金飾，把偶像和其他東西交給總帥，不過某些想從他手上奪走戰利品的人向格利哈瓦告密。他算是正派的人，我們就請求允許他保有戰利品，格利哈瓦決定讓這個可憐的男人保有了扣除皇家五分之一稅剩下的部分，價值大約一百五十披索。

我接著要講在這附近的另一個神廟種柑橘的故事。由於河流附近有許多蚊子，我們十名士兵就去山丘上的神廟睡覺，我就在這附近種了從古巴帶來的柑橘籽，據說本來要用於開拓。神廟的祭司見了這不同於他們所知的植物，就細心灌溉、除草，結果這幾顆樹長得非常的好，後來這個地區的所有柑橘都源自這幾顆樹。我知道人們會說這個故事就征服史而言根本無關緊要，我只說到這裡。[10]

我們要上船起程回古巴時，當地印地安人非常高興。回程天氣時好時壞，我們四十五天後抵達貝拉斯克斯所在的聖地牙哥。他非常歡迎我們，樂見於我們帶回價值約四千披索的金子。我們帶回的金子加上阿爾瓦拉多帶回來的，一共價值多達兩萬披索，有些人說其實更多。於是國王的官吏開始課徵皇家五分之一稅，然後我們拿出那六百把以為是低成色金製的斧頭，這時斧頭已失去光澤，一看就知道只是銅製品，結果讓官員們捧腹大笑。這件事往後也被我們用來自娛娛人。

總督也被此事取悅，因為他似乎對他的親戚格利哈瓦頗有微詞。沒別的原因，就是因蒙特霍、阿爾瓦拉多和格利哈瓦爭吵，而且阿維拉還使事情變得更麻煩。這些爭執結束後，大家就開始著手準備派出另一隊船隻，討論應該選誰擔任統帥。

10 這部分在原本的手稿中被劃線刪去，但我將它復原在這個段落。

3

埃爾南・科爾特斯的探險準備

新土地有大量黃金的傳聞獲得了證實，迪亞哥．貝拉斯克斯害怕國王的親信會把他替換掉，就向西印度群島的皇家議會申請那片新國土的貿易、征服權，平定疆域後還能分配掌控領土；他在信件報告中宣稱這個新發現的探險耗費了自己數千披索。國王陛下離開西班牙而人在法蘭德斯的這段期間，貝拉思克斯就透過賄賂，以特許權的形式從皇家議會取得了所有想要的權利。不過在他獲得來自西班牙的答覆之前，科爾特斯的探險隊已經動身出發了。

〔貝爾納爾．迪亞斯在此激烈批判其他史學家哥馬拉、伊列斯卡斯、喬維奧，控訴這些人誇張其詞、歪曲事實。以哥馬拉為例，迪亞斯說他過於諂媚科爾特斯，根本是被科爾特斯的兒子收買了。〕

貝拉斯克斯確認了新發現的地區非常富庶，就下令籌組比格利哈瓦探險隊規模更大的船隊。為此他調度了領地內的十艘船停在聖地牙哥德古巴港，其中四艘是和我們從格利哈瓦探險歸來的，最近已經修理好；其他六艘則是從各島嶼調派過來。船上裝載木薯麵餅、鹹豬肉等糧食——古巴島上當時還沒有羊或牛，直到最近才有。不過還得適度的裝貨物上船，所以這些糧食只夠維持到哈瓦那港。

這裡不得不先岔開話題，去談談選擇探險隊統帥所引發的爭議，畢竟當時的爭論和對立意見很多。有許多人主張應由菲利亞公爵（Conde de Feria）的親戚巴斯克・波爾蓋略（Vasco Porcallo）擔任統帥，不過他是敢於冒險的人，貝拉斯克斯怕他會率領船隊反抗。其他人說應從奧古斯汀・貝穆德斯（Agustin Bermudez）、安東尼奧・貝拉斯克斯・博雷戈（Antonio Velazquez Borrego）、貝納迪諾・貝拉斯克斯（Bernardino Velazquez）之中挑選，三人都是總督的親戚。我們多數被格利哈瓦率領過的士兵推舉格利哈瓦，認為他是人品好、沒有缺陷、領導有方的統帥。

事情進行到這一步，貝拉斯克斯的兩個主要親信——他自己的書記官安德烈斯・德・杜羅（Andres de Duero）和國王的稅務官阿馬多爾・德・拉雷斯（Amador de Lares）暗中和埃爾南・科爾特斯（Hernando Cortes）結伙。科爾特斯出生於麥德林（Medellin），在這島上也擁有印地安人的監護征賦權，最近和名為卡塔利娜・蘇亞雷斯（Catalina Suarez）的女士結婚。卡塔利娜又稱拉・瑪凱達（La Marcaida），是胡安・蘇亞雷斯（Juan Suarez）的姐姐（胡安・蘇亞雷斯日後在已征服的新西班牙墨西哥城殖民）。就我所知的公開說法，科爾特斯的婚姻是基於真心相愛，但知其就裡的人要詳談此事又說來話長，在此就點到為止，回頭談談科爾特斯等人結伙的事。

貝拉斯克斯的兩名親信商量好會安排好讓科爾特斯成為船隊統帥，不過他獲得的金銀財寶必須三人均分。雖然貝拉斯克斯宣稱這個探險隊是為了開拓殖民地，但真正的意圖只是交易黃金而非開疆拓土，從他之後所下的命令來看再明顯不過了。

科爾特斯等人的結伙商定後，杜羅和稅務官用花言巧語向貝拉斯克斯大力推薦科爾特斯，說他擅於指揮、令人敬畏，是統帥最佳人選，而且無論是什麼命令都能妥善達成，能將船隊和其他事務都交給他處理。他們也提到貝拉斯克斯曾資助科爾特斯和卡塔利娜·蘇亞雷斯女士的婚禮，所以他稱得上是總督的繼子。最後他們成功說服貝拉斯克斯任命科爾特斯成為船隊司令。

總督的書記官杜羅如俗話所說，此事辦得面面俱到，授予科爾特斯充分權力。這項人事安排宣佈後，有人高興，也有人憤怒。

某天貝拉斯克斯打算去教堂望彌撒，他身為這個城市最尊貴的人，就叫來科爾特斯，兩人並肩同行，為科爾特斯造勢。不料有個人稱「瘋子賽凡提斯」的丑角跑到他面前扮著鬼臉戲謔的喊著：「向迪亞哥大人致敬，迪亞哥大人要通過了！偉大的迪亞哥大人！瞧瞧您挑選的統帥！好個來自麥德林城埃斯特馬都拉（Estremadura）的英勇指揮官！不過迪亞哥你得當心，他可能會帶著你的船隊跑走，畢竟大家都知道他最懂得替自己打算。」此外「瘋子賽凡提斯」還說了許多言不及義的話，全部都充滿惡意。於是走在總督另一側的杜羅摑了他兩個耳光讓他站住，「住口！愚蠢的醉鬼！別耍花樣了！你的鬼扯全是毀謗，我們也知道是有人支使你這麼做。」但杜羅越是打他，他越是不斷說下去：「迪亞哥大人，祝你和那勇猛的指揮官長命百歲！但我的朋友迪亞哥！讓我告訴你，我寧可和他一起去富饒的新天地，也不願留在這看你日後為今天這錯誤的協議哭泣。」無疑的是有某些貝拉斯克斯的親戚給了這丑角一些錢，支使他來裝瘋賣傻；但瘋子口中偶而會吐真言，後事全被他說中了。不過這個決定（選科爾特斯當統帥）仍算是有利於發揚聖教和國王陛下的榮光，之後再聽我娓娓道來。

故事繼續進行下去之前，讓我先談談英勇進取的科爾特斯出身的四個家世。其一是他的父親馬丁・科爾特斯（Martín Cortes）；其二是皮薩羅家族（Pizarros）；其三是蒙羅伊家族（Monroys）；其四是阿爾塔米拉諾家族（Altamiranos）[1]。雖然科爾特斯是如此驍勇進取的統帥，但我往後不會以任何稱號稱呼他，也不會稱他為瓦哈卡谷地侯爵，只會簡單的稱他為埃爾南・科爾特斯。因為光是「科爾特斯」這個名字就足以在西班牙獲得足夠尊重，就印地安人而言，科爾特斯好比馬其頓的亞歷山大；羅馬的凱撒、龐培（Pompey）、西庇阿（Scipio）；迦太基的漢尼拔；或是我們卡斯提爾「偉大的將軍」貢薩洛・費爾南德斯（Gonzalo Hernandez）[2]。「科爾特斯」的驍勇之名就足以勝過任何玄虛的稱號，所以我以後就這麼稱呼他。

科爾特斯被任命為統帥後，就立即著手張羅各式武器：槍炮、火藥、弩弓和所有他能納入的

1 譯者註：科爾特斯的西班牙全名為：Hernán Cortés de Monroy y Pizarro Altamirano。西班牙姓名由名和兩個姓組成，兩個姓分別源於父母世系，父姓在前母姓在後，所以這四個家族就是表達科爾特斯父母雙親的世系。其父親名為Martín Cortés de Monroy，母親名為Catalina Pizarro y Altamirano。

2 譯者註：Gonzalo Fernández de Córdoba（一四五三—一五一五），西班牙民族英雄、著名軍事家，號稱「偉大的將軍」（西班牙語：El Gran Capitán）。他在收復失地運動、義大利戰爭、第二次奧斯曼—威尼斯戰爭中以少勝多，屢次擊敗當時歐陸兩大強權法蘭西王國和奧斯曼帝國而聞名。

相關軍需品，還有交易相關文件及探險所需物資。

科爾特斯也比以往更重視自己的外貌，開始打扮自己。他帽子上插了羽飾，胸前掛了勳章和金鏈，身穿綴上金花結的天鵝絨外衣，打扮起來的確是個英挺雄偉的大將。但其實他此時還負債在身、非常拮据，無力支付這些開銷。雖然他擁有許多印地安人的監護征賦權和金礦脈，不過他個人的開銷很大，也花在新婚妻子身上不少，還要用來招待拜訪暫住的賓客。不過也由於他對人非常友善、交際手腕高明，兩度被選為他居住的聖地牙哥巴拉科市（Santiago de Baracoa）市長——這個職位在當地很受人尊敬。

科爾特斯一些經商的朋友得知他被任命為統帥，就借了他四千披索現金和價值四千披索的貨物，用他的印地安人和莊園作擔保。然後他做了兩面王旗、軍旗，正反兩面鑲上王室紋徽、十字架和以下這句話：「弟兄夥伴們！衷心跟隨神聖十字，必勝。」之後他命人鳴鼓吹號，以國王陛下、總督貝拉斯克斯和他自己的統帥之名宣佈：願意和他去新天地開拓、征服的人將可分得金銀財寶，平定地區後可以獲得監護征賦權。還聲稱這是國王陛下授予總督貝拉斯克斯的權力。

他如此宣稱國王的授權時，貝拉斯克斯派去申請的教士本尼托・馬丁內斯（Benito Martinez）還沒從西班牙回來，但消息已傳遍全古巴。科爾特斯還寫信給他不同城鎮的朋友要他們加入探險隊。他們有些人變賣農地購置武器和馬，有些則準備木薯麵餅、鹹豬肉儲糧，也縫製棉甲，備妥一切必需品。

結果有超過三百五十名士兵聚集在聖地牙哥德古巴準備起航。總督派來一位家族中的管事迪亞哥・德・奧爾達斯（Diego de Ordaz），負責監視探險過程，以防科爾特斯圖謀不軌。雖然總督閉口不談，但他還是很怕科爾特斯反叛。其他還有弗朗西斯科・德・莫拉（Francisco de Morla）、一個我們戲稱為「男侍」的埃斯科瓦爾（Escobar），某個名為埃雷迪亞（Heredia）的人，還有胡安・拉諾（Juan Ruano）、佩德羅・艾斯庫德羅（Pedro Escudero）、馬丁・拉莫斯・德・拉雷斯（Martin Ramos de Lares），還有其他許多貝拉斯克斯的朋友和親信。我把自己歸屬到最後這類，因為我是他的遠親，也算是他的人馬。

我先靠記憶寫下這些士兵的名字，之後才會在適當的時機和場合記錄這些人所參與的探險經歷。既然我還能記得這些名字，就能妥善說明他們參與的部分。

科爾特斯在準備船隊時身體極度不適，但仍忙著操辦一切事務。貝拉斯克斯的親戚沒獲得總督的聽信，認為總督僅僅只是見證過婚禮就任命科爾特斯為統帥，對科爾特斯又妒又恨。他們也知道貝拉斯克斯數天前就開始對任命科爾特斯這件事有些後悔，就盡可能挑撥離間，勸誘總督取消科爾特斯的任命。

科爾特斯也獲知了這些情況，就始終待在總督身邊，周到的對總督獻殷勤。科爾特斯也對總督說他獲得上帝保佑，能在短時間內變得非常富有。此外，杜羅也一直建議科爾特斯儘速和士兵登船，因為貝拉斯克斯已在親族的強求下逐漸改變心意。

科爾特斯得知此事後，就對妻子說他希望帶走所有財產裝上船；就即將長途航行的丈夫而言，妻子能送的大禮莫過於此。他也已經向所有的指揮官、士兵、舵手宣佈必須在夜間完成登船，別再留在岸上。所有人都登船後，科爾特斯偕同他的密友及一些城中的重要人士去向貝拉斯克斯告別。大家相互示意及擁抱後迅速離開，隔天清晨聽完彌撒就回到船上。貝拉斯克斯也過來我們這裡，他和科爾特斯再度擁抱，兩人相互恭維。我們起航後風平浪靜，數天內就抵達千里達（Trinidad）靠岸，在港口獲得許多市民歡迎。上述的科爾特斯行動記敘其實爭議不斷，我必須在此先行說明，因為這才是真實經過，與哥馬拉歷史著作的描述全然不同[3]。

千里達的有力人士替我們所有人找好住所，而科爾特斯自己和胡安·德·格利哈瓦住在一起。他在駐紮的街區張開旗幟，顯示他已在聖地牙哥獲得任命，並下令收集購買各種武器、食物和必需品。

五位弟兄在這個城鎮加入探險隊：佩德羅·德·阿爾瓦拉多是先前曾提過的，豪爾赫·德·阿爾瓦拉多（Jorge de Alvarado）、貢薩洛（Gonzalo）、戈麥斯（Gomez）和庶出且年紀最小的胡安·德·阿爾瓦拉多（Juan de Alvarado）。此外還有曾在格利哈瓦探險隊擔任指揮官的阿隆索·德·阿維拉、胡安·德·埃斯卡蘭特（Juan de Escalante）、佩德羅·桑切斯·法爾範（Pedro Sanchez Farfan）、日後在墨西哥擔任司庫的貢薩洛·梅希亞（Gonzalo Mejia）；還有巴埃納（Baena），璜斯·福恩特拉畢亞（Juanes de Fuenterrabia）和「好騎手」拉雷斯（Lares）（因為船上還有另一位拉雷斯）、墨西哥戰爭中的軍需官「勇士」克里斯多瓦爾・奧利德；「音樂家」奧提茲（Ortiz）、古巴島司庫的外甥加斯帕・桑切斯（Gaspar Sanchez）；迪亞哥・德・皮內達（Diego de Pineda），自己擁有金礦的阿隆索・羅德里格斯（Alonso Rodriguez）、巴洛托梅・加西亞（Bartolome Garcia），以及其他我記不得姓名的士紳；所有人都是高尚之士。

科爾特斯在千里達向五十四哩外的聖斯皮里圖斯市（Santispiritus）公告，對該地市民宣稱他的探險隊是為了國王陛下建立，還用引人入勝的文字吸引他們加入。這之中加入科爾特斯的人有：麥德林伯爵的姪子阿隆索・埃南德斯・普爾托卡雷歐（Alonso Hernandez Puertocarrero）；後來在墨西哥成為首席治安官、曾擔任過八個月新西班牙都督的貢薩洛・德・桑多瓦爾（Gonzalo de Sandoval）；迪亞哥・貝拉斯克斯的族人胡安・德・貝拉斯克斯・德・里昂（Juan de Velazquez de Leon）、羅德里戈・倫赫爾（Rodrigo Rengel）、貢薩洛・洛佩茲・德・希梅納（Gonzalo Lopez de Jimena）和他的兄弟；以及胡安・塞德尼奧（Juan Sedeño）。胡安・塞德尼奧是該城鎮的殖民者，我提到他是因為船隊中還有兩位同名同姓的人。這些優秀的人從聖斯皮里圖斯來到千里達，科爾特斯得知

3 這段敘述也不同於拉斯・卡斯（Las Casas）的著作《簡要傳記》（*Brief Narration*）。此處描述科爾特斯得知貝拉斯克斯打算取消任命，就派人到屠宰場收刮肉品後離開，並對來到岸邊表示抗議的貝拉斯克斯予以蔑視。拉斯・卡斯聲稱他所述的事件內容是根據科爾特斯本人的說法。

後就和士兵很熱誠的出來接見他們，致以最高敬意。

這些殖民者在附近的城鎮擁有農場，他們帶了畜養豬、製作木薯餅，所有人都盡力細心周到的籌措糧食。我們持續招兵買馬——馬在當時還非常稀有昂貴。阿隆索・埃南德斯・普爾托卡雷歐沒有馬也沒錢買，於是科爾特斯將他在聖地牙哥訂作的天鵝絨外套變賣，買了一匹灰母馬給普爾托卡雷歐。

緊接著我們抵達哈瓦那港[4]，在此地補充裝木薯餅和鹹豬肉，是住在這裡的另一位胡安・塞德尼奧賣掉他在聖地牙哥附近的金礦，為我們提供了糧食補給。我們上岸後，胡安・塞德尼奧去對科爾特斯表示敬意，兩人經過長談，塞德尼奧就貸款買了一艘船和貨物加入我們。如此一來，我們總共就有十一艘船了，感謝上帝，一切都進行的很順利。

然而貝拉斯克斯此時卻下令要船隊停止行進，將科爾特斯囚禁帶回。

我在此必須回頭敘述我們起航後，聖地牙哥德古巴城的情況。許多人勸說總督取消科爾特斯的統帥職位；有人對總督說科爾特斯偷偷的離港就是準備造反；也有人說科爾特斯揚言過無論是貝拉斯克斯及其族人都無法阻止他當上統帥；科爾特斯之所以連夜讓士兵們上船，就是為了在強制拘留他時能立刻起航逃走。貝拉斯克斯也得知他的書記官杜羅和稅務官拉雷斯暗中和科爾特斯勾結。這些要求總督撤銷任命的參與者中，首要人物是總督的族人並且被稱為「占星者」的老人胡安・米蘭（Juan Millian）。這老人行動莽撞，有些人說他有點瘋狂。他一直對貝拉斯克斯說：「大人，當心呀！科爾特斯會為了被你關過的事復仇[5]。他既狡猾又大膽，要是現在不阻止他，遲早會被他壞了大事。」

貝拉斯克斯聽信了這些話和其他許多流言，而他自己也早有疑慮，就派兩個親信送信給千里達的要塞司令弗朗西斯科・貝爾杜戈（Francisco Verdugo，貝爾杜戈是他的姻親兄弟）和其他的親族朋友，禁止船隊起航。他下令取消了科爾特斯的統帥職位和出航許可，緊急逮捕囚禁科爾特斯，改任巴斯克・波爾蓋略為統帥。總督還寫信給迪亞哥・德・奧爾達斯、弗朗西斯科・德・莫拉和其他屬下，要求他們阻止船隊起航。

科爾特斯掌握消息後就找奧爾達斯和貝爾杜戈談話，也見過了千里達島上所有他認為可能會變成敵人或會接受貝拉斯克斯命令的士兵、殖民者，通過談話和許諾職位拉攏他們。奧爾達斯立刻建議貝爾杜戈對此事保持沉默、置之不理。他指出：他不認為科爾特斯有何圖謀，對總督忠心如故，而且若是接受命令而拘捕科爾特斯，勢必與許多重要人士為敵，畢竟在古巴沒分得印地安人而早已對總督懷恨在心的人不少。他說：「最重要的是——現在科爾特斯手握龐大兵力，可能

4 這裡指涉的地點和現今的哈瓦那港不同，哈瓦那港後來又稱為卡納雷斯（Puerto de Carenas）。而這裡提到的卻是古巴島南部海岸的港口。

5 這裡指的應是更早就發生的事件，但貝爾納爾・迪亞斯沒再提過這件事。

在這個城市挑起紛爭，可能導致士兵們洗劫這座城市，甚至更糟。」

結果這件事被大家置之不顧，貝拉斯克斯的其中一名親信佩德羅・德・拉・維加（Pedro de la Vega）也加入了我們探險隊。科爾特斯也寫信向總督示好，表示他對總督大人的決定感到訝異，不過他一心只想為上帝和國王陛下服務，也會將貝拉斯克斯奉為國王代表。他請大人別再讓決定受族人或是胡安・米蘭這種瘋老頭影響。科爾特斯也寫信給他所有親朋好友，以及和他同伙的杜羅和稅務官。

科爾特斯命士兵們整備好自己的武器，要這個城市的鐵匠製作鐵盔、弓箭，檢修弩弓。他後來還說服了兩名鐵匠和我們同行。我們在這個城市待了十天後離開，前往之前提到的哈瓦那港。

確認在千里達能辦的事都告一段落，科爾特斯命令在此加入的追隨者從古巴島南邊海岸上船，有些人則走陸路橫跨到哈瓦那，去和一路上沿途召人的阿爾瓦拉多會合——我在這之中跟隨了阿爾瓦拉多的隊伍。科爾特斯也派了他的好友埃斯卡蘭特率領一艘船沿北海岸前進，而所有馬匹都走陸路。指示安排妥當後，他自己搭乘指揮艦要所有船隻一起朝北岸的哈瓦那港前進，不過大概當時天色已晚，護衛艦沒看到他的指揮艦就起航了。

我和阿爾瓦拉多的隊伍也步行抵達哈瓦那港，而沿北海岸前進的埃斯卡蘭特和陸路的馬匹也比我們先到達了，獨缺科爾特斯，也沒人知道為什麼。過了五天，還是沒有科爾特斯指揮艦的消息，我們擔心他在離南岸哈瓦那港十到二十哩的哈丁內斯群島（Jardines）遇難；那裡鄰近皮諾斯島（Isla de Pinos）不遠，而且有許多淺灘。我們一致認為應該派出三艘較小的船前去搜尋，不過準備船隻的這兩天一直有人爭論該派誰去，科爾特斯也還沒現身。結果我們為「科爾特斯不在時由誰暫代統帥？」這個問題形成派系衝突，其中最有力的人選是奧爾達斯，他本來是貝拉斯克斯的管事，負責監督船隊並確保不會有反叛總督的事發生。

回來說科爾特斯的情況，他搭乘了最大艘的指揮艦，在鄰近皮諾斯島、哈丁內斯群島撞上某個淺灘，船隻陷在沙裡不能行駛。於是他下令用小船先把貨物帶往鄰近能抵達的岸邊，等船隻浮起來，能通行時才駛到水深之處，之後再將貨物裝卸上船，往哈瓦那港前進。

除了某些想取而代之、成為統帥的人，多數期盼科爾特斯回來的指揮官及諸位士紳都為他的到來感到高興。而「暫代統帥人選」的衝突也告一段落。

科爾特斯暫時居住在佩德羅・巴拉巴（Pedro Barba）（他是貝拉斯克斯在這個城鎮的副手）的屋子，下令將旗幟豎立在駐紮的屋前，和先前一樣發佈公告。

我之前提到很多次的弗朗西斯科・德・蒙特霍從哈瓦那前來，他在征服墨西哥後成為猶加敦地區的總督暨統帥。此外來的人還有科爾特斯在墨西哥的管家迪亞哥・德・索托（Diego de Soto），安古洛・葛爾西加洛（Angulo y Garcicaro）、賽巴斯蒂安・羅德里格斯（Sebastian Rodriguez）、一個不是「有錢人」羅哈斯（Rojas）的羅哈斯；一個叫聖塔・克雷拉（Santa Clara）的青年，兩位名為馬丁內斯・德爾・福列可南（Martinez del Fregenal）和胡安・德・納赫拉（Juan de Najera）的兄弟。他們也都是高尚之士，其他還有很多我不記得姓名的士兵。

科爾特斯見到這麼多人聚集在一起非常高興，立即派一艘船去瓜尼瓜尼科岬附近的印地安村落裝載木薯餅和鹹豬肉。那個印地安村子屬於貝拉斯克斯，就派他的管事奧爾達斯為指揮官負責處理。科爾特斯也藉此暫時打發奧爾達斯離開，他知道自己和指揮艦在皮諾斯島受困時，奧爾達斯在暫代統帥的人選討論中意圖不善；為了避免再生糾紛，科爾特斯就要奧爾達斯裝載糧食後先留在瓜尼瓜尼科港，之後再單獨航行到北海岸和其他船隻會合。除非又派印地安人乘獨木舟去告知奧爾達斯計劃生變，不然到北海岸才會合，一起往科蘇美爾島前進。

蒙特霍和其他殖民者在哈瓦那裝了大量的木薯餅、鹹豬肉（當時我們只有這兩種糧食）。然後科爾特斯下令將所有的火炮搬上岸，總共有十門黃銅炮和幾門隼砲。科爾特斯要一位炮手梅薩（Mezsa）、一個黎凡特人（Levantine）阿爾本加（Arbenga）和胡安．卡塔蘭（Juan Catalan）清理測試火炮。科爾特斯要他們檢查火藥、炮彈是否足夠，給他們酒醋清理炮身，還派了巴托洛梅．德．烏薩雷格（Bartolome de Usagre）幫忙。他也派人檢查弩弓的弓弦、螺絲等各部位，並試靶以掌握射程。由於哈瓦那週遭地區盛產棉花，我們就都裝配了厚實的棉甲。

科爾特斯在哈瓦那建造屋舍，開始講究領主排場，他第一個任命的司膳叫古斯曼，很快就死了，我記得是被印地安人所殺。這並不是指他的管事克里斯多瓦爾．德．古斯曼（Cristobal de Guzman）——他是在墨西哥城之戰被瓜特莫克俘虜。科爾特斯選了羅德里茲．蘭赫爾（Rodrigo

Rangel）為內侍、胡安・德・卡塞雷斯為（Juan de Caceres）管事；卡塞雷斯在平定墨西哥後變得非常富有。

一切安排妥當，科爾特斯令大家全部上船，將馬匹分配到各艘船上，替各匹馬設置馬槽，帶了玉米和乾草上船。

〔貝爾納爾・迪亞斯在此還列了十六匹馬，一一評論每隻馬的品種；馬匹並非都適於戰鬥，有幾匹是兩人共有。他最後提到胡安・塞德尼奧的栗色母馬在船上生了一匹幼駒。〕

胡安・塞德尼奧被譽為船隊中最有錢的人，他在自己的船上載了母馬，還買了黑人和大量木薯餅和豬肉。當時的黑人和馬匹的價值都非常高昂，我們之所以沒有更多馬，就是沒錢可買。

為了讓故事更清楚易懂，我得回頭談談貝拉斯克斯的狀況。貝拉斯克斯得知他的副手暨姻親兄弟貝爾杜戈拒絕在千里達將科爾特斯拘離船隊，還和奧爾達斯幫助科爾特斯離開，因而勃然大怒，並痛罵他的書記官杜羅和司庫官拉雷斯背著他密謀協議。他在暴怒咒罵科爾特斯之餘，也派侍從送信去給他在哈瓦那的副手佩德羅・巴拉巴及其他在該城鎮中的族人，其中包括兩個他的好友奧爾達斯和胡安・貝拉斯克斯。他緊急要求他們無論如何都不能讓船隊出航，立即用充份的衛隊逮捕科爾特斯，然後送回聖地牙哥德古巴。

貝拉斯克斯的信使加尼卡（Garnica）抵達哈瓦那時，他的來意已為人所知，因為也有人將貝拉斯克斯的所作所為向科爾特斯通風報信。很顯然是某位梅塞德會（Mercedarian）的教士混進貝拉斯克斯的身邊，通信告知他的長官——和我們同行的另一名教士巴托洛梅．德爾．奧爾梅多（Bartolome del Olmedo），還附帶了科爾特斯的兩名同伙書記官杜羅和稅務官拉雷斯寫給他的警告信。

此時科爾特斯已將奧爾達斯派上船去收集糧食，除了胡安．貝拉斯克斯外沒人會反抗他。而科爾特斯和胡安．貝拉斯克斯交涉後，也輕易拉攏了胡安．貝拉斯克斯，因為他也憤妒於他那個親族總督並沒有給他足夠的印地安人。那些總督寫信的對象也都沒支持他，所有人都站在科爾特斯這一邊；尤其是佩德羅．巴拉巴，他和我們這些士兵一樣，都願意將性命交給統帥科爾特斯。貝拉斯克斯的命令在千里達被隱瞞，在哈瓦那被徹底無視。佩德羅．巴拉巴通過加尼卡回信給總督，他說科爾特斯的追隨者非常強大，恐怕有掠奪城鎮的危險，而且所有殖民者也可能會被帶走，所以無法逮捕科爾特斯。他也補述說他認為科爾特斯是總督忠誠的僕從，毋須擔憂。同時科爾特斯也駕輕就熟的用畢恭畢敬的文字寫信給總督，他說自己仍然忠心耿耿，過幾天就要出航。

4

航途

我們在抵達科蘇美爾島前都還沒清點兵力裝備，科爾特斯僅要求將馬匹帶上船。他要阿爾瓦拉多乘一艘建造精良的船「聖賽巴斯提安」沿著北海岸航行到聖安東尼奧岬，司舵正在此等候，也要所有船隻都在此會合後再一起朝科蘇美爾島出發。科爾特斯也派人向沿著北海岸收集糧食的迪亞哥·德·奧爾達斯下達相同命令。

一五一九年二月十日，我們聽完彌撒，九艘船載著我先前提到的同伙士兵、先生們從南海岸起航；加上北海岸的兩艘，船隊一共有十一艘船。我是屬於阿爾瓦拉多身邊的七十名士兵。

我們這艘船的司舵卡馬喬（Camacho）沒謹記科爾特斯的命令，擅自不斷航行，比科爾特斯早了兩天抵達科蘇美爾島，在之前格利哈瓦探險中到過的港口下錨停泊。科爾特斯晚到的原因是弗朗西斯科·德·莫拉所指揮的船因天氣惡劣而失去船舵，船隊中的另一艘船中提供備用品後，所有船隻才又一起前進。

我們在阿爾瓦拉多的率領下抵達科蘇美爾島，所有人在村落旁登陸，但印地安人全都逃走了，沒見到任何人。阿爾瓦拉多派人去看看三哩外的另一個村落，該地居民也已匆忙逃離，不過沒能帶走擁有的財物，留了家禽和許多財物，於是阿爾瓦拉多下令沒收了四十隻雞。接著在神廟裡也發現懸掛著的舊衣物，遺留的幾個小木箱裡有頭帶、畫像、珠子和低成色金子的吊飾。我們回到上岸的村子路上也抓到兩男一女，共三個印地安人。

我們回村時科爾特斯和船隊正好抵達，統帥上岸後的第一件事是將司舵卡馬喬監禁，因為他沒聽從命令讓船隻在海上等候。科爾特斯看到這個村子的居民毫無蹤跡，也知道阿爾瓦拉多派人去了別的地方帶走了雞群、從神廟取走吊飾和其他低價的金飾，他和對待司舵一樣對阿爾瓦拉多大發脾氣，極為嚴厲的斥責這名指揮官，要他不能再用搶劫當地財物的方式來平定疆土。科爾特斯派人將那印地安兩男一女帶來，透過我們從卡多切角帶來的印地安人梅爾喬（他的夥伴朱利安已經去世了）告訴他們不要害怕，請他們傳喚當地酋長。科爾特斯將金飾、吊飾和其他所有東西歸還，不過我們已經吃了幾隻雞，就多給了他們一些珠子和小鈴噹，除此之外還給每個印地安人一些西班牙衣物，讓他們動身去傳喚村子的領袖，結果隔天酋長就帶了所有人一起過來。印地安人帶著妻兒友善的和我們站在一起，科爾特斯命我們無論如何都不能傷害對方。這名統帥從這個小島開始展現他強而有力的統御管理之術。他是如此受上天眷顧，能將事情處理的井井有條，在安撫印地安人及平定各城鎮的方面更是優秀，之後還會一再看到。

我們抵達科蘇美爾島三天後，科爾特斯才下令清點人數。不包括船上的大副、司舵、水手之類的船員共有五百零八人，而船員共約一百人；駿馬十六匹，都適於運動、衝刺；大小船艦十一艘，其中一艘吉恩斯・納特斯（GinesNortes）買的船載滿了補給，才剛下水不久。另有三十二名弩弓手，十三名火槍手，十門黃銅炮、四門隼砲，還有許多火藥和彈藥。我並不是那麼切確記得弩弓手的數量，但其實這也無關緊要。

全部清點完後，科爾特斯命「炮手」梅薩、胡安・卡塔蘭和巴托洛梅・德・烏薩雷格等炮兵隊員檢查槍炮是否清理乾淨、整備良好，彈藥是否足夠；任命曾在義大利服役的弗朗西斯科・德・奧羅斯科（Francisco de Orozco）為炮兵隊長。此外指派擅於維修武器的兩名弩弓手胡安・貝尼特斯（Juan Benitez）和「弓手」佩德羅・德・古斯曼去確認所有弩弓是否有備用的螺絲、弓繩，檢查刨台、輻刨片；找人拿弩弓試射，也讓馬匹都維持在良好的狀態。我不知道為何要耗費筆墨描述這些裝檢，不過科爾特斯的確對事事都如此小心留意。

我很榮幸的和名為馬丁・拉莫斯（Martin Ramos）的巴斯克人（Basque）被科爾特斯找去詢問卡多切角的印地安人所說的「卡斯蒂蘭」是什麼意思（先前的埃爾南德斯探險過程中曾提到），於是我們又仔細覆述一遍相關經歷，科爾特斯說他常常在思考這件事，懷疑是否有一些西班牙人住在那個地區。他說：「我認為當地若有西班牙人，對我們來說很有幫助」、「去問問科蘇美爾的酋長是否知道西班牙人的事」。

通過梅爾喬（他來自卡多切角，現在懂一點西班牙語，很熟悉科蘇美爾的語言。）向所有科蘇美爾的酋長問話。酋長說看過幾名西班牙人，某個在大陸內地約兩天路程的酋長就擁有兩名西班牙奴隸，幾個科蘇美爾的印地安商人兩天前還跟他們說過話。我們得知這個消息非常高興，科爾特斯請酋長寫信傳訊（信在當地被稱為阿瑪爾（amales）），立刻將他們召喚過來。他贈送珠子給酋長和送信的印地安人，和善的告訴信使歸來時還會給他更多。酋長建議向西班牙奴隸的擁有者提供贖金，如此一來才更有可能帶回西班牙奴隸；科爾特斯認同這個看法，便讓信使帶上各式各樣的珠子。科爾特斯令兩艘較小的船開往卡多切角附近的海岸，其中較大的那艘為了足以讓消息帶到及等待答覆，在此等待八天；較小那艘船則是負責儘快將消息回報給科爾特斯。卡多切角離科蘇美爾島只有二十哩遠，就在視野之內。

科爾特斯在信中寫道：「我的兄弟們，我在科蘇美爾島聽說你們被酋長俘虜，不過我們已經備好士兵和船隻，也將贖金交給前去的印地安人以確保你們能離開，請你們立刻過來這裡。船隻會等八天，請你們儘快上船，我會歡迎你們歸來，提供照料。我在這島上有五百名士兵和十一艘船艦，之後會在上帝的保佑下前往塔巴斯科或錢波通。」

兩艘船載著遞送信件的科蘇美爾印地安商人，很快於三個小時內通過海峽，帶著信件和贖金上岸，兩天內就遞送給名為赫羅尼莫・德・阿吉拉爾（Jeronimo de Aguilar）的西班牙人。（我們見到他本人後才知道他的名字，不過我以下就先直接稱呼他的名字。）阿吉拉爾收下贖金、閱讀信件後很高興的去見酋長主人，請求允許他恢復自由之身離開，酋長欣然同意。接著阿吉拉爾動身去十五哩外找他的同伴貢薩洛・格雷羅（Gonzalo Guerrero）。沒想到貢薩洛聽完信件內容後說：「我的好兄弟阿吉拉爾，我在這裡已經成婚生子，而且被任命為酋長，成為戰士隊長。你自己離開吧！上帝會保佑你。我臉上已經刺了青，耳上也穿了耳環，想想那些西班牙人會怎麼看待我這副模樣。你看看，我的兒子已經長的如此英俊，請你分我幾顆你帶來的珠子，我會告訴他們這是我的兄弟從母國帶來送我。」而貢薩洛的印地安妻子也憤怒的用他們的語言痛罵阿吉拉爾：「你這個奴隸為何要來帶走我的丈夫，給我滾出去！我們以後不會再跟你說話。」

阿吉拉爾再度和貢薩洛溝通，提醒他身為天主教徒，不應該為了印地安妻兒就放棄自己的靈魂，而且他也能帶妻兒一起離開。不過他無論是好說歹說都無法說服貢薩洛離開。我記得貢薩洛本來是來自西班牙帕洛斯的水手。

阿吉拉爾見到貢薩洛不願和他同行，就立刻隨著兩名印地安信使前往兩艘船的等待之處，但他抵達時沒看到船。原來奧爾達斯奉命已等了八天，還多等了一天，仍遲遲未見西班牙奴隸的消息，就返回科蘇美爾島了。阿拉吉爾沒看到船，只好傷心的回到他原主人所在的村落。

奧爾達斯就雙手空空的回科蘇美爾島，沒帶回西班牙人，也沒有印地安信使的消息。科爾特斯很生氣的責備奧爾達斯，他說既然已經確知這附近有西班牙人活著，本以為奧爾達斯能把事情處理好。

這時有一些來自直布羅陀的水手（他們暱稱「強人」）偷走一些士兵貝里歐（Berrio）的豬肉還不願返還。貝里歐就向科爾特斯控訴，而這些水手提供證詞時還說謊，不過經過調查後證實他們偷了豬肉七人平分。科爾特斯就無視這些人所屬指揮官的請願，下令鞭打他們。

接著繼續敘述我們停留在科蘇美爾島上的情況。此時是當地習俗要準備獻祭的時節，許多鄰近卡多切角、猶加敦其他地方的印地安人前來朝聖，他們帶了許多形貌駭人的偶像前來科蘇美爾的神廟。某天早上，神廟的庭院擠滿男男女女，還燒了像是薰香的樹脂。一位穿著長袍的老印地安人是這些神像的祭司（我說過在新西班牙他們被稱為「帕帕」），走到石階最上層開始佈道。科爾特斯和我們想知道佈道的內容，便向梅爾喬詢問老人在說什麼，梅爾喬說老人講的都是邪魔外道，於是科爾特斯召見酋長、其他首領和那名祭司，透過翻譯人員盡可能好好的告訴他們：如果要和我們成為兄弟，就得把那些偶像丟出神廟。那些並不是神明，而是惡靈，而且惡靈非常邪惡，不僅使人偏離正道，也會害他們的靈魂墮入地獄。科爾特斯也告訴當地人真正神聖良善的道理，贈送聖母瑪莉亞像，並要求設立十字架，說這會保佑他們滿載而歸、拯救靈魂。科爾特斯還好言相向，說了許多我們聖教信仰的其他教義。

酋長和祭司回答說他們的祖先認為這些是善神才加以敬拜，他們可不敢違背。若是我們丟掉神像，一定遭到報應，他們會等著看著我們在海上沉沒。不過科爾特斯還是命我們將偶像摧毀、丟出神廟，然後找來石灰（這個村落有很多石灰）和印地安石匠修築了非常乾淨的祭壇，設立聖母瑪莉亞像。找了木匠阿隆所・亞涅斯（Alonso Yañez）和阿爾瓦羅・羅佩茲（Alvaro Lopez）用當地木材製作十字架，立在祭壇旁的聖地上。最後由教士胡安・迪亞斯（Juan Diaz）舉行彌撒；酋長、祭司和其他印地安人就在一旁聚精會神地觀看。

科爾特斯將聖母像託付給酋長和祭司照顧，要他們與追隨者敬拜十字架、維持祭壇潔淨，他們將會見證信仰上帝帶來的好處。印地安人承諾遵從，又拿了四隻雞和兩罐蜂蜜送我們。科爾特斯擁抱酋長和祭司後離開。

三月一日，我們上船起航，一路上風平浪靜。當天早上十點時聽到喊叫聲，某艘船還發了一炮警示其他船隻。科爾特斯立刻從旗艦過去了解狀況，看到埃斯卡蘭特的船正轉往科蘇美爾的方向，便詢問發生了什麼事。一個名為路易士．德．薩拉哥薩（Luis de Zaragoza）的士兵回答說埃斯卡蘭特的船（船上載滿木薯餅）正在下沉。科爾特斯喊著：「希望上帝保佑我們別再受難」，要司舵阿拉米諾司通知所有船隻一起回到科蘇美爾島。這天我們返回出航的港口，把木薯餅運下船。我們很高興看到聖母像和十字架還安置的很好，前面還燃著薰香。酋長和祭司前來詢問我們為何返航，科爾特斯說其中一艘船正在漏水，正要修理。他也要求對方派所有的獨木舟協助我們把所有木薯餅用小挺運上岸，印地安人就動手幫忙。我們修船花了四天。

西班牙人阿吉拉爾聽說我們船隻又返回科蘇美爾島，高興的感謝上帝。他連忙和先前兩位帶贖金給他的信使登上獨木舟，用我們送給他的綠珠子開了好價格，雇了六名印地安槳手賣力划船，在沒遇到逆風的情況下很快就通過大陸和島嶼間十二哩長的海峽。

阿吉拉爾等人到達科蘇美爾島時我們正在卸貨，有些士兵正在打獵（因為這島上有野豬）。士兵通報科爾特斯有艘大獨木舟從卡多切角的方向駛來，在村落附近靠岸。沒想到會有印地安人如此無畏的開著大獨木舟靠近，情況很罕見，科爾特斯就派安德烈司．德．塔皮亞（Andres de Tapia）和兩名士兵前去查看。阿吉拉爾身邊的印地安人一看到其他西班牙人就非常害怕，想掉頭把獨木舟推回海上，不過阿吉拉爾用土話跟他們說不用害怕，這些是他的弟兄。阿吉拉爾看起來就像是個印地安人，塔皮亞瞄了一眼就立刻先派人向科爾特斯回報說獨木舟上有七名印地安人。他回頭跳上岸時，阿吉拉爾語無倫次地喊著「上帝和聖母保佑！」塔皮亞和其他士兵才發現他是西班牙人，上前擁抱他，也有人迅速向科爾特斯報訊討賞。大家聽到這個消息都很高興。

塔皮亞隨即帶阿吉拉爾去見科爾特斯，路上還碰到其他士兵詢問「那個西班牙人在哪？」阿吉拉爾全身已經自然曬黑，頭髮就跟印地安奴隸一樣糾結在一起，士兵們縱使跟阿吉拉爾站得很近，也無法分辨出他和其他印地安人的差異。阿吉拉爾此時肩上扛著船槳，一腳穿著草鞋，另一隻草鞋繫在腰上，身穿破舊衣物，只用碎腰布遮蔽下體，衣服上繫著一本很舊的祈禱書。

科爾特斯也跟其他士兵一樣無法辨別出這副模樣的阿吉拉爾，向塔皮亞詢問西班牙人在哪。阿吉拉爾一聽到他出聲詢問，就以印地安風格蹲跪下來回答：「我就是！」由於他沒有其他衣物，科爾特斯就命人給他短衫、緊身上衣、褲子、外套和鞋子，接著詢問他的姓名、經歷、何時到這個地區。他有點發音困難地回答：他是赫羅尼莫・德・阿吉拉爾，出生於埃西哈（Ecija），是神職人員。他八年前和十五男二女從達連（Darien）航向聖多明哥（Santo Domingo），當時他和是某個叫恩西歐・貝拉迪維拉（Encisoy Valdivia）的人在打官司，船上載著一萬披索金子和相關文件。沒想到船在阿拉克蘭（Alacranes）觸礁浮不起來，他和同行的男女乘上小艇想前往古巴或牙買加，但激烈的水流將他們沖上這個地區的海岸，當地的卡拉喬涅斯（Calachiones）[1]捉走同行的人，許多人被犧牲獻祭，有些人則是病死，兩名女人被派去碾穀物，最近過勞而死。印地安人也打算殺了他獻祭，他某天晚上逃到後來的酋長身邊才得以活到今日。目前的倖存者只剩下他和某位名為貢薩洛·格雷羅的人，他曾去傳喚對方一起過來，但被拒絕了。

阿吉拉爾感謝上帝對他的恩典，科爾特斯許諾會給他良好的看護和報酬，詢問更多這個地區、村落的狀況。阿吉拉爾回答說他只是奴隸，都在伐木、挑水、在玉米田工作，只有一次身背難以負荷的重物去十二哩外的地方，不過即使如此他也知道這附近有許多村落。接著科爾特斯問起貢薩洛·格雷羅的情況，阿吉拉爾回答說貢薩洛已經娶妻、育有三個孩子，身上刺青、下唇和耳上穿環。貢薩洛是出生於帕洛斯的水手，印地安人都認為他很有勇氣。阿吉拉爾還提到一年多前曾有指揮官和三艘船到了卡多切角（這必定是指我們那批由埃爾南德斯率領的探險隊），當時貢薩洛已經將自己視為大村落的酋長旗下一員（這裡所說的酋長就是我在先前的探險記敘中提到的那個），正是他建議印地安人攻擊西班牙人。科爾特斯聽了怒吼：「我一定要親手逮到這傢伙！不能再讓他留在這裡」。

科蘇美爾的酋長發現阿拉吉爾能說他們的語言，就給了他很多食物，他也向對方建議要好好尊敬、保存聖母像和十字架，說會帶來好處。在阿吉拉爾的建議下，酋長向科爾特斯索取介紹信，若以後有其他西班牙人到來，他們就會妥善招待、避免雙方造成傷亡。科爾特斯為酋長寫了介紹信，熱忱的和他們道別後準備航向格利哈瓦河。

得到了一個出色又忠實的翻譯人員後，科爾特斯於一五一九年三月四日命大家登船，下達了和上次出發前相同的命令。剛出發時一路順風，傍晚時突然狂風大作，船隊被吹得七零八落，隨時可能會撞上岸，非常兇險。不過感謝上帝保佑，午夜時風勢就減弱，四散的船隻再度聚集，卻獨缺貝拉斯克斯．德．里昂那艘船。我們維持航線前進，不料直到中午還是沒看到那艘失散的船，擔心那艘船撞上淺灘沉沒了，心裡非常苦惱。科爾特斯對司舵阿拉米諾斯說不宜在沒有走失船任何消息的情況下繼續前進，司舵便發信號讓各船隻停船，看那艘走失船是否是被吹入哪個海灣、因逆風而無法航行。然而等了一陣子還是不見船隻蹤影，司舵就對科爾特斯說：「大人，我認為那艘船是被吹入我們經過的某個港口或海灣，而且被逆風困住；那艘船上的司舵『獨臂人』胡安．阿爾瓦拉茲（Juan Alvarez）曾參與過埃爾南德斯和格利哈瓦探險隊，他很熟悉這個地方。」

我們一致認為整個船隊應調頭去找走失船，結果如司舵所料，就在某個海灣找到這艘船，大家鬆了一口氣。我們在這個海灣停了一天，放下小船讓指揮官弗朗西斯科．德．路哥（Francisco de Lugo）和司舵帶人上岸探索。他們發現了玉米田和印地安人製鹽的場所，也找到四間金字塔或神廟。神廟內有許多偶像，多數偶像的形狀看來像是高大的女性，我們便將此地命名為女人岬

1 這是「酋長（Caciques）」這個字的當地用語。

（Punta de las Mujeres）。

我記得阿吉拉爾說他被當成奴隸時的村落離這些農地不遠，而且這就是他替主人背負不堪負荷的重物時來過的地方。他也說貢薩洛．格雷羅的村落離這裡很近，那裡也有一些金子，雖然並不多。阿吉拉爾建議我們去那裡，打算替我們帶路，不過科爾特斯笑著說他是為上帝和國王陛下效力的人，可不幹這種小事。

科爾特斯派指揮官埃斯科瓦爾率船（那艘船速度最快，吃水較淺）去邊界灣仔細探查，搜尋值得開拓的良港，也看看當地是否如之前一樣還有許多獵物。這個命令是基於司舵的建議，等到整批船隊都停進去時才不會浪費時間。埃斯科瓦爾接獲的命令是勘查過後就砍下木頭作記號放在海灣入口，寫信放在灣岸其中一側顯眼的地方，或是探查完港灣後就在海上迎風繞圈等待船隊。

埃斯科瓦爾前往邊界灣口完成交辦的所有任務。他發現上次格利哈瓦探險隊遺留下的灰獵犬變得又胖又油亮，據說灰獵犬一看到船隻駛進海灣，就高興的搖著尾巴，立刻跑向士兵登岸的小艇。埃斯科瓦爾完成探查就駛出港灣等待船隊，不過似乎是南風太強，船隻無法停留在出海口，就被吹到較遠的海上。

回來講船隊這邊的狀況。我們在女人岬逗留到隔天早上，在和緩的風推送下離開陸地，航向邊界灣。由於沒看到埃斯科瓦爾，科爾特斯就派十二名弩弓手搭小艇到出海口看看是否有埃斯科瓦爾留下的記號、信息。他們很快就找到砍倒的樹木和信件，信裡說這片土地非常富饒，仍有許多獵物，也提到了灰獵犬的事。司舵說很可能是南風把埃斯科瓦爾吹到海上，不過船隻若是一直迎風行駛就不會離得太遠，建議科爾特斯繼續沿航線前進。科爾特斯擔心埃斯科瓦爾遭遇不測，下令立刻出航，很快就發現了埃斯科瓦爾。埃斯科瓦爾親自向科爾特斯報告，也說明他為何無法在原地停留。

我們航行間接近錢波通，科爾特斯下令下錨停船，但司舵說這裡不是良港，而且港灣正值退潮、水位較低，離岸邊六哩就得停船。科爾特斯本想讓這些擊敗過埃爾南德斯、格利哈瓦探險隊的印地安人付出代價，許多參與過那兩次衝突的士兵也希望科爾特斯能好好教訓錢波通人，即使在這裡多逗留兩三天也無所謂。然而阿拉米諾斯和其他舵手堅持必須儘快離開，否則逆風會把船隊困上一週；若是現在離開還是順風風向，不到兩天就能抵達塔巴斯科。結果船隊沒有停留，直接通過了錢波通，三天內到了格利哈瓦河（當地人稱之為塔巴斯科河）。

船隊於一五一九年三月十二日到達格利哈瓦河。我們藉著上次格利哈瓦探險隊的經驗知道河口水淺，無法直接駛入，大船就在海上停錨。士兵們跟上次一樣乘上較小的船艦、小艇在離塔巴斯科村[2]一哩多的棕櫚岬(Punta de los Plamares)[3]登陸。整條河的堤岸和兩邊的林地沼澤都站滿了

2 這個地方的印地安名為波頓昌（Potonchan），西班牙人重新命名為「聖塔瑪莉亞德拉維多利亞」（Santa María de la Victoria），後來則以塔巴斯科而為人所知，不過很久以前就荒廢了。

3 就是在先前描述中的那個有許多棕櫚樹的岬角。

印地安戰士，他們很訝異於看到我們這些和格利哈瓦來過的西班牙人。戰士加起來超過一萬兩千人，全都摩拳擦掌準備動手。當時那個村落算是核心要地，附近還有幾個從屬的大村子，戰士都配備著先前慣見的武裝準備開戰。

錢波通、拉薩羅和其他鄰近村落的人嘲笑塔巴斯科人是懦夫，因為塔巴斯科人曾送金銀財寶給格利哈瓦。附近的人說塔巴斯科雖然比鄰近地區擁有更多村落、戰士，卻貪生怕死不敢攻打西班牙人，不像錢波通開戰殺了五十六個西班牙人。這種奚落使塔巴斯科人決定對我們動武。

科爾特斯見印地安人備戰，要懂當地語言的翻譯人員阿吉拉爾去問話[4]。阿吉拉爾就找離得較近的大獨木舟上像是隊長的印地安人交談，他說我們到此無意傷人，甚至會贈送一些帶來的貨物，待他們如親兄弟，不知為何他們要如此警戒。阿吉拉爾說了許多維持和平的好處，請對方別開戰，否則他們會後悔莫及。不料他說得越多，印地安人越是蠻橫。印地安人說村子周遭已經伐木設置好路障、柵欄等要塞防禦工事，膽敢進村就殺無赦。

阿吉拉爾仍再度請求對方維持和平，好讓我們打水、交易食物，也要求讓他去對酋長說明為天主效力的好處。不過對方仍持續威脅：要是我們敢跨離棕櫚岬一步就會大開殺戒。

科爾特斯見狀下令備好小船、小艇，每艘船配備三門銅炮和若干弩弓手、火槍兵。有人記得格利哈瓦那次探險發現過一條橫跨幾條小溪的小徑，從能棕櫚岬通往村落，科爾特斯就命三名士兵夜裡去調查這條小路是否能乘馬通行，查完迅速回報；調查的結果是可以。調查準備完成，我們整晚都在船上安排如何進攻。

隔天早上，全員武裝完畢、望彌撒後，科爾特斯派指揮官阿隆索．德．阿維拉率一百名士兵和十名弩弓手沿著前面提到的小徑前進，聽到槍響就從另一側攻擊村落，科爾特斯和其他所有士兵登上河上小船、小艇。河堤、林地間的印地安人看到我們準備移動，就駕著大批獨木舟靠近，阻止我們從任何可以登陸的地點上岸。整個河堤全是印地安戰士，人人身帶當地常見的武器，同時擂鼓鳴號。科爾特斯見狀要我軍暫時別開槍開炮，他要證明他的所作所為合情合理。他當著皇家公證人迪亞哥．德．戈多伊（Diego de Godoy）的面透過阿吉拉爾向印地安人要求登陸取水，宣揚天主和國王陛下的威光，要是對方主動攻擊，而在我軍防衛戰中戰死，也算是他們咎由自取。然而印地安人只是一味威嚇，要是我們敢登陸就會動手。

印地安戰士在鳴鼓信號後兇狠的靠近，獨木舟將我們團團圍住，猛烈射擊。傾射的箭雨使我軍困在水深及腰的地方，泥濘、沼澤使人難以通行。我們遭到太多印地安人擲矛射箭攻擊，苦戰了很久才上岸。

科爾特斯在戰鬥時掉了一隻鞋子在泥濘中沒空找回來，只好赤腳登陸，後來才找回鞋子穿上。

4 當地人可能是澤套族人（Tzendals/Tzeltals），為馬雅民族的分支，使用的語言是馬雅語。

此時我方所有指揮官、士兵大喊著「聖地牙哥！」同時攻擊印地安人，強勢逼退敵軍。印地安人就退避到不遠處用大木頭製造的路障、柵欄後方，不過我軍仍找到缺口突破，繼續追擊。他們被逼退到街上的另一個防禦工事又停了下來，英勇堅忍的回頭奮戰。敵人一直呼叫著：「阿爾，阿爾卡拉丘尼！」，用當地土語煽動著眾人殺死、捕獲我方統帥。

阿維拉在我軍被包圍時率軍依計從棕櫚岬走陸路趕來，似乎是因泥濘、沼澤而沒能更快抵達。不過其實他們的遲來正好和我軍再度勸喻印地安人、突破路障柵欄等不可避免的延誤兩相契合。全軍會合後大舉將印地安人從防禦工事逼退，不過印地安戰士仍勇敢的不斷射箭投石，從未倉惶逃跑。我們一路追擊到了幾間屋子、大廳及三間神廟的廣場，此地物資已被搬空。此時敵軍已四散而逃，科爾特斯下令不要繼續追擊，大家在神廟休息[5]。

科爾特斯宣佈以國王陛下的名義佔領此地，他是這麼進行的：科爾特斯拔出長劍，對著大庭院中的大棉樹連砍三劍，象徵佔領本地，然後宣稱若有不服，他會用手上的劍盾捍衛國王陛下的權利。

這項行動在皇家公證人前展示，也被我們所有士兵見證，大家都予以聲援，認為以國王陛下的名義佔領乃是大義，會幫他抵抗任何挑戰者。不過貝拉斯克斯的追隨者暗地裡對此議論紛紛[6]。

我記得我軍在這次苦戰中有十四名士兵受傷，我自己腿部中箭，不過傷勢並不嚴重。我們在登陸的那片水域發現了十八具印地安人屍體，當晚在神廟廣場過夜，派了守衛和哨兵值夜。

隔天早上，科爾特斯要阿爾瓦拉多率一百名士兵（其中有十五名弩弓手和火槍兵）帶著梅爾喬往內陸五到六哩的地方進行探索。不過此時沒找到這名翻譯人員，原來梅爾喬已經混入塔巴斯科的人群逃走了。他似乎前一晚就脫下西班牙服裝，駕著獨木舟逃離棕櫚岬。科爾特斯對他的逃亡勃然大怒，也害怕他會對其他的印地安人洩露對我方不利的機密。不過反正他很不幸，這事可以先就此不論，先回頭講我們的遭遇。

科爾特斯也派了指揮官弗朗西斯科．德．路哥率一百名士兵（其中有十幾名弩弓手和火槍兵）從另一個方向探索，要求他們探索範圍別超過六哩，夜晚前就要回到營地過夜。他們才走了約三哩就遇到一大群印地安弓手，還有帶著長矛、盾牌、戰鼓、旗幟的戰士。敵軍人數眾多，立刻從四方展開包圍，開戰射箭，令人難以招架。敵軍投擲的標槍和飛石如冰雹般打在我軍身上，接著又

5 據科爾特司自己於維拉克魯斯寫的信件，印地安人先派了一名帶著禮物的代表，但堅持要西班牙人離開這個地區。科爾特斯向對方要求食物，使者雖然同意了但沒派人再來過。因此科爾特斯才如貝爾納爾．迪亞斯之後所述，派出糧食搜索隊。

6 這是科爾特斯第一次從未提到貝拉斯克斯的名字，略過了貝拉斯克斯將自己直接置於國王的蔽護下。

用雙手砍刀[7]攻擊。雖然路哥和士兵奮力抵抗，但無法逼退敵人。路哥意識到兩軍僵持不下，就下令全員維持陣形向營地退去，派了一名古巴的印地安飛毛腿去向科爾特斯求援。路哥軍在妥善的指揮下，由弩弓手、火槍兵交替射擊，搭配適時的進攻，漸漸能抵抗敵方攻勢。

先放下這危急的場面去看阿爾瓦拉多那邊的情況。他們走了約三哩就遇到難以跨越的溪流，就取道其他路徑回來，也多虧上帝保佑，回來的路線很靠近路哥軍戰鬥之處。阿爾瓦拉多軍由槍聲、鼓號聲、印地安人呼嘯聲得知附近正進行戰鬥，便維持陣勢，緊急朝聲響方向前進，接著就發現指揮官路哥和士兵正和敵人短兵相接。我方兩支軍隊會合時，敵方已死了五名印地安人，接著立刻展開反攻將印地安人逼退。不過他們不足以擊潰敵軍，敵人仍尾隨他們來到營地。

科爾特斯等人在營地照料傷患時也遭到其他印地安人攻擊，不過他們很快就用槍炮、利刃擊退敵人。

古巴印地安人前來告知路哥軍遭遇危險，科爾特斯就率軍迅速前去救援，在營地一哩半之外遇到兩位指揮官的軍隊。路哥的隊伍有二死八傷，而阿爾瓦拉多的隊伍有三人受傷。大家回到營地救治傷者、將死者火葬，安排衛兵放哨。

我們在那場衝突中殺死了十五名印地安人，俘虜三人，其中一個看起來地位很高。我們通過翻譯人員阿吉拉爾質問對方為何逞兇動武，也警告他們若是再犯就會被殺。科爾特斯派其中一人帶珠子去見酋長，先表示和平的善意。這名使者說我們從卡多切角帶回來的印地安人梅爾喬前一晚逃到他們那邊，透露西班牙人的數量不多，建議用不分晝夜的攻勢擊敗我們。看來我們一直都帶著和我們作對的敵人，而非幫手。

擔任使者的印地安人離開後就沒有回來，不過阿吉拉爾從另外兩名俘虜口中得知：鄰近地區村落的所有酋長依梅爾喬的建議會在隔天全副武裝開戰，打算團團圍住我們所在的營地。

科爾特斯得知敵方計劃，隨即下令帶所有的馬匹上岸，要求所有的弩弓手、火槍兵、士兵（包括傷患在內）都要備好武器應戰。

這些馬在船上待得太久，上岸後非常害怕、行動遲鈍，不過隔了一天又能行動自如。此時發生另一件事：有六、七名年輕健康的士兵突然背痛而無法站立，需要他人背動。我們不清楚真正的原因，有些人說是他們棉甲穿太久了，日日夜夜都沒脫掉所致。而且這些人之前在古巴過著養尊處優的生活，並不習慣艱苦的日子，又在這裡熱壞了。科爾特斯認為他們不該留在岸上，下令將他們帶回船上。

我們從騎兵隊中選出最好的馬匹、騎手，在馬匹的胸革帶上繫上小鈴噹，騎兵奉命不斷用長矛刺敵人的臉，直到擊潰對方。

選出來的十三名騎士上馬，由科爾特斯指揮，而炮手梅薩奉命準備好槍炮。奧爾達斯沒有馬

---

7 這種刀稱為馬卡那斯（macanas），一種用燧石或黑曜石為刃的木製刀。

騎，就負責指揮所有步兵、弩弓手、火槍兵。

隔天是聖母節（Lady Day）[8]，清晨一大早，聽完教士巴托洛梅・德・奧爾梅多唱彌撒後，大家排好陣勢，由安東尼奧・德・畢爾拉羅爾（Antonio de Villaroel）帶頭掌旗，行軍到離營地三哩的「薩凡納」（savannah）[9]。這裡是之前路哥和阿爾瓦拉多遭受攻擊的地方，叫做辛塔拉（Cintla），鄰近有個同名的村落，隸屬於塔巴斯科。

科爾特斯和騎兵的馬匹難以通過沼澤而和我們隔了一段距離，步兵就遇到一大群印地安戰士朝著營地衝過來，雙方在離辛塔拉那個開闊平原的不遠處遭遇；看來印地安戰士想找我軍開戰，我們的想法也如出一轍。

如前所述，我們出外行軍搜索敵軍時遇敵，他們也在找我們。敵軍所有人都戴大羽飾，身穿縫製棉甲，帶著戰鼓、號角，臉上塗上黑色和白色，人人裝配大弓、弓箭、長矛、盾牌、類似雙手劍的刀刃、彈弓、石頭、標槍。敵軍人數多到遍佈整個原野，先是跟之前一樣慢慢接近，接著如瘋狗般衝過來將我軍團團包圍，射出的弓箭、標槍、投石鋪天蓋地，第一波攻擊中就打傷我方七十多人，又在肉搏戰中用長矛刺傷多人。敵人持續不斷射擊中，我方一名士兵耳朵中箭當場死去。不過我軍用火槍、弩弓、利刃紮實作戰，敵人吃了利刃的苦頭後就漸漸撤遠，不過仍保持安全距離遠遠地射箭。由於敵方一夥又一夥的人聚在一起，我軍炮手梅薩能輕鬆瞄準開炮，用大炮殺了不少人。但無論製造了多少傷亡，他們就是不肯撤退。我對奧爾達斯說：「我們應該靠近攻擊，我方的利刃讓敵人吃到苦頭，他們害怕短兵相接才往紛紛後退，只敢從安全之處射擊。」奧爾達斯說他不同意，如此一來我們每人得應付對方三百人，人數不足以應付對方的攻擊。然而我軍仍盡可能向對方靠近，又用利刃砍殺了一陣，廝殺後敵軍往沼澤撤退。戰況至此，即使我軍實在非常需要幫忙，科爾特斯和騎兵隊仍未現身，大家開始擔心他們是否遭遇不測。

每當我們開槍時，印地安人就發出巨大的吶喊及呼嘯聲，還一邊揚起稻草、塵土，我們根本看不清是否打傷他們。他們用戰鼓、號角發出聲響，同時呼嘯高喊著：「阿拉拉！阿拉拉！」（*Alala! Alala!*）。

這時我們才看到騎兵隊，而且大量印地安人正瘋狂進攻，沒有立刻注意到背後有敵人接近。原野非常平坦，馬匹也非常迅捷，騎兵人人都是箇中能手，迅雷不及掩耳衝到印地安人身後提槍猛刺。而我們看到騎兵發動猛攻的同時發動夾擊，很快就把敵人打得落荒而逃。而且當時印地安人還沒見過馬，他們以為騎兵是人馬一體的怪物。

原野上的印地安人落荒而逃，紛紛躲避到附近的密林。敵人逃散後，科爾特斯才解釋他們路

8 譯者註：又稱聖母領報節（Feast of the Annunciation），紀念天使向聖母瑪利亞宣告基督將要誕生；這節日一般是每年的三月二十五日，往後推算九個月即為聖誕節。

9 加勒比語是指無樹的平原。

上遭到沼澤阻礙，而且在抵達此處之前也和另一隊印地安人交戰過，三名騎手和五匹馬受傷。

騎兵在屋子旁的樹前翻身下馬，大家感謝上帝保佑讓我軍大獲全勝。由於這天是聖母節，我們將之後發現的村落取名為「聖塔瑪莉亞·德·拉·維多利亞」(Santa Maria de la Victoria)，用以紀念我們在聖母的節日所獲得的重大勝利。這是我們在科爾特斯率領下，於新西班牙進行的第一場戰爭。

後來我們用衣物布料替傷患包紮（此時僅有這種醫療用品），並從印地安人的屍體切下脂肪以灼燒封緘馬匹的傷口，然後到原野上探查情況。我們發現八百多具屍首，大部分死於兵刀砍傷，其他有些是被槍炮、弩箭射死，也有許多人半死不活的倒在地上呻吟，看來騎兵所到之處非死即傷。戰鬥持續了一個多小時，現在天色漸晚，我們也一直沒吃東西，人人打得筋疲力盡，便返回營地。我們抓了五個俘虜，其中兩人是隊長。接著埋葬兩名死者，其中一人喉嚨被刺破，另一人耳朵中箭。照料所有傷患後，我們安排好哨兵、守衛，然後吃晚餐休息。

根據哥馬拉所述的情況：弗朗西斯科·德·莫拉騎著斑紋灰馬和科爾特斯、騎兵隊抵達後，聖徒聖雅各、聖彼德就帶著祝福降臨。我必須說：我們所有的行動和勝利是受到天主耶穌基督保佑，那場戰鬥中每人都要面對無數印地安人，他們也打算用沙土遮蔽我們視線，不過沒有成功，是靠上帝全能的慈悲為援。也許哥馬拉說的對，神聖的聖徒真的降臨了，有罪的我卻未能看見。然而，我卻親眼看到弗朗西斯科·德·莫拉是騎著栗色的馬和科爾特斯一起抵達；我用這雙有罪的雙眼目睹了整場戰鬥，至今寫作時，那些細節仍歷歷在目。即便是我這個罪人無能見到任何一位聖徒降臨，但我想當時還有超過四百名士兵夥伴，包括科爾特斯在內也有許多其他先生在場，如此神蹟應該會留下證據引起大家討論，我們發現村落後也應該建立教堂紀念這個榮光；再說，這個村落照理說也不應取名為「聖塔瑪莉亞．德拉．維多利亞」，該是聖地牙哥或聖彼得才對吧。

先前說到我軍在戰爭中抓到五個俘虜，其中兩人是隊長，阿吉拉爾交談後認為他們適合擔任使者，建議科爾特斯釋放他們回去和村落酋長或其他人交涉。阿吉拉爾贈送了綠色和藍色珠子，對他們好言相勸、不用害怕，雖然最近那場戰鬥是他們咎由自取，不過我們之後會視他們如兄弟手足。阿吉拉爾請他們傳喚所有村落的酋長前來交涉，好聲好氣地說了許多話加以籠絡。使者很樂意去找首領和酋長，要讓酋長知道我們打算停戰。

聽了使者的轉告後，印地安人就立刻派了十五名蓬頭垢面、衣衫襤褸的奴隸帶來家禽、烤魚、玉米餅。科爾特斯很高興的接見他們，阿吉拉爾卻生氣地質問對方怎麼敢以這種面貌現身，這看起來更像挑釁開戰而非謀求和平。他要奴隸回去告知酋長，若是打算停戰，就應遵照慣例派更有地位的人前來協商，而非只是用奴隸打發我們。不過我們仍和善接待這些蓬頭垢面的奴隸，贈送藍珠子當成和平的信物安撫印地安人。

隔天，三十位穿戴整齊的貴族帶來了家禽、魚類、水果和玉米餅，他們請科爾特斯允許將上次戰鬥的屍首埋葬、火葬，以防發臭或是被獅子、老虎[10]吃掉。科爾特斯立刻答應，於是印地安人隨即帶許多人將屍體掩埋、火化。科爾特斯從這群使者口中得知他們少了八百多人，還沒算上負傷者[11]。然而他們說無法逗留太久，隔天才會由酋長和村落的貴族一起安排停戰事宜。

科爾特斯對事事觀察入微，他笑著對站在一旁的人說：「你知道嗎？我認為印地安人很怕這幾匹馬。他們大概以為馬和大炮都是能獨立作戰的生物，我有一計可以使他們對此更深信不疑。先牽胡安・塞德尼奧那匹在船上生過幼駒的母馬過來綁在我現在站的地方，至於『音樂家』奧提茲的那匹種馬一靠近母馬就很狂躁，就先讓牠聞過母馬的氣味。然後先把兩匹馬分別遠遠帶開，確保印地安領袖在站到我面前交談之前不會被聽到、看到。」

科爾特斯的指令確實的執行：種馬和母馬被分別帶開，但種馬聞得到科爾特斯帳營中留下的母馬氣味。其實不止如此，科爾特斯還下令先把火炮填裝好火藥和炮彈。

中午時分，四十名衣著光鮮的酋長駕臨，人人穿著當地的貴重衣物。他們向科爾特斯行禮，用香薰過我們所有人之後，請我們原諒他們過去的行為，承諾之後會友善相處。

科爾特斯透過翻譯人員表現出嚴厲的態度，以生氣的姿態提醒對方我們之前已多次要求和平相處，他們犯下的罪行足以滅族。不過他宣稱我們是偉大君王查理陛下的僕從，陛下派我們到此進行統治，協助支持接受皇威號令的人民。若塔巴斯科人往後表現順從，我們就會奉命幫助，不然「特普斯克」（tepuzques）就會吐出東西殺人（「特普斯克」是當地語言對鐵器的稱呼），畢竟某些「特普斯克」還在為我方遭到攻擊的事情憤憤不平。

此時是正午時分、非常安靜，科爾特斯暗中下令發射裝填好的大炮，炮彈發出雷鳴之聲響徹山間，酋長們聽得心驚膽戰。他們從未見過這樣的事，對科爾特斯說的話信以為真。於是科爾特斯透過翻譯人員告訴他們不要害怕，他已經下令不會傷害他們。

此時又有人奉命將聞過母馬味道的種馬帶來綁在科爾特斯和酋長談話的不遠之處。種馬聞到了科爾特斯所在之處留下的母馬味，就朝著印地安人的方向不斷跺步、發出嘶鳴，酋長們以為這匹馬是在對他們咆哮，又吃了一驚。科爾特斯看到他們驚恐模樣才起身向馬走去，命兩名勤務兵牽馬離開。他說既然他們是友善的來締結和平，他會要這隻野獸不要生氣。

這時超過三十個印地安腳夫（當地人稱為塔梅梅（tamemes））帶來了雞肉、魚肉、水果和其他食物，他們似乎是落在隊伍後面而沒跟酋長一起抵達。

科爾特斯之後和其中三位首要的酋長長談，他們說隔天還會再來討論其他事項，很高興的離開。

10 這裡指的應該是美洲獅或美洲豹。

11 根據科爾特斯在維拉克魯斯所寫的信件，這場戰鬥有四萬名印地安人參與，只有二百二十人戰死。

隔天早上，也就是一五一九年三月十五日[12]，許多酋長和貴族從塔巴斯科及鄰近村落前來致意。他們帶了金子當禮物，其中包括四個頭帶，一些形狀像是爬蟲類的裝飾品，另外兩個形狀像是小狗，五個像是鴨子，還有一些耳環，兩個印地安人相面具，兩個金製的涼鞋鞋底和其他不大值錢的東西。我不清楚這些禮物總共值多少錢。他們也帶了身上披穿的衣物，不過都非常粗糙。凡是聽說過此地的人都知道這裡沒什麼值錢的東西。

這些禮物和他們送來的二十名女性相比之下的確都不怎麼樣。其中有一位特別出眾的女性後來信了天主教，受洗取名為唐娜．瑪莉娜（Doña Marina），其他女性的事我就不多說了。科爾特斯很樂意的收下眾女，和翻譯人員阿吉拉爾把酋長帶到一邊表達收到禮物的喜悅之情；不過他還有一項要求：希望村落的所有男女、幼童都返家居住。科爾特斯希望兩天之內看到居民回去定居，如此一來才是真正獲得和平。酋長們就立刻召喚所有的居民帶著妻兒在指定時間內回到村子重新定居。

科爾特斯另一個要求是要塔巴斯科人捨棄那些偶像和殺人獻祭的習俗，他們也同意遵從。科爾特斯盡可能講述我們聖教的信條，告訴對方我們是信奉唯一真神的天主教徒，並展示聖母瑪莉亞抱著孩子的莊嚴形像；她是真神上帝的母親，這圖像是她在天堂的樣子，我們也信奉聖母瑪莉亞。酋長說他們喜歡這位偉大的「特瑟西瓦塔」（tececiguata）（當地將高貴的夫人稱為「特瑟西瓦塔」），要求讓他們帶畫像回村落。科爾特斯同意了這個要求，要他們為聖母像興建精緻的祭壇，酋長也照辦了。科爾特斯隔天早上也命我們兩名木匠亞涅斯、羅佩茲樹立了高聳的十字架。

這些事都處理結束，科爾特斯詢問為何我們三度尋求和平，他們仍執意開戰。酋長先說他們已經為此事道歉，得到寬恕，接著其中一名首領說：塔巴斯科人上次沒有攻打和四艘船一起過來的西班牙指揮官而飽受辱罵，他一名身為錢波通酋長的兄弟就建議他開戰，他自己也不想被視為懦夫。他也提到夜裡從我們這逃走的翻譯人員也建議他們日夜持續對我軍發動攻勢。

科爾特斯要他們務必將那個傢伙（梅爾喬）帶過來，但他們說他看到戰況不利就逃走了，派人找過也沒找到。我們事後才知道他的主意導致塔巴斯科人大敗，早已被印地安人殺掉祭神。科爾特斯接著又問當地人是從何獲得金子、珠寶，他們說從日落的方向傳來的，還說了什麼「庫盧阿」（*Culua*）、「墨西哥」（*Maxico*），但此時我們還不懂這幾個字的意思，沒特別在意。

我們也帶著之前在格利哈瓦探險隊中所俘虜的翻譯人員法蘭西斯科，不過他聽不懂塔巴斯科人的腔調，只知道「庫盧阿」是指墨西哥人。他用手勢對科爾特斯說庫盧阿在很遠的地方，並不斷覆述「墨西哥」，我們仍不解其義。

這天的交涉就到此結束，隔天我們在祭壇設置了莊嚴的聖母像、十字架，然後低頭致敬。教士奧爾梅多在酋長、貴族前唱完彌撒，我們將這個村落取名為「聖塔瑪莉亞・德・拉・維多利

12 這個日期顯然有誤，因為辛塔拉的戰鬥就已是三月二十五日發生的事了。

亞」。另一名教士、身兼翻譯人員的阿吉拉爾則對那送給我們的二十名印地安女性宣揚聖教的道理。他要她們不要再跟以前一樣崇拜偶像，因為它們並不是真神、非常邪惡，而且禁止獻祭。阿吉拉爾說她們之前是受到欺騙，之後必須信奉唯一真主耶穌基督，然後讓她們受洗為天主教徒。其中一名女性受洗後取名為唐娜瑪莉娜，是酋長的女兒、貨真價實的公主，言行舉止很有統領眾人的氣派；我之後會再說明她為何會來到此地。我並不記得其他所有印地安女性的名字，也沒有理由一一記住，不過她們是新西班牙地區第一批受洗為天主教徒的女性。科爾特斯把她們分配給每一個指揮官，而那位唐娜瑪莉娜不但長的漂亮，而且聰慧、大方，跟著高貴騎士——麥德林伯爵的姪子阿隆索．埃南德斯．普爾托卡雷歐。等到普爾托卡雷歐返回西班牙後，唐娜瑪莉娜就和科爾特斯一起生活，並為科爾特斯生了名為馬丁．科爾特斯的兒子。

我們在這個村落待了五天，照料傷患和之前那些背痛的人（他們動身時已經好轉了）。此外科爾特斯對本地酋長好言相勸，說許多偉大的領袖也都受我們所追隨的君王統治，勸酋長也歸順，如此一來若有任何需要——無論是尋求保護或其他事，只要派人告知，我們無論身在何方都會前來援助。酋長對科爾特斯道謝，並宣誓自此歸順國王陛下。塔巴斯科人是新西班牙地區第一批歸順國王陛下的臣民。

隔天就是聖枝主日（Palm Sunday）[13]，科爾特斯命令酋長隔天一大早要帶著妻兒來祭壇向聖母像和十字架作禮拜，也要他們派六名工匠和我方工匠去辛塔拉村（我們因上帝保佑而戰勝敵人的地方），在那裡的一棵大木棉樹的樹幹上刻上十字。這棵樹會在那裡佇立很久，而刻下的十字會隨著樹木的生長一直被保留下來。事情安排妥當後，我們兩名司舵前來通報科爾特斯，他們說海上的船隻已經遭遇強烈的北風吹襲，有撞上岸的危險，所以我們打算趕緊在隔天那個神聖的節日出航，科爾特斯便命印地安人隔天派出所有獨木舟幫我們裝貨上船。

隔天早晨，所有的酋長和重要人士帶著妻兒划著獨木舟現身，他們站在建設了教堂和十字架的廣場，那裡還有我們砍下的樹枝，好在列隊行進時發揮作用。我們所有士兵跟隨著科爾特斯、指揮官，由梅塞德會教士和穿著法衣的教士胡安·迪亞斯的率領，大家莊重肅穆的列隊前進。唱完彌撒後，我們上前朝拜、親吻神聖的十字架，那些酋長、印地安人就站在一旁觀看。莊重的儀式結束後，印地安領袖為科爾特斯獻上十隻家禽、一些魚、水果讓我們離開時帶走。科爾特斯再度要求酋長保持這個地方節淨、用樹枝裝飾，而且須時時敬拜以保佑身體健康、滿載而歸。

我們打算上船時已經很晚了，結果等到隔天的週一早上才出航，沿著海岸順風朝著聖胡安德烏盧阿航行。

我們後來一路風平浪靜的向前航行，那些知道這條航線的人對科爾特斯說：「閣下，前面就是拉蘭布拉，當地印地安人稱之為阿亞瓜盧爾科。」然後到達托拉納——我們稱之為聖安東尼

13 譯者註：復活節前的禮拜日。福音書記載：主耶穌基督於此日騎驢進入耶路撒冷，民眾手持棕櫚樹枝歡呼遊行。

奧。我們為科爾特斯指示了大河科亞查科亞柯斯河，他也看到積雪覆蓋的高山以及後方的聖馬丁山脈，見到一些佇立在海上的亂石、峭壁，峭壁頂端有某些記號，看起來很像椅子；接著又向科爾特斯介紹了阿爾瓦拉多河，這是阿爾瓦拉多在格利哈瓦探險隊率先進入過的地方；之後是我們靠著交易賺了一萬六千多披索的邊界灣；接著又看到「白島」和「綠島」；靠近內陸之處也看到獻祭島，是我們在格利哈瓦探險中看到印地安人在祭壇上獻祭的地方。我們很幸運的在聖週四（Holy Thursday）[14]中午過後不久就抵達聖胡安德烏盧阿。我記得普爾托卡雷歐這時來到科爾特斯身邊說：「這些先生們來過這個地區兩次了，聽著他們的見聞使我想起這首詩：

看那法蘭斯（France），蒙特西諾斯（Montesinos），
看那城市，巴黎，
看杜羅（Duero）之水
濤濤入海[15]。

再容我贈你這句話：『你正在尋找富庶的土地，也知道如何治理！』」

科爾特斯明白他說這些話的意思，答道：「我們和《羅蘭之歌》的聖騎士一樣獲得了上帝所恩賜的機運奮戰，為此，我將與先生、其他指揮官一起大展鴻圖。」

14 譯者註：又名濯足節，復活節前的星期四，紀念耶穌基督最後的晚餐。

15 這是伯爵領蒙特西諾斯（Conde Montesinos）的古謠。

5

唐娜・瑪莉娜的故事

在提到偉大的蒙特祖馬、知名的墨西哥城、墨西哥人之前，我要先說說唐娜瑪莉娜的經歷；唐娜瑪莉娜童年時曾經是高貴的女性，是統治村落和臣民的女主人。

她的父母親是佩納拉（Paynala）村的領主、酋長，也掌控著其他村子，離科亞查科亞柯斯村大約二十四哩。她年幼時父親去世，母親嫁給另一名年輕的酋長，生了一個兒子。夫妻兩人非常寵愛新生的兒子，都打算去世後讓他繼承酋長之位。為了清除障礙，夫妻在夜裡沒人看到的時候把幼小的唐娜瑪莉娜交給來自希加蘭科（Xicalango）村的印地安人，正好他們的女奴死了一個女兒，就藉機宣佈說他們的女繼承人已死。

希加蘭科的印地安人把唐娜瑪莉娜獻給塔巴斯科人，而塔巴斯科人又將她獻給科爾特斯。我見過唐娜瑪莉娜的母親和同母兄弟，他和母親一起統治村落，當時老婦人的第二個丈夫已經死了。母子兩人都受洗為天主教徒後，母親名為瑪莎（Marta），兒子名為拉薩羅（Lazaro）。一五二三年新西班牙和其他地區被征服後，正值克里斯托瓦爾·德·奧利德在洪都拉斯叛亂，我隨著科爾特斯到過他們統治的村子，當時大多數的當地領袖也都來見科爾特斯，所以我對這件事知之甚詳。唐娜瑪莉娜非常傑出，她在征服新西班牙的戰爭中也是優秀的翻譯人員，科爾特斯在特拉斯卡拉[1]、墨西哥等地總是帶著她（我之後還會再提到）。在探險途中，她在奧里薩巴村（Orizaba）嫁給名為胡安·哈拉米羅（Juan Jaramillo）的紳士。唐娜瑪莉娜在新西班牙地區很受敬重，印地安人都聽從她的指示。科爾特斯在科亞查科亞柯斯為了宣揚聖教和上帝對眾人的慈愛，召見那個地區的所有酋長，唐娜瑪莉娜的母親和同母兄弟拉薩羅就在前來的酋長之中。她在此之前就曾跟我說過她是這個地區的人，曾是統治階級，科爾特斯和翻譯人員阿吉拉爾也都知道這件事。因此這位母親、兒子和女兒在此相聚時，我很容易就能看出唐娜瑪莉娜和老婦人的相似之處。老婦人和他的兒子都很怕唐娜瑪莉娜，擔心她會回來執政，處死他們，甚至就哭了起來。

唐娜瑪莉娜看到她母親和同母兄弟哭了，就安慰他們，請他們不要害怕。她對母親說他們當年是一時被蒙蔽才把她送給希加蘭科人，所以她會原諒老婦人，還贈送金銀財寶和一些布匹，安排送他們回村落。她說她蒙受上帝的恩典而成為天主教徒，不再崇拜偶像，已為主人科爾特斯生了一個兒子，並和騎士胡安．哈拉米羅結婚。世上沒有比侍奉她的丈夫和科爾特斯還更重要的事，即使讓她擔任新西班牙所有地區的酋長，她也會拒絕。我發誓我很清楚上述記載的這些事，話說約瑟的兄弟去埃及買麥子時被人帶去見在埃及有權有勢的約瑟[2]，唐娜瑪莉娜的經歷和約瑟的故事有異曲同工之妙。

---

1 特拉斯卡拉現在的英文拼法是Tlaxcala，其中的「x」在當地納瓦語發音是類似「sh」。

2 譯者註：這是舊約聖經的故事。約瑟是亞伯拉罕的曾孫，年輕時遭到同父異母的哥哥嫉恨，被合謀賣往埃及為奴，但他後來協助法老解夢，獲法老任命為埃及的長官。那些哥哥因家鄉發生饑荒前往埃及買糧，被人帶去與約瑟相認；最後約瑟把家人接往埃及生活。

回頭說唐娜瑪莉娜，她懂得科亞查科亞柯斯的語言（也就是墨西哥語），同時也懂塔巴斯科人的語言。塔巴斯科語和猶加敦地區所用的語言通用，阿吉拉爾也會說；阿吉拉爾與唐娜瑪莉兩人能夠用塔巴斯科語交談。所以墨西哥語翻譯過程是先由唐娜瑪莉娜翻譯墨西哥語轉達給阿吉拉爾，然後再由阿吉拉爾為科爾特斯翻譯成西班牙語。

這對我們的征服來說是極好的開端，為此必須讚美上帝所準備好的一切。我們若是沒有唐娜瑪莉娜，就無法懂得新西班牙和墨西哥的語言，所以我必須把唐娜瑪莉娜的故事當成重點來說明。

6

海岸上的等待

所有船艦於一五一九年的「聖週四」抵達聖胡安德烏盧阿，司舵阿拉米諾斯有參與過格利哈瓦探險隊的經驗，對這裡很熟悉，立刻在可以躲避北風的地方下錨停泊。科爾特斯在指揮艦上揚起王旗、旌旗，停船後不到半小時就有兩艘滿是墨西哥印地安人的大獨木船靠近。他們見了這麼大的船和飄揚的王旗就知道必須找統帥談話，直接朝旗艦靠近。上船後詢問誰是「塔圖安」（Tatuan）（當地稱「主人」為「塔圖安」），唐娜瑪莉娜能聽懂他們的語言，就協助指認科爾特斯。這些印地安人依當地禮儀向科爾特斯行了大禮。他們的領主是蒙特祖馬的臣下，奉命前來了解我們的狀況、有什麼意圖，若有任何需要可以告知，他們會為我們準備。

科爾特斯通過翻譯人員道謝，下令用食物、酒水款待來者，還贈送了一些藍珠子。等他們酣耳熱後，科爾特斯說我們是為了交易而來訪，希望對方將我們的來到視為好機緣，而非帶來困擾。使者很高興的上岸離開，隔天是「聖週五」（Good Friday）[1]，我們把馬匹和槍枝送上岸，移到有一定高度的沙丘上。那裡沒有平地，全部都是流沙地，炮兵梅薩就把槍炮安置在他覺得最適合的地方。我們設置祭壇，聽完彌撒後立刻為科爾特斯和指揮官搭建小屋、棚子，三百個士兵也各自搬木材為自己搭小屋，將馬匹栓在安全的地方，就這樣渡過了「聖週五」。

週六是復活節前夕（Easter Eve），某位人稱皮塔爾皮托克（Pitalpitoque）的酋長派來許多印地安人，我們後來將這位酋長取名為歐凡迪爾羅（Ovandillo），他也是蒙特祖馬治下的地方首長[2]。當時正值「大齋期」（Lent）[3]，豔陽高照，印地安人帶了斧頭替科爾特斯的小屋及其鄰近的屋子稍作整修，蓋上了能遮陽的棉布塊。他們也送來家禽、玉米餅和當季的李子，我記得除此之外還帶了一些金飾，所有東西都送給科爾特斯當禮物，並且說隔天會有另一位領主帶來更多糧食補給。科爾特斯連聲稱謝，拿出一些東西作為交換，使對方開心的離開。

隔天是復活節（Easter Sunday），印地安人所說的領主來了，他的名字是田迪雷（Tendile），是專門負責交涉的官員，和他一起來的皮塔爾皮托克也是相當有地位的領主。他們身後跟了許多帶著家禽和蔬果的印地安人，田迪雷命他們站在旁邊的小丘上。田迪雷依當地禮儀恭敬地鞠躬三次，第一次是對著科爾特斯，之後是對著站在附近的所有士兵。

科爾特斯透過翻譯人員表示歡迎，擁抱對方後請他們稍待片刻，等會兒就要進行會談。當時祭壇已經在很的短時間內盡可能的佈置好，歌喉很好的教士奧爾梅多在胡安・迪亞斯的協助下唱彌撒，那兩位地方首長和其他酋長就在旁觀看。彌撒後，科爾特斯偕同指揮官與蒙特祖馬的兩名官員一起進餐；用餐完畢撤去桌子，科爾特斯請兩位地方首長和兩名翻譯人員到一旁談話。科爾

---

1 譯者註：為復活節前的週五，又稱「耶穌受難日」，紀念主耶穌基督被釘死，為眾人受難的日子。

2 皮塔爾皮托克，或稱奎塔爾皮托克（Cuitalpitoc）就是和格利哈瓦會面過的大使。

3 譯者註：又稱「四旬期」，從齋期首日到復活節前一日為期四十天。主要意義是齋戒、告解悔改以準備迎接迎接耶穌基督的復活。

特斯向對方說明：我們是天主教徒，君王卡洛斯大人（Carlos）[4]的臣下；卡洛斯君王是世上最偉大的統治者，許多強大君主都是他的藩屬。他多年前就聽說這個國家是由某位偉大的領袖統治，我們就遵照他的命令來到這個國家。科爾特斯說希望能和這位偉大的統治者締結友好，以國王陛下的名義說了許多事，若對方了解我們的來意，想必會非常高興。他還希望能友善的和領袖及其子民交易，也想知道到何處才能和這位統治者會面。

田迪雷略顯傲慢的說：「你們才剛到這裡，怎麼就急著要求見我們的大王？現在就先收下以我主人名義所送的禮物，之後再表達你們的來意。」

他派人帶來一種叫「佩塔卡」（petaca）的箱子，裝有許多美麗且精雕細琢的金飾，也送來十綑用棉花和羽毛做的白布匹——這布料令人賞心悅目；還有許多其他我不記得的事物與大量食物：雞鴨、水果、烤魚。科爾特斯以謙恭的笑容收下這些禮物，用西班牙帶來的花色珠子和其他小珠子作為回禮。他請對方將這些珠子帶到各村落，召喚人們前來交易，他帶了很多這種珠子要來交換金子。對方承諾會遵照吩咐。

我們之後才知道田迪雷和皮塔爾皮托克是許多地區的地方首長，包括：科圖斯坦（Cotustan）、圖斯特佩克（tuxtepec）、瓜斯帕爾特貝克（Guazpaltepeque）、塔塔爾特科（Taralteco）和其他一些新征服的村落。科爾特斯命侍從帶來一張滿是雕紋和鑲飾的扶手椅，還有幾顆紋路錯綜複雜的苔紋瑪瑙包在放了麝香的棉花中，氣味很好。另外有一串花色玻璃珠，一頂綴了金牌的紅紗帽（金牌上是手持長矛、騎馬殺龍的聖喬治像）。科爾特斯對田迪雷說請將這張椅子獻給蒙特祖馬大王（我們這時已知道他的稱呼），等到他和科爾特斯會面時就能戴著那頂帽子坐在這張椅子上。科爾特斯說我們的君王知道蒙特祖馬是偉大的統治者，就要我們贈送寶石和其他禮物表示友好，然後要求安排好他晉見蒙特祖馬的時間和地點。田迪雷收下禮物，回答說他偉大的主人會很樂意認識我們的偉大國王，承諾會立刻把禮物交給蒙特祖馬並帶回答覆。

我記得田迪雷帶了墨西哥技術高超的畫家，命他們畫出科爾特斯、指揮官、士兵的全身真實肖像，也包括唐娜瑪莉娜和阿吉拉爾；同時畫下船隻、船帆、馬匹，甚至連那兩隻灰獵犬也畫了。銅炮、炮彈、我們所有的武器都被忠實地描繪下來，畫作全帶回去向蒙特祖馬展示。

科爾特斯命令炮手在火炮內填裝大量火藥，以便在開火時能製造巨大聲響，並要阿爾瓦拉多和所有騎兵馬匹的胸革帶上小鈴噹，準備在這兩名蒙特祖馬的僕從面前進行衝刺。他自己也翻身上馬說：「要是這馬能在沙丘上衝刺就好了，不過這只會讓人看到我們連走路都會陷在沙裡。等退潮後再到沙灘上，兩騎一組組的奔馳吧。」阿爾瓦拉多有一匹善跑且性子很烈的栗色母馬，科爾特斯便將所有騎兵都交給他指揮。

4 譯者註：卡洛斯即為查理五世，查理一五一六年自外祖父斐迪南二世繼承西班牙王國，稱號卡洛斯一世（Carlos I）；查理五世為其身為神聖羅馬帝國的皇帝稱號，一五一九年獲得教宗加冕。本書有時稱君王查理，有時稱君王卡洛斯。

騎兵在兩名大使表演騎馬衝刺，而科爾特斯為了讓兩名大使看到大炮開炮，開炮之前假意又要找他們和其他酋長交談。此時大炮開火，炮彈飛過眾人眼前的樹林發出轟然巨響，回音不絕於耳，兩名首長和其他人被這突如其來的聲響所驚嚇，要他們的畫家儘快畫下來，好交給蒙特祖馬看。此外，田迪雷注意到我們有一名士兵戴著半鍍金但有點生鏽的頭盔（他比其他身邊的酋長更有好奇心），他說這頂頭盔看起來跟他們擁有的那頂很像，他們那頂頭盔是祖先留傳下來，一直載在維齊洛布斯（Huichilobos）[5]的神像頭上。他認為蒙特祖馬看到這頂頭盔會非常高興，就要求將頭盔交給他帶回去。不過科爾特斯說他想知道這個國家的金子是否和我們在河裡發現的金子相同，希望對方能用金沙粒裝滿這個頭盔送回來，好當成禮物獻給我們的偉大君王。隨後田迪雷向所有人告辭，在科爾特斯連番奉承下，他承諾會立刻帶回答覆。田迪雷離開後我們才知道他不僅是負責交涉的重要人物，也是蒙特祖馬最有行動力的僕從。他行進如馳，趕回去將事情經過向主人稟報，獻上畫作和科爾特斯贈送的各種禮物。蒙特祖馬對這些事物感到驚訝，同時也非常滿意。而且他把那頂士兵的頭盔和黃金維齊洛波奇特利神像所戴的頭盔相比對後，就更確信我們是祖先預言將會再度降臨統治這片土地的人。

田迪雷告別科爾特斯回去見君王蒙特祖馬後，另一位地方首長皮塔爾皮托克則留在我們的營地，在離了一小段距離的小屋裡要他所帶來的女性準備玉米餅、雞鴨、水果、魚。這些食物是為了供給科爾特斯及其他指揮官，或是其他與首長一起進餐的人享用。我們這些士兵只能自食其力去找食物或捕魚吃。

蒙特祖馬這兩位卓越的手下是統治眾多村子的地方首長，這時許多來自他們領地的印地安人民紛紛來訪，帶著有些許價值的金銀珠寶、家禽來找我們交換綠珠子、清澈的玻璃珠或其他商品。我們多數士兵從上次格利哈瓦探險隊的經驗知道珠子很好賣，事先帶了這些交易用的貨物。大家就靠著以物易物，換取食物養活自己。

就這樣過了六到七天，某天早上田迪雷帶著上百名腳大回來，隨行的還有一個墨西哥地區的大酋長，他的樣貌、體型等特徵很像我們統帥科爾特斯。據說田迪雷將科爾特斯的畫像展示出來後，許多地區的首領異口同聲的說一位叫做金塔巴爾（Quintalbor）[6]的酋長很像科爾特斯，而這位隨著田迪雷前來的酋長就是金塔巴爾，蒙特祖馬大王就是為了這個目的派他來訪。由於他們極其相似，我們在營地裡就用「我們的科爾特斯」和「另一個科爾特斯」來稱呼他們。

回來繼續故事。這些人走到科爾特斯面前親吻地面，用盛滿薰香的火盆將科爾特斯及周遭士兵薰過。科爾特斯很客氣地接待他們，請他們坐在他身邊。帶著禮物的酋長金塔巴爾也奉命和田迪雷一起加入談話，歡迎我們來到這個國家。長談之後，酋長們命人將禮物呈上前，各式各樣的

5 就是維齊洛波奇特利（Huitzilopochtli）。

6 這並非墨西哥人的名字。

物品擺在稱為「佩塔特」的席子上，其上又鋪了棉花、布料。第一件禮物是形狀像是太陽的盤子，用上好的黃金所製，和車輪一樣大；盤子上雕了各種美侖美奐的花紋，令人讚嘆不已。事後的稱重報告說金盤的價值超過一萬披索。另一件更大的盤子是光采奪目、形狀像月亮的銀盤，也雕有許多圖樣。銀盤的份量很重，價值不菲。金塔巴爾也將我們之前那頂頭盔盛滿金沙呈上前，價值約三千披索。

這頂頭盔裡的金沙使我們證實了這個國家有金礦的存在，這情報對我們來說價值遠超過二萬披索。接著呈上的是做工精緻、栩栩如生的二十隻金鴨子，一些形狀像是當地土狗的金飾品，也有老虎、獅子、猴子等形狀；此外有十條精美的項鍊、一些掛飾、十二支箭、一把帶弦的弓、兩支二十吋長的權杖，都是用上好黃金打造。後來他們還拿出裝上綠色羽毛的金羽飾、銀羽飾、銀扇子、鑲金的鹿，事隔多年，我已記不清還有多少禮品；另有三十捆用各色羽毛裝飾的華美棉布，其他禮物太多，我無法一一詳述。

展示完這些禮物後，田迪雷、金塔巴爾請科爾特斯收下禮物和他們主人轉達的一片盛情，這些禮品請和「特烏爾」（Teules）[7]及其他一起前來的人分享。科爾特斯開心收下後，大使隨即轉述蒙特祖馬交待的喻示：首先，他很高興得知我們這麼勇猛的人來到他的國家（蒙特祖馬已經知道我們在塔巴斯科的大勝），他也很樂意結識我們的強大君王。這位君王能從那麼遠的地方派我們前來宣揚其威名，想必是強大的統治者；其次，他會贈送君王許多寶石，並在我們滯留港口期間提供一切協助，不過會面一事他認為沒有必要，請別再提這件事，還說了許多推托之辭。

科爾特斯笑容可掬的答謝，和顏悅色贈與每位首長兩件荷蘭短衫、一些藍鑽和其他禮物，請酋長擔任他的使節回墨西哥告知蒙特祖馬大王：我們跨越重洋遠道而來就是為了要當面拜見他，若就這樣無功而返，我們的偉大君王一定會責怪。科爾特斯聲稱無論蒙特祖馬大王身在何處，我們都得去拜見，傳達陛下的旨意。

三位首長答應會帶回我們的答覆，不過他們認為要求會見一事是無用之功。科爾特斯從僅有的行李中盡可能湊出能送給蒙特祖馬的禮物：一個鑲有樹林和狩獵圖樣的佛羅倫斯酒杯、三件荷蘭短衫和其他禮品，請對方帶回答覆。

兩位首長就此離開，而皮塔爾皮托克仍留在營地，似乎是蒙特祖馬的其他僕從授命要他從鄰近地區替我們籌措食物。

這片沙丘有擾人的蚊子，而且還離其他村落太遠，顯然不適合在此拓荒。因此科爾特斯和返回墨西哥告別後就派兩艘船沿著海岸繼續探索。他派參加過格利哈瓦探險隊的弗朗西斯科．德．蒙特霍沿著之前探索過的航線前進，目的是尋找安全的港灣及適合開拓的據點。科爾特斯指派知道這條航線的阿拉米諾斯和「獨臂人」胡安．阿爾瓦拉茲為司舵，要他們在十天內盡可能沿著海

7 字面上的意義是「神」，這些印地安人似乎一開始是將西班牙人視為超越凡人的存在。

岸前進。蒙特霍等人遵照命令前進，抵達格利哈瓦探險隊一樣遠的那條大河，離帕努科很近[8]，然而這次也因激流而無法前進。他們確認難以通過後就轉向聖胡安德烏盧阿，路上看到三十多哩外有個要塞般的港口和村落，那個村落名為基亞維斯蘭（Quiahuitzlan），阿拉米諾斯認為村旁有個能夠屏避強烈北風的港灣。這港灣很像我們西班牙同名的海港，阿拉米諾斯就隨意的命名為貝納爾（Bernal）。除此之外就沒任何新的發現，蒙特霍這段航程花了十到十二天。

現在必須回來說說負責替我們張羅食物的印地安人皮塔爾皮托克。他玩忽職守，沒為我們營地送來任何食物。我們的木薯餅已經腐敗、變酸，還被蟲蛀；我們儲糧短缺，若不自己設法捕些魚獲就沒東西可吃。後面幾天帶著金子、家禽來交易的印地安人比一開始少很多，來的人也都畏首畏尾。大家都很急切的等著從墨西哥來的使者。

在我們殷期盼望下，田迪雷帶著大批印地安人現身。他先向科爾特斯表示恭維，用薰香薰過所有人後，拿出十捆精美的羽絨布料和四顆綠松石、一些金飾品。不算上綠松石，這些金飾估計就值三千披索。

這次來的是田迪雷和皮塔爾皮托克，另一名酋長金塔巴爾在路上生病而沒有一同前來。兩位領主與科爾特斯及唐娜瑪莉那、阿吉拉爾到一旁報告他們帶來的答覆。他們說蒙特祖馬對禮物非常滿意，已經收下，但會面的事就別提了。那幾顆綠松石的價值最高，任何一顆的價值都超過大批金子，必須送給我們的君王。最後使者認為即便再派使者去墨西哥找蒙特祖馬也是徒勞無功。

科爾特斯答謝並回敬禮物，不過也感到非常沮喪，因為很顯然吃了閉門羹而無法見到蒙特祖馬。「蒙特祖馬肯定是極為強大、富有的國王，」科爾特斯對著周遭的士兵說道「希望上帝保佑，總有一天我們得去見他！」於是我們士兵答道：「我們真希望現在就到他眼前！」

這時正是向聖母瑪莉亞祈禱的時刻，營地鐘聲響起時，所有人朝著沙丘上建立的十字架前跪下禱告。田迪雷和皮塔爾皮托克是很機靈的人，見到我們跪下，就詢問為何要對那個形狀的長木如此恭敬。科爾特斯聽到這個提問，就對在場梅塞德會修士說：「神父，現在這個時機不錯，正好透過翻譯人員向他們解說聖教道理。」於是該名教士進行了一段非常適合這個場合的演說，講的比任何神學家都還要好。他先告訴酋長我們都是天主教徒，然後解釋了我們宗教信仰的種種細節，使兩人充分理解；酋長說會將這件事稟報君王蒙特祖馬。科爾特斯對他們宣稱偉大國王陛下派我們來到這片土地，目的是要終止獻祭和其他野蠻的習俗，希望當地人民不再掠奪他人，也別再崇拜可憎的偶像。科爾特斯請對方在城市中原本供奉神像的祭壇興建類似的十字架，十字架前再放上抱著孩子的聖母像，過一段時日，人民會見證好事發生，獲得上帝施予的恩典。科爾特斯也滔滔不絕說了許多論述，不過我沒能全部都寫下來。不過先結束這個話題，回頭去談談田迪雷最後一次來訪後的狀況：許多追隨田迪雷的印地安人又拿著不大值錢的金子過來交易，而士兵們

8 事實上羅霍岬（Cape Rojo）才是格利哈瓦探險隊所到的最遠之處。

也持續和他們換金子，然後用這些金子找有在出海捕魚的水手換魚來吃。

幾個迪亞哥·貝拉斯克斯的親信見到我們這些士兵交易金子，便向科爾特斯質問為何允許這種行為。他們說貝拉斯克斯派出探險隊並不是要讓士兵發財，應該要盡快下令：此後除了科爾特斯本人之外，禁止任何人交易金子，已經交易過的數量也要進行申報，以便課徵皇家五分之一稅。他們也進一步要求指派適當的人選擔任司庫官。

科爾特斯先是回話說他們言之成理，請他們物色司庫官的適當人選；那些人就推舉貢薩洛·梅希亞。然後科爾特斯臉色一變，板起臉生氣的說：「諸位先生，聽好了！你們得明白我們的士兵食物短缺，日子過得正苦，因此應該睜一隻眼閉一隻眼好讓大家能有東西吃；更何況他們賺到的金子只是些皮毛，我們在上帝的保佑下還能有更大筆的買賣。反正任何手段都有利有弊，那就如你們所願，頒布禁令取消黃金交易，看看接下來大家還能吃什麼。」

歷史家哥馬拉對這個事件的評註是：科爾特斯打算讓蒙特祖馬誤以為我們對金子豪無興趣，不過哥馬拉徹底誤解了。蒙特祖馬打從格利哈瓦第一次到邊界河就應該知道西班牙人的真正目標就是換取黃金，而且後來我們給了他頭盔，同時索求裝滿金礦的沙金，就他而言也是另一樁事證。此外，墨西哥人也知道我們一直都在交易換取金子，他們可沒那麼容易被迷惑。

某天早上我們醒來後，發現小屋附近沒有任何印地安人，無論是來提供食物的還是來交易人都不見了，甚至連皮塔爾皮托克也不辭而別。我們事後才知道蒙特祖馬下令要禁止任何人和科爾特斯及其人馬交流。這位大王非常虔信他們的神明特斯卡特利波卡（Tezcatlipoca）和維齊洛波奇特利（Huichilobos），一位是地獄之神，一位是戰神。蒙特祖馬每天都要殺年輕人獻祭以得知該如何對付我們。蒙特祖馬已經制定好計劃要圍困我們，若是我們沒有回到船上，就會將我們圈養起來抓去獻祭。神祇對蒙特祖馬降諭：不能聽從科爾特斯要求設置十字架和聖母像，這些東西也禁止帶進城市，這就是印地安人不辭而別的原因。

我們了解情況後認為對方正準備開戰，大家都戒慎以待。某天我和另一名士兵在沙丘上巡邏，看到沙灘上走來五個印地安人。我們看到這不是什麼大事，並沒有立即向營地發出警示，允許他們靠近。五人帶著笑容上前，神色自若向我們致意，用手勢表示請我們帶他們回營地。我現在的確是老了，不過當時的雙腿可不像現在如此沉重，就讓同伴留下繼續巡邏，由我帶他們回去營地。五人見了科爾特斯，深深鞠躬後說著：「洛佩路西奧」（Lope luzio，托托納克〔Totonac〕語的意思是「偉大的領主」）。這五人下唇穿了大洞、戴著青石環或薄金片，耳上也穿洞戴著石環、金環，他們的服裝和語言與之前和我們待在一起的墨西哥人截然不同。我們的翻譯人員聽不懂「洛佩路西奧」，唐娜瑪莉娜就用墨西哥語問他們之中是否有「那華塔多斯」（Nahuatlatos，墨西哥語的意思是翻譯人員），結果是五人中的其中兩人懂墨西哥語，然後對我們表示歡迎；他們說首領派人出來找我們，而且很樂意為這麼勇猛的人效力。看來他們知道我們在塔巴斯科和錢波通的行動。他們也說早就想來見我們了，不過一直很怕和我們在一起的那些庫盧阿人，但他們聽說那些人三天前已經離開。科爾特斯交談後得知蒙特祖馬有許多死對頭、敵人，暗自竊喜。科爾特斯用禮物打發這五個印地安人，請他們向酋長回報說我們很快就會前去拜訪。自此，我們稱這些印地安人為「洛佩路西奧」。

我們紮營的沙丘向來有很多蚊子，長腿大隻和小隻的都有，小隻的叫瑟瑟涅斯（xexenes），比大隻蚊子還惱人；兩種蚊子都令人難以入睡。此時我們已經沒有儲糧，木薯餅所剩不多而且還發霉了，有些在古巴擁有印地安人的士兵都開始想回家——特別是那些貝拉斯克斯的親友、手下。科爾特斯了解情況並聽取意見後，認為應該去那個要塞般的村落基亞維斯蘭（先前說過蒙特霍和司舵阿拉米諾斯發現了有岩叢小島可以蔽護船隻的地方）。我們正準備離開時，貝拉斯克斯的朋友、親族、手下前來質問科爾特斯為何還要在沒有糧食的情況下繼續航行，他們說我軍已有三十五人在塔巴斯科傷重去世，大家又病又餓，無法再繼續前進。他們也提到現在處於大國之中，而且當地村落的人口眾多，我們隨時都可能遭到攻擊，最好的選擇是回古巴向貝拉斯克斯繳納交易獲得的金子及蒙特祖馬贈送的那些大禮：太陽金盤、月亮銀盤、裝滿金沙的頭盔和先前提到的各種寶石、布料。

科爾特斯說沒來由的打道回府根本不是好主意，而且我們至今為止都很幸運，沒什麼好抱怨的。我們該感謝上帝事事保佑，畢竟戰爭、艱困時期當然會有所死傷，見怪不怪；最好繼續探查這片土地的情況，只要大家夠機警，這段日子仍能靠鄰近村落印地安人所給的玉米或其他食糧過活。然而貝拉斯克斯的追隨者對這個答覆並不滿意，仍在營地中聚會密謀回古巴。

前面說到貝拉斯克斯的親友反對繼續前進，要求直接從聖胡安德庫盧阿回古巴。科爾特斯已經為此和普爾托卡雷歐、阿爾瓦拉多四兄弟、奧利德、阿維拉、埃斯卡蘭特、路哥等人商議過，也和包括我在內的其他指揮官、諸位先生見過面。他要我們支持推選他為都督，而蒙特霍雖然知道事情發展但按兵不動。某天晚上，普爾托卡雷歐、埃斯卡蘭特和路哥在午夜後來到我所處的小屋（路哥和我來自同鄉，是我的遠親），「貝爾納爾．迪亞斯先生，」他們說道：「帶上武裝跟我們走，我們要和科爾特斯先生一起巡邏。」到了離小屋稍遠之處，他們接著說：「我們要對你說些需要保密的事，這非常重要，你不能讓同屋的人知道，他們是貝拉斯克斯的黨羽。」接著又問道：「先生，你認為科爾特斯隱瞞真相將我們帶到這裡合適嗎？他在古巴宣稱要開疆拓土，結果我們現在才發現他沒有獲得交易以外的授權，而且有批人還要我們回聖地牙哥德古巴將所有的金子上繳，這根本是坑人啊！貝拉斯克斯肯定會像上次一樣收走所有財物。先生，你算上這次探險已經來這個地方三次了，每次都花光自己的積蓄、負債在身，而且多次出生入死，換來的卻只是一身傷病。我們許多人都把你當成朋友，大家都認為應該終結這種情況。我們能將現況直接向西班牙國王報告前，應該在科爾特斯的率領下以國王陛下的名義開拓這片土地。先生，確保你會投票支持科爾特斯，這樣他就能在我們一致同意下成為都督。這麼做是為天主和國王陛下效力。」

我回答說回到古巴決非上策，該當開拓這片土地，在國王陛下傳達其他命令前，我們就推選科爾特斯為都督及首席法官。

這個主意在士兵之間一個個傳開，直到被貝拉斯克斯的親友知道（他們的人數比較多）。他們趾高氣昂的質問科爾特斯為何要為留在這個地方進行祕密協議，而不回去向指派他為統帥的總督回報他的行動。他們說貝拉斯克斯一定不會同意這種作法，要我們最好儘快上船；我們沒有食物、沒有人馬，根本不可能建設殖民地，科爾特斯的托辭和密謀不會有好下場。

科爾特斯心平氣和的同意他們的說法，他不打算違抗貝拉斯克斯信中的旨意，就下令所有人依來時所搭的船艦上船，隔天就全軍返航。我們這些參與密謀的士兵表示抗議，說他在古巴宣稱要開拓殖民地，但到了這裡卻只是進行交易，這場騙局對我們很不公平。大家以天主和國王陛下的名義要求他要立刻終止其他計劃，著手開拓殖民地，才稱得上是為天主和國王陛下效力。我們提出不少理由：當地人之後可不會像這次一樣讓我們順利登陸，要是我們開拓了殖民地，其他士兵才能從各個島嶼前來幫忙；也有人說貝拉斯克斯公開宣稱獲得國王陛下授權開拓殖民地卻又不執行，一切是場騙局；也有人說就是希望建設殖民地，想回古巴的人就讓他們回去好了。

科爾特斯同意我們的要求，卻裝作他是被形勢所逼，就是俗話說的「半推半就」。他開出條件要我們推舉他為首席法官及都督（Captain-General），然而還有個糟糕的條件：大家獲得的金子扣除了皇家的五分一稅之後還要再繳五分之一給他。我們當著皇家公證人迪亞哥・德・戈多伊授予科爾特斯充份的權力，要求他建設一個叫做畢利亞・利卡・德・拉・維拉克魯斯（Villa Rica de la

Vera Cruz）的城鎮，因為我們是在「濯足節」（Maundy Thursday）抵達，然後是在「聖週五」登陸[9]。其中的「利卡」（Rica）是富庶的意思，這是騎士普爾托卡雷歐曾對科爾特斯說過的話，我在此再度引用：「你正在尋找富庶的土地，也知道如何治理。」他話中的引伸義就是「願你成為都督！」

決定好要建立城鎮的同時也要指派鎮長和城鎮議會的人選，第一任鎮長是普爾托卡雷歐和蒙特霍。指名蒙特霍的原因是他與科爾特斯有嫌隙，科爾特斯選擇對他委以重任、加以攏絡。我無意提及城鎮議會成員的姓名，反正僅僅只是提到一些名字沒什麼用處。不過我們在鎮內廣場設置了頸手枷，在鎮外設立了絞刑架，推選阿爾瓦拉多為探險隊指揮官，奧利德為軍需官，埃斯卡蘭特為高等治安官，貢薩洛・梅希亞為司庫官，阿維拉為會計。一個叫科拉爾（Corral）的人被選為掌旗手，據說是因為前任掌旗手畢爾拉羅爾冒犯了科爾特斯而被開除，不過我不清楚詳情，這是來自古巴的印地安女人透露的消息。還有兩個巴斯克人奧喬亞（Ochoa）、阿隆索・羅梅羅（Alonso Romero）擔任營地的倉庫管理員。

上面沒提到的還有貢薩洛・德・桑多瓦爾（Gonzalo de Sandoval）。就我們的國王陛下接獲報告來看，桑多瓦爾創下大量功蹟，是僅次於科爾特斯的知名指揮官。不過我必須說他此時還很年

9 譯者註：維拉克魯斯（Vera Cruz）的西班牙文意思是「真・十字架」，對應「聖週五」（耶穌受難日）。

輕，當時並不像其他戰功彪炳的指揮官一樣被委以重任，直到看到他有所成長後，所有人（包括科爾特斯在內）才推舉他為都督。

貝拉斯克斯的黨羽得知我們推選科爾特斯為都督及首席法官，設立城鎮、指派了上述那些人任職，就氣極敗壞的集群結黨要求會談，痛罵科爾特斯和推舉他的士兵。他們抗議說若非經由探險隊所有人一致同意，我們無權做這些事；貝拉斯克斯也沒有授予科爾特斯交易以外的職權，要我們這些支持科爾特斯的人當心，別不知羞恥的挑起鬥爭。

科爾特斯私下先和埃斯卡蘭特商議好了，要我們這些士兵起鬨要求他公開貝拉斯克斯給予他的命令，於是他順勢從懷中掏出命令文件交給皇家紀錄員大聲宣讀。文件內容是：「你們盡可能的交易到金子後就返航。」文件的署名是迪亞哥·貝拉斯克斯，副署名是他的書記官杜羅。我們要求科爾特斯將這份來自古巴的命令文件和我們推舉授權他為都督的記錄文件放在一起。這麼做是為了讓遠在西班牙的國王陛下知道我們所做所為都是為他效力，以防任何不實的扭曲。就之後胡安·羅德里奎·德·豐塞卡（他的頭銜是布爾戈斯主教、羅薩諾大主教）在西班牙對我們採取的迫害行動來看，當時的這個要求顯然是很好的預防措施，此事我之後會再提及。

貝拉斯克斯的黨羽再度抗議說科爾特斯的獲選並沒有得到他們同意，他們不願接受指揮，要回古巴去。科爾特斯說他無意強留任何人，想離開的人儘管離開，剩他孤身一人也無妨。如此一來有些人就安靜了，不過貝拉斯克斯的親戚胡安·貝拉斯克斯·德·里昂、迪亞哥·德·奧爾達斯、佩德羅・艾斯庫德羅、被稱為「見習騎士」的埃斯克瓦爾（因為他是貝拉斯克斯所帶大），外加一些貝拉斯克斯黨羽依然抗命。於是科爾特斯決定在我們的幫助下把這些人通通逮捕，上銬拘禁了他們好幾天；不過這些在牢中的待遇不錯，也沒受到冒犯。

由於營地極度缺乏食物，逮捕上述人等後，阿爾瓦拉多奉命調查之前提到的內陸各個村落，帶回玉米或其他食糧。阿爾瓦拉多率領了包括十五名弩弓手、六名火槍兵在內的一百名士兵，其中半數是貝拉斯克斯一派的人馬。我們這些科爾特斯派系的人怕發生陰謀、叛亂，直到局面穩定下來前都和科爾特斯待在營地。

阿爾瓦拉多最先到的幾個小村落從屬於科塔斯特拉（Cotaxtla），使用的是庫盧阿語，這種語言在墨西哥及蒙特祖馬的藩屬之間通用，跟拉丁文在那些受羅馬帝國統治的地區通用一樣。因而此後在這個地區若再提及庫盧阿人，大家就應該知道是墨西哥的藩屬、子民。

阿爾瓦拉多到這些村落時發現當地人已經離開了好幾天，在神廟看到男人、男童遭到犧牲獻祭後的屍體，牆上和祭壇上滿是血跡，犧牲者的心臟放在偶像前。他們也發現獻祭殺人時所墊的石頭和開膛剖腹時用的燧石刀。

阿爾瓦拉多說大部分的屍體都已被砍下四肢，有些印地安人說那是被人拿去吃掉。士兵們都被這麼殘暴的行為震驚，不過後來發現當地每個村子皆是如此，所以往後我對這類獻祭就不再重覆。回來說阿爾瓦拉多的情況：他之後到的地方糧食充足，而且當地人好幾天前就逃走了，只發現了兩個印地安人，就要求那兩人帶玉米餅過來，所有士兵則帶上家禽和蔬菜。阿爾瓦拉多一行人毫髮無傷的回到營地，雖然還有很多財物可以帶走，不過科爾特斯已經下令禁止他和科蘇美爾島時一樣做出不名譽的舉動。他們帶回的食物雖然不多，不過營地的大家還是很高興，只要有得吃，任何苦難壞事都不值一提。

科爾特斯擅於化阻力為助力，成功拉攏了貝拉斯克斯的黨羽，有些是給予金子（俗話說有錢能使鬼推磨），有些則是藉著許諾要職。除了胡安．貝拉斯克斯和奧爾達斯繼續被鎖在船上外，其他人都獲得釋放。不過科爾特斯幾天後也放了剩下兩人，和他們締結良好、忠實的友誼，再接著看下去就知道，全靠最厲害的和平使者——金錢呀！

一切事件平息後，我們決定朝先前說過的要塞村落基亞維斯蘭前進。村子另一側約三哩有座岩石遮蔽的港灣，船隻就停在那裡。我記得沿著海岸行軍時看到一條沖上海岸後乾涸而死的大魚。我們到達現在的維拉克魯斯所在的那條河流，發現河水很深，有些人乘著像是木槽的破獨木舟或木筏渡河，有些人游泳。我們在河邊發現幾個隸屬於大城鎮森波拉（Cempoala）的小村子。那五個下唇戴著金環的印地安人就是來自森波拉；這是指曾擔任使者在沙丘上找科爾特斯，我們稱之為「洛佩路西奧」的印地安人。我們發現了神廟和獻祭的地方，那裡血跡斑斑，燒著薰香，有許多偶像和獻祭用的石頭、鸚鵡的羽毛、多本土紙書（紙的質料跟西班牙的布料類似）。不過我們沒發現任何印地安人，他們沒見過像我們這樣的人或馬，都害怕的逃離家鄉。

我們當晚就地露宿，沒有進食，隔天離開海岸朝西邊內陸前進。我們不認得路，走到一大片放牧著羊群的原野。阿爾瓦拉多騎著他的栗毛母馬追上前用槍刺傷了其中一隻，不過被那頭羊逃入樹林而沒能捉到。

我們追逐羊群時見到十二名印地安人接近，他們來自我們前晚過夜的農村。他們和酋長商議過後帶著家禽和玉米，透過翻譯人員表示要贈送我們這些雞鴨，帶我們去城鎮；城鎮依其所指的方向還需要一天的行軍路程。

科爾特斯非常熱情答謝後開拔進軍，當晚睡在另一個有大量獻祭犧牲者的小村。既然讀者對這類一成不變的獻祭內容感到厭煩，我就不再提了。

印地安人在這個小村又提供了糧食補給，對我們說前往基亞維斯蘭的路上會先經過森波拉。

7

待在森波拉

十二個印地安人在這村子準備好了住所讓我們過夜，告知去山上村落必須走的路。我們隔天一大早就派人向森波拉的酋長傳話，說我們即將到達他們的村子，希望能受到歡迎。我們派那十二人的其中六人擔任使者，而另外六人繼續擔任嚮導。科爾特斯也下令將火炮、弩弓、火槍準備萬全，派出先遣哨兵打探情況，騎兵及所有人保持警戒前往距離約三哩左右的村落。到了一個地方，看到二十名印地安貴族以酋長的名義前來迎接，他們帶了用香氣濃郁的玫瑰花瓣做成的花球友善地獻給騎兵和科爾特斯；他們說酋長太胖而無法前來接待，正在住處等候，科爾特斯道謝後繼續前進。我們走著走著，走進一大片建築物中才發現這個城鎮有多麼大（比以往見過的任何村落都還大），大家對此讚歎不已。此地植物茂盛，好似處於花園之中，街上擠滿了出來看我們的男男女女。感謝上帝讓我們發現這麼美好地方。

前頭偵查的哨兵來到一個有庭園的大廣場，有森波拉人替我們準備好的居所，看起來幾天內才剛塗上石灰並打磨過。印地安人的技術很好，我們其中一名騎兵以為那閃閃發光的白色是銀子，就急馳去向科爾特斯報告說我們的屋子是用銀子築牆。不過唐娜瑪莉娜和阿吉拉爾說那肯定是塗了石灰，大家都笑他太興奮了，之後也常常用白色的東西看起來像銀子這件事來取笑他。這話題就先到此為止。我們到達了住所，酋長就到庭院接待。他實在太胖了，我就稱他「胖酋長」（fat Cacique）。「胖酋長」先深深的向科爾特斯鞠躬，依習俗燒香薰過所有人，接著和科爾特斯相擁。他帶我們進入又大又漂亮的房間，奉上食物和幾籃李子，李子是非常多汁的當季水果，還有一些玉米餅。我們肚子很餓，又很久沒一次見到這麼多食物，就將這個城鎮稱為維利亞．畢西歐沙（Villa Viciosa）[1]，也有人稱之為塞維亞（Seville）。

科爾特斯令所有士兵都不準離開廣場，也禁止騷擾當地印地安人。「胖酋長」得知我們已進餐完畢，就派人說要前來拜訪。他和一大群貴族到訪，所有人都穿了金子大唇環、批著華美的披風，科爾特斯也離開房間出去迎接，熱切地對他們百般奉承。「胖酋長」帶著金飾和布匹當禮物（雖然數量很少，也不怎麼值錢），對科爾特斯說：「洛佩路西奧！請您收下這個，要是我還有更多的話也會送給你。」（先前已經解釋過，「洛佩路西奧」在托托納克語的意思是「偉大的領主」。）

科爾特斯透過翻譯人員回答說我們會付諸行動報答禮物，有什麼要求儘管告訴他，畢竟我們是偉大君王查理的臣下，掌管了許多王國、地區的君王派我們來矯正不公不義、懲惡揚善，下令取消獻祭。然後科爾特斯又向「胖酋長」說明許多聖教的道理。「胖酋長」聽完深深地嘆了一口氣，開始控訴蒙特祖馬大王及其地方首長。他說墨西哥的領主不久前把他們制伏，帶走了大部分金銀珠寶，當地人受到非常沉痛的欺壓。由於蒙特祖馬是許多城市、地區的領主，掌控了無數的臣民和軍隊，「胖酋長」和他的人民只能乖乖就範，不知該如何是好。

科爾特斯知道他目前對酋長的訴苦還無計可施，說之後會為他們報仇雪恨，現在就先去看看

1 意思是豐足的城市。

他的「阿卡雷」(acales)(意思是船艦),我們想遷到基亞維斯蘭落腳,等到駐紮後再好好從長計議。「胖酋長」對科爾特斯的提議連口稱是。

我們隔天早上離開森波拉,有四百名腳夫(當地稱為塔梅梅)聽我們號令。每個腳夫能在負重五十磅的情況下一天行軍十五哩;大家看到這麼多腳夫都非常高興。至今為止我們這些沒從古巴帶僕從來的人都得自己背行李,整個船隊一共也只帶了六、七名古巴僕人,並沒有像哥馬拉說得那麼多人。唐娜瑪莉娜和阿吉拉爾說要是和當地酋長交好,他們就會理所當然的提供腳夫幫忙搬行李。從此之後我們無論到何處都要求印地安人幫忙搬運。

科爾特斯和「胖酋長」道別,隔天啟程進軍,我們在基亞維斯蘭附近的棄置村落過夜,由森波拉人供應食物。

我們於隔天早上十點到達要塞城鎮基亞維斯蘭。基亞維斯蘭位在巨大的山岩間、高聳的峭壁之上,易守難攻。我們預計會爆發戰鬥,就擺好陣勢,由炮兵隊開路,備好各種應變措施後逼近要塞。

擔任戰場指揮官的阿維拉是個脾氣很差而霸道的人,埃爾南·阿隆索·德·畢爾拉紐瓦(Hernando Alonso de Villanueva)曾經沒維持好陣形就被阿維拉用長矛刺傷一臂殘廢,從此之後畢爾拉紐瓦就被稱為「獨臂人」。我知道又有人會說我岔題講古,那麼我就此打住,把故事說下去。我們穿過了半個城鎮只找到一個印地安人,大感驚奇。當地印地安人看到我們準備爬上城鎮，當天就逃之夭夭。我們到了要塞頂層的廣場，有許多神廟和供奉神像的屋子，發現十五個身穿華麗披風，拿著薰香火盆的印地安人。他們靠近科爾特斯，用薰香薰過鄰近的所有士兵，然後深深鞠躬，對我們表示歡迎，請我們原諒他們沒能出來迎接，也請我們好好休息。他們說多數人很怕我們這些人和那些馬而嚇得逃走，直到弄清楚我們是什麼生物後才要回來；不過他們也承諾當晚就會叫回當地居民。科爾特斯對祭司們非常友善，說了不少聖教的道理——這是我們的慣例，無論到哪裡都會做。他說我們是君王查理的臣下，拿出一些從西班牙帶來綠珠子和小東西，作為交換，要他們給我們家禽、玉米餅。交談間有人向科爾特斯報告說「胖酋長」正要抵達；「胖酋長」坐在擔架上由許多印地安貴族扛過來，到達後就和當地的酋長、其他貴族一起抱怨蒙特祖馬。談起蒙特祖馬有多麼強大，他的哭訴令科爾特斯與在場士兵心生同情。他描述被制伏後的遭遇：當地人每年都必須送出年輕子女犧牲獻祭，還得去墨西哥人的住處或農地服勞役。他們訴苦的內容不少，不過事隔太久我記不得了。他們也說漂亮的妻女會被蒙特祖馬的稅收官帶走凌辱，二十幾個使用托托納克語的村子都遭到類似的迫害。

科爾特斯在翻譯人員的協助下盡可能安慰眾人，承諾若能力所及就會盡力阻止擄掠、欺壓，國王陛下正是為此派我們來這裡。科爾特斯請他們不要再擔憂，我們會視情況幫忙。科爾特斯說的話讓這些酋長獲得些許慰藉，不過還是放不下心——他們太害怕墨西哥人了。

談話持續進行時，那五印地安人緊急過來向「胖酋長」報告，說五個蒙特祖馬的稅收官正好來了，酋長們聽了立刻怕得臉色蒼白、瑟瑟發抖，連忙丟下科爾特斯去接待墨西哥人。他們很快的用鮮花裝飾房間、準備食物和當地最棒的飲品——熱可可。

五個墨西哥人進入城鎮後就來到酋長和我們住處所在的廣場，他們目空一切，沒理會科爾特斯或其他人逕自走過去。這五人穿著繡有許多花紋的披風和腰布（當時印地安人下身都穿腰布），頭髮油亮，像是紮在頭上般朝上束在一起。人人手裡拿著曲柄杖，都帶著玫瑰花邊走邊聞，身邊的印地安隨從也帶著驅蚊撣。各個村落的托托納克酋長隨行簇擁著墨西哥人，跟到準備好的住處，送上食物後才敢離開。

稅收官員用過餐後派人把「胖酋長」和其他首領叫去，針對酋長讓我們進入村這件事加以責罵，說托托納克人和我們碰面、進行交易會使蒙特祖馬大王感到不悅，沒有他的允許不應接待我們、贈送金飾物。稅收官不斷斥罵「胖酋長」及其隨從，要他們為自己的罪行交出二十名印地安男女祭神。

科爾特斯此時向翻譯人員詢問為何來訪的這些印地安人使酋長如此焦慮，唐娜瑪莉娜很瞭解事態的進展，就將狀況解釋清楚。科爾特斯掌握情況後就提醒那些酋長他先前說過的話：國王陛下派我們來淨化這類惡行，禁絕獻祭、掠奪。科爾特斯要求酋長逮捕、囚禁那五個打算擄人獻祭的稅收官員，要讓他們的君王蒙特祖馬知道這些是掠奪托托納克人、奴役他人妻兒、犯了諸多惡行的罪人。

酋長聽到要他們對蒙特祖馬的使者動粗，個個嚇得心驚膽戰，過於害怕而不敢動手。不過在科爾特斯的堅持之下，最後還是遵照他的要求立即抓住五個稅收官員。他們依當地習慣用鎖鏈把犯人栓在長竿上，使人無法脫逃；其中一個稅收官還因拒絕受縛而挨揍。科爾特斯進一步要求所有酋長停止對蒙特祖馬進貢，不再臣服，並向酋長們的盟友和友好村落宣揚反抗的消息，若是任何蒙特祖馬的稅收官到村子裡就來通知科爾特斯，他會去捉人。由於「胖酋長」立刻派人宣揚，而且跟著稅收官一起前來的酋長們見到稅收官被逮捕後也迅速四散離開，各自回到村落說明事發經過、傳達科爾特斯的命令，消息很快就傳遍這個地區。

這個舉動讓當地人如此震驚，而且對他們來說事關重大，是因為他們認為凡人不敢做這種事，只有「特烏爾」才能這麼作。他們從此之後就稱我們為「特烏爾」，意思是「神人」或惡神。

回來談那些入囚的稅收官。每個酋長都主張殺了他們獻祭，不讓人回墨西哥通風報信。不過科爾特斯說不該殺了他們，他會看管好這些囚犯。他派了守衛看管，卻在半夜命令守衛：「選兩個看起來比較聰明的人釋放，然後把人帶到我的房間，別讓村子的酋長知道。」兩名囚犯被帶到科爾特斯面前，科爾特斯裝作不知情的樣子透過翻譯人員問他們來自何處、為何被囚禁。他們說森波拉酋長仗著西班牙人的協助派手下囚禁了他們。科爾特斯自稱並不知情，也對此感到抱歉。他命人準備食物，和善的和兩人交談，請他們立刻回去找君王蒙特祖馬，說我們都是大王的好朋友，向來都為他效力。科爾特斯對囚犯解釋，他們要是沒被關起來反而會受到傷害，他也因這件事和酋長爭吵過；不過他會盡力幫忙，之後也會保護其他三名同伴，見機釋放。科爾特斯要兩人儘速離開、不要回頭，以免被抓到處死。

兩名囚犯感謝他的仁慈，但他們無法獨自穿過敵人掌控的地區，還是怕落入敵手。於是科爾特斯夜裡命六個水手帶兩人上船，在離森波拉邊界二十哩遠的安全地區上岸。隔天早上「胖酋長」和村子首領發現兩名囚犯不見了，更加焦慮，急著要捉剩下的三名囚犯獻祭。不過科爾特斯從他們手中奪下囚犯，假裝對另外兩人的脫逃勃然大怒，要用鎖鍊將三人綁在船上，說是其他人看守不嚴才使兩人脫逃，他將會親自看管。不過等囚犯上船，科爾特斯就解開鎖鏈，和善的說他們很快就會送被回蒙特祖馬身邊。

事件後酋長、森波拉地區的首領及貴族聚集起來詢問科爾特斯接下來該如何是好，強大的蒙特祖馬和全墨西哥的軍力將會前來攻打，他們很可能會家破人亡。

科爾特斯笑容滿面的說他和弟兄們會保護大家，消滅任何想傷害他們的敵人，因此酋長和各地村民齊聲承諾支持我們，遵從號令，要當地兵力加入我方以對抗蒙特祖馬及其盟軍。他們在皇家公證人戈多伊的見證下宣誓效忠國王陛下，也派信使去這個地區的所有村落傳達消息。從此之後當地人不再進貢，稅收官也都消失了，他們終於擺脫蒙特祖馬的暴政，人人喜不自禁。

8

建立維拉克魯斯

我們和二十多個山上村落的托托納克酋長結盟，他們宣誓擁戴國王陛下，協助我們對抗強大的蒙特祖馬。我們決定在他們的幫忙下於離要塞城鎮基亞維斯蘭一哩到一哩半的平原建立「利卡鎮」（Villa Rica）[1]。我們計劃建造教堂、市場、軍械庫及其他城鎮應有的設施，並修築要塞。大家緊鑼密鼓的開始造地基、築牆，使城牆高到足以設置槍眼、哨塔、橋頭堡及各種木造工事。

科爾特斯身先士卒挖地基、搬運沙石，所有人不分指揮官、士兵都以他為表率。為了能儘快完成，大家非常辛勤的工作，有些人挖洞而有的人用沙石築牆，有的搬水、有的燒石灰製磚瓦，有的人則去找食物，還有的人去伐木材；我們的兩位鐵匠則負責製作釘子。所有人就這樣上下合力、努力不懈工作，印地安人也來幫忙；大家很快就建好教堂和房屋，要塞也接近完工。

我們辛勤工作時，蒙特祖馬大王似乎在墨西哥收到了稅收官員被囚、托托納克各村反叛及中止臣服的消息，使他對科爾特斯及西班牙人非常憤怒，正打算派大批軍力開戰，要把托托納克人趕盡殺絕，也準備好要派許多軍隊攻擊我們。

正好此時兩名被科爾特斯釋放的囚犯歸來，感謝上帝，蒙特祖馬得知他們是被何人釋放，也聽了科爾特斯委託轉告的消息及承諾後怒氣漸消，決定先打探我們的情況。蒙特祖馬為此派了他兩個外甥和四個年長的大酋長帶著金子、布匹，去答謝科爾特斯釋放他的僕從。

不過蒙特祖馬也透過使者說了許多怨言，他認為若不是仗著西班牙人的保護，這麼嚴重的反叛根本不會發生，反叛者原本沒有膽量拒絕納貢、脫離他的支配。此外，他確信祖先預言說會再降臨到這片土地上的人就是我們，如此一來我們和他稱的上是同族[2]，他不能理解為何我們還和那些叛徒住在一起。不過也因此他不會立刻派兵消滅叛徒，然而要他們懊悔自己叛變的日子遲早會來臨。

收下了這些價值超過兩千披索的金子和布匹後，科爾特斯擁抱使節、表達歉意，他說我們和蒙特祖馬君王非常友好，對待蒙特祖馬的三個稅收官員也很友善，接著就派人帶出那三名稅收

---

1 譯者註：畢利亞・利卡・德・拉・維拉克魯斯（Villa Rica de la Vera Cruz）的簡稱，Villa是西班牙文的「城鎮」。

2 譯者註：這個預言的主要來源應該是「一葦羽蛇神君」"Topiltzin Ce Acatl Quetzalcoatl（Our Prince One-Reec Feathered Serpent）"，傳說中西元十世紀的墨西哥谷地統治者，羽蛇神的人間化身，生於「一葦年」的「一葦日」（One-Reed）。據說他非常珍愛子民，禁止「活人牲祭」，改以「蛇、鳥、其它動物」來代替獻祭，自創「蛇祭」儀式，要參加者流自己的血來滿足冥界的需索；同時要求所有的祭師必需「守貞」且抗拒任何誘惑。這種不准殺生的禁令使他深受各邦愛戴並傳諸後世，以致於後繼統治者都必需證明自己身為他的後裔才能取得正當統治權。後來的阿茲特克人為了順利統治眾城邦，也沿用這個慣例宣稱統治者皆繼承血統。

蒙特祖馬應該是基於上述淵源才會說預言中再次降臨（回歸）的西班牙人跟他是同族。

預言中的回歸統治主要也是來自「一葦羽蛇神君」；雖然有不同版本流傳，不過主軸都是他被羽蛇神的對頭特斯卡特利波卡神告知必須結束統治（不同版本是被特斯卡特利波卡設計、逼迫、放逐等等），於是他往東離開，留下預言說會於「一葦年」再度回歸統治這塊土地。此外，阿茲特克的聖曆（Tōnalpōhualli）和太陽曆（Xiuhpōhualli）搭配起來會以五十二年為一個週期，而科爾特斯等人登陸的一五一九年正好就是阿茲特克的「一葦年」。

官，三人穿著整潔的衣物，受到妥善的保護、看照。

接著科爾特斯開始一臉苦澀的埋怨起蒙特祖馬，他說皮塔爾皮托克領主無聲無息的離開我們營地——雖然這可能是他擅作主張而非蒙特祖馬的授意，不過我們因此不得不移居到現在所處的城鎮，才獲得當地居民妥善招待。他也請求蒙特祖馬原諒當地居民罪惡而不敬的行動。至於托托納克酋長拒絕臣服納貢一事，他說那些人前一段日子和我們朝夕相處，以天主和國王陛下之名宣誓和我們結盟，以後不能同時臣服兩位君王。不過科爾特斯及其兄弟現在正要前去拜訪蒙特祖馬、為他效力，他的要求很快就能見面再談。

交談結束後，科爾特斯拿出綠珠子和藍珠子送給那兩位年輕的酋長及隨行四位身份高貴的酋長。科爾特斯對他們禮遇有加，因為附近有很寬闊平坦的原野，就命阿爾瓦拉多騎著他訓練精良的栗色母馬和一些騎士表演疾馳、衝刺，取悅了諸位酋長，於是他們眉開眼笑的辭別返回墨西哥城。

科爾特斯原本所騎的馬差不多是在這時候死了，某位被稱為「馬夫」的人賣（或是送）了他一匹深栗色的馬，這匹馬原先是由「音樂家」奧提茲和「礦工」巴托洛梅·葛雷西亞所共有，是我們帶來馬中數一數二的良駒。

閒話休談。那些來自山上村落和森波拉的盟友一向很害怕墨西哥人，一直認為強大的蒙特祖馬會派大軍消滅他們，不過見到蒙特祖馬的親戚帶著禮物前來、聲稱會為我們效力，他們感到驚訝萬分。於是這些酋長就對人民說蒙特祖馬也害怕我們，送了金子當禮物，我們一定是「神人」（特烏爾）。印地安人原本就很敬佩我們的勇猛，這種敬佩之情此後更是與日俱增。

墨西哥信使離開後，胖酋長和許多友好的首領前來請求科爾特斯立刻前往一個叫辛加帕辛加（Cingapacinga）的村落，離森波拉有兩天路程（大概是二十五哩遠）。許多庫盧阿（就是墨西哥人）的戰士集結在那邊破壞莊稼和其他作物，攻擊他們的人民，進行各種破壞行動。他們敘述事件的神態讓科爾特斯信以為真，也由於他已經許諾過會消滅任何試圖傷害他們的庫盧阿人或印地安人，面對這緊急訴願一時之間也不知該說什麼，只能答覆說我們樂意幫忙，會派人去趕走墨西哥人。他駐足考慮著該如何應對此事，然後笑著對著我們說：「各位弟兄你們知道嗎？我認為大家的勇猛之名已經傳遍這片土地，似乎是對待蒙特祖馬稅收官員的舉動使我們被視為『神人』或是像神的存在。為了讓他們確信我們只需要派出孤身一人就足以擊退佔領險要村落的敵方戰士，我認為該派出埃雷迪亞（Heredia）對付他們。」埃雷迪亞是臉上滿是鬍子、樣貌醜陋的老巴斯克火槍手，獨眼、有大把山羊鬚，一隻腳也有點瘸。

科爾特斯召來埃雷迪亞吩咐：「你和這些首領走到一哩內的河邊，到了之後停下來喝水、洗手，用火槍對天鳴槍，之後我就會派人叫你回來。我跟你解釋這是為什麼——這裡的人以為我們是『神人』——至少他們是如此稱呼、敬仰著我們，所以見了你醜陋的樣貌一定會把你當成他們所信奉的神明之一。」埃雷迪亞是很聰明而經驗老練的士兵，曾在義大利服役，之後分毫不差地執行科爾特斯的命令。

科爾特斯派人召見那些等著我們出兵協助的胖酋長和其他貴族，告訴他們：「我派了這名我的兄弟去殺庫盧阿人、把他們驅離，也會囚禁那些拒絕離開的人。」酋長們聽了感到困惑，不知是否能相信這番話，不過看著科爾特斯的表情一如以往、毫無變化，就信以為真。於是埃雷迪亞背上了火槍和酋長出發，穿過森林時對空鳴槍，使印地安人知道他來了。酋長也派人去其他村落說他們帶了一個「神人」就要去殺佔據辛加帕辛加的墨西哥人。我在此記錄這件事只是當成一個玩笑，也用來顯示科爾特斯多麼精明狡猾。科爾特斯估計埃雷迪亞大概走到了河邊，就立即派人去把他傳喚回來，同行的酋長也一起歸來。科爾特斯說他對酋長們很有好感，決定要親自帶其他一些兄弟幫忙，順便看看那些村子、要塞。他命對方立刻派一百名腳夫來抬「特普斯克」（指火炮）。腳夫隔天一大早就來了，我們當天四百個士兵、十四名騎兵、一些弩弓手和火槍兵所有人都準備就緒。

有幾個貝拉斯克斯黨派的人被選上得和我們一起動身，但傳令要他們備好武裝、馬匹時，他們傲慢的說不想再參與任何遠征，只想回古巴的農場、莊園。他們被唆使離家以來已經損失夠多了，而且科爾特斯在沙丘上也承諾過會給想離開的人航行用的船隻和食糧，所以有七個士兵正打算回古巴。

科爾特斯聽到此事就把七人找來，質問他們行事為何如此不知羞恥。這些人聽了非常憤怒的說「大人呀！我們士兵人數這麼少，卻想要在這個有數千名印地安人及這麼多大城鎮的地方開拓殖民地，都督大人的決定實在令人訝異。」而且他們病的很重，也很難自己擺脫這個地方，才想要返回古巴莊園，現在要求允許他們離開。科爾特斯婉轉說他確實許諾過，不過他們並沒有盡到責任就是背棄了統帥及其旗號。然後科爾特斯立刻指派一艘船要交給他們，命他們立刻上船，提供了一些木薯餅、一罐油和一些儲備的蔬菜。

這些人準備起航時，士兵和「利卡鎮」的官員請科爾特斯別讓任何人離開。以天主和國王陛下之名，做出這種要求會被軍法審判，也會被視為在戰爭、危急時刻背棄指揮官及其旗號，這些人將會被處以死刑；而且他們說的也沒錯，我們的確是被為數眾多的印地安戰士包圍。

科爾特斯先是假意允許離開，但最後還是收回成命，那些人發現自己不僅受騙，談判還遭到羞辱。

9

出兵辛加帕辛加返回森波拉

七人事件平息後，先前說過的所有士兵們立刻出發，當晚在森波拉過夜。兩千名印地安戰士分成四隊準備好與我們同行，第一天我們踏著整齊的步伐前進了十五哩，第二天黃昏稍晚時分抵達辛加帕辛加附近的農場。當地人已經得知我們接近；我們要爬上位於山崖峭壁上的屋舍和要塞時，有八個印地安首領和祭司很友善的靠近。他們知道科爾特斯在逮捕科爾特斯的稅收官員後宣稱要做好事、懲戒任何掠奪，便來詢問科爾特斯為何現在要來殺他們，因為他們是清白的；他們說一同前來的森波拉印地安人和當地人為了土地的邊界爭議向來是世仇，現在森波拉人是仗著我們保護來掠奪、殺人。他們證實這個村子之前有墨西哥駐軍，不過墨西哥人數天前聽聞西班牙人囚禁了稅收官員就離開回國了。當地酋長請求我們的軍隊別繼續前進，並保護他們。

翻譯人員向科爾特斯解釋他們所說的情況後，科爾特斯命指揮官阿爾瓦拉多、軍需官奧利德率所有士兵去制止森波拉人前進。雖然我們的行動迅速，但已有許多森波拉人開始掠奪農場。科爾特斯憤怒地派人召來森波拉指揮官，威脅他們交出從農場奪來的印地安人、布匹、家禽。他說森波拉人竟然膽敢欺瞞，仗著我們的威勢掠奪、殺害鄰人，真是罪不可赦；然後禁止任何森波拉人進入城鎮。科爾特斯重申：天主和國王陛下派我們到這個國家就是要防止這種窮兇極惡的罪行，責令森波拉人謹記不得再犯，否則會殺得他們不留活口。森波拉酋長、指揮官就交出了他們所擄掠的男女、家禽，由科爾特斯交還給物主。科爾特斯又怒氣沖沖的命令森波拉人在野地上露宿。

辛加帕辛加的酋長和祭司看到了我們公義的行徑，也透過翻譯人員得知科爾特斯對他們好言相勸，就表現出歸順的態度。他們聽完科爾特斯向來於探險中都會宣揚的聖教道理後，也宣誓會禁絕獻祭、擄掠和雞姦行為，放棄原本所敬拜的可憎偶像，聽從科爾特斯所說的各種建言。他們也立刻召來鄰近村落的人民，一起宣誓臣服國王陛下。然後他們悲痛地哭訴蒙特祖馬的暴政，內容和森波拉人在基亞維斯蘭時說的大同小異。

隔天早上科爾特斯傳喚在原野等候命令的森波拉指揮官，他們正因說謊而感到害怕。森波拉人來到科爾特斯面前，科爾特斯要他們和這個村落的人言歸於好，這兩個村子的人民從此之後不曾起過衝突。我們就從另一條路返回森波拉，路上經過兩個辛加帕辛加的同盟村落。此時烈日當空，大家背著武器非常疲憊，就在村裡稍事休息。科爾特斯在其中一個村子看到來自羅德里戈城（CuidadRodrigo）的士兵莫拉從一戶印地安民家偷了兩隻雞，被眼前士兵對友好村民施加的惡行激怒，立刻下令把莫拉套上絞索吊起來。若非絞索被科爾特斯身旁的阿爾瓦拉多用刀砍斷，莫拉很快就會被吊死；莫拉被放下來時已經痛得半死不活。我記錄這段故事並非只是服務我的讀者，也是為那些負責管理聖典和教導當地人教義的祭司所寫。他們看到在友好的村子偷兩隻雞的行為就叫我們那可憐的士兵弄到半死不活，意識到日後教導印地安人時該如何以身作責、以當日的情形為鑑。這名士兵莫拉日後在一場位於瓜地馬拉地區的高地戰爭中戰死。

再回到我們的故事。我們安穩的離開這個村子繼續往森波拉前進，路上看到「胖酋長」和其他貴族在一些小屋備好食物等候。雖然他們是印地安人，但也明白正義的行為是崇高的好事，同時透過這次探險中的事件證實科爾特斯說我們前來除暴安良的宣告毫無虛假，此後也比以往更加敬仰我們。

我們當晚在小屋過夜，之後酋長隨我們回到城鎮裡的住所。他們非常擔心我們離開後會遭到蒙特祖馬發兵攻打，就對科爾特斯說：雖然雙方已經成為朋友，不過他們想進一步和我們成為兄弟，要把女兒嫁給我們生兒育女。為了鞏固和我們的情誼，森波拉人帶來八名印地安女孩（全是各個酋長的女兒），其中一位「胖酋長」的外甥女要獻給科爾特斯，另一名大酋長奎斯科（Cuesco）的女兒獻給普爾托卡雷歐。八名女子都穿著裝飾華麗的短衫，依當地風俗好好打扮過，每個人頸上都掛著金項鍊，耳上戴著金耳環，而且每個人身邊都跟著擔任女僕的其他女孩。「胖酋長」向科爾特斯展示諸女，然後說：「『特克萊』（Tecle，當地土語的意思是「大人」），這七名女孩就獻給你們的指揮官，而這名女孩是我的外甥女，要獻給你。她是許多村子、臣民的女酋長。」科爾特斯笑容滿面接受，向酋長道謝，然而他說在我們接受這些女士、和他們成為兄弟之前，森波拉人必須捨棄那些誤信、崇拜的偶像，也不得再殺任何人獻祭。必須等他見到這些可憎之事和獻祭行為禁絕後，雙方的兄弟情誼才會更加堅固。科爾特斯又說那些女孩也必須先受洗成為天主教徒，我們才能接受；人民的雞姦行為也必須禁止，因為那裡還有許多男孩打扮成女性藉著從事這種罪行賺錢；更甚的是當地人每天就在我們眼前抓三到五個印地安人獻祭，挖出人的心臟祭神，把鮮血灑在牆上，還砍下犧牲者的手腳、大腿吃掉。（就好比在我國吃廚子烹調的牛肉一樣，我相信他們甚至會拿人肉到市場上去賣。）科爾特斯說，如果他們能破棄這些野蠻的惡習，我們不僅能成為他們的兄弟，其他地區也能交給他們統治。然而酋長、祭司和貴族說這些神祇保佑他們身體健康，使人生活所需不虞匱乏；他們會終止雞姦的習俗，但要求他們放棄崇拜神祇和殺人獻祭根本沒道理。

大家都覺得這輕侮的答覆比眼見各種殘酷、猥褻行為還叫人難以忍受。出於我們所謹記的聖教教誨，科爾特斯說：「如果不能停止他們的偶像崇拜及殺人獻祭，我們還有什麼事能榮耀天主？」他要大家要儘快推翻這種偶像崇拜，確實要做好作戰準備，以面對印地安人的阻擾。由於大家平時就都全副武裝、有所準備，科爾特斯便立刻要求酋長們撤下神像。「胖酋長」和當地指揮官也隨即召集戰士聚集在神像前防衛。「胖酋長」見到我們準備從那無數的台階登上高聳的神廟（或稱金字塔，我記不清這有多少階），他怒不可抑，向科爾特斯咆哮，問他為何要摧毀他們的神像，若是我們推翻神像、對神祇不敬，當地人全會滅亡，我們也在劫難逃。科爾特斯以憤怒的語氣說他是為了將他們從錯誤的迷信中拯救出來，勸他們停止對這些邪惡的偶像獻祭。他警告對方若不立刻移除，我們就會馬上動手把神像推下台階。科爾特斯說他已經給出好的建議，不過他們不僅不願相信，甚至還武裝起來打算和我們交戰，那麼我們也不再將他們視為朋友，雙方會成為不共戴天的仇敵。科爾特斯非常生氣，說森波拉人會為自己的頑冥不靈付出代價。

唐娜瑪莉娜不僅能用當地語言解釋科爾特斯所說的話，也利用蒙特祖馬的影響力來威脅那些酋長，她說蒙特祖馬強大的軍隊隨時都會來臨。他們被威脅後害怕的說自己不敢碰這些神像，若我們由推翻就不算是他們同意，如此一來那些神像就任我們處置。

這幾句話才剛說完，我們五十名士兵就登上神廟把偶像推下階梯，摔個粉碎。這些偶像有的是龍的形狀但大的像牛犢，其他的則是半人半狗，樣貌駭人而醜陋。酋長和祭司看到神像被摔得稀爛，個個掩面大哭，用托托納克語向神祇致歉，說這是被「特烏爾」推倒，他們則是害怕墨西哥人進攻而無法抵抗，這事由不得他們，希望能免於諸神的責難。

神像被摧毀後，之前提到的森波拉戰士就準備搭弓射擊，不過我們一看到情況不對就脅持住「胖酋長」、六名祭司、其他貴族，科爾特斯威脅說若有任何開戰的舉動就會把這幫人全數殺光。「胖酋長」立刻下令戰士別動手，乖乖從我們眼前撤退。

等到酋長、祭司、貴族等人平靜後，科爾特斯下令把這些粉碎的偶像移出視線拿去燒掉。於是八個祭司走出來，帶著碎片屋子裡燒了。這些祭司穿著跟教士很像，有些人戴的小兜帽類似道明會教士的服裝。祭司的頭髮長及腰部，有的甚至垂到腳上，頭髮上許多血塊凝結，看起來很難分開；祭司的耳朵都剪下了數小塊拿去祭神，人人身上散發出硫磺味，也有腐臭的怪味。當地人日後說了我們才知道，這些祭司都是酋長們的兒子，並未娶妻，卻有進行雞姦的惡習。某天用餐時刻，我看到他們是從棉花中剝出種子來吃，不過他們可能也吃其他我沒看到的東西。

科爾特斯透過翻譯人員滔滔不絕的對印地安人說我們將如兄弟般對待他們，協助對抗蒙特祖馬或任何墨西哥人，畢竟我們承諾過會阻止墨西哥人索求貢品或傷害森波拉人。科爾特斯說現在印地安人的高大神廟內不準再放偶像，他會安置聖母瑪莉亞像——她是我們信仰敬拜的天主耶穌基督之母，要印地安人也要將她視為母親及守護神。科爾特斯當時針對這個事件發表了精彩的演說，講的有理有序；考慮到當時的情況，他的表現可說是盡善盡美了。科爾特斯在解說聖教道理時說得跟現今的神父一樣好，所以聽眾很樂意接受。接著他傳令召集鎮內的所有石匠，要他們帶大量石灰清理覆蓋在神廟牆上的血跡。隔天，牆壁都粉刷一新之後，再設置了用整潔布料鋪好的祭壇，祭壇上裝飾了當地生長的芳香玫瑰和樹枝。科爾特斯挑選四名祭司負責打理這個地方，要他們剪去一頭長髮、脫下原有的服裝，披上白色法衣。他鄭重命令四人侍奉聖母像：保持身體整潔、時時打掃神廟、裝飾祭壇。為了確保這些祭司每天都會奉命行事，科爾特斯留下一名來自科爾多瓦的士兵胡安．德．托雷斯（這個人又老又瘸）如隱士般留在這裡，又命工匠在製好、刷成白色的石基座上設立十字架。

隔天早上，教士奧爾梅多在祭壇唱彌撒，然後在聖母像和神聖的十字架前放置當地焚燒的薰香。我們也教導當地人如何用當地的蠟製作蠟燭（他們當時還不知道蠟的用法），要求確保祭壇上的蠟燭持續燃燒。

這個城鎮最有身份地位的酋長和貴族都聚集起來參加彌撒，仍留在父親和叔伯身邊的那七、八位印地安女孩則被帶來受洗。她們接受教導，之後禁絕獻祭，不得崇拜偶像，必須信仰天主，然後接受施洗成為天主教徒。「胖酋長」的外甥女（她長的很醜）受洗後取名為卡特琳娜（Catalina），科爾特斯很高興的帶走她。大酋長奎斯科的女兒（她在印地安女性中算是長的很漂亮）取名為法蘭希斯卡（Francisca），科爾特斯把她交給普爾托卡雷歐。我不記得其他六名女孩的名字，總之，科爾特斯把她們送給不同士兵。結束之後，我們告別本地的酋長、貴族。由於森波拉人見到科爾特斯收下了他們的女兒，而且西班牙人也都帶她們一道離開，此後對我們的態度一直很好。我們反覆宣告會出兵協助後回到「利卡鎮」。

10

維拉克魯斯的事件：摧毀船隻

遠征圓滿結束，我們帶著幾位森波拉的酋長跟著我們一起回到殖民地。我們抵達的那天正好有艘來自古巴的船進港，由弗朗西斯科・德・紹塞多（Francisco de Saucedo）指揮。紹塞多這個人愛好打扮而且自認為長得好看，我們便稱他為「美男子」；紹塞多來自梅迪納・德・里奧・塞科（Medina de Rio Seco），過去擔任卡斯提爾上將的首席侍從。一同前來的還有路易斯・馬林（Luis Marin）和十名士兵。馬林非常優秀，後來在對抗墨西哥的遠征中擔任指揮官。紹塞多帶了一匹公馬、馬林帶了一匹母馬。他們帶來消息說總督貝拉斯克斯獲得了西班牙的授權，也就是說貝拉斯克斯得到敕令獲准交易、建立殖民地。貝拉斯克斯的親信、朋友聽了非常高興，而且又得知貝拉斯克斯被任命為古巴的阿德蘭塔多（adelantado）[1]，更是大喜過望。

「利卡鎮」的要塞雖然還沒完成，但我們在鎮上除了繼續修築要塞外也無事可做，多數人去向科爾特斯請願，認為先放著要塞未完成並不要緊，反正只剩下釘頂蓬的部分了。我們已經在這個地方待了超過三個月，應該去拜見一下蒙特祖馬大王（事實上大家是想出去探險，好碰碰運氣、照顧生計）。不過大家認為在出發前應該向我們的君主、國王陛下致意，說明我們離開古巴後發生的種種事件。大家也因此討論是否要把所有交易來的金子和蒙特祖馬所送的禮物全都獻給國王。科爾特斯認為這個決定很明智，他已和諸位先生討論過。他知道有些士兵會想保有自己應得的金子，不過要是大家都把金子分一分，就剩沒多少能獻給國王，因此他已指派了能言善道的奧爾達斯和蒙特霍一個個找那些想保有金子分成的士兵談話。兩人是這麼說：「先生，你知道我們打算將在此獲得的黃金當成禮物獻給國王陛下。有鑑於這是我們來到本地所送的第一份禮物，想當然是越貴重越好，大家認為應該為陛下獻上所有黃金。願意將自己的所得全數獻給陛下的其他先生、士兵已經簽署了姓名以求得到國王陛下的恩典。有人想保有自己應得的分也不要緊，不過願意和我們一樣貢獻所有黃金的人可以在這裡簽名。」

結果所有人都簽名了，然後科爾特斯委派普爾托卡雷歐和蒙特霍（科爾特斯已經花了兩千披索拉攏他）護航貢品送往西班牙。科爾特斯準備好船隊中最精良的一艘船，指派兩名司舵，其中一名是知道如何航行通過巴哈馬海峽的阿拉米諾斯（他是第一個穿越巴哈馬海峽的人）；此外又選出十五名水手，在那艘船上裝滿補給。一切準備就緒，我們決定寫一封信向國王陛下報告我們的經歷。科爾特斯也說他已經將事情的經過一五一十寫好了，不過我們並沒有看過他那封信。

市政當局也寫了封信，由我們十名希望在這片土地開拓、期望國王指派科爾特斯統領我們的人操刀。這封信真誠而毫無隱瞞，我也在上面簽署了自己的姓名。除此之外，以所有指揮官和士兵的名義也寫了另外一封，內容如下：

1 譯者註：西班牙王室在開拓美洲殖民地初期授予遠征隊首領的官職稱號，在佔領區內統掌政治、軍事、司法和宗教等一切大權。

士兵的信件所概括的記敘內容我們已在前面的篇章讀過，這裡只補充一些較生動的細節：除了黃金獻禮外，科爾特斯等人也把在森波拉拯救的四名印地安人送給國王當禮物（這些印地安人本來是被養著，遲早會被殺掉犧牲獻祭）。這些指揮官在信中赤裸裸地抨擊總督貝拉斯克斯，指控他賄賂西印度群島皇家議會的首席——布爾戈斯主教豐塞卡。他們向國王警告：這名主教指派貝拉斯克斯為新疆土的總督只是為了獲取更多財富，並不是為君王效命，乞求使科爾特斯獲得應有的職權。

這封信也曾讓科爾特斯看過，他希望士兵能隱瞞要另外交五分之一金子給他的這件事，也要求在報告中略過這片土地先前已有埃爾南德斯和格利哈瓦到訪過的事實。然而這些要求被駁回了。

護衛艦於一五一九年七月二十六日出航，蒙特霍違背科爾特斯的命令在他自已位於哈瓦那的領地停留，某位水手藉機向貝拉斯克斯通風報信。貝拉斯克斯試圖攔截從古巴穿過巴哈馬海峽前往西班牙的船隻，但終究是徒勞無功。作為反擊，他寫信給聖多明哥島上的總督議會投訴科爾特斯，但總督議會支持科爾特斯。於是貝拉斯克斯就武裝了十八艘船，下令由潘菲羅·納瓦埃茲（Panfilo de Narvaez）指揮，去捉拿科爾特斯及其人馬。

另一方面，貢品護衛艦抵達西班牙，但他們在豐塞卡主教的操作下吃了閉門羹。豐塞卡拒絕為他們傳信、把禮物交給身於法蘭德斯的國王查理，還控告他們背叛貝拉斯克斯。不過科爾特斯的人馬後來順利將信件及禮物備忘錄的副本交給國王，因此國王不僅支持科爾特斯一派，也宣告要他盡快前往西班牙接受調查。科爾特斯隨後立刻趕過去，由護衛艦的人告知事件經過。於此同時，墨西哥遠征軍已經出發了。

俗話說人心難測、世情如霜。護衛艦的代表前去朝見君王，離開後僅僅四天，貝拉斯克斯的親友又再度圖謀背叛科爾特斯。他們當中有佩德羅．埃斯庫德羅、胡安．賽爾梅尼奧（Juan Cermeño）、水手貢薩洛．翁布里亞（Gonzalo de Umbria）、貝爾納迪諾．科利亞（Bernaedino de Coria）（他後來在恰帕斯〔Chiapas〕殖民）、神父胡安．迪亞斯，還有一些來自直布羅陀而被稱為「強人」的水手。他們都對科爾特斯不滿：有的人是因為科爾特斯曾許諾過後來卻又拒絕讓他們回古巴；有的是因為應得的金子被當成禮物送去西班牙；而「強人」等人是因為在科祖美島偷了士兵貝里歐的豬肉而被科爾特斯鞭打過。營地中似乎有洩密者偷偷告知這些人說蒙特霍的護衛艦會到位於哈瓦那的莊園落腳，他們就打算乘一艘小船航行至古巴向貝拉斯克斯通風報信，好讓貝拉斯克斯將護衛艦及其攜帶的黃金、信件一併攔下；洩密者也已經寫信通知貝拉斯克斯這個逮住護衛艦的機會。幾名陰謀者事先在一艘小船裝上木薯餅、魚、水、油和其他所剩不多的補給。午夜過後，陰謀者等人正準備上船時，其中的貝爾納迪諾．科利亞似乎回心轉意不想回古巴，就去向科爾特斯告密。科爾特斯得知了有多少人涉案、他們為何要離開、誰才是幕後主使，就派人立刻拆下船上的帆、舵、羅盤，同時逮捕陰謀者、記錄口供。這些人不僅從實招供，還指出營地中有其他共犯。不過科爾特斯決定不追究其他幕後的涉案共犯，畢竟當時也沒有更好的處置辦法了。他判決埃斯庫德羅、賽爾梅尼奧處以絞刑，翁布里亞砍去雙腿，鞭打「強人」那批水手兩百下。胡安·迪亞斯是舉辦彌撒的教士，就沒被處罰，不過遭到科爾特斯嚴厲警告。我記得科爾特斯在簽署判決書的時候深深的嘆了一口氣，難過的說：「不要懂得寫字比較好，就不用簽署死刑判決。」我覺得簽署死刑判決的法官很常說這種話，這裡指的是殘忍的羅馬皇帝尼祿，他時常判決死刑來顯示自己是好君王。

判決都執行後[2]，科爾特斯要兩百名士兵和所有的騎兵立刻跟隨他趕去十五哩外的森波拉。我記得由於所在的城鎮補給短缺，科爾特斯三天前才派阿爾瓦拉多率兩百名士兵去山上的村落籌措糧食，獲命糧食收集完畢後才到森波拉會合，準備進軍墨西哥。因此執行判決時阿爾瓦拉多並不在場。

眾人在森波拉集結，大家和科爾特斯討論作戰計劃和接下來的行軍路線。我們這些科爾特斯的朋友在商談中建議他別在港口留下任何一艘船，儘快摧毀所有船隻（雖然也有許多人反對）；目的是杜絕叛亂的禍根，否則當我們進軍到內陸後可能還會有人像上次一樣叛變。除此之外，我們應該把總人數接近一百人的大副、司舵、水手等船員納為戰力，他們能參與戰鬥或執行放哨，總比一直留在港口好。

據我所知，科爾特斯早已決定要執行我們所提出的摧毀船隻計劃，不過他希望由我們提案，如此一來，若是日後被責承賠償，他就可以聲稱是根據大家的建議行動，我們也得一起負擔賠償的開銷。首席治安官埃斯卡蘭特是科爾特斯信賴的朋友，也是很勇猛的人，他在古巴沒分得印地安人而厭惡貝拉斯克斯。他受命去「利卡鎮」卸下船上的船錨、鎖鏈、船帆和其他可能有用的材料，摧毀小艇以外的所有船艦。他也會見過所有船員、司舵、水手，不適合戰鬥的水手就留在城鎮，要他們用兩張漁網捕魚；那個港灣總是有魚可捕，雖然並不多。埃斯卡蘭特完成所有任務，很快就與船上帶下來的水手一起回到森波拉，有些水手後來成為優秀的士兵。

科爾特斯抵達森波拉，召集和我們同盟對抗蒙特祖馬的所有山上村落酋長，要他們照顧留在維拉克魯斯的西班牙人，並協助完成教堂、要塞等屋舍建築。科爾特斯拉著埃斯卡蘭特的手對眾酋長說：「這位是我的兄弟，你們要遵從他所下的任何命令。」科爾特斯也說若是大家遭到墨西哥人的攻打需要支援，他會親自出兵援助。所有酋長都樂意聽命，我記得他們立刻就燒薰香薰了埃斯卡蘭特，雖然他本人並不情願。我說過埃斯卡蘭特是足以勝任何工作的能手，也是科爾特斯最好的朋友，我們的統帥能放心的指派他統率城鎮和港口，若是貝拉斯克斯派了遠征軍來攻打，就由他負責抵抗。

2 胡安・塞爾梅尼奧在之後幾年還存活，有簽署的信件為證，判決似乎沒有全部都執行。

雖然歷史家哥馬拉斷言說還有藏起來的船，不過就我們所知所有船艦皆已摧毀。某天早上大家做完彌撒，指揮官在討論作戰相關事項時，科爾特斯有禮貌地請大家注意，接著開始演講。他希望大家明白當前眼下的目標：在天主耶穌基督的幫助下，我們得確保取得每一場戰爭的勝利來達成征服；我們人數太少了，只要有任何一場上帝所不允許的敗戰就難以東山再起，必須預做萬全準備。他也說現在已經沒有可以回古巴的船隻，大家除了上帝之外，孤立無援，只能依賴自己手上的利刃和頑強的心志。

科爾特斯進而舉出羅馬人的英勇事蹟作比較，如凱撒渡過盧比孔河（Rubicon）說的：「骰子已經擲下了，聽天由命吧。」我們則眾口同心的說大家早已準備好為天主和國王陛下奮戰，宣誓聽從他的命令。科爾特斯的演說十分精彩，遠比我所記敘的還要優美、有說服力。他立刻傳來「胖酋長」，提醒他得敬拜十字架，保持教堂整潔。科爾特斯也告知我軍打算隨即前往墨西哥，要求蒙特祖馬終止掠奪、獻祭，需要兩百名腳夫搬運火炮（我曾經說過他們每個人能負重五十磅）。此外也要求酋長們挑出最擅戰的五十名戰士和我們同行。

我們準備啟程時，一名科爾特斯派去「利卡鎮」的士兵帶來了一封埃斯卡蘭特寫的信；該士兵原本的任務是去召集還待在鎮裡的其他士兵加入。埃斯卡蘭特信中說見到有艘船沿著海岸航行，他已經設置了煙火信號，在岸邊揮舞衣物和旗幟，甚至穿上紅斗蓬衝刺以吸引船上的人注意。他認為對方已經看到所有信號仍不願入港，於是先派幾名西班牙人觀察那艘船的航線，得知那艘船在九哩外的河口附近下錨。他派人詢問接下來該如何處置。

科爾特斯看完信，立刻命阿爾瓦拉多和貢薩洛・桑多瓦爾共同指揮森波拉的所有軍隊。桑多瓦爾後來以未嘗敗果的表現充份證明自己的膽識，不過這次是他第一次指揮軍隊。至於阿維拉和科爾特斯起了一些衝突，這裡就不詳細說明了。

科爾特斯帶著四名騎兵和五十名最迅捷的士兵（他親自從士兵中挑選這五十人）快馬加鞭，當晚就回到「利卡鎮」。

我們抵達後，埃斯卡蘭特怕那艘船隨時會起航離開，建議科爾特斯當晚就去探查。他請科爾特斯休息，自己安排好了二十名士兵準備出發，但科爾特斯認為自己不能休息（俗話說：「駑馬十駕，功在不舍。」）要親自率領士兵動身。結果我們還來不及吃飽飯就沿著海岸出發，路上拘留了四個西班牙人。這些人是在帕努科河設置殖民地的指揮官阿隆索・阿爾瓦拉茲・皮涅達（Alonso Alvarez de Pineda）（還是皮涅多？）派出的手下，其中一人是作為公證人的吉蘭・德・拉・羅阿（Guillen de la Roa），和他一起見證佔領行動的另外兩人是造船匠安德列斯・努涅斯（Andres Nuñez）和來自瓦倫西亞的「豎琴師」馬斯特・佩德羅（Master Pedro）。我不記得第四個人的名字。他們正要以牙買加總督弗朗西斯科・德・加拉伊（Francisco de Garay）的名義佔領這片土地。

科爾特斯了解他們前來的原因，確認是加拉伊從牙買加派出指揮官來執行這項行動，就問他們那些指揮官以什麼名義及權利出兵。這四人說一五一八年埃爾南德斯和格利哈瓦探險隊所發現的消息傳遍巴西諸島，為古巴總督貝拉斯克斯帶回了價值兩萬披索的金子，當時司舵阿拉米諾斯和其他舵手就對加拉伊總督提出建議：以國王陛下的名義佔領任何在聖保羅暨聖彼得河（Rio San Pedro y San Pablo）以北的土地。

加拉伊在皇家議會有盟友（其中有那位布爾戈斯主教），就派一名管事托爾萊瓦（Torralva）負責協商為他帶回敕命，好能管理那條河以北新發現的疆土。加拉伊得到敕命後就立刻在三艘船上分配了兩百名七十名士兵，帶上馬匹和補給，由指揮官皮涅達率領，現在已在兩百哩遠的帕努科河建設殖民地。四人自稱奉命行事，怪不得他們。科爾特斯仔細聽完他們所描述的狀況後加以安撫，又問他們能否奪佔那艘船。四人中的領袖吉蘭說我們大可向著甲板揮舞旗幟，但不管怎麼大叫、揮舞信號都不會有人上岸，因為該船的指揮官知道科爾特斯的士兵在附近行動，會警惕迴避我們。

我們看到沒人划小艇出來，確定船上的人已經看到我們沿著海岸靠近，除非用計引誘，否則他們不會再靠岸。科爾特斯要那四人脫下衣服讓我們的士兵穿上。接著我軍沿著一路走過來的海岸退回去，希望這次折返能被船上的人發現，好讓他們誤以為我們撤退了。我方四人仍穿著對方的衣服偽裝，其他所有人和科爾特斯就躲在樹林裡。大家等到後半夜的月亮落下，趁著四周一遍漆黑，又潛行走回河口附近躲藏起來，只留下偽裝的四人現身。四人黎明時開始朝著船隻揮舞披風，然後見到一艘六名水手駕駛的小艇迅速朝他們推進。船上兩名水手拿著兩個水罐上岸裝滿水，我們和科爾特斯仍躲著等其他四人也上岸，不過他們卻一直待在船上，四個偽裝的夥伴只好遮住臉假裝在洗手。船上的傢伙大喊：「上船！你們在那做什麼？為什麼不過來？」我們其中一人答道：「上岸吧，這裡有一口井。」船上的人聽出是陌生人的聲音就划船離去，我們大喊也沒人回應，就打算用弩弓、火槍開火，不過被科爾特斯制止。科爾特斯說：「就放他們走吧，讓他們回報指揮官。」

結果我們捕獲了那艘船的六個人，其中有先前逮捕的四人和那兩名跳上岸的水手，回到「利卡鎮」，但一直沒空進餐。

我們前往墨西哥前已充份討論，也問過森波拉酋長應該走哪條路，他們一致公認最好也最簡單的路線是穿過特拉斯卡拉（Tlascala）地區，因為特拉斯卡拉那裡有他們的盟友，是墨西哥人的死對頭。

四十名首領（全部都是戰士）很樂意和我們同行，他們在行軍路上幫了不少忙。森波拉人也提供了兩百名腳夫幫忙搬運火炮，而我們這些可憐的士兵不需要任何幫忙，我們都得帶著自己的武裝：長矛、弩弓、火槍、盾牌等諸如此類的東西，無論在行軍或睡覺時都得隨身帶著裝備，腳上穿著草鞋，如我常說的——我們總是準備好隨時應戰。

我們一五一九年八月中旬離開森波拉，井然有序地進軍，派了幾個敏捷的士兵在前頭探路。

我們第一天到了一個叫哈拉帕（Jalapa）[3]的村子，接著走到索科奇馬（Socochima）。索科奇馬的周遭種了許多沿著棚架生長、藤蔓圍繞的當地葡萄[4]，跟要塞一樣難以靠近。我們在這兩個村落都透過翻譯人員唐娜瑪莉娜和阿吉拉爾宣揚聖教的真理，說明我們是君王查理的臣民，奉命終止殺人獻祭和掠奪行為，也傳達許多要事。當地人是森波拉人的盟友，也沒有向蒙特祖馬進貢，對我們很友善，也奉送食物。我們在兩個村落都樹立了十字架解釋其意義，要當地人供奉。

離開索科奇馬後穿過一些山地，到另一個叫做特蘇特拉（Texutla）的村子，當地人跟其他地方一樣沒有向墨西哥人進貢，對我們也很友善。我們離開這個村子後就翻過了所有山地，接著進入罕無人煙的地區。當地很冷，不僅下著雨，還下冰雹，晚上我們沒多少食物可吃，從另一側雪山吹來的冷風凍得大家顫抖不已。我們來自氣候向來非常炎熱的古巴和「利卡鎮」海岸，現在一下子進入寒冷地帶，溫差凍得我們極度畏寒，而且大家除了護甲外也沒有別的禦寒衣物。

我們之後進入一個隘口，發現幾間屋子和一座供奉許多偶像的大金字塔，裡面有許多供奉偶像的柴火。但我們仍沒發現吃的東西，天氣又冷得要命。穿過隘口後我們到了索科特蘭（Xocotlan）[5]的領地，就先派兩個印地安人向當地酋長告知我們即將抵達，希望他們歡迎及提供住處。索科特蘭隸屬於墨西哥，已經進入另一國領土，於是大家就小心翼翼擺好陣勢前進，接著看到粉刷得又白又亮的平頂建築，酋長的屋子和神廟也高聳白淨，看起來很像我們家鄉西班牙的城鎮。一些葡萄牙士兵說這裡讓他們想起葡萄牙同名的城鎮，我們稱這個城鎮為卡斯提布蘭科

（Castilblanco），此地至今仍依此稱呼。當地人由信使得知我們正在接近，酋長和貴族就在離屋子不遠處迎接。酋長的名字是奧林特克萊（Olintecle），他帶我們到幾房子住下，留了一些食物，但份量很少，給得並不情願。

我們進餐時，科爾特斯透過翻譯人員詢問蒙特祖馬的情況。酋長說蒙特祖馬在各個附庸地區都有眾多戰士駐守，邊境和鄰近地區也有大批兵力。接著又描述起墨西哥城是多麼堅固的城池：墨西哥城的屋子都建築在水上，只能藉由屋子之間建好的橋樑或是乘獨木舟逐區通行。屋子上皆有屋頂平台，平台上築起矮牆就能變成要塞。他說這個大城只有三條堤道能通行，每條堤道都有三、四個橋洞使湖水流動，而每個橋洞上都橫跨著木製吊橋，只要堤道上其中一座吊橋吊起，就無法進入墨西哥城。他接著又說蒙特祖馬擁有大量金銀財寶和其他珍貴財物。不過最令科爾特斯和我們所有人吃驚的是他竟能滔滔不絕地一直說蒙特祖馬有多麼強大。不過西班牙人的天性就是：他越是說那些要塞和吊橋多麼戒備森嚴，我們越是想去挑戰看看，哪怕奧林特克萊說攻陷墨西哥城難如登天。不過那座城池確實遠比他言語所能描述的還固若金湯，僅僅只是這樣描述是一

3 從森波拉到哈拉帕需要兩天路程，貝爾納爾．迪亞斯可能是忘了，沒有提到中途的露營地點。

4 很可能是甜百香果，某種西番屬的水果。

5 現今的紹特拉（Zautla）。

回事，親身體會後才明白墨西哥城的強大真是不同凡響。奧林特克萊也說蒙特祖馬強大到能夠隨心所欲的鎮壓他所統治的地方，要是他知道這個村子不經允許就提供西班牙人食宿接待，很可能會不高興。

科爾特斯通過我們的翻譯人員回覆：「聽著！統領眾多領主、臣民的查理陛下派我們遠道而來。我們奉命前來勸你們的蒙特祖馬大王別再殺印地安人獻祭，也停止掠奪臣民或強佔土地，歸順我們的國王。奧林特克萊和其他酋長，讓我再說一次，你們必須放棄殺人獻祭、吃人肉，也得終止雞姦和其他陋習。我們信仰敬奉的天主賜給我們生死，還會帶我們上天堂。我們一切行動都是遵照天主的旨意。」科爾特斯又說了許多聖教的道理，但酋長們沉默以對。

科爾特斯就對身邊的士兵說：「看來我們現在沒話好說了，就立座十字架吧。」不過教士奧爾梅多說：「先生，我認為現在就為這裡的人立十字架還太早，他們不僅是蒙特祖馬的臣民，也還非常野蠻、肆無忌憚，很可能會燒毀、破壞十字架。現在由你宣講過那些道理已經夠了，等到他們更了解聖教教誨後再談別的事。」結果我們在那個城鎮就沒有設十字架，這個話題也就此不論。指揮官路哥有隻大灰狗會在半夜裡大聲吠叫，城鎮酋長就向森波拉盟友詢問這個生物算是老虎還是獅子，是用來獵殺印地安人的什麼動物嗎？他得到的回答是：「任何惹怒他們的人都會被牠找來殺掉。」

酋長又問了西班牙人帶的火炮火槍是什麼，森波拉人說圓筒裡放著石頭，『神人』能用來殺任何人，而且那些馬跑得像鹿一樣快，可以任意追上任何。於是奧林特克萊和其他首領說：「看來他們真的是『神人』！」而森波拉友人回答：「你傻了嗎？現在才懂？他們可是能看穿你們在想什麼，還好你沒做出惹怒他們的事，否則他們立刻就會發現。就是這些『神人』逮捕了蒙特祖馬大王手下的稅收官，並下令使所有山上的村子和我們城鎮森波拉都停止進貢。『神人』把我們神廟裡的神丟掉，換上自己的神進去。他們曾征服過塔巴斯科和錢波通，而他們的善行讓我們森波拉人和辛加帕辛加人和平共處。還沒完呢！你也知道蒙特祖馬多麼強大，這麼厲害的蒙特祖馬竟然為他們呈上金子、布匹。現在他們駕臨這個城鎮，結果我看你卻連點心意都沒有，我看你還是快去準備禮物吧！」

顯然我們帶了一位優秀的說客，這個城鎮的人很快的就帶了四個吊飾、三條項鍊和幾隻蜥蜴形狀的飾品當禮物，都是用低成色的金子打造。並且送了四位負責碾製玉米餅的女人和一些布料。科爾特斯非常開心地收下禮物，連聲向他們致謝。

我記得那裡幾個神廟之間的廣場立了一堆又一堆的骷髏頭，堆得非常工整、便於計算，我初步推測過至少有十萬顆以上，重算一次確實超過十萬顆。廣場的另一邊有更多堆大腿骨，不計其數；木樑上掛著許多骷髏頭和人骨，由三名祭司看管。這片土地都有相同的習俗，我們深入內陸後在每個城鎮都看到了更多相同的景像，特拉斯卡拉也是如此。

索科特蘭人的招待結束後，森波拉盟友說特拉斯卡拉離這裡不遠，我們就決定出發。他們說其實這幾個地區相隔不遠，用幾個邊界石做劃分。我們向酋長奧爾特克萊詢問去墨西哥城哪條路最好走，他回答說穿過一叫喬盧拉（Cholula）的大城鎮。不過森波拉人對科爾特斯說：「別走那條路！喬盧拉人非常奸詐，而且那裡常有蒙特祖馬的大軍駐守。」他們建議穿過特拉斯卡拉，當地人和森波拉人交好，而且和蒙特祖馬有仇。於是我們聽從了森波拉人的建議。感謝上帝的指引。

科爾特斯要求酋長奧爾特克萊立刻撥二十名最精銳的戰士和我們同行。隔天早上朝特拉斯卡拉前進。

11

大戰特拉斯卡拉人

我們自卡斯提布蘭科出發進軍，前頭一直都安排了哨兵探路，全軍保持警戒，弩弓兵和火槍兵武裝候命，騎兵也配置在最佳位置，所有人都向往常一樣帶著自己的武器準備好隨時應戰。不過說這些其實多此一舉，只是浪費筆墨，我們不分日夜的警戒次數太多了，大家早已習於準備好隨時應戰。

我們維持這樣的狀態來到小鎮哈拉辛戈（Xalacingo），當地人送了一些金項鍊、布料和兩名印地安女性。我們從那個小鎮派了兩位森波拉酋長擔任前往特拉斯卡拉的信使，這兩人一直在說特拉斯卡拉人的好話，宣稱對方是他們朋友。我們把一封信和當時流行的佛來明長絨帽交給兩名使者。雖然我們知道特拉斯卡拉人不會讀信，不過對方應該能看出信紙和當地的紙質不同，會明白信有其意義。傳達的口信是：「我們即將到達他們的村落，希望能受到歡迎；我們無意傷人，而是要和他們結交。」這麼做的原因是哈拉辛戈人說整個特拉斯卡拉地區的人都武裝起來要對抗我們。特拉斯卡拉人已經從我們經過的森波拉、索科特蘭和其他數個村子的盟友得知我軍快抵達了，正打算出兵。由於這些城鎮以前一向都向蒙特祖馬進貢，常常用詭計詐騙入侵特拉斯卡拉，使特拉斯卡拉人消耗甚鉅。特拉斯卡拉人認為我們這次也是要用同樣的方式入侵，因此我方兩名使者帶著信件和帽子抵達，還在解釋來意時就被特拉斯卡拉人粗暴地打斷，關進監牢。我們等了整整兩天都沒有得到回音。

科爾特斯召來哈拉辛戈的酋長講述那些他在探險中不斷覆述的聖教道理，說我們是國王陛下的臣民，奉命來終止獻祭、吃人肉、當地習俗中的野蠻行為，也說了許多經過各個城鎮總是會說的事。科爾特斯向對方許諾我們日後會提供協助，要求派出二十名優秀的戰士和我們一起進軍，當地酋長欣然同意。

隔天，向天主禱告過後，我們滿懷信心的往特拉斯卡拉前進，不料路上就遇到那兩名之前派去交涉卻遭到囚禁的使者；似乎是特拉斯卡拉人準備作戰時的情況混亂、疏於看管，兩人得以逃出來。他們對所見所聞過於驚恐，言談語無倫次。他們說在監牢裡被特拉斯卡拉人威脅：「我們要殺了你們所稱的『神人』，也要吃他們的肉，看看他們是否如你們所說得那麼英勇。而且你們到這裡來替蒙特祖馬那個奸賊使詐，我們也要吃你們的肉。」雖然使者反覆申辯說西班牙人與墨西哥人為敵，希望和他們成為兄弟，但使者並沒有獲得特拉斯卡拉人的信任。

我們聽了特拉斯卡拉人的自吹自擂，也得知他們正打算開戰，雖然大家有點顧慮，不過還是喊著：「就如對方所願！開戰吧！好運我同在。」接著向上帝禱告。我們住宿過的小村人民和森波拉人都說特拉斯卡拉人一定會在我們進入他們領地後就出來迎戰，於是就由科拉爾在隊伍前頭高舉旗幟前進。

我們一路進軍，路上決定好：騎兵以三人一組互相來回衝刺接應，善用長矛的長度而非短兵相接，突破了特拉斯卡拉人的陣列就不斷猛刺敵人的臉，以防敵人抓住長矛；若是長矛被抓住了，就先用手臂挾住長矛，然後用力以馬刺踢馬，策馬狂奔，好把長矛抽回來或拖著印地安人跑走。也許時至今日有人會問為何我們要在還看不到敵人時就做這些準備，就讓我用科爾特斯所說的話來作答覆：「夥伴們，由於我們人數很少，必須像敵人正要打過來那樣隨時準備，我們不僅得當成是看到敵人正要攻來般行動，而是得當成正在和敵人交戰般行動。他們常常用手抓住我們的長矛，我們更應該盡可能準備好處理戰鬥中的各種急難。我知道你們毋須命令就非常擅戰，但我也希望見到你們更英勇的表現。」

我軍又小心前進了六哩，發現一座用石頭、泥漿鞏固的堡壘，堅固到用鐵鍬也很難破壞，確實是固若金湯、易守難攻。大家停下來檢視堡壘，科爾特斯問索科特蘭人為何對方要這樣築城。索科特蘭人說當地的特拉斯卡拉人長年和他們的領袖蒙特祖馬交戰，這裡已是特拉斯卡拉領土，當地人建這種堡壘來防衛城鎮。這番話讓我們有點焦慮，在此休息了一陣子。科爾特斯說：「跟著旗幟前進吧！伴隨著這神聖的十字記號，我們將無往不勝。」而所有人齊聲答道：「上帝賜予力量，我們吉星高照！」然後維持先前的陣勢繼續前進。

我們又走了沒多久，哨兵就看到三十個印地安人正在巡邏。對方頭戴羽飾，帶著雙手砍刀、盾牌、長矛。他們用的刀跟大劍一樣長，燧石製成的刀刃比小刀還鋒利，刀刃設置的很巧妙，既不會折斷也不會脫落。我前面已經提過，那三十人戴著不同的標記和羽飾，我方哨兵一發現他們就立刻回來警示，科爾特斯隨即命令要他們去追印地安人，盡可能生擒一兩個人回來；又加派五名騎兵跟上哨兵，若是遇上伏擊還能幫得上忙。同行的盟友說前方一定有大量伏兵，於是我們全軍擺好陣形，加速前進。

三十個印地安人看到我方騎兵追來、揮手招喚，不願乖乖束手就擒，奮力抵抗下用刀槍刺傷了我們的馬匹。

我方騎兵看到對方頑強抵抗，不得已殺了五個敵人，此時突然有一大夥特拉斯卡拉人[1]現身發動伏擊，人數超過三千，朝著那些擠成一團的騎兵射箭；印地安人用弓箭和烤過的擲槍猛烈射擊，也上前用雙手砍刀猛砍。不過此時我方的火炮、弩弓手、火槍兵迎頭趕上，開始發動攻勢。不過對方仍維持著陣勢抗衡了好一陣子。我軍在這場衝突中有四人受傷，我記得其中一人幾天後傷重不治去世。

天色已晚，敵人漸漸撤退，我們也沒有繼續追擊。敵軍在原野上留下十七具屍體，傷者無數。這場戰鬥發生在平原上，附近有許多屋子，一些玉米與龍舌蘭的農場——龍舌蘭是當地人種來製酒的植物。

我們在某條溪流附近過夜。因為沒有油，我們就從印地安人的屍體切下脂肪替傷患治療。所有屋子的糧食都被搬空了，大家就靠當地人養來當食物的小狗充饑。其實連那幾隻狗原本也都被帶走了，不過當晚又自己跑回屋子才被逮到，讓大家飽餐一頓。

1 他們很可能不是特拉克斯卡拉人，而是來自特科亞克（Tecoac）的奧托米人（Otomis）。

我們怕敵人又會攻過來，當天派了哨兵、偵查兵、巡邏兵徹夜警戒，馬匹也勒好韁繩、上著馬鞍。

隔天，我們向天主禱告後擺好陣勢繼續前進。騎兵謹記攻擊進退的訣竅，士兵緊緊靠在一起維持陣列，以防被敵人突破、切斷。我軍就這樣持續前進，遇到兩隊合計超過六千人的戰士；敵軍喊聲震天、鼓號喧囂，極其猛烈的射箭擲矛。因為我們希望和對方結交成為夥伴，科爾特斯就令大家停住，將前幾天俘虜的印地安人派上前要求對方停止攻擊。他要皇家公證人戈多伊目睹事情的發展，好在未來需要為這些傷亡負責的必要時刻能證明我們曾訴諸和平。

三名俘虜派過去之後，印地安人變得更為憤怒，就打的更為兇猛，使我們難以招架。於是科爾特斯大喊：「聖雅各保佑，衝啊！」所有人便氣勢洶洶地衝過去大殺一陣，殺傷不少敵軍，包括三名敵方指揮官。特拉斯卡拉人開始朝林地撤退，林地間有超過四萬名戰士準備伏擊，由優秀的最高統帥希科田卡（Xicotenga）率領。希科田卡的這四萬大軍人人都戴著紅白相間的標記。

由於地面崎嶇不平，騎兵無法施展，我們小心地重整部隊後才能通過。前進時仍非常危險，印地安人的箭術精準，用長矛、砍刀打傷不少人，還用彈弓射出冰雹般的飛石。不過我軍帶著騎兵、炮兵抵達平緩的場所後就立刻還以顏色。不過我方士兵不敢貿然出陣，因為勇猛追擊敵方戰士、指揮官而脫離陣列的士兵很快就會被打傷，身陷險境。我們打著打著，眼見敵軍漸漸從四面八方將我軍包圍，幾乎無計可施。大家深怕陣形遭到突破，只能朝相同方向一起進攻，不過每次進攻就有二十多隊人馬上前抵擋，全軍面臨生死關頭。敵軍數量過於龐大，要不是有全能又慈悲的上帝拯救，敵人光是每人丟一撮土就足以淹沒我們。

我們和這支令人生畏的大軍僵持不下時，敵方其中一些孔武有力的人打算抓馬。他們狂暴地用手去捉一隻訓練有素、善跑善戰的母馬，不過駕馭這匹馬的騎兵佩德羅·德·莫龍（Pedro de Moron）騎術精湛，和三名騎兵突入敵方的陣列（他們奉命相互支援、一起進攻）。然而幾個敵人捉住了他的長矛，他無法繼續刺擊，接著其他人大刀一揮，使他身受重傷；敵人又提刀砍斷馬頭，馬頭只剩下一層皮和身體相連，莫龍的馬就當場死亡。若不是其他騎兵上前救援，莫龍也難逃一死。我們當時應該立刻一起過去救援，不過容我不厭其煩的再說一次：大家都深怕稍有不慎會被敵人擊潰，不敢貿然行動；我們也身陷危機，得優先保住自己的性命以防全軍敗退。無論如果，我們終究趕到死馬的周圍從敵人手中救出莫龍，此時他已經被拖曳了好一段距離，半死不活的倒在地上。我們也砍斷馬肚帶取回馬鞍，以密集的陣形一起行動，用利刃造成敵方不少死傷。十名士兵在這次救援中受傷，不過我們也殺了敵方四個首領。後來敵方開始撤退，卻帶走了馬的屍體。我們日後才知道他們把馬切成碎片展示給所有特拉斯卡拉的村落看，也把馬蹄、紅帽、締結和平的兩封信拿去祭神。那匹母馬的擁有者是胡安·塞德尼奧，他前一天被打傷三處，無法行動，就把母馬借給莫龍。我記得後來就沒再見過莫龍，他兩天後就重傷不治。

這場戰鬥持續了整整一小時，敵軍數量龐大而且陣形緊密，我們在這期間應該射傷了他們不少人。大家都如英雄般克盡職責，也為了保全性命而奮勇殺敵。這真的是我們至今所面臨過的戰鬥中最為兇險的一次。我們後來才知道許多印地安人在戰鬥中身亡，其中包括八名首領，都是幾個住在首都城鎮的老酋長的兒子——這是敵軍維持著陣勢撤退的主因。當時大家已經累得無以為繼，無力追擊撤退的敵軍也並不感到遺憾。我們就在小村裡過夜，這附近人口密集，甚至有許多當地人就住在地下的屋子，跟住在山洞裡沒兩樣。

這場戰鬥的地點稱為特華辛戈（Tehuacingo）或特華卡辛戈（Tehuacacingo）[2]，時間是一五一九年九月二日。我們獲勝後感謝上帝在危急之中施以援手。

這裡的幾間金字塔又高又堅固，跟堡壘一樣，我們就在這裡駐紮，割下印地安人的脂肪治療傷患，也替四匹受傷的馬匹療傷。我方傷員十五人，其中一人重傷而死。屋子裡留下許多家禽、小狗，我們當晚充份進餐、休息，設置好哨兵、巡邏兵，安排充分戒備後安穩的睡到隔天早上。

特拉斯卡拉人的戰鬥有一個特點，只要有夥伴受傷就會被帶到後方，因此我們看不到他們死在戰場上——無論是這場戰鬥或往後的交戰皆是如此。

大家因作戰和照顧傷患筋疲力竭，而且也需要修理弩弓、補充箭矢存量，隔天就耗在雜務上，沒什麼特別的要事。然而又過了一天的早上，科爾特斯決定派所有的騎兵在這個地區奔馳巡邏，才不會讓特拉斯卡拉人認為上次那場戰鬥就耗盡了我軍作戰能力，也要讓敵人認為雖然前一天我們沒有出擊，不過還是打算追著他們不放。畢竟我們主動發動攻勢會比較好，等著抵抗敵方攻擊還可能被發現弱點。這個地區地勢平坦、人口密集，我們盡可能在營地留下夠多的人護衛，派了七名騎兵和一些弩弓手、火槍兵共約兩百人出發，一些印地安盟友也一起同行。我們在路過的屋子、城鎮捕捉了二十名印地安男女，沒傷害任何人，然而殘忍的盟友燒了許多房子，搶走家禽、小狗和許多食物。我們也沒走得太遠，很快就返回營地，科爾特斯就釋放了那些囚禁的印地安人。我們釋放這些印地安人之前，先給了一些食物吃，由唐娜瑪莉娜和阿吉拉爾和善地交流，展示一些珠子，說我們希望和特拉斯卡拉人結交，當他們的幫手，請對方別執迷不悟，儘快停戰。我們也釋放了之前囚禁的兩個首領，請他們帶一封信去告知首都城鎮的酋長：我們只是要通過他們的領地去墨西哥城找蒙特祖馬交涉，不打算傷害、惹怒任何人。希科田卡的營地位在離此地六哩遠的村子和屋舍之間，我記得是叫做特夸辛帕辛戈（Tecuacinpacingo）[3]。使者回到營地把信件交給希科田卡，但他說我們儘管去首都找他父親，等他們吃我們的肉、用我們的心臟及鮮血祭神之後再來和談。他要人隔天一早就讓我們知道他的答覆。

我們仍因先前的戰鬥疲憊不堪，聽到這傲慢的答覆也提不起幹勁。科爾特斯就用花言巧語解除兩名使者的戒心，給了兩人幾串珠子，打算日後再要派他們擔任和平使者。

2 很可能是現今的聖薩爾瓦多·德·洛斯·寇瑪列斯村(San Salvador de los Comales)。

3 這個地方現今的名稱是松潘欽科（Tzompantzinco）。

科爾特斯向兩位酋長打聽統帥希科田卡的消息和他所掌控的兵力。他們說希科田卡現在擁有的人手比先前第一次進攻時還更多，他旗下現在有五名指揮官，每人統領一萬名戰士。他們都打著希科田卡的旗幟，圖樣類似白色鴕鳥的展翅之姿，每支部隊有各自可供分辨的標記和服裝。酋長們都各自有不同的標記圖樣，就像是我們的公爵、伯爵有自己的家徽一樣。

我們當天路上捉到後又釋放的其他印地安人其實也說了同樣的消息，不過當時我們並不相信，現在才知道他們所言非虛。畢竟大家都是平凡人，確認上述消息後許多人（確實是絕大多數）就去找梅塞德會的教士和神父胡安．迪亞斯告解——結果他們徹夜都在聽士兵懺悔。其他並不害怕、沒去告解的人也向上帝祈禱，祈求免於敗戰，就這樣又過了一天。

隔天早晨，一五一九年九月五日，我們清點馬匹，讓受傷的馬也加入隊列好發揮點作用。弩弓手細心協調射擊節奏：有的人射擊時有的人就裝填，盡量善用箭矢，火槍兵也如此配合；帶著刀刃和盾牌的士兵要奮力砍殺，不讓敵人像之前那樣過於靠近；炮兵備妥彈藥；騎兵奉命協同作戰，長矛短握，不斷刺向敵人的臉和眼睛；士兵上前攻擊後要迅速回到陣列、不能破壞隊形。我們由四個人護衛著掌旗手，跟著飄揚的旗幟離營出陣；才走了半哩就看到原野上滿是頭戴各種羽飾、標記的印地安戰士，伴隨著喧囂的號角聲。

這場戰鬥險象環生，值得大書特書！我方僅四百人，其中不少人還生病受傷，就這樣站在原野中央；對面那一批又一批的印地安戰士列起來有六哩長（或該說六哩寬）。我們知道敵人要在此戰決一勝負、不留活口（是會留一些人祭神）。敵人發動攻勢，投石器射出的亂石如冰雹般落下，投出的標槍連綿不絕，往往都能穿透護甲扎進身體。對方的刀手、槍兵也一邊呼嘯、怒吼，勇猛的逼近。不過炮手、火槍兵沉著應戰，加上弩弓手的掩護，我們對敵軍造成大量傷亡。攻來的敵方刀手被利刃所逼退，無法像上次戰鬥一樣頻繁靠近。除了上帝保佑外，個個武藝高強、英勇善戰的騎兵是我們的救星。不過我一度見到我軍陣列陷入混亂，無論科爾特斯或其他指揮官怎麼喊叫都難以恢復。攻來的印地安人實在太多了，我們只能展現奇蹟般的劍技將他們逼退，然後才重整隊形。我們能化險為夷的主因是敵軍人數太多又太密集，每次我軍開炮都能造成不少死傷。此外，他們的指揮不靈，許多指揮官不能有效的帶人一起投入戰鬥。

我們事後才得知希科田卡在上次戰鬥後就和另一名指揮官——酋長奇奇梅卡特克雷（Chichimecatecle）之子發生爭執。希科田卡指責對方前一次戰鬥的表現很差，奇奇梅卡特克萊的兒子反駁說他自己作戰時比希科田卡還要能打。因此奇奇梅卡特克雷的兒子在這場戰鬥中拒絕助戰，也要另一支韋霍欽科（Huexotzinco）的部隊按兵不動。此外，敵軍現在也開始畏懼我們的馬匹、英勇善戰的火槍、弩弓、士兵的利刃；慈悲的上帝也賜給我們頑強抵抗的力量。結果是希科田卡的兩名指揮官拒絕支援，我軍又不斷對他的軍隊造成大量傷亡。即使如此，特拉斯卡拉人還是持續掩飾傷亡，一旦有人受傷就被其他人帶到後方去，所以這場仗打到最後，我們也沒見到戰死的敵軍。

敵軍原本就逐漸喪失戰意，看到其他兩隊友軍袖手旁觀，更是灰心喪志。似乎也因敵軍某位重要的指揮官戰死，就維持陣勢鳴金收兵。騎兵因馬匹太疲憊也無法追太遠，只追擊了一小段路。大家脫離險境後再度感謝上帝。

我軍一人戰死，六十人負傷，所有的馬匹也都受傷。我自己被打傷兩次，一次是被投石打中頭部，一次是大腿中箭。但這不妨礙我持續戰鬥、執行放哨、幫助其他夥伴。畢竟所有人身上多半都有大小病痛，除非傷勢危急，否則大家都得戰鬥、放哨，不能只讓少數未受傷的人獨自承擔這些責任。

大家回到營地後歡欣鼓舞的感謝上帝，接著在一間印地安人的地下屋舍埋葬死者，在屋子裡堆了很多土以免讓人聞到腐臭味；如此一來才不會讓特拉斯卡拉人知道我們會死，繼續誤以為我們是所謂的「神人」。我們物資匱乏到連油、鹽都沒有，沒什麼東西能拿來照料傷者，只能用之前說過的方法：割下印地安人屍體的脂肪為傷患療傷。我們也迫切需要禦寒衣物，因為雪山吹來的冷風冷得大家瑟瑟發抖；我們的長矛、火槍、弩弓等武器也都缺乏保護。不過我們安排了許多護衛和巡邏兵，所以即使很冷，睡得還是比前一晚安詳。

戰爭結束後，科爾特斯召見戰鬥中俘虜的三名敵方酋長，其中兩人之前就擔任過使者。我們之前是希望無事穿過特拉斯卡拉領地前往墨西哥城，向酋長要求締結和平。這次的要求也一樣，我們對他們抱著善意，想如兄弟般好生相待，畢竟我們可不會毫無理由傷人；不過要是對方還不派人前來交涉，我們就會大開殺戒。科爾特斯不斷親切的釋出善意，就是為了獲得特拉斯卡拉人的友誼。

使者心甘情願前往特拉斯卡拉的首都將我們的要求告知當地的所有酋長。他們到達時發現酋長們和許多長者、祭司聚在一起。這些人為那些擔任指揮官而在戰爭中喪命的兒子、親人難過，也因此而無意聽取使者傳話，決定召集所有占卜者、祭司和當地的「塔卡爾納瓜斯」（tacalnaguas，能預言未來的巫師），要求他們用巫術、魔法、占卜搞清楚我們到底是什麼樣的人、他們若日夜不斷攻打能否戰勝；也向巫者詢問西班牙人是否真的是森波拉人所宣稱的「神人」，吃什麼東西等等。酋長們迫切想知道結果。

那些占卜者、巫師、祭司受著集結後各自預言、抽籤、施行儀式，然後說他們知道我們是有血有肉的人，吃的是家禽、小狗、麵餅和水果（如果我們有得吃的話），但並不吃殺掉的人肉或心臟（很顯然是森波拉盟友讓他們誤以為我們是「神人」，而且吃印地安人的心臟。）此外，也說我們的大炮能打雷、我們的灰狗像獅子老虎、我們的馬是用來抓想殺的印地安人，說了一堆瞎話。

但不幸的是那些祭司和巫師說白天無法擊敗我們，他們只能在夜晚取勝。我們在白天所擁有的剛猛之力在日落後就會喪失，晚上就沒有力氣。這些酋長信以為真，立刻派希科田卡盡快在晚上就發動猛烈的攻擊。希科田卡一接到命令，就召集一萬名勇猛的戰士圍攻我方營地[4]，從三個方向射箭、投擲標槍，刀手則從第四個方向突擊，打算捉走某些人帶回去獻祭。不過我軍有上帝保佑，即使敵軍偷偷來襲也早有準備。我方巡邏的探子和哨兵一聽到敵軍的動靜就立刻衝回來要大家警戒，而且我們都習於穿著護甲和涼鞋就寢，武器也很少離手，馬匹都繫著轡繩、戴著馬鞍，能立刻各自用火槍、弩弓、刀刃等武器進行反擊，立刻打的特拉斯卡拉人四散而逃。由於周遭地勢平坦，當晚月亮高掛，我方騎兵還追擊敵人打好一陣子，早上看到他們大約有二十多名死傷者倒在原野上，也就是說敵軍慘敗而歸，非常後悔發動夜襲。我聽說他們因夜襲這壞主意而殺了兩名祭司、巫師祭神。

當晚我方一名森波拉盟友戰死，還有兩人及一匹馬受重傷，不過捉了四個敵人。我們感謝上帝的指引，埋葬了盟友、照料傷患，當晚安排好守衛後照常就寢；隔天早上醒來後才發現大家處境很糟，所有人又累又痛，有些人有兩三處受傷，多數人筋疲力竭、病痛纏身，希科田卡仍率軍在附近騷擾。我軍目前已有四十五個人戰死、病死、凍死，另外有十幾個人發燒重病，包括科爾特斯和梅塞德會的修士。想起我們至今種種辛勞：一直背著沉重的武器、挨寒受凍、缺乏鹽分（我們向來都沒有足夠的鹽為食物調味），大家不由的開始想著這場戰爭最後會是什麼局面、該如何結束，結束之後又該何去何從。我們光是和特拉斯卡拉人交手就弄成現在這個樣子，而且據森波拉盟友的說法，特拉斯卡拉人算是較友善的人了，屆時又要怎麼和擁有墨西哥大軍的蒙特祖馬交戰？大家都認為進軍墨西哥是艱難的旅程。此外，我們也一直沒有殖民地「利卡鎮」的消息，那些殖民者也對我們的狀況一無所知。

我們夥伴中有許多傑出、果敢的先生擅於出主意、提建議，科爾特斯行動前總是會先徵詢這些人的意見。科爾特斯確實總是努力使自己成為好領導者，後期的戰勝後受我主恩賜獲得爵位，想必是我主降下的祝福使士兵們能好好協商，對統帥大人提供正確的建議。讓我繼續說下去：當時我們這些人一同去給科爾特斯打氣，說他必定會康復，他儘管依靠我們。既然大家在天主的保佑下能從先前的苦戰中生還，那麼天主耶穌基督一定為我們安排好一切。我們建議他應該立刻釋放俘虜，派他們去找特拉斯卡拉大酋長提議停戰，雙方不計前嫌，殺馬的事也可以一筆勾消。

容我再說說唐娜瑪莉娜的狀況：雖然她是當地的印地安女性，表現得卻和男性一樣有勇氣。儘管她每天都聽印地安人說要殺了我們，拿我們的肉沾辣椒吃；她也知道我軍前幾場戰鬥中數度遭到包圍，我方人人負傷、生病，然而她從未顯露出懦弱的模樣，反而表現得比一般女性更勇敢。她和阿吉拉爾對正要派出去的使者說：特拉斯卡拉人必須立刻前來議和，如果他們兩天內沒帶回消息，我軍就會一一燒殺當地城鎮、摧毀他們的家鄉。被放走的俘虜帶著嚴厲的口信前往老希科田卡（Xicotenga the Elder）和馬塞埃斯卡西（MaseEscasi）所在的特拉斯卡拉首都。

4 根據其他歷史學家的記載，貝爾納爾・迪亞斯在此省略了希科田卡先前探查西班牙人營地的部分描述。

使者抵達特拉斯卡拉時，兩名首要大酋長正在會商。兩人聽了口信，一時之間不知所措、一言不發。不過他們最後一定是受了上帝的啟示，決定和我們和談。兩人立刻召集城鎮所有酋長和指揮官，也請來鄰近地區同盟的韋霍欽科酋長。等所有人聚集到首都，兩名睿智的大酋長對眾人說了一席話，說法大概是這樣：（我是事後才聽說，未必是切確的內容）

「我的兄弟朋友們，大家已經多次看到那些『神人』遭到攻擊後還派使者要和我們締結和平，也說他們是來幫助我們的，會視我們如兄弟。大家都知道，許多人民在戰場上被捉之後很快就被釋放，也很清楚我軍曾不分晝夜全力進攻三次，仍然無法擊敗他們；這幾場攻勢中反而有許多人民——我們的族人、兒子、指揮官戰死。現在他們又來要求談和了，又聽聞一道前來的森波拉人說他們是蒙特祖馬和墨西哥人的敵人，已經令托托納克山上各村落及森波拉停止對蒙特祖馬進貢。大家千萬別忘了墨西哥人每年都對我們開戰，現在圍困住我們，我們沒人敢出去找鹽，也沒鹽可吃；我們也不敢去找棉花，只有少許棉布可用。人民即使離家搜索也沒多少人能活著回來，大多會被奸惡的墨西哥人及其盟友奴役或殺掉。目前占卜者、巫師、祭司已經將他們對這些『神人』的判斷告訴我了，他們說『神人』非常英勇，應該和他們結交，無論他們是人還是『神人』都加以歡迎。我們將會派四名首領立刻帶著大量食物出發，和他們停戰、結盟，如此一來，他們就很可能會伸出援手、替我們抵抗敵人。既然和平使者跟我說那些『神人』還帶著女人同行，我們也打算邀請他們過來，把女人嫁給他們，使雙方的後代成為親族。」

所有的酋長、首領聽完演說後都表示贊同，認為這個主意很明智，應該立刻派人議和。他們立即派人要求年輕的希科田卡及其指揮官終止作戰、立刻撤退，畢竟戰爭算是結束了。使者就迅速去通知希科田卡，不過他不僅不願聽從四名首領的命令，還憤怒地把他們痛罵一頓，拒絕停戰。希科田卡說他已經殺了許多「神人」和一匹馬，要再發動一次夜襲擊敗我軍，殺得我們片甲不留。

希科田卡的父親和馬塞埃西卡斯聽了他的答覆後勃然大怒，立刻派人對指揮官及所有軍隊下達命令：若是希科田卡拒絕議和，任何人都不得參與進攻、不必聽從希科田卡的命令。即使如此，希科田卡還是頑強抗命。眾酋長知道這名指揮官極其頑固，決定派那四個首領帶著食糧代表全特拉斯卡拉、韋霍欽科來我方營地協商停戰。不過這四個老頭畏懼年輕的希科田卡，沒有動身。

我們無所事事過了兩天，向科爾特斯提議朝離營地三哩的城鎮進軍。因為我們曾召喚這個村子的人派人議和，但得到沒有任何回音，就打算威嚇對方。我們可沒打算傷人（並非要殺害、傷害當地居民，也不是要捉俘虜），只是要徵收一些食物，同時嚇唬他們、要求停戰，根據對方的反應見機行事。這個城鎮叫松潘欽科[5]，周遭有許多進貢的小城鎮，我們後來在這之中的特科亞祖潘辛戈（Tecoadzumpancingo）紮營；這片領土周遭的人口非常稠密。

我們黎明前夕起身朝松潘欽科前進，盡可能留下夠多的士兵護衛營地。科爾特斯率領六名最好的騎兵、最健全的士兵、十名弩弓手和八名火槍兵（雖然他當時還會間歇發燒），日出前兩小時就開始進軍。此時雪山上吹來刺骨的寒風，冷得我們顫抖不已；馬匹也承受不住如此惡寒，其中兩匹馬冷得開始震顫、引發腹絞痛。我們非常擔憂，怕馬會死，於是科爾特斯命騎手帶馬回營地治療。

松潘欽科離的不遠，我們日出前就到達了，當地人見到我軍就四處逃散，不斷喊叫著警告其他人，因為「神人」要來殺人了。他們確實極為驚恐，連小孩都顧不及帶走。我們見狀就在一個院子待到天亮，避免對居民造成傷害。

掌管神廟祭司看到我軍還沒什麼動靜，就和數名老酋長前來求饒，請科爾特斯原諒他們沒去求和，照我們的吩咐送上不少食物。他們說統帥希科田卡就在鄰近地區，他的軍隊也靠這幾個城鎮補給食物，軍隊中也有來自這裡的戰士（軍隊戰士都是從所有特拉斯卡拉地區招募），所以他禁止大家向西班牙人求和。科爾特斯通過翻譯人員（他們任何遠征都會隨行，即便是夜襲）告訴對方不用害怕，不過必須立刻去請首都的酋長派人前來和談，開戰的話會是他們大難臨頭。由於我們之前派出的使者還沒有任何回音，那四名指派來我們營地議和的首領也還沒抵達，科爾特斯就先派這名祭司動身。

當地的祭司替我們準備了超過四十隻雞（有公雞也有母雞），也派兩個女人為我們做玉米餅。科爾特斯感謝對方的好意，要求鎮裡選出二十個人替我們把食物搬回營地。那二十人毫無懼色的在我們營地待到傍晚，獲贈了一些珠子後非常開心的回家，還向鄰近城鎮的人說我們是好人，完全沒傷害他們。這幾名祭司和老者向希科田卡報告說他們贈送了食物和女人給我們，結果被希科田卡惡狠狠的痛罵了一頓；不過他們隨即又去首都向老酋長報告，老酋長聽了非常高興，因為他們認為那天夜裡我們有機會殺掉許多人，卻只是一直要求派人交涉，真的不打算傷人。他們因而決定每天都為我軍供應糧食、必需品，命那四名原本就該來我們營地和談的四名首領帶著準備好的食物立刻動身。我們也帶著糧食和印地安女性滿心歡喜的回到營地。

我們帶著糧食補給從松潘欽科回來，對於達成和議感到高興。不過此時營地裡充斥著密謀、私議，有人說這場戰爭要是再一直打下去，大家的處境會日益危險。我們回來後這些議論甚至有增無減，吵得最兇的是那些在古巴擁有房子、許多奴僕的人。其中有七個人（為了給他們留點面子，我就不說姓名了）結夥一起去找科爾特斯，由當中最能言善道的人代表發言。那個人擅於把他們的要求說成建言，要科爾特斯好好考慮大家現在的處境：許多人受傷、餓的瘦骨嶙峋，還不斷

5 在前面的註腳中曾提到這是特夸辛帕辛戈現今的名稱。

被敵人騷擾，夜晚也必須看哨、巡夜、巡邏、偵查，大家也得不分日夜持續作戰，日子過的非常艱苦。根據他們的說法，我們從古巴出發至今已經失去了五十五名夥伴，離開「利卡鎮」後也沒有接獲殖民者的任何消息。雖然我們離開古巴後，大小戰事都因上帝的恩賜而屢戰屢勝，在這個地區的遭遇也無不受到上帝的慈悲庇佑。但我們不該如此頻頻試探，否則下場會比佩德羅・卡爾波涅羅（Pedro Carbonero）[6]還悲慘。科爾特斯害大家的處境越來越難以預料，總有一天會害所有人都被抓去祭神（雖然上帝應該不會允許這種事發生）。他們建議科爾特斯帶所有人回「利卡鎮」的要塞，那裡周遭都是托托納克盟友，大家就在那裡待到建好船隻，再向古巴總督貝拉斯克斯送信，或是送信到其他地方、小島尋求支援。他們也說鑿沉的船隻要是現在還留下就非常有用，至少應該留個兩艘，在這緊要關頭就能派上用場。他們也抗議鑿船和其他幾件事都沒跟他們商量過，而且科爾特斯信賴的那些人都不知該如何未雨綢繆；他們會向上帝祈禱，願科爾特斯等人悔改。他們接著又說，現在大家無論如何都無法負擔更多行李了，身為人類的處境竟然比馱獸還不如。馱獸完成白天的工作後還能卸下背負的重物，獲得餵食、休息，但士兵卻不分日夜都得帶著武器、穿著涼鞋。再說，縱觀歷史記載，無論是羅馬人、亞歷山大或任何知名的統帥，都沒有人像科爾特斯如此膽大妄為，只帶著寥寥可數的兵力就破釜沉舟攻入人口眾多、兵多將廣的國家。他們指責科爾特斯只是帶著追隨者陪葬，請他帶大家回到和平的「利卡鎮」，保全所有人的性命。前面沒提到的其他理由還包括：特拉斯卡拉大軍過去的幾天都無時無刻從四面八方攻擊營地，雖然目前暫時沒有來犯，但這七人相信敵人很快就會再度來襲。即使希科田卡率領的大軍已經三天沒派人來了，他們仍說希科田卡正在召集戰士，準備再發動一場像上次一樣的大戰，所以我們不該留在這裡。這些人無論怎麼說都是同樣那一套。

科爾特斯注意到這些建言越說越不客氣，而且他根本就沒徵詢過，先溫和回答說他很清楚他們所說的現況，不過就他所知、他也如此相信——世上沒有任何人比我們這些西班牙人更英勇、更擅戰，還經歷了這麼多艱辛。我們若不將武器扛在肩上繼續前進、不在刺骨的寒風中巡邏偵查，大家就會被敵人消滅；所有人至今所承受的辛苦正是要保全自己的性命，避免處境更糟。「先生們，既然我們達成的諸多英勇事蹟令真主樂於伸出援手，還有什麼好質疑的？我還記得如此龐大的敵軍圍住了大家，看著敵人就在陣前不遠處揮舞著大砍刀，我至今仍畏懼不已。眼見敵人突然一刀砍死母馬，我們是如此挫折、哀傷，不過我當時也更清楚的意識到這激發了你們無與倫比的勇氣。正因我們在如此大戰中都能獲得上帝保佑，我才更熱切期盼未來也會如此。就讓我再多說一句，你們所謂的兇險對我來說絕非事不干己，我可是也和你們每個人一樣經歷過那些事呀！」科爾特斯絕對有資格這麼說，他的確每場戰鬥都身處最前線。

「先生們，聽著！」科爾特斯繼續說道：「正因我主過去樂意幫助，我們希望未來也是如此。

6 這是當時眾所皆知的事件：卡爾波涅羅帶人踏入了摩爾人領地，卻全被殺死。

畢竟我們到這片土地以來，一直盡可能在經過的每個村落宣揚神聖的教義，責令當地人摧毀偶像。現在無論是希科田卡還是他的指揮官都不再現身，我敢說他們不敢再度來犯了。我軍在最後一次戰鬥中已經狠狠的打擊他們，他們吃了三場敗仗後也不可能再召集追隨者。我相信上帝和我們所擁護的聖彼得已經終結了這個地區的戰爭。畢竟你們也知道，現在松潘欽科的人贈送了食物，和我們締結和平，周遭的鄰人也都回到各自的屋子居住。至於將船鑿沉，那是不錯的計劃，若要說你們沒被徵詢過這件事，其他的先生也一樣。我個人對海灘上曾發生的某些事仍有所不滿，現在只是不願舊事重談；你們時至今日才協調好的這些建議，還不如在當時那個情境下就提出來。不過你們也會發現這個營地有許多先生們會強烈反對你們的提議，因此，把一切交給上帝、繼續為這神聖事業效力才是更好的選擇。先生們，你們提到那些最知名的羅馬將領從未像我這樣行動，這話說的沒錯。不過要是我們獲得上帝保佑，未來的史書上對我們的探險記載將會比過往的故事還多。讓我再重申一次：我們所有的努力都是為天主效力、奉獻給我們偉大的君王查理陛下。天主會基於真實的公義和律法慈悲地保佑大家、安排好眾人的未來。先生們，顯然此時在這裡回頭是不對的，和我們締結和平的人民會視我們的離開為背叛，從而再度倒戈相向；那些至今將視我們為神人、偶像、如此稱呼我們的盟友也會認為我們是懦夫、弱者。雖然你們說要回去待在和我們結盟的托托納克盟友當中，但他們見到我們沒抵達墨西哥就回去也可能會反目相向，畢竟是我們逼他們停止向蒙特祖馬進貢，他們也一直擔心蒙特祖馬派墨西哥大軍攻來。我看蒙特祖馬不僅會對他們勒索貢品，也會開戰，甚至會逼盟友攻打我們。托托納克人為了自保，而且他們本來就很害怕墨西哥人，屆時可能會乖乖就範。我們自認為有盟友的地方也可能會有敵人。再想想：要是強大的蒙特祖馬聽到我們撤退之後會怎麼說？他會如何看待我們放出的言詞和風聲？我們整個探險會被當成小孩子的胡鬧。所以說，兩權相害取其輕，我們待在這裡是更好的選擇；這裡地勢平坦，附近人口密集，在營地能靠著雞鴨、小狗過活，感謝上帝，我們現在食物已不再短缺了。不過我還希望我們能獲得一些鹽，這是我們當下最缺乏的東西，也需要一些衣物禦寒。至於說到我們離開古巴至今已經有五十五名士兵傷重去世，大家挨餓受凍、疲病交困；現在兵力很少，所有人都還受傷生病。即使如此，上帝還是給了我們許多人力量。我們確實因戰爭損失士兵、馬匹，也很少能好好吃上一頓飯，但大家來到這裡本來就不是謀求安逸，而是要把握時機奮鬥。我請你們表現的像男子漢大丈夫，看到其他人軟弱的時候能夠鼓舞對方；從今以後忘掉古巴和你們在那擁有的財產，當個英勇的士兵！除了上帝的保佑，我們還能依靠的就是自己強壯的雙臂。」

那些士兵在聽完科爾特斯的答覆後仍不斷抗辯，他們承認科爾特斯說的很好，但他自從離開「利卡鎮」之後就一直慫恿我們去那個擁有大量戰士、以堅固聞名的墨西哥城。森波拉人說特拉斯卡拉人算是比較友善的人了，還不如墨西哥人勇猛，然而我們目前就已經身於險境，要是特拉斯卡拉人翌日就發動和上次一樣的攻勢，我們將因疲憊而難以自保。即便特拉斯卡拉人不再動兵，繼續往墨西哥進軍對他們而言仍然是災難一場，他們請科爾特斯好好重新考慮他的計劃。

科爾特斯面帶慍色地答道：大家應該像詩歌裡說的「寧可捨生取義，也不願苟延殘喘」。而我們多數選他為統帥、建議他破釜沉舟的士兵聽了這番話也開始嚷嚷，要科爾特斯別聽這堆喋喋不休的藉口，我們獲得了上帝的幫助，已經準備好要一起成就大事業；交涉就至此結束。不過那些人其實還在發牢騷，邊發牢騷邊咒罵科爾特斯，罵完科爾特斯換成罵我們這些支持科爾特斯的士兵，又罵到帶我們上路的那些森波拉人。他們還做了許多不實的指控，不過當時都被置之不理，結果所有人都繼續遵從科爾特斯的命令。

現在回頭說希科田卡那邊的情況。首都的老酋長再度派使者要求希統帥科田卡和我們議和、提供食物，強調這是特拉斯卡拉、韋霍欽科所有酋長的一致決定。他們也派人向希科田卡旗下的指揮官下令，若希科田卡拒絕議和，就別再服從他。他們也知道希科田卡並不打算遵從，還打算再對我們營地發動另一次攻擊，所以這個命令下達了三次之多。希科田卡非常高傲、固執，依舊抗命，還打算發起另一波攻擊而召集了兩萬人。不過他決定先裝成是要前來議和，派四十個人帶著家禽、麵包、水果、大量科巴脂、鸚鵡羽毛、四個醜陋的老太婆。這些人到了營地後就先用薰香薰了科爾特斯，沒依習俗行禮，劈頭就說：「這些是統帥希科田卡送給你吃的，你們若是森波拉人所說的兇猛『神人』，希望獲得獻祭，那現在可以吃了這四個女人，享用他們的血肉、心臟。我們不知道你們要怎麼處置，才沒當場犧牲她們：如果你們是普通人，就請你們吃這些家禽、麵包、水果；如果你們是善神，那這裡有科巴脂（我說過這是某種薰香）和鸚鵡羽毛可以用來祭祀。」

科爾特斯通過翻譯人員回答說他希望和平共處，而非挑起戰爭。而且我們以天主耶穌基督和國王卡查理的名義來到此地，是要向他們說明為何必須放棄殺人、犧牲的習俗，請他們遵從。科爾特斯也向對方承認我們也是有血有肉的平凡人；我們並非「神人」，而是天主教徒，依習俗不會任意殺人。若我們喜歡殺人，那麼他們不分日夜的進攻就已經給我們許多大殺特殺的好機會。他感謝對方帶來那麼多食物，但請他們切勿再重蹈覆轍，儘快停戰。

這些帶食物前來的使者是希科田卡派來的間諜，他們探查我們的小屋、防禦工事、馬匹、火炮，也仔細觀察每個小屋有多少人出入及營地間種種細節。他們在我們營地待到晚上，有些人回去向希科田卡通風報信，由其他後來抵達的人補上人數。森波拉的友人注意到敵人毫無理由的在我們營地待上整整一晚很不尋常，一直在監視著，認定他們是間諜。我們之前到訪松潘欽科時，當地的兩個老人曾說過希科田卡正準備發動夜襲，從這裡經過的話就不會發現。那些森波拉人當時只當成是玩笑或唬人的話，沒有當一回事，就沒向科爾特斯報告，他們回想起這件事才會監視特拉斯卡拉使者。不過唐娜瑪莉娜聽了這件事就立刻向科爾特斯報告。

為了查明真相，科爾特斯捉了兩個看起來比較老實的特拉斯卡拉人帶到一旁，他們隨即承認自己是間諜；接著又捉了另外兩人，他們也承認自己是希科田卡派來的間諜；最後又下令逮捕另外兩人，他們坦承希科田卡正在等待他們的情報，計劃當天晚上就和其他人發動攻擊。聽了幾個證詞，科爾特斯傳令要營地的所有人加強警戒，他認為對方會依計劃發動夜襲。他派人逮捕了十七名間諜，砍斷一些人的手和另一些人的姆指，然後把他們送回希科田卡身邊，說這是要處罰膽大妄為的間諜。科爾特斯對希科田卡放話說無論要白天還是晚上攻來都可以，憑君挑選，若他兩天內不來，我們也不等了，輪到我們攻去他們營地。科爾特斯強調要不是我們其實很愛護特拉斯卡拉人，不然早就攻過去消滅他們了，要求停止愚昧的計劃前來議和。

我聽說這些間諜抵達時，希科田卡正準備依照計劃發動夜襲。不過他看到自己的手下回來時殘缺不全，了解原因和事發經過後感到灰心喪志。不過間諜事件並非使他受挫的唯一原因，因為有一名和他在戰爭中發生過口角的指揮官帶了旗下所有戰士離開[7]。

我們當時正待在營地，還不知道特拉斯卡拉人是否會如願前來議和，大家正在清理武器、製作箭矢，進行戰鬥所需的一切必要準備。這時有名偵查兵衝了回來，說有一大群男女帶著行李沿著特拉斯卡拉的主要道路靠近我們營地，而另一名偵查兵正騎著馬觀察，確認對方到底要去哪裡。他正在說明的同時，另一名偵查兵就奔馳過來說對方離的很近，雖然偶而會停下來，但確實是朝著我們的營地移動。大家聽到這個消息都很高興，認為對方是要來議和，事實也是如此。科爾特斯要我們留在小屋內，別顯露出警戒或關注的模樣。然後看到四個身份高貴的印地安人帶著一群人現身，正是奉命前來交涉的四名酋長。四人低頭鞠躬表示友善，直接走到科爾特斯居住的小屋前，先是一手扶地，然後親吻地面、俯拜三次，起身點燃科巴脂。他們說特拉斯卡拉所有的酋長、臣民、盟友、朋友都決定要和科爾特斯及其夥伴、「神人」停戰，請科爾特斯原諒他們先前挑起戰爭和充滿敵意的舉動。墨西哥人是他們不共戴天的世仇，而又他們誤以為我們是蒙特祖馬和墨西哥人的朋友；因為我們陣中有許多以前是向蒙特祖馬進貢的人，他們認為這些人來到他們國家又會像以往一樣使詐、背叛，騙走他們的女人和小孩，所以並不相信使者說的話。不過他們也說我們剛進入這片土地時第一次交戰的印地安人和他們無關，罵那些瓊塔爾人（Churtales）和艾斯托米人（Estomies）[8]既野蠻又愚惷。他們自己則是看到西班牙人的人數很少，就打算捉人當囚犯進獻，博得領主的歡心，不過現在請科爾特斯原諒他們之前的魯莽。四人指著食物說特拉斯卡拉人是發自真心要和我們結交，之後每天都會送上食物，希望我們接受停戰；兩天內希科田卡和其他酋長也會前來說明全特拉斯卡拉人是如何期盼獲得我們的友誼。

四人說完後又低頭俯地，親吻地面。科爾特斯透過翻譯人員鄭重的和他們交談，他裝出生氣的模樣說：我們一來到這裡就派人結交去特拉斯卡拉人，打算替他們對抗敵人——墨西哥人，但

7 特拉斯卡拉戰爭的事件發生時序非常不明確，很可能是因為貝爾納爾．迪亞斯把夜襲的敘述安排的太早；夜襲很可能是發生在希科田卡派間諜去西班牙營地之後。

8 這裡指的是奧托米人，是墨西哥中部當地民族的後代。「瓊塔爾」（Chuntal）的意思就是野蠻人。

他們不僅不信，甚至打算殺死我們的使者，後來竟然還不分日夜發動三次進攻，此外還安插間諜、打算伏擊我們。我們本來可以在戰爭中殺死更多特拉斯卡拉人，卻沒有這麼做。雖然特拉斯卡拉人罪有應得，但我們也會為戰死的人哀悼。科爾特斯原本決心要殺過去找老酋長，不過既然現在他們代表整個地區的人前來議和，他就會以國王陛下和天主之名接受。科爾特斯為送來的這些食物向使者答謝，也要他們回去向領主報告，要那些酋長親自前來，或是派出更有權力地位的人前來交涉，若不遵從，我們就會殺向他們的城鎮。科爾特斯要這些使者帶一些綠珠子回去交給酋長們表示和平，也警告他們必須在日落前來到我們的營地，夜晚才來的話會殺了他們。

這四名使者離開後在離營地有段距離的地方搭了印地安小屋，留下幾位替我們做玉米餅的女性，也留下一些家禽和有用的事物，其中包括負責打水和伐木的二十個印地安人。後來特拉斯卡拉人每天都送來許多食物，看來他們是真心要和我們和平共處，大家不禁感謝上帝，因為當時大家已經被這場不知盡頭的戰爭搞到身體瘦弱、疲憊不堪，怨聲四起。

12

會見墨西哥使節以及接受特拉斯卡拉人求和

我們在上帝保佑下大勝特拉斯卡拉人，名聲傳遍這整個國家，也傳到墨西哥城的蒙特祖馬大王耳裡。人們之前就把我們當成「神人」，在此之後也認為我們是驍勇的戰士而更加敬重。我們以這麼少的兵力卻擊敗了有龐大軍力的特拉斯卡拉人，迫使對方前來求和，令這片土地上的人都感到惶恐。而墨西哥最偉大也最強大的君王蒙特祖馬擔心我們會去他的城市，派了地位最高的五位酋長到我們位於特拉斯卡拉的營地表示歡迎，恭賀我們面對這麼多的敵人所取得的重大勝利。他們送來精雕細琢的黃金和珠寶的裝飾品，價值大約一千披索，另有二十捆質料上好的棉布。使者說蒙特祖馬願意臣服我們偉大的國王陛下，而且他對科爾特斯及其他「神人」兄弟很有好感，很高興我們已經到了他的城市附近。蒙特祖馬請科爾特斯告知他每年需要進貢多少東西給偉大的國王陛下，只要我們不去墨西哥城，他就會給我們黃金、白銀、布匹和綠松石。要我們別去墨西哥並不是因為他不想接待我們，而是當地崎嶇不平、寸草不生，他即使想接待也心有餘而力不足，也不希望見到我們過於勞累。

科爾特斯回答說他很感謝蒙特祖馬的善意、禮物以及進貢的提案。他請使者先別急著離開，和他一起前往特拉斯卡拉人的首都看看大戰的結局，看過之後才離開。事實上是他不想立刻給使者答覆，才作此要求，而且他其實還在發燒，前一天才剛把生長於古巴的黃春菊當做藥服用解熱（若知道服用方法，這藥其實非常有效）。

科爾特斯正在和蒙特祖馬的使節談話時，消息傳來說統帥希科田卡和許多酋長、指揮官到訪，所有人都穿著紅色和白色的披風（紅白相間是希科田卡及其手下的標記）；希科田卡和五十名貴族來的時候非常恭敬。

希科田卡到科爾特斯的住處就先鄭重的行了個大禮，點燃科巴脂。科爾特斯展現出非常親切的樣子請他坐在身邊，於是希科田卡說他這次是代表他的父親、馬塞埃斯卡西、所有酋長、特拉斯卡拉的所有人民，請科爾特斯接受結交，原諒他們先前的操戈相向。他們之前只是不清楚我們是什麼人才會這麼做，如今已經確知我們的目標是他們的敵人蒙特祖馬。他們說墨西哥人常用狡詐的手段在國內強取豪奪，他們認為這些人總是故計重施，只好努力不讓對方踏入領土，不得已才得發動戰爭。特拉斯卡拉人非常貧窮，沒有金銀珠寶，也沒有棉布或是調味的鹽，因為蒙特祖馬不讓本地人離開找鹽。而他們的祖先雖然擁有過一些黃金、寶石，但很久之前為了不被消滅，在被迫議和、停戰時就交給蒙特祖馬了。請原諒他們沒能帶來什麼禮物，他們實在是太窮了，並不是沒有心意。

希科田卡也不斷訴苦，控訴蒙特祖馬及其盟友。他說那些人都是特拉斯卡拉人的敵人，時常對他們尋釁開戰，不過他都能擊敗對方，所以這次也以為能擊敗我們。雖然他曾聚眾對抗我們三次，但都沒有成功，因為我們是無敵的。他們體認到這個事實後就想和我們結交，向我們的君王臣服。他們確信和我們成為夥伴後，妻子兒女就能受到保護，不用擔心狡猾的墨西哥人突然來犯。希科田卡也說了很多無關緊要的理由，最重要的是他們的城市、人民會為我們效力。

希科田卡個子很高，肩膀寬大，體型健壯；臉型長長的，臉上有許多麻子，相貌粗獷；年紀大概三十五歲，看起來很有威嚴。

科爾特斯非常客氣的表達感謝，對他以禮相待，同意讓特拉斯卡拉人臣服國王陛下、和我們成為盟友。於是希科田卡請我們去他們的首都，所有酋長、長老、祭司要在那裡熱忱地接待大家。科爾特斯承諾我們很快就會過去，不過他正在和蒙特祖馬大王的使者進行談判，得先等他送走使者。他又一臉嚴肅、鄭重地提到對方曾攻打我們，既然覆水難收，就原諒他們好了，不過對於停戰之事不得舉棋不定，否則他會率軍消滅他們、摧毀城市，以後也將毫無交涉空間，只能兵戎相見。

希科田卡及其隨從聽了這番話，齊聲回答說他們會真心、堅定的維持和平，甚至願意留下來當人質。

科爾特斯和希科田卡等人又交談了好一陣子，最後拿出綠珠子、藍珠子送給希科田卡的父親、其他酋長和希科田卡本人，他們帶消息回去說科爾特斯很快就會拜訪他們的城市。

墨西哥大使在上述會談中一直在場，聽到了所有提議，因我們和特拉斯卡拉人議和而感到非常沮喪，他們很清楚這對墨西哥人來說絕對沒有好處。希科田卡離開後，這些蒙特祖馬的使節似笑非笑地問科爾特斯是否相信特拉斯卡拉人的承諾，他們認為那是不值得信賴的詭計，這些叛徒、騙子所做的承諾是為了要騙我們進入他們的城市，如此一來就能安全地發動攻擊、殺了我們。他提醒我們：特拉斯卡拉人已經多次全力作戰卻沒有成功，反而死傷無數，現在肯定是要假藉議和來復仇。不過科爾特斯表現出無畏態度，他說這種計倆稱不上是什麼麻煩，就算真的有陰謀，也是得到機會殺光特拉斯卡拉人以儆效尤，沒什麼大不了的，他非常樂意面對；無論對方是要白天還是夜晚進攻，是要在平原還是城內交戰，他都無所畏懼。他已經決定好要去特拉斯卡拉一探究竟。

使節們認為科爾特斯看似心意已決，就要求我們在營地等待六天，他們兩個夥伴能在這六天內回報蒙特祖馬並帶回答覆。科爾特斯同意了這個要求，一來是之前說過他此時還在發燒；二來是雖然他對大使的說詞表現出毫無畏懼的樣子，不過他其實認為這個揣測並非全無道理，除非有其他確保特拉斯卡拉人和平的證據，否則他還是會好好考慮該如何應對詭計。

科爾特斯認為達成了和平交涉，而且我們從維拉克魯斯出發後一路上經過的村落都已經成為友善的盟友，就寫信給埃斯卡蘭特，（之前曾說過埃斯卡蘭特留在維拉克魯斯率領六十個年老、生病的士兵繼續修建要塞。）科爾特斯在信裡說：我們有天主耶穌基督的保佑，進入特拉斯卡拉地區後戰無不勝，促使對方求和，大家都得感謝上帝。他要殖民者和那些托托納克村子的盟友保持友好，同時要求埃斯卡蘭特立刻把他房間裡做了記號埋藏的兩瓶酒挖出來交給他，也得送來一些做彌撒時用的聖餅（從古巴帶來的），因為我們帶的聖餅已經用光了。

收到信件的埃斯卡蘭特喜出望外，立刻回信報告「利卡鎮」的情況，同時很快的把科爾特斯要求的東西送過去。

此時我們在營地立了高聳的十字架，科爾特斯命松潘欽科和鄰近農場的印地安人把十字架刷成白色，完工後非常漂亮。

回來談談我們那些新盟友——特拉斯卡拉眾酋長。他們遲遲不見我們有啟程之意，就帶了家禽和當季收獲的仙人掌果送到我們營地，每個人也都極為熱忱的各自從家裡帶了糧食贈送、不求回報，不過不斷促求科爾特斯隨他們進城。然而我們已經答應要待六天等墨西哥人回來，科爾特斯就虛與委蛇。到了約定的日子，墨西哥城來了六名地位很高的首領，他們帶著蒙特祖馬大王贈送的大量禮物：價值三千披索的各式金飾，兩百匹有大量羽毛和裝飾的精緻布匹。首領把禮物獻給科爾特斯，說君王蒙特祖馬很高興見到我們取得重大勝利，但他誠摯地請科爾特斯別去特拉斯卡拉人的城鎮、不能信賴他們。那些特拉斯卡拉人窮到沒好的棉布可穿，去了一定會被他們搶走金子、布匹，而且要是他們知道蒙特祖馬將科爾特斯視為朋友，給了這麼多金銀財寶、布匹，特拉斯卡拉人肯定更想下手奪取。

科爾特斯開心地收下禮物、加以答謝，說日後一定會以行動報答蒙特祖馬；他若發現特拉斯卡拉人真的圖謀不軌，就會要他們賠上生命，然而他很確定他們並無犯下如此惡行，還是決定要去看看他們有何打算。

對話進行中，許多來自特拉斯卡拉的信使對科爾特斯說特拉斯卡拉首都和全地區的酋長已經來到營地拜會，希望帶我們去他們城市。科爾特斯就請墨西哥大使等三天後再回報，他現在正要決定是否要和特拉斯卡拉人議和。那些使節同意等待。

特拉斯卡拉的老酋長見我們遲遲不肯進城，就決定前來相迎。有些人坐在轎上，有些搭吊床、有些讓人背著，另外有些人步行。他們一大群首領一起來到營地，深深地行過三次人禮後點燃科巴脂，接著用手扶地、親吻地面。老希科田卡對科爾特斯說了以下這席話：

「馬林切，馬林切，我們已多次請你原諒之前的擅自開戰，也辯解過那是為了抵抗邪惡的蒙特祖馬及其強大軍力，因為我們誤以為你是和墨西哥人結盟的同黨。若之前就能像現在一樣知道真相，那我們不僅會提供食物接待，也會為你們開路，甚至會去你們停「阿卡雷」（意思是船）的海邊迎接。現在既然你已經原諒我們了，我和這些酋長就一起來請你立即隨我們進城，我們會交出所有東西，或人或物都任你處置。馬林切，既然你不拒絕我們，那就立刻出發吧，我們怕那些墨西哥人會像往常一樣對你編造邪惡的謊言、說我們的壞話。我們知道你之所以不來是他們從中做梗。但他們虛偽不堪，別相信他們。」

科爾特斯滿臉笑容的說：他好幾年前就知道特拉斯卡拉人是好人，因此他們之前兵戎相向非常出乎他的意料。至於那些墨西哥人，他們只是在等他對蒙特祖馬做出答覆。他由衷地感謝酋長親自蒞臨及持續供應的糧食等友好行為，承諾以後一定採取報答行動。科爾特斯說如果有腳夫能帶走這些「特普斯克」（意思是火炮）就會馬上出發。特拉斯卡拉人聽了這番話，大喜之情溢於言表。他們問道：「這就是你一直遲遲不來的原因嗎？怎麼之前不提這件事呢？」於是不到半小時，特拉斯卡拉人就召集了超過五百名印地安腳夫。

隔天一大早我們就沿著大路朝特拉斯卡拉首都進軍，炮兵、騎兵、火槍兵、弩弓手和所有人都維持好平時的隊列前進。蒙特祖馬的大使要求科爾特斯允許他們隨我們同行，看看特拉斯卡拉事件的發展，看過之後才離開。不過他們怕被特拉斯卡拉人辱罵，科爾特斯就要求他們只能待在他自己的營帳裡，避免被羞辱。

我繼續往下說之前，我應該提一下：我們經過的每個村落，或是那些只聽說過西班牙人的人民都將科爾特斯稱為「馬林切」（Malinche）。我以後在記敘任何他和印地安人的對話時（包括這個地區或墨西哥城）也都會如此稱呼他，在其他比較適合的場合才稱科爾特斯。他被稱為馬林切的原因是唐娜瑪莉娜總是和他在一起，那些大使或酋長來訪時她總是用墨西哥語和對方對話，大家都將科爾特斯稱為「瑪莉娜的統帥」（Marina's Captain），然後簡稱為馬林切。

這個名字也被用來稱呼一個叫胡安．佩雷茲．阿提亞加（Juan Perez de Artiaga）的人，他是普埃布拉（Peubla）的殖民者。他為了學習當地語言，總是帶著唐娜瑪莉娜和阿吉拉爾，被稱為胡安．佩雷茲．馬林切．德．阿提亞加；我們兩年多之後才知道這件事。

我們進入特拉斯卡拉的地界到抵達他們的城市大約經歷了二十四天，於一五一九年九月二十三日進入特拉斯卡拉城。

酋長們見到我方輜重已經朝著他們的城市前進，就先走一步準備接待，用花裝飾好我們的住處。我們走到離特拉斯卡拉城不到一哩，先回去的酋長就出來迎接。他們帶著兒子、外甥和許多當地人民依氏族、家族、派系各自分別站開。特拉斯卡拉有四個主要派系（沒算上特卡帕內卡（Tecapaneca），他是托佩揚科（Topeyanco）的領主，算是第五大派），藩屬都來自這個國家的所有地區，穿著不同的服飾。當地沒有棉花，所以衣服都是劍麻製，不過有許多美麗的刺繡、裝飾，看起來都很有氣派。當地有許多大金字塔或神廟，來自各地的祭司人數非常多。祭司帶著燒炭的火盆，點燃薰香薰所有人。有些祭司身穿類似白袈裟的白長袍，戴著跟我們教士很像的兜帽。祭司的頭髮很長，頭髮上有凝固的血塊糾結在一起，若不先剪斷就無法分開。他們剛切了一小片耳朵去祭神，耳邊滲出血跡。祭司看到我們時低下頭表示恭敬；他們的手指甲非常的長，我們聽說他們非常虔誠，過著正直的生活。

許多酋長靠近科爾特斯他同行。我們進入城鎮時，街上、屋頂上都擠得水洩不通，有太多男男女女帶著笑容來看我們。居民拿出二十束用當地各色香氣撲鼻的玫瑰花所紮成的花束獻給科爾特斯和那些他們認為是指揮官的士兵——尤其是騎兵。我們到了住處所在的寬敞庭院，老希科田卡和馬塞埃斯卡西就牽著科爾特斯的手帶他進入住處。他們為我們每個人都準備了個人用的床和一些劍麻布，也替來自森波拉、索科特蘭的盟友在近處安排了住所。科爾特斯也要求他們為蒙特祖馬的信使們在他房間近處安排住處。

雖然我們顯然感到特拉斯卡拉人的友好、和平以待，但是大家沒有喪失平常的警覺性。據稱一名負責安排偵查、哨衛的指揮官對科爾特斯說：「他們看來非常友善，我們不需要這麼多衛兵，也不需要和平時一樣警戒。」科爾特斯回答：「先生，你說的不錯，我也知道。但無論何時都做好準備才是好習慣。雖然他們看起來很友善，但我們不能輕信和平手段，必須像對方可能挑起戰鬥、發動攻擊般隨時警戒。太多指揮官就是過於自信、輕忽才被擊敗。尤其因為我們人數很少，對我們來說警戒更為必要。大家也必須謹記蒙特祖馬大王曾警告我們要提防這些人，無論他的用心是好是壞。」

大酋長老希科田卡和馬塞埃斯卡西對我們如此警戒表示抗議，他們憤怒的對科爾特斯說：「馬林切，你還把我們當成敵人，你的行動看起來就不信任我們、不相信我們之間的和平協議。這麼說是因為看到你還派人進行監視，而且你們行軍的勢態也像是要開戰。我想大家都知道原因，墨西哥人為了要讓我們相鬥而私下說了邪惡不實的指控。但你不能相信他們，如你親眼所見，我們會奉上任何你想要的東西，甚至願意奉獻自己或子孫的性命。你儘管開口要人質吧。」

這一席話非常殷勤友善，大家都感到吃驚。科爾特斯說他信任他們，看到他們的誠意就夠了，不需要人質。至於我們如此警戒是出於平常的習慣，不需要視為惡意。他感謝他們提供的一切事物，承諾時機來臨時一定會回報。

交談結束後其他首領帶了大量的家禽、玉米餅、仙人掌果和當地的蔬菜抵達，這個營區現在有大量的糧食，我們待在這裡的二十天內一直有相當充足的食物可以吃。

我們現在有了酒和聖餅，隔天早上科爾特斯就指示設立祭壇舉行彌撒。那位梅塞德會的教士生病發燒、非常虛弱，這次彌撒就由胡安·迪亞斯主持，馬塞埃斯卡西、老希科田卡、其他酋長也出席參加。結束後兩位老酋長、科爾特斯及他身旁的好友一起進了住所。老希科田卡說希望送科爾特斯一份禮物，科爾特斯和善的回答何時送都可以。於是他們在地上鋪了許多蓆子、蓋上一塊布，放上六、七個小小的黃金製品、一些不大值錢的珠寶和幾捆劍麻布。這些東西都很粗劣，值不到二十披索。酋長笑著說：「馬林切，你這麼偉大，我們也知道沒什麼東西配得上你，我們很久之前就說明過這裡很窮、沒有金子也不富裕。那些邪惡的墨西哥騙子和他們現在的首領蒙特祖馬在逼我們停戰求和時就把屬於我們的東西奪走了。請別計較這份禮物的微薄，當作是接受我們作為好友、僕從貢獻的一片心意收下。」接著又分別帶來大量食物。

科爾特斯非常高興的接受，聲稱從他們手上接下這份好意比其他人給的整屋金沙還有價值，還做出許多熱情的舉動。

這些酋長已經決定要將他們適婚而最漂亮的女兒、侄女許配給我們。老希科田卡對科爾特斯說：「馬林切，為了更清楚證明我們對你多麼愛戴、用盡一切想討你歡心，我們想將女兒許配給你，讓她為你生兒育女。你是如此傑出、英勇，我們想和你成為兄弟。我有一個最漂亮的女兒還沒成婚，就她嫁給你。」同時馬塞埃西卡斯和其他酋長也說他們會帶女兒來，請我們娶她們為妻，此外也說了不少提議。兩位老酋長整天都跟在科爾特斯身邊，那位老希科田卡已年老目昏，向來都是用手去摸科爾特斯的頭、臉、鬍子和身體。科爾特斯對獻上女子的答覆是他和所有人都很感激，我們會在時機來臨時用行動回報。梅塞德會的教士正好站在附近，科爾特斯就對他說：「神父大人，我認為現在是誘導這些首領放棄偶像崇拜及終止獻祭的好機會，既然他們很怕墨西哥人，肯定會接受我們的要求。」教士回答：「先生，你說的沒錯，不過先等到他們把女兒帶來再辦，屆時我們再推托說若是他們不放棄獻祭，我們就無法接受那些女士。如果能夠行的通最好，如果不行，我們也已經履行應盡的責任。」於是這件事就先擱置到隔天。

隔天兩位老酋長帶著五名漂亮的印地安女士過來，她們都是處女，在印地安女性當中算是長得很漂亮，也做了不少打扮。每個人都是酋長的女兒，都帶著女僕伺候。

老希科田卡牽著女子的手交給科爾特斯，說：「這是我的女兒，她未婚而且是處女，請你娶她。然後將其他女子許配給你的指揮官。」

科爾特斯表達他的謝意，笑著說他自己和其他人會接受這些女士，但她們還是先留在父親身邊接受照顧。老酋長就問他為何現在不帶她們走，科爾特斯說他必須先遵從我們信奉上帝的旨意，完成天主和國王陛下派我們前來此處的任務——要使當地人放棄偶像崇拜、取消殺人獻祭、終止其他的野蠻行為，還要他們跟我們一樣信奉真神上帝。科爾特斯說了許多聖教信仰的道理，也解釋的非常好，另一方面，唐娜瑪莉娜和阿吉拉爾也非常熟練，能解釋得非常清楚。科爾特斯對他們展示了聖母瑪莉亞抱著孩子的畫像，解釋說這畫像是瑪莉亞的肖像，她是真神耶穌基督的母親，懷裡抱著的就是耶穌基督。她獲得聖靈的恩典，在天主誕生前後都保持純潔之身。科爾特斯告訴他們這位偉大的女性是如何為我們向上帝禱告，也說了許多聖教教義。接著又說，如果他們希望和我們成為兄弟、締結真正的友誼，也真心希望準備將女兒許配給我們當妻子的話，就得立刻拋棄邪惡的偶像，和我們一樣信奉天主。他們會看到上帝為安排好的一切，死後靈魂能上天堂永享天福。而那些偶像其實是惡魔，若他們繼續依習俗獻祭，最後會下地獄被無盡之火燄焚燒。要求捨棄偶像的部分就沒有再多說，前面的論述就很夠了。

老酋長是這麼回應科爾特斯的論述：「馬林切，我們之前就曾聽你說過，也相信你們的上帝和這位偉大的女士非常慈悲，但別忘了你們才剛到我們這片土地。過一段時日我們也許就會明白怎麼做才對，但你能現在就要我們放棄自祖先以來這麼多年信仰獻祭的神嗎？即使我們這些老頭子為了討好你而照辦，那些遍及這個地區的祭司、鄰人、年輕人、兒童難道就不會反抗我們嗎？更別說那些祭司才剛請示過最偉大的神靈，他們得知若是忘了用人獻祭、忘了執行例行的儀式，神靈就會降下饑荒、瘟疫、戰爭摧毀我們。」他們的結論是請我們別再提這個要求，即使賠上性命他們也不會放棄獻祭，這只是自找麻煩。

大家聽了這真誠、無懼的回答，梅塞德會的教士（他是很有智慧的神學家）說：「請別再為了這件事繼續逼迫他們，強迫他們成為天主教徒是不對的。在他們更加了解聖教之前，別再像森波拉那樣丟掉他們的偶像。就算我們在某間神廟清除掉偶像，他們也只是立刻移到另一間神廟去，這又有什麼好處？最好的作法是讓當地人漸漸地體會到我們良善、神聖的訓誡的可貴，未來才能明白我們的忠告。」

胡安・貝拉斯克斯、路哥等三人也對科爾特斯說類似的話：「神父說的沒錯，你的所做所為已經盡責了，就別再對酋長提這件事了。」大家便將這個問題擱置。我們說服首領清出一間鄰近地方新建的神廟，移走裡頭的神像，屋子清理乾淨、粉刷一新，然後安置聖母像和十字架。我們很快就安置完成，在此進行彌撒，讓酋長的女兒受洗。老希科田卡的女兒取名為唐娜露西亞（Doña Luisa），科爾特斯牽著她的手將他交給阿爾瓦拉多，他對老酋長說將她交給他的指揮官兄弟，她會被好生對待，他應該感到高興，而老希科田卡也很滿意。馬塞埃斯卡西的漂亮女兒取名為唐娜愛爾維拉（Doña Elvira），我記得她是許配給胡安・貝拉斯克斯。其他女孩也都取了洗禮名，每個人都冠上高貴的尊稱「唐娜」（Doña）。科爾特斯也把她們交給桑多瓦爾、奧利德、阿維拉。結束之後，科爾特斯解釋他立兩尊十字架的目的是嚇阻其他偶像，我們露宿或睡覺都要在路上立十字架；印地安人則是對一切處置感到滿意。

繼續往下說之前，我想先聊聊：老希科田卡的女兒唐娜露西亞許配給阿爾瓦拉多之後，許多特拉斯卡拉人來向她致敬、送她禮物，視她為女主人。阿爾瓦拉多之後一直是獨身，有個被她取名為佩德羅的兒子，另外還有位女兒唐娜雷歐娜（DoñaLeonor），現在是弗朗西斯科・德・拉・奎巴（Francisco de la Cueva）的妻子。奎巴是阿布奎基公爵（Duke of Albuquerque）的姪子，身份高貴，唐娜雷歐娜替他生了四、五個兒子，都是傑出的騎士。我還想強調唐娜雷歐娜在各方面的表現都對的起她傑出的父親。

科爾特斯領著酋長走到一旁詢問關於墨西哥的種種細節，老希科田卡見多識廣，作為地位最高的領袖，主要由他負責對話回答，而同樣地位崇高的馬塞埃斯卡西則不時從旁協助回答。

老希科田卡說蒙特祖馬有數量龐大的戰士，要是想攻下大城或入侵某個地區就能投入十五萬人，這是他們上百年和墨西哥人交戰的經驗。

「這麼說來，你們是如何辦到的？」科爾特斯問道：「數量這麼龐大的軍力都從未能徹底征服你們？」

酋長說雖然墨西哥人曾數次擊敗他們、殺了許多人也抓走許多人獻祭，但他們在戰場上也留下不少死傷、俘虜。此外，墨西哥人前來攻打時總會走漏風聲，而特拉斯卡拉人一旦知道戰爭即將發生就會集中全國兵力，和韋霍欽科人（Huexotzincans）聯手抗敵、反擊。所有蒙特祖馬侵襲或征服過的村落、地區都很痛恨墨西哥人，他們被迫參與不想打的戰爭，所以他們在接近特拉斯卡拉前就會通風報信，使的特拉斯卡拉人能盡可能充份準備保衛鄉土。

老希科田卡說持續對他們造成麻煩的是附近一個叫喬盧拉的大城，距離約行軍一天的路程。喬盧拉人非常邪惡，蒙特祖馬也在該處祕密集結軍隊，以便對鄰近區域發動夜襲。馬塞埃斯卡西補充說蒙特祖馬不僅有來自墨西哥城的大軍，各地區也都有強大駐軍，那些地區都進貢金子、銀子、羽毛、寶石、布匹、棉布，也貢上獻祭、奴役用的男女。他們還說蒙特祖馬極其強大，能擁有任何他想要的東西，住的房子裡全是他不顧他人意願而強力奪來的寶石、松綠石，整片土地的財富都集中在蒙特祖馬手中。

酋長也列舉了蒙特祖馬宮殿裡的僕從、嬪妃，說明他如何娶到這些嬪妃。人名的名單太長了，我無意覆述，而且其實這部分說得過於鉅細靡遺了。

他們又接著說墨西哥城的防禦工事是何等堅固，描述了湖的形狀、水深、通往城內的堤道、每條堤道上的木吊橋，說明每個吊橋是如何控制船隻進出，而若是吊橋升起，就會被困在堤道上無法進入城市。那座城市最強大的特色是屋子都建立在湖上，除非墨西哥人準備好搭橋或乘獨木舟，否則屋子之間無法相通。所有屋子都有平台屋頂，屋頂上都有護欄，墨西哥人也能在屋頂護欄進行作戰。

酋長說墨西哥城的用水是源自於查普爾特佩克（Chapultepec），離城市一哩到一哩半，水是沿著導水管流到某個地方，當地人再汲起來裝到獨木舟上街去賣。接著他們又描述墨西哥人用的武器：他們用擲槍器投擲二頭尖刺的標槍，能刺穿任何護甲；墨西哥有許多好弓手，而其中有些人帶著五、六呎長的長矛和製作精良的燧石刀，燧石刀比小刀還鋒利。也有人配備盾牌、棉甲、投石器、圓石，還有鋒利的長矛、雙手燧石大砍刀。兩位酋長也拿了幅畫在大張劍麻布上的畫，把他們曾和墨西哥人作戰的樣子、對方作戰的方式展示給我們看。

我們對兩位首領所說的內容早有耳聞，因此科爾特斯中斷對話，開始談一些更有深度的內容。他問特拉斯卡拉人是如何在本地定居、來自哪裡，為何他們和墨西哥人比鄰而居，卻又如此不同，甚至痛恨對方。

酋長回答了祖先留下的傳說：曾經有身材很高、骨骼很大的男女和當地人一起生活，但這些巨人很壞、習俗惡劣，其他人就和巨人開戰殺了他們，剩下來的巨人後來也都死光了。接著酋長就拿了某根腿骨讓我們看看這些巨人有多大：這根腿骨非常粗大，跟一般人的身高一樣長，而且那還只是從臀部到膝蓋的大腿骨。我已經算是身材適中的人了，但我將自己和這根腿骨比對過，發現腿骨立起來跟我一樣高。他們也拿了其他類似的骨頭，不過都發臭腐蝕了。大家都被眼前的巨大骨頭震驚，相信這片土地曾經有過巨人。科爾特斯說應該把這根腿骨送回卡斯提爾獻給國王陛下看看，之後就由最先回國的使者帶回去。

酋長也提到祖先留下的傳說：當地人非常敬奉的一位神祇曾預言將有人會從日出方向的遙遠國度前來，這些人將會征服、統治他們。酋長說我們如此的英勇、傑出，若我們就是神明預言的這些人，他們會非常高興。他們決定議和時才想起這個傳說，就決定將女兒嫁給我們，以便和我們成為親族一起對抗墨西哥人。

大家聽了之後很驚訝的在想這番話是否可信。統帥大人科爾特斯說：我們確實是從日出的方向過來，國王陛下曾聽說過此處才派我們前來和他們結為兄弟。希望上帝保佑，由我們出手拯救他們，於是所有人齊聲說：阿門！

我的可敬讀者也許聽膩了我們和特拉斯卡拉人的交談內容，但結束之前，我必須再提一件他們告知的事：韋霍欽科附近有一座火山，於我們還留在特拉斯卡拉時噴發出比往常更多的熔岩。我們從沒見過火山，所有人——包括統帥在內都為此感到震驚。指揮官奧爾達斯想去看火山，就請求統帥允許他爬上山。他不但獲得了允許，科爾特斯甚至明確命令他攻頂。[1]奧爾達斯帶了兩名士兵和一些來自韋霍欽科的酋長擔任嚮導。這幾個酋長嚇他說波波卡特佩特（這座火山的名字）半路就會發動地震，從山上丟擲一般人難以承受的火燄、石頭、灰燼。奧爾達斯等人說這些嚮導走到供奉波波卡特佩特神的神廟就不敢繼續前進，於是他和兩名夥伴把害怕而不敢攻頂的印地安人留在下面繼續前進。

據奧爾達斯和名夥伴事後所說，他們正在登山時，火山開始噴出熊熊大火、半燃燒的石塊、大量灰燼，而且火山口所在的整座山都震動的非常厲害，他們雖然並不是怕得不敢前進，但還是不得不停留了快一個小時。他們等到噴發結束，煙霧和灰燼逐漸變少，才繼續爬向火山口。火山口又大又圓，直徑有一哩半那麼大。他們從山頂能看到墨西哥城、整片湖泊、岸邊的所有城鎮。

這座火山大概離墨西哥城十八到二十哩。

奧爾達斯見到墨西哥城的景色又驚又喜，觀賞了一陣子才和夥伴回到特拉斯卡拉。韋霍欽科和特拉斯卡拉的印地安人認為他這次的登山是極其勇敢的壯舉。他將經歷告訴統帥科爾特斯和大家時，所有人都驚奇不已，因為我們當時還沒聽過或見過波波卡特佩特火山。時至今日，我想已有許多西班牙人甚至是法國人曾登上那座火山口了。

奧爾達斯回到卡斯提爾後請國王陛下允許他把火山當成紋章，至今他住在普埃布拉的外甥仍佩戴著。

我們還在這個國家殖民的其間就沒再見過這座火山像第一次見到時噴出這麼多火燄，也沒再聽過火山所發出的巨響。事實上這座火山數年間也一直沒再噴發，直到一五三九年才又噴發出大量火燄、石塊、灰燼。

我也必須說說這件事：我們在特拉斯卡拉的村落發現造成格子狀的木頭籠子裡關著一些男女，他們遭到囚禁、餵養，等到夠胖時會被犧牲獻祭、被人吃掉。我們就破壞這些牢籠放裡面的印地安人出來，但這些可憐的人不敢逃走，要和我們待在一起才能保命。整個國家都有這種牢

1 這一段波波卡特佩特火山（Popocatepetl）攻頂的說明似乎放在錯誤的地方。科爾特斯自己所寫的第二封信說西班牙人離開喬盧拉時才去爬這座山。

籠，從此之後我們每次進入任何村落，統帥的第一個命令就是破壞牢籠放人出來。科爾特斯看到特拉斯卡拉酋長所做的這種殘忍行為就非常憤慨地痛罵他們。科爾特斯極其悲憤填膺，酋長就承諾不會再殺害、吃掉印地安人。不過我想這種承諾毫無用處，他們在我們看不見的時候又會立刻繼續這些殘酷的習俗。

統帥見大家已經在特拉斯卡拉休息了十七天，既然我們聽說蒙特祖馬擁有那麼多財富和繁華的城市，就和所有願意前進的指揮官、士兵商量，決定不要遲疑、立刻出發。不過這個決定在營地招來不少批評，有些士兵說以這麼少的人數去攻擊堅固的大城實在過於莽撞，還一直叨唸著蒙特祖馬非常強大。但科爾特斯說我們別無選擇，我們既然多次宣稱要去見蒙特祖馬，沒什麼好討論。

反對的人見科爾特斯說的如此堅決，也聽到許多支持者喊著：「前進！我們好運當頭！」便不再有異議。這些在爭論中反對科爾特斯的人都是在古巴擁有財產的人，不像我和這些士兵向來都將靈魂奉獻給創造我們的上帝：我們這副身體所承受的傷害、艱辛以至於死亡，一切全是為天主和國王陛下效力。

老希科田卡和馬塞埃斯卡西知道我們決定前往墨西哥，衷心感到難過。他們就一直待在科爾特斯身邊，勸他放棄遠征、請他不要相信墨西哥人或蒙特祖馬。他們說絕對不能相信蒙特祖馬提出的臣服或任何花言巧語，無論他送什麼禮物或給什麼承諾全部都是詭計。他們花了整整一小時警告科爾特斯，說墨西哥人遲早會把送給他的禮物奪回去，要他不分日夜小心戒備，因為對方最常在人們疏於防範時發動進攻。他們也建議和墨西哥人交戰時要盡可能趕盡殺絕、不留活口，甚至是不分老幼，免得年輕的長大又會拿起武器、老的還會給敵人出主意。總之他們說了許多忠告。

統帥科爾特斯很感謝這些顧問提出的警告，也很熱情的和他們互動，他接受了建言，並將蒙特祖馬送他的許多華麗布料當禮物送給老希科田卡、馬塞埃斯卡西及其他人。他也建議特拉斯卡拉人和墨西哥人議和，一旦雙方交好，就可能從墨西哥人手上得到鹽、棉花或其他貨物。不過老希科田卡說敵意已經深植在他們心中，議和沒有用。而且墨西哥人即使表面議和，檯面下也會進行更大的陰謀，總而言之就是言而無信。他們請科爾特斯別再提議和的事，也再次請他務必小心防範、別落入惡人的魔掌。

接著他們對於如何取道去墨西哥城進行了一番討論。與我們待在一起的蒙特祖馬大使說要擔任嚮導，他說最好也最安穩的路線是經過喬盧拉，喬盧拉人臣服於蒙特祖馬大王，我們能在那裡獲得妥善招待，於是大家同意應該取道喬盧拉。但特拉斯卡拉首領得知我們聽從墨西哥人建議的路線後非常憂慮，再次力勸我們走韋霍欽科，韋霍欽科人是他們的遠親、也是我們的盟友。不該走喬盧拉的理由是蒙特祖馬常在那裡安排伏兵。

統帥科爾特斯根據和我們充份討論過的建議，決定不顧特拉斯卡拉人的勸阻，依舊選擇取道喬盧拉。其一是大家認為喬盧拉是有許多高塔、巨大金字塔坐落在平原上的大城，當時遠遠看過去很像舊卡斯提爾的瓦拉多利德城（Valladolid）；其二是喬盧拉週遭有許多大城鎮能夠提供食物補給，而且盟友特拉斯卡拉人也在附近。無論如何，強大的墨西哥兵力總是令人畏懼，我們打算先待在喬盧拉，直到我們知道如何兵不血刃的進入墨西哥城。除非天主再度降下恩典，否則我們找不到其他進入墨西哥城的辦法。

我們充份商議過後決定取道喬盧拉，科爾特斯就派信使去詢問對方為何離這麼近卻一直沒派人前來拜會，我們可是偉大的國王陛下派來拯救他們的使者。他要求喬盧拉所有的酋長、祭司立刻前來宣誓臣服我們的國王，否則他會認定對方不懷好意。科爾特斯正在寫信，和我們及特拉斯卡拉人討論旅程、戰爭相關事務時，消息傳來說有四位地位崇高的大使帶著蒙特祖馬的禮物抵達，科爾特斯便立即召見。大使們來到科爾特斯面前，向他和附近所有人鄭重行禮，呈上帶來的禮物：各式精心製作的金飾品——價值大約兩千披索，另有十捆裝飾了羽毛的華麗布料。科爾特斯欣然收下。

大使代表君主蒙特祖馬說：他很訝異我們怎麼能和這些又窮又粗野的人在一起待那麼多天，這些賊人又邪惡又狡猾，甚至還不夠格當奴隸。他說特拉斯卡拉人為了掠奪，總有一天等到我們疏於防備的時刻就會動手殺人，請我們立刻去他們的城市，他會將擁有的東西相贈；雖然能送的東西不見得能配的上我們，不過所有的食物補給都會被運進城市，他會盡其所能。

蒙特祖馬已經得知我們已經和特拉斯卡拉人交好，而且當地人把女兒送給馬林切鞏固友誼，想辦法要我們離開特拉斯卡拉。墨西哥人知道我們和特拉斯卡拉同盟對他們不利，就不斷贈送金子、禮物，希望引誘我們到他們國家——至少先離開特拉斯卡拉。特拉斯卡拉人對這幾名大使非常熟悉，他們說這些大使都是許多村落、臣民的領主，負責為蒙特祖馬進行交涉，地位崇高。

科爾特斯親切的向大使道謝，用許多友好的舉動奉承對方。他說他很快就會前去拜會蒙特祖馬，請對方這幾天留下來和我們待在一起。同時科爾特斯決定特別選出兩名指揮官負責先去拜見強大的蒙特祖馬，見識一下墨西哥城的龐大守軍與堅固的防禦工事。於是選出阿爾瓦拉多和貝納迪諾·貝拉斯克斯·德·塔皮亞（Bernardino Vazquez de Tapia）前往墨西哥城，留下送來禮物的蒙特祖馬大使當人質，由先前一直和我們同行的墨西哥使者隨兩位指揮官上路。科爾特斯派遣這兩位指揮官只是想碰碰運氣，大家就加以反對。我們認為這兩人只應該去調查墨西哥城[2]和兵力強度，請他派人追上去阻止他們前進，於是科爾特斯就立刻派人寫信把兩人召回來。

蒙特祖馬曾要求使者描述這兩位本來要前往墨西哥城的「神人」長相、外觀，也問過兩人是

2 貝爾納爾·迪亞斯原稿的附註中說這個事件他也只是聽到第二手的消息，因為當時他嚴重受傷，全部的時間都在休息復原。他也註記了這兩名指揮官回來的另一個不同原因：由於貝納迪諾·貝拉斯克斯在墨西哥城病倒，蒙特祖馬怕他們看遍城裡的所有狀況，就將他們送回來。

否是指揮官，於是護衛那兩名指揮官的使者把事情經過向蒙特祖馬報告。他們說阿爾瓦拉多無論長相或外觀都非常英挺，看起來就像太陽一樣，而且他是指揮官。因此墨西哥人將阿爾瓦拉多稱為「托納蒂歐」（Tonatio），意思是太陽或太陽之子，從此之後就都如此稱呼他。他們也帶了一幅阿爾瓦拉多的畫像，畫的栩栩如生。他們也說貝納迪諾·貝拉斯克斯身材非常結實、人很友善，也是指揮官。蒙特祖馬對他們的折返感到失望。

兩人回來營地後被我們取笑科爾特斯所指派的這個任務不大成功，不過這跟後面的故事沒啥關係，就不提了，來說說喬盧拉使者帶回的消息。

喬盧拉酋長被科爾特斯召喚後決定派四個身份低微的印地安人過來致歉，說他們生病而無法前來。這些使者沒帶食物，也沒帶任何東西，只帶著這麼一句話過來。他們抵達時特拉斯卡拉的酋長們也在場，特拉斯卡拉人說喬盧拉人派這些人是在愚弄科爾特斯，這幾個是毫無份量的印地安平民。科爾特斯要四名森波拉人和這些平民立刻回喬盧拉，要對方三天之內派酋長過來（兩地的距離只有十五哩），否則就要將他們視為敵人。科爾特斯自稱會教他們拯救靈魂和促使人生美好的必要之事，也會視他們如朋友兄弟，跟我們接納特拉斯卡拉人一樣。若他們不願照辦、拒絕結交，我們就不得不採取一些得罪、激怒他們的手段。

喬盧拉酋長得知消息後回覆：他們和特拉斯卡拉人為敵，知道對方一直毀謗他們和君王蒙特祖馬，所以才不願來特拉斯卡拉；他們請我們離開特拉斯卡拉領地去他們城市，屆時還犯錯的話，被當成敵人也毫無怨言。

大家認為這套說辭言之成理，就決定前往喬盧拉。特拉斯卡拉的首領得知這個決定後對科爾特斯說：「你寧可相信墨西哥人而不相信我們這些朋友嗎？我們都多次警告你要提防喬盧拉人和墨西哥軍隊了！不過還是讓我們盡可能支援你們，準備派一萬名戰士和你們同行。」

科爾特斯非常懇切地感謝這個提案，但經過小小的爭論後，大家認為帶著這麼大批的軍隊去建交並不合適，只帶一千人比較好。於是我們只向特拉斯卡拉人要了一千人，請其他人留著就好。

13

進軍墨西哥城

我們某天清晨向喬盧拉進軍，做好了一切相關預防措施，如我之前所說：我們估計會碰上麻煩、交戰時會格外警戒。當晚在離城市三哩的河邊露宿，由印地安人替我們搭營帳、草棚。現在這個地方已經搭了一座石橋。當天晚上喬盧拉的酋長就派了一些地位較高的人擔任使者來歡迎我們，送上家禽、玉米餅。他們說隔天早上所有酋長、祭司會前來迎接，請原諒他們無法立即來訪。科爾特斯透過翻譯人員說他很感謝他們所展現的善意及帶來的食物。

我們當晚過夜前安排了哨兵、斥侯，隔天黎明時朝城市前進，快要抵達城市時，就見到酋長、祭司和許多印地安人出來迎接。他們很多人所穿的棉製服飾裁剪成類似罩衫的模樣，跟薩波特克（Zapotec）印地安人很像（這麼說是便於曾去過那個地方看過他們的人理解，因為喬盧拉人也這麼穿）。他們面帶笑容、友好的靠近，祭司拿著火盆用薰香薰過科爾特斯和附近的士兵。祭司和首領看到特拉斯卡拉人跟著我們，請唐娜瑪莉娜告訴我們統帥：不能讓他們的敵人帶著武器進入這個城市。信息翻譯傳達給科爾特斯後，他下令所有指揮官、士兵和行李停下，然後對我們說：「各位先生，我們在進喬盧拉前應該試探一下這些酋長和祭司所說的話真意為何。他們正在控訴我們的盟友特拉斯卡拉人不該進城，說起來也有道理。我想公正的解釋我們為何來到這個城市，大家也知道特拉斯卡拉人曾說過喬盧拉人很陰險，不過若喬盧拉人願意臣服國王陛下，則是好事一樁，我認為應該達成任務。」

科爾特斯要唐娜瑪莉娜召集酋長和祭司到他上馬之處，他身邊圍繞著士兵。三名首領和兩名祭司上前說道：「馬林切，請原諒我們沒去特拉司卡拉拜見、帶食物給你們。並不是我們沒有誠意，而是我們的敵人——希科田卡、馬塞埃斯卡西、所有特拉斯卡拉人說了很多我們和君王蒙特祖馬的壞話。他們光是辱罵還不夠，現在還仗著你們的保護明目張膽地拿著武器進我們城市。我們懇請你將他們遣返，至少得要他們待在城外的原野，不能就這樣進城。至於你們，我們可是非常歡迎。」

科爾特斯認為他們的訴求言之成理，命阿爾瓦拉多和軍需官奧利德要求特拉斯卡拉人在原野上搭起營帳，只有搬運火炮的特拉斯卡拉人和盟友森波拉人能隨我們進城。他命兩名指揮官向特拉斯卡拉人解釋說喬盧拉酋長和祭司害怕他們，等到我們離開喬盧拉往墨西哥城前進時曾再派人召集，請他們別動怒。喬盧拉人看到科爾特斯的安排後也較為放心。

然後科爾特斯開始演說，他說：我們臣服的國王陛下非常強大，統治著諸多王公、酋長，派我們來這片土地禁止偶像崇拜、殺人獻祭、吃人肉，也要遏止雞姦及其他野蠻行為。我們為了去會見蒙特祖馬大王，在沒有其他捷徑的情況下才選擇取道經過這座城市，既然來了，也會視他們如兄弟手足。科爾特斯最後說，許多強大的酋長已經臣服於國王陛下，他們最好也能歸順。

不過喬盧拉人認為我們才剛來到這個國家，竟然就要人放棄信奉神明，是無理取鬧。不過他們願意臣服於我們所說的國王，接著就許下誓言，然而當時沒有公證人在場。我們立即進入城市，城裡的街道、屋頂都擠滿了出來看我們的人群。沒什麼好訝異的，畢竟當地人之前從沒見過像我們這種人和馬。

喬盧拉人安排我們住進幾間大房間，和搬運輜重的特拉斯卡拉人及森波拉盟友睡在一起，當天和隔天都送上食物，送來的食物又好又豐盛。

喬盧拉人看似頗具善意而隆重的接待我們，然而我們後來聽聞走漏的風聲才得知蒙特祖馬同時派人向我們身邊的大使下令，要他召集早先派出的駐軍以及本城的兵力共兩萬人馬日夜圍攻，圍困我們後盡可能生擒押回墨西哥城。他答應喬盧拉人不少好處，贈送許多珠寶、布匹、一面金鼓，還告訴這個城市的祭司說能捉我們二十個人留下祭神。

一切安排就緒，蒙特祖馬派來的軍隊隨即躲到離喬盧拉一哩半的草篷和灌木叢裡，其他人則埋伏在城內的屋子，所有人都全副武裝。屋頂上築起矮牆，街上挖好坑洞，豎立起柵欄妨礙馬匹通行。幾間房子裡放置收集好的長竿、皮項圈、繩索，要用來生擒我們，然後押回墨西哥城。

喬盧拉人前兩天送來大量食物，看似非常友好，不過我們並未放鬆警惕。到了第三天食物供給就停止了，也沒有酋長或祭司過來解釋原因。我們也看到不少印地安人雖然站的遠遠的不敢靠近，卻滿臉嘲弄般的竊笑。科爾特斯見到這種情況就要求翻譯人員去找一路上隨行的蒙特祖馬大使，要他們命當地酋長送上食物。結果對方只送了水和柴火過來，而負責運送的老人說沒有玉米了。

就在同一天，又有幾位蒙特祖馬派遣的使節到訪，他們肆無忌憚的對科爾特斯說君王要我們別去墨西哥城，因為沒有食物能供應，而且他們希望即刻將我們的答覆回報。

科爾特斯知道對方語帶不善，很溫和的答覆說蒙特祖馬這麼偉大的君王竟然如此三心二意，他覺得意外，不過還是請大使先別回墨西哥城，他打算隔天就去墨西哥城拜見君王、為他效力。我記得科爾特斯送了大使一些珠子使他們同意留下。

科爾特斯召集我們說：「我看這些人亂成一團，可能有什麼陰謀，大家現在必須非常警戒。」接著派人傳喚當地的首要酋長（我忘了他的名字），要他親自前來，或派個有地位的人，但對方推托生病不能來。

科爾特斯得知傳喚被拒，就派人去離住所很近的某間神廟說服其中的兩名祭司過來。我們客氣的將兩人帶來後，科爾特斯先下令贈送松綠石，極其友善地詢問為何其他酋長和鄰近祭司如此害怕、拒絕召喚。其中一名祭司似乎是掌管城市所有神廟的大人物，跟主教一樣備受尊敬，他回答說祭司並不害怕我們，若是酋長或其他貴族拒絕，可以由他召喚，他相信大家會聽從他的要求。

科爾特斯就請那位祭司立刻去傳喚酋長，他的同伴則和我們一起等他回來。這位祭司很快的就把酋長、貴族們帶來科爾特斯的住所。科爾特司透過翻譯人員詢問對方在怕什麼、為什麼不供應食物。他說我們的到訪也許造成了不便，不過我們打算隔天就出發去見君王蒙特祖馬，要求他們找腳夫來替我們搬運輜重、火炮，並立刻送上食物。

那名酋長驚慌的欲言又止，他說會為我們找食物，但又說君王蒙特祖馬下令不準給我們任何食物，也不希望我們繼續前進。

交談間，三名森波拉盟友進來偷偷向科爾特斯報告：他們注意到住所附近的街道已經挖了坑洞，並用木板和泥土掩蓋，沒有靠近仔細看的話很難發現。他們已經將某個洞穴的泥土移開，看到下面插滿鋒利的尖椎，馬匹只要經過就會掉下去被殺；也提到屋頂上已經搭了乾土矮牆和成堆的石頭，另一條街上也發現結實的木柵欄，種種跡象都顯示喬盧拉人意圖不軌。此時八名之前留在喬盧拉外原野上的特拉斯卡拉人進來對科爾特斯說：「馬林切，小心！這個城市的人充滿敵意，我們知道喬盧拉人昨晚向戰爭之神獻祭謀求保佑，就是想打贏你們。他們殺了七個人，其中有五名孩童，而且我們也看到當地人在城外移動行李、女人。」

於是科爾特斯立即派特拉斯卡拉人回去向指揮官傳令，要他們在接獲召集前得準備萬全，然後又繼續和酋長、祭司、喬盧拉貴族談話。科爾特斯要喬盧拉人不用害怕驚慌，也警告他們曾立誓服從，切勿違背，否則就得遭受懲罰。科爾特斯提醒對方我們打算隔天早上離開，他們必須跟特拉斯卡拉人一樣從城市選出兩千名戰士擔任旅途的護衛隊。酋長同意提供護衛隊，請允許他們立刻離去準備。

喬盧拉人認為他們提供的戰士能和躲在灌木林和山谷的蒙特祖馬軍隊配合起來，兩相夾擊，我們將無處可逃，只能坐以待斃。而且他們已經派駐軍築好路障，只留下一條窄路，不過馬匹無法通過路上的矮牆、木柵欄，所以我們不可能逃脫。再加上我們向喬盧拉人要了兩千士兵當護衛隊打算隔天出發，不過我們所依賴的這兩千名喬盧拉護衛隊會突然叛變捉人，所以他們建議墨西哥軍也做好準備，有信心能用這兩支部隊生擒我們，更何況之前獻祭的戰爭之神也已許諾獲勝。

先不論他們的自信如何，回來談談我方統帥的情況。科爾特斯想要掌握陰謀的全貌，請唐娜瑪莉娜帶更多松綠石送給那兩位並不怕我們的祭司，對兩人說馬林切還想跟他們談話，客氣地請他們過來。唐娜瑪莉娜很懂得如何說服他人，再加上送了禮物，就立刻帶來兩位祭司。科爾特斯說既然祭司是負責侍奉神明，那就不該說謊，要他們把所知的一切全盤托出。他也承諾這件事不會洩露出去，也會給他們許多布匹，況且我們隔天早上就要離開了。祭司說君王蒙特祖馬知道我們抵達喬盧拉後，每天都不斷改變心意，無法決定該怎麼處置我們。他有時命喬盧拉人在我們抵達後要加以款待，引領我們去墨西哥城；下一次又說不希望我們去他的城市。最近他最信奉的特斯卡特利波卡和維齊洛波奇特利降神喻，應該在喬盧拉圍殺我們、生擒押去墨西哥城。祭司說蒙特祖馬前幾天就派了兩萬戰士，一半躲在城內，另一半躲在附近的山谷，這些戰士已經得知我們打算隔天出發。他們也提到城內架設路障和那兩千護衛隊的陰謀，而且墨西哥人同意留下我們二十人在喬盧拉祭神。

科爾特斯贈送兩位祭司裝飾華美的布匹，這次對話別傳出去，要是洩密，我們從墨西哥城回來後會殺了他們。然後科爾特斯宣稱我們仍然打算隔天早上離開，要他們再召喚所有酋長過來商議。

科爾特斯身邊有許多能提供建議的人材，當晚就和大家討論該如何行動。這時大家和之前一樣七嘴八舌：有些人說應該改道走韋霍欽科；有些人說該不計一切議和後撤回特拉斯卡拉；不過我們這些人的意見是：要是放任這種陰謀發生而不加懲處，我們在其他地方就會遇到更可惡的詭計。而且我們在城鎮內能獲得許多補給，在此開戰正好，在對方家裡打仗會比在原野上交鋒對敵人造成更大影響，必須要特拉斯卡拉人立刻準備好隨時加入戰鬥。所有人一致同意最後一項提案。

以下是一些細節：既然科爾特斯說過我們隔天才會離開，大家就先假裝收拾行李（但其實也沒多少行李）。我們住所內有個大庭院，四周是高牆圍繞，打算在這裡給印地安人迎頭痛擊、嘗嘗應得的懲罰。而我們對蒙特祖馬的大使必須不露聲色，說邪惡的喬盧拉人策劃了陰謀施襲，還打算賴到蒙特祖馬或大使的頭上。不過我們不認為蒙特祖馬會下這種命令，會請他們待在自己的寓所，不得和任何這個城市的人接觸，才不會懷疑他們也參與了這次的陰謀，畢竟之後還得請他們同行，擔任前往墨西哥城的嚮導。

所有事安排妥當，大使說他們自己或君王都對陰謀毫不知情，我們也不管他們是否願意，就派了守衛看住他們，沒有允許不得離開，如此一來蒙特祖馬才不會發現我們知道他就是事件的主謀。

我們當晚全副武裝保持警戒，馬匹也裝上馬鞍、繫上韁繩。雖然我們平常就有好好巡邏監視，不過認為墨西哥人和喬盧拉人極可能會在當晚襲擊，就派了更多哨兵和巡邏人員，。

有個印地安老太婆是某位酋長的妻子，知道所有陰謀、陷阱是如何佈置安排。她看唐娜瑪莉娜既年輕、又漂亮、又富有，就偷偷去找她，建議唐娜瑪莉娜躲到她家保住性命，因為再過一兩天，我們所有人都會被蒙特祖馬大王下令殺掉。她說喬盧拉人計劃和墨西哥人聯手，除了要被押送去墨西哥城的人，沒人能活命。她同情唐娜瑪莉娜，聽說了這件事後就要唐娜瑪莉娜最好能收拾細軟躲到她家，她想把唐娜瑪莉娜嫁給她兒子（老太婆身邊年輕人有位哥哥）。

唐娜瑪莉娜聽了之後很機智的對老太婆說：「喔！老媽媽，我很感激你告訴我這些事。我也很想立刻跟你走，不過我在這裡沒有可以信賴的人幫我帶走那麼多的布料和金銀珠寶。而且現在那些『神人』派人處處監視，動手搬行李會被發現。請你和兒子在這裡等我，我們當晚出發。」

老太婆相信唐娜瑪莉娜的說辭，就繼續和她閒聊。唐娜瑪莉娜就繼續問出這個陰謀是由誰策劃、如何運作、何時動手。老太婆所說的內容都跟祭司一樣。於是唐娜瑪莉娜又問：「這個計劃看來很隱密，你是如何知道的？」老太婆說是她丈夫透露的，他丈夫是這個城市其中某個氏族的指揮官，正和旗下的戰士前往山谷加入蒙特祖馬大軍，她認為軍隊集結在那裡就是打算在路上將西班牙人一網打盡。他丈夫三天前就收到了從墨西哥城送來的鍍金鼓，另外三名指揮官也收到了華麗的披風、金飾品，墨西哥人勸誘他們把西班牙人押去給君王蒙特祖馬，所以她三天前就知道這個陰謀。唐娜瑪莉娜聽完不動聲色的對老太婆說：「原來你要我嫁的兒子是很有地位的人，我很高興，但我們聊得夠久了，我不希望被人注意到。我無法一次攜帶所有財物，請你在這裡等我，我要開始把細軟慢慢帶出來，請你和兒子幫我看著行李，之後再一起離開。」老太婆相信了唐娜瑪莉娜，就和她兒子坐下休息。

唐娜瑪莉娜衝進科爾特斯的房間告知印地安老太婆所說的一切，統帥大人下令帶那名老太婆過來再度詢問整個陰謀詭計的情況，內容的確和祭司的說法相差無幾，於是科爾特斯派守衛看著老太婆，別她逃掉。

隔天曙光初露，我看著匆忙前來的酋長、祭司、印地安戰士，頓時間產生某種難以言喻的奇妙感受。他們開心的大笑，似乎認為我們已經落入天羅地網，而且帶來的戰士人數比我們要求的還多，整個庭院站滿了人還塞不下——雖然事隔多年，這番場景仍不時在我眼前浮現。雖然喬盧拉戰士來的非常早，不過我們已做好一切準備，手持刀劍和盾牌的士兵把守住大庭院的門口，不讓任何武裝的印地安人逃跑。

我們的統帥騎上馬，士兵圍繞護衛著他。他看著酋長、祭司、聚集的戰士說：「看來這些叛徒急著要帶我們去山谷吃我們的肉，但天主會阻止的！」接著他打聽為我們揭露陰謀的兩位祭司在哪裡，有人說他們在庭院門口附近和其他酋長等著要進來，科爾特斯就派翻譯人員阿吉拉爾要他們回家去，別讓他們出現在這裡。既然他們曾幫了我們，就不能恩將仇報殺了他們。科爾特斯仍騎在馬上，身旁站著唐娜瑪莉娜，開始質問眼前的酋長為何前一晚決定背信殺我們，我們可沒有傷害他們，只是說了一些我們一路上經過任何村落都會做的警告、建議——阻止偶像崇拜、殺人獻祭、吃人肉、雞姦。我們的所做所為是要教導他們過更好的生活，宣揚聖教的道理，並沒有強加逼迫。科爾特斯持續逼問對方為什麼這幾天準備了長粗竿、皮項圈、繩索藏在附近的神廟裡？為什麼三天前就開始在街上設路障、挖洞，在屋頂上建築矮牆？為什麼他們要將妻兒、財物送出城市？他們的敵意顯而易見，陰謀也無所遁形；甚至連食物也不願給，只是嘲弄似的給了水和柴火，還說沒有玉米。科爾特斯宣稱自己摸透了整個陰謀：喬盧拉前一晚就有許多戰士去加入躲在鄰近山谷埋伏的軍隊，以為我們去墨西哥城一定會經過那裡，打算發動襲擊。我們可是帶著天主和國王陛下的使命想視他們為兄弟，不料他們卻打算殺人吃肉作為回報，甚至連鹽、辣椒、番茄都準備好了。科爾特斯說若喬盧拉人真想要吃我們的肉，就應該如勇猛、傑出的特拉斯卡拉戰士堂堂正正開戰。我們很清楚這座城市的所有計劃，包括他們打算捉二十個人獻祭給戰爭之神，也知道他們三天前就獻祭了七個印地安人祈求戰勝。然而這虛假、邪惡的惡靈自始至終對我們都不起作用，他們的陰謀、惡行只會遭致報應。

唐娜瑪莉娜清楚地翻譯了這段話，酋長、祭司等人聽了之後坦承一切，但辯稱是奉命行事、罪不在己，是蒙特祖馬的大使遵照君王的旨意下令要他們這麼做。

科爾特斯說依照國王的律法，他們的背叛不可饒恕，必須以死抵罪。於是就下令火槍射擊——這是我們預先定好的開戰信號，然後喬盧拉人就吃了一波永生難忘的攻勢，很多人就被我們殺了，偽神的承諾一點用都沒有。

原野上的特拉斯卡拉盟友兩小時內就進城，與其他負責防禦城市、阻止他們入侵的喬盧拉軍在街上激戰，不過很快就擊敗了喬盧拉人。然後特拉斯卡拉人就開始掠奪、擄人，我們根本無法阻止。隔天又有好幾批來自特拉斯卡拉的軍隊對這座城市大肆破壞，因為他們痛恨喬盧拉人。摧毀的景象激起了科爾特斯及其士兵的同情心，就制止了特拉斯卡拉人。科爾特斯命奧利德召集特拉斯卡拉人所有指揮官，要他們集合各自的隊伍回到原野上紮營。特拉斯卡人聽從吩咐，只有森波拉人留下和我們待在一起。

此時有一些酋長和祭司說他們來自城市的不同區域、並沒有參與陰謀（因為喬盧拉是大城，有不同的城區、派系）。現在那些背叛者已經以生命付出代價了，他們請科爾特斯原諒本城的陰謀背叛；兩名揭露陰謀的祭司和希望迎娶唐娜瑪莉娜的老太婆也來懇求科爾特斯原諒當地人民。

科爾特斯下令召喚一直和我們同行的蒙特祖馬大使，並裝出生氣的樣子對喬盧拉酋長說話。他說本該毀了整座城，不過他尊重君王蒙特祖馬，會原諒他們。不過此後他們得好好為善，要是再犯就得賠上生命。

接著科爾特斯召見原野上的特拉斯卡拉人，要他們交出虜獲男女，畢竟他們造成的損害已經夠大了。不過特拉斯卡拉人抗辯說喬盧拉人施展過更多陰謀詭計，更嚴重的懲罰也不為過。最後在科爾特斯的命令下還是同意交出許多人，卻保留了大量金子、布匹、棉花、鹽、奴隸。科爾特斯更進一步說服這兩地人民友好。就我所知，他們後來一直維持著友好關係。

此外，科爾特斯命令喬盧拉祭司、酋長帶人民回城市居住，市集也得重新開張，他們之後不會再遭受傷害，不需要害怕。酋長說大多數居民目前已經躲到山地之中，重回城市需要五天。他們也請科爾特斯挑選新任大酋長，因為前任酋長已經在庭院中戰死。於是科爾特斯詢問誰是前任酋長的繼承人，他們說是老酋長的弟弟，科爾特斯就立刻指派他繼任。

幾天後，科爾特斯看到居民安心的回來重開市集，就召來祭司、首領、城內貴族，對大家宣講聖教的教義，講的十分透徹。他要當地人放棄偶像崇拜、停止獻祭、吃人肉，禁止搶劫和其他野蠻的習俗。他指出那些偶像非常邪惡，而且欺騙了他們，他們應該記得：五天前獻祭了七個人所獲得的戰勝承諾根本毫無用處，惡神要祭司、人們做的事都是邪惡的，請喬盧拉人丟掉偶像、摔個粉碎，若他們不願意這麼做，他可以代勞。科爾特斯也要求把某個地方粉刷成聖殿，好讓我們立上十字架。

喬盧拉人立刻答應立十字架，並且很快就辦好。他們也承諾會丟棄偶像，不過儘管後來我們多次提醒，對方還是一再拖延。梅塞德會的教士認為：還沒讓這些首領更了解我們的信仰就要他們摧毀偶像實在毫無益處，等他們看看我們到墨西哥城的成果後再說，時候到了，自然還會有我們應盡的責任，現在佈道、設立十字架就夠了。

喬盧拉城位於平原之上，周遭由眾多城鎮環繞：特佩亞卡（Tepeaca）、特拉斯卡拉、查爾科（Chalco）、特卡馬查爾科（Tecamachalco）、韋霍欽科，和許多小村落。這片土地盛產玉米、蔬菜、辣椒和釀酒的龍舌蘭。本地製作的陶器非常精美，會在各式各樣的圖樣上塗上紅色、黑色或白色，供應給墨西哥城和所有鄰近地區，類似塔拉維拉（Talavera）或普拉森西亞（Placencia）供應陶器給卡斯提爾地區。當時這個城市有許多高塔，是供奉偶像的神廟或神殿，雖然墨西哥城的金字塔又高又宏偉，不過喬盧拉城最高的金字塔比墨西哥城還更高。這些金字塔也有祭祀用的庭院，據說用來供奉最重要的神靈，雖然我忘了這個神靈的名字[1]，不過當地人極為崇敬，會從許多地方前來獻祭，獻上一些財產舉行類似九日敬禮（novenas）的儀式。

現在回頭談談蒙特祖馬大王布置在喬盧拉附近山谷的軍隊（他們之前負責在城內設置路障、窄路阻止馬匹通過）。這支軍隊得知交戰已經爆發，就快馬加鞭趕回墨西哥城報告事發的經過。雖然他們路趕得夠快了，不過和我們隨行的大使更早就十萬火急的趕回去告知蒙特祖馬。據可靠的消息說君王蒙特祖馬非常氣惱，立刻下令殺幾個印地安人向戰神維齊洛波奇特利獻祭，想靠著神喻知道西班牙人進入墨西哥城的後果如何、能否允許。我們也聽說他和十個首要祭司閉門兩日祈禱、獻祭，而神祇建議他派信使否認喬盧拉城事件的一切責任，表現出友好的樣子請西班牙人進墨西哥城。等到西班牙人進城後就停止供應食物和水源，或是升起吊橋加以圍困。如此一來，等到開戰後只需要花一天的時間就能解決我們，把我們捉去祭給降下神喻的戰神維齊洛波奇特利和地獄之神特斯卡特利波卡。至於墨西哥人就可以吃我們的大腿、手臂，拿我們的內臟、軀幹和剩下的東西去餵籠子裡的大蛇、老虎——我在適當時機會再描述猛獸的事。

喬盧拉人的陰謀敗露及被懲罰的消息傳遍了新西班牙各地區。若說之前印地安人是由於聽說過錢波通、塔巴斯科、辛加帕辛加、特拉斯卡拉等地的事件、戰爭而認為我們十分勇猛，因此稱我們為神或惡神的「特烏爾」，那麼在此之後他們還說我們能未卜先知，任何陰謀詭計都逃不出我們的法眼，所以後來都以誠相待。

我想讀者已經聽夠了喬盧拉的故事，我也打算結束掉，但不得不說我們在這個城市也發現寬木牢籠，裡面塞滿男人和孩子，他們被養胖之後就會被殺掉獻祭，同時被吃掉。我們就破壞這些牢籠讓他們回到自己故鄉，然後科爾特斯以威脅的語氣命令這個城市的酋長和祭司不准再囚禁人類、吃人肉。雖然他們口頭上答應，但並不照辦，那他們的承諾有什麼用？

讓我們稍微預知一下後事，談談恰帕斯（Chiapas）主教巴托洛梅不厭其煩一直在談的人屠殺。他堅持根本沒道理懲處喬盧拉人，我們只是一時興起、誤以為自己非做不可。他如此有說服力地

1 譯者註：喬盧拉這座大神廟（金字塔）是羽蛇神大金字塔（Pirámide Tepanapa），是新大陸最大的金字塔，主要供奉羽蛇神（Quetzalcoatl）。羽蛇神是中美洲文明普遍信奉的神祇，在馬雅文明被稱為「庫庫爾坎」（Kukulkan）；「一葦羽蛇神君」（Topiltzin Ce Acatl Quetzalcoatl）的故事也是早期的托爾特克（Toltec）文明留下的傳說。

寫道，他會說服那些沒有親眼目睹過這個事件或者根本不了解事件的人，他筆下描述的各種屠殺行為正如他所說的那樣罪證確鑿，不過事實恰恰相反。就讓道明會的人注意他寫的書，反正他們會發現那本書與事實相違。我也得說，後來國王陛下派遣了一些優秀的方濟會學者，這些人是國人佔領墨西哥後第一批到新西班牙地區的教士，負責去喬盧拉調查我們懲罰當地人的相關細節，判斷是否合理。他們實際訪問過這座城市的祭司和長者，發現事實和我所寫的描述完全一致，與主教的看法相違。若我們沒有執行懲罰，那麼那些墨西哥戰士、喬盧拉人和那些路障、矮牆就會對我們造成極大威脅而有生命危險。若我們不幸被殺，就不會這麼快征服平地新西班牙地區，也不會有另一支艦隊敢出海遠征。就算有，墨西哥人也會在港口防衛，後繼的征服者都會碰到更大的困難。而墨西哥人至今將會仍崇拜偶像。

我們在喬盧拉待了十四天，事情都告一段落。我們看到城市又充滿人群、市集維持運作，還使喬盧拉人和特拉斯卡拉人和平共處；而且我們立了一個十字架，命令喬盧拉人遵從聖教的教條。不過我們也知道蒙特祖馬大王在我們營地安插間諜，偷偷打探我們的計劃，想知道我們是否會逼近他的首都。他已經從先前隨行的兩名大使口中得知了一切情報，所以科爾特斯後來只和一些對他最友好的指揮官和士兵商談；這些有勇有謀的人能提供很好的建議——科爾特斯未曾沒徵詢過大家的意見就下決定。

大家都同意我們應該委婉友好的向蒙特祖馬大王呼籲：我們奉國王陛下之命跨越重洋、遠道而來就是為了拜見他，傳達一些對他有利的事（若是他能領會的話）。我們在去拜見他路上由大使引導到對他進貢的喬盧拉，雖然當地人頭兩天對我們很友好，不料第三天他們就計劃謀殺我們。然而任何陰謀詭計或口是心非的勾當都瞞不過我們，所以我們就懲罰了一些陰險小人。我們統帥知道喬盧拉人臣服於蒙特祖馬，為了表示對他的尊敬、維護我們之間的友誼，我們就沒有把參與陰謀的人全殺光，但不幸的是當地祭司、酋長說這個行動是蒙特祖馬及其大使下令策劃。我們並不認為如此強大的君王會下這種命令，畢竟他已經宣稱和我們結交。我們從他的人品推論：就算是他信奉的偶像蠱惑了他，導致他打算對我們動手，他也是會選在開闊的原野開戰。不過其實我們並不在乎要在原野打還是城裡打、白天打還是夜裡打，總之任何人膽敢來犯，我們都會一一消滅。然而我們確信蒙特祖馬是我們非常要好的朋友，很希望前去見他、和他對話。我們立刻就會朝墨西哥城前進，去詳細說明國王陛下的旨意。

蒙特祖馬接到了這個信息，認為我們沒有把喬盧拉事件歸咎於他，我聽說他和祭司就立刻獻祭詢問神明是否有允許我們進城以外的不同指示。神明給了相同的指示：應該讓我們進城，把我們困住後就再儘管動手。蒙特祖馬的祭司和指揮官也建議：若不允許我們進城，我們將會對臣服他的城鎮開戰，一旦其他城鎮見到特拉斯卡拉和托托納克山上村落是我方盟友，就會有更多地區的人我們結盟。他們說避免這種情況的最好辦法就是遵從維齊洛波奇特利神的指示。

蒙特祖馬大王再次向神明、祭司、指揮官商議後獲得的建議都是讓我們進入城市，在城內動手殺人才更安全。且由於我們不僅就友誼關係對他提出警告，又宣稱自己能識破任何陰謀，也不在乎何時、何地開戰，於是蒙特祖馬回顧了我們和特拉斯卡拉人的戰爭，錢波通、塔巴斯科、松潘欽科及最近喬盧拉的事件，他害怕得茫然失措。經過再三考慮，他決定派六名首領帶著黃金、許多珠寶、數捆花紋華麗的布匹當禮物，我們估計禮物的價值至少超過兩千披索。

使者帶著禮物到科爾特斯面前，雙手扶地，像以往一樣伏拜，然後說：「馬林切，我們的君王——偉大的蒙特祖馬送你這些禮物，請你接受他的好意。他說喬盧拉人製造的動亂使他非常痛心，而且那些人不僅邪惡，甚至謊話連篇，犯的過錯竟然想賴到君王的大使頭上，他之後還會再懲罰他們。」蒙特祖馬聲稱自己是我們最忠實的朋友，我們無論何時都能去他的城市。既然我們是非常勇猛的人，而且又是偉大國王的使者，他希望能給我們最好的禮遇。由於城市建在湖上，一切所需都要靠腳夫運進來，他可能無法提供食物，無法妥善招待大家，但他還是會盡可能的尊重我們。他已下令要我們路上會經過的所有城市都提供旅途所需。

翻譯人員解釋了這段話，科爾特斯親切的收下禮物、擁抱使者，下令贈送花紋玻璃珠。我們的眾指揮官、士兵們得知蒙特祖馬邀請我們進城，都非常高興，大多數人每天都熱切期盼著這一天的來臨，尤其是在古巴沒有基業的人和我這種加入科爾特斯遠征之前就參與過兩次探險隊的人。

先別提這個，回頭說我們的統帥真誠友善的回應使者，請三名使節和我們同行擔任嚮導，另外三名則回去向君王報告我們的答覆及出發上路的消息。

特拉斯卡拉的酋長老希科田卡和馬塞埃斯卡西得知這個消息非常難過，再度重提那些司空見慣的警告，他們請科爾特斯得更加小心，別進入佈下眾多墨西哥戰士的堅固城市，否則總有一天會被圍攻，屆時性命難保。為了表示他們的好意，他們要派一萬人自備旅程所需的食糧，由勇猛的指揮官率領和我們同行。

科爾特斯深深的感謝他們善意的提案，不過帶這麼大批戰士進入墨西哥城並不適當，尤其他們和墨西哥人又是死對頭。他說只需要一千人幫我們搬火炮、輜重，負責開路。於是老酋長就立即派了裝備齊整的一千人支援。

我們正要出發時，之前一直隨我們進軍，忠實效力、幫了不少忙的森波拉酋長、戰士首領去見科爾特斯，他們說不願意再繼續前往墨西哥城，打算回森波拉；他們認為此行去墨西哥城必是有去無回。由於他們都是森波拉的領袖階級，已拒絕繼續臣服蒙特祖馬、繳納貢品，也囚禁過他的稅收官員，蒙特祖馬大王一定會下令殺了他們。

科爾特斯獲知他們的決定，就透過翻譯人員請他們毋須害怕任何傷害，只要一直和我們一起進軍，又有誰敢傷害我們，請他們改變心意繼續隨行，也承諾會讓他們變富有。但無論科爾特斯如何鼓吹、唐娜瑪莉娜怎麼懇切說服，森波拉人都堅持要回去。科爾特斯見他們心意已決，就說：「上帝不願見到我們強行帶走幫了這麼多忙的印地安人。」就分送了多捆華美的布料，其中兩捆要送給我們的朋友——統治森波拉的「胖酋長」和他的外甥。他也寫信給我們留在後方統領殖民地的埃斯卡蘭特，向他告知我們後來經歷的種種情況，以及我們正要朝墨西哥城前進。科爾特斯要埃斯卡蘭特好好管理殖民地，無論日夜都要保持警戒，努力修築完要塞，協助當地人對抗墨西哥人，也不能讓旗下的士兵騷擾當地居民。

他把這封信交給要離開的森波拉人，然後我們也保持戒心，繼續踏上旅程。

我們如往常般維持嚴密的隊形離開喬盧拉，派出騎馬的偵查兵和許多身手矯健的步兵在前頭勘查，當天在離喬盧拉六哩的山丘上發現一些小屋。我記得這地方稱做伊斯卡爾潘（Iscalpan），是韋霍欽科的屯墾區。很快就有許多韋霍欽科鄰近村落的酋長、祭司前來拜訪，他們都是特拉斯卡拉人的盟友，也有許多毗鄰在火山山腰上的小村子派人前來。這些貴族帶著食物和不大值錢的金飾，對科爾特斯說禮輕情意重，請他收下。他們也勸我們別去墨西哥城，畢竟墨西哥城固若金湯、而且有大量戰士駐守，我們根本是偏向虎山行。若我們執意要去，他們提醒我們：通過隘口後會看到兩條道路，一條通往查爾科，另一條通往塔馬納爾科（Tlamanalco）[2]，兩個城鎮都隸屬於墨西哥。其中一條路已經被清理乾淨，誘使我們選這條路，另一條用伐倒的大松樹和許多樹幹擋住，使我方的馬匹無法通行。他們說墨西哥人認為我們一定會走清理過的那條路，已經在路上不遠處的山腰間截斷通路、挖了壕溝、設置路障，而且有數批墨西哥人埋伏著。他們建議我們別走清理過的那條路，挑被樹擋住的那條走，也承諾會派許多人和特拉斯卡拉人一起替我們清除障礙，以便通往塔馬納爾科。

科爾特斯高興的收下他們的禮物，宣稱我們在上帝的保佑下非去墨西哥城不可，也必會選他們建議的那條路走。我們隔天清晨就繼續進軍，大約正午時抵達山脊，接著就看到韋霍欽科人所說的兩條路。大家在這裡休息一陣子，考慮著墨西哥伏兵、山腰上的路被截斷、設置了路障等種種情況。

科爾特斯傳喚和我們同行的蒙特祖馬大使，詢問這兩條路狀況為何如此不同——其中一條清理的很乾淨，而另一條則被許多剛倒下的樹阻擋。大使說這是為了讓我們走被清理過的那條路，這條路能通往一個叫查爾科的城鎮，隸屬於他們的君王蒙特祖馬，所以當地人會好好接待我們。至於他們把樹砍倒阻塞住另一條路就是不想讓我們走，畢竟這條路崎嶇難行，而且繞了遠路才能通往墨西哥城，路上也沒有像查爾科那樣的大城鎮。不過科爾特斯決定走被阻擋的那條路。大家小心翼翼地爬上山，盟友非常有效率的把粗壯的樹幹移開讓我們通行，有些樹幹至今還倒在路邊。我們登上山頂時四周開始下雪，落雪還在地面凝結。我們繼續沿路下山，當晚睡在印地安商人充當旅舍、住所的棚屋過夜。雖然我們的糧食充足，但寒風刺骨。我們睡前安排了哨兵、巡邏

2 貝爾納爾．迪亞斯的記憶並不正確，右手邊的路是通往塔馬納爾科再到查爾科，另一條路是直接通往阿梅卡梅卡（Amecameca）。根據科爾特斯的第二封信，他們探險時選了後面這條路。

隊、崗哨，還派出偵查兵。隔天繼續進軍，於進行大彌撒的時刻抵達了之前說過的城鎮塔馬納爾科村（Tlamanalco）[3]。我們在這裡獲得充份的補給，食物不再匱乏。

我們到達的消息傳開，鄰近查爾科、奇馬爾瓦坎（Chimaluacan）、阿梅卡梅卡的人民就立刻過來加入塔馬那爾科人，也有些人來自擁有港口及獨木舟的阿約欽戈（Ayotzingo）和其他我不記得名字的小村子。他們合送了一份禮物：金子、兩捆披風、八名印地安女人，金子的價值超過一百五十披索。他們說：「馬林切，請收下這些禮物，從今以後把我們當成朋友。」科爾特斯非常開心地收下，說願意提供任何幫助。他看到這麼多人聚在一起，就要梅塞德會的教士宣揚聖教教義、勸他們放棄偶像崇拜。教士和往常一樣佈道（我們一路上經過每個城鎮都會宣揚），當地人認為他說得很好，會謹記在心。教士也提及我們的國王陛下有多麼強大，而我們到這個國家的目的就是要除暴安良、終止掠奪。

眾城鎮的人民聽了這席話，就背著墨西哥大使開始控訴蒙特祖馬及其稅收官員。他們說這些官員會搶走所有財物，若他們的妻子、女兒長的漂亮，就會當著丈夫或父親的面侵犯她們，甚至把她們擄走。他們也說墨西哥人把他們當成奴隸，要他們從陸路或水路搬運樹幹、石頭、柴火、玉米，逼他們種玉米或執行各種苦差事，還霸佔人們的土地用來供奉神像。他們哭訴的內容不少，但事隔已久，我忘得差不多了。

科爾特斯駕輕就熟的對眾人好言相勸、加以安撫，他說現在還無法主持公道，但若大家有耐心，過一陣子就會讓大家擺脫墨西哥人的統治。接著他私下要求其中兩名酋長和四名特拉斯卡拉盟友去打探情況，看看韋霍欽科人勸我們不要走的那條清理過的路是否有路障或任何軍隊。這兩名酋長說：「馬林切，不用去看了，墨西哥人現在已經清理乾淨離開了，但你要知道他們為了阻止你們通過，曾在山腰上某個狹窄的地方截斷通路、派了許多伏兵。不過我們又聽說他們的戰神維齊洛波奇特利現在降諭允許你們通過，等你們進入墨西哥城後再動手圍剿。我們認為你們應該待在這裡，別去墨西哥城了，那裡不僅非常牢固，而且兵力龐大，去了就難以生還。」

科爾特斯笑著回答說：「除了我們所信奉的上帝，墨西哥或其他國家的人都無法殺死我們；我們正是要去向蒙特祖馬本人及那些祭司、酋長傳達上帝的旨意。」科爾特斯希望儘快出發，要求對方派二十個嚮導和他同行，他也承諾一旦我們抵達墨西哥城就會立刻幫他們的忙、為他們主持公道，要蒙特祖馬和那些稅收官停止暴行。這些村落的人高興的同意，派了二十個人給他。

我們正要開始進軍時，有四個墨西哥人帶著蒙特祖馬大王所送的金子和布匹來訪。他們對科爾特斯行過慣例的大禮之後說：「馬林切，我們的偉大君王蒙特祖馬要送你這份禮物。他說你從這麼遠的地方、經歷這麼辛苦的旅程專程來拜見他，他感到抱歉。他曾說過會交出更多金銀財寶、松綠石進貢給你們的國王陛下，也會分送給你和你的「神人」同伴，請你別去墨西哥城了。

3 根據科爾特斯的記載，這裡應該是阿美卡美卡（Amecameca）。

他現在再次請你不要前進了，從哪裡來就從哪裡回去，他會派人把大量金銀財寶送到港口獻給你們國王，他也會另外給你四包黃金，你的每位兄弟也能分到一包。他的臣民現在都武裝起來不讓你們通過，而且墨西哥城只有一條窄道可以通行，也沒有充份的食物可以供應，他只好禁止你們進墨西哥城。」使者說了許多其他的難處，就是希望我們不要再繼續前進。

雖然這個口信令科爾特斯不悅，但他還是很親熱地擁抱每個使者，然後收下禮物。我不知道禮物的價值多少，總之根據經驗，之前也說過了，蒙特祖馬每次派使者來肯定都會送金子。回到正題，科爾特斯表現出很驚訝的模樣，他說蒙特祖馬既然身為強大的君王，又宣稱過自己要和我們結交，就不該如此出爾反爾、反覆無常。不過他還是感謝蒙特祖馬要送金子的提議，我們一定會在時機來臨時用行動報答。不過蒙特祖馬怎麼會認為我們都已經離那座城市這麼近了，還能不傳達國王陛下的旨意就此回頭呢？要是蒙特祖馬派了大使或使者到某個和他一樣強大的君王那去，明明使者已經接近對方君王的居所，卻沒有傳遞消息就此回頭，他會怎麼評價這樣的使者呢？蒙特祖馬一定會把使者視為沒用的懦夫吧！我們的國王陛下肯定也是如此。因此，我們無論如何都會去墨西哥城拜會他，他不應該再推托下去。科爾特斯就是打算去會見他、和他交談，只能和他本人對話，向他解釋我們的來意。若是我們的出現令他不悅，等他聽科爾特斯說完國王陛下的旨意，我們打哪來就回哪去。至於沒有食物並不要緊，反正我們吃的很少也能活下去。既然我們已經在墨西哥城的路上了，希望他能歡迎我們。

我們打發使者離開後也上路出發。大家都知道蒙特祖馬曾徵詢過神明和祭司「倒是要讓西班牙人進城還是要在路上動手」，而維齊洛波奇特利神指示先讓我們進城，之後再加以圍困。畢竟我們都是平凡人，還是會怕死，這件事一直讓所有人放不下心。這個國家人口眾多，我們每天只能進軍一小段路。大家一邊向上帝、聖母祈禱，一邊討論進城的方法。大家都希望耶穌基督既然曾助我們度過危機，也會為我們抵抗墨西哥大軍。我們藉著這種想法來給自己打氣。

我們當晚在人稱伊薩帕拉騰戈（Itzapalatengo）[4]的村子過夜，這裡的屋子一半在水上、一半在乾地上。我們在某座小山丘上吃了豐盛的晚餐。（現在那裡有間旅舍。）

換去談談蒙特祖馬大王的狀況。他收到使者帶回科爾特斯的答覆，就立即決定派他其中一名外甥——特斯科科（Texcoco）領主卡卡馬特辛（Cacamatzin）隆重歡迎我們。因此，某天我們照慣例派出了哨兵、偵查兵，就有一名偵查兵回報：道路上正有一大批墨西哥人友善地接近，看起來都穿著非常華麗的披風。這件事發生在當天一大早，我們才正要動身，於是科爾特斯命令大家保持陣形看清楚來者何人。此時先是四個貴族現身，他們向科爾特斯深深地鞠躬，宣佈特斯科科領主、蒙特祖馬大王的外甥卡卡馬特辛即將駕臨，請我們等他到訪。

我們等沒多久，卡卡馬特辛很快就到了，來時的陣勢比我們見過的任何一位墨西哥首領都還

4 這是錯的，應該是阿約欽戈（Ayotzingo）。

要盛大壯觀。卡卡馬特辛搭著轎子，轎子上有大量綠羽毛與白銀裝飾，另有上好的金飾浮雕，浮雕上鑲著寶石。他的轎子由一些酋長扛著，據說那些酋長都是各村落的統治者。他們接近科爾特斯居住的屋子，然後才從轎子上扶卡卡馬特辛出來，替他清理地面、把稻草移開。他們一行人走到科爾特斯面前深深行禮。卡卡馬特辛說：「馬林切，我和這幾些酋長到這裡來為你服務，滿足你們任何需要，引領你們到我們城內的住所。我們偉大的君王蒙特祖馬想請你原諒他不能親自前來迎接；這是因為他的健康狀況不佳，而不是沒有誠意。」

大家對這些酋長盛大壯觀的陣仗印象深刻，彼此交頭接耳說：如果這個領主就這麼豪華，那蒙特祖馬大王本人親臨該多麼盛大？

當卡卡馬特辛說完話，科爾特斯便上前擁抱卡卡馬特辛，對他及其他首領非常親熱。他贈送了三串有不同顏色脈絡花紋的瑪格莉特珠給卡卡馬特辛，給其他所有首領藍色玻璃珠。他表示感謝，說總有一天會報答蒙特祖馬君王的連日賞賜。

交談結束後我們立即出發，由於這群首領有大批隨從，也有許多村落的人過來在遠處觀看，每條路上都人滿為患。

隔天早上我們到了一個寬闊的堤道[5]，接著朝著伊斯塔帕拉帕（Iztapalapa）前進。我們看到建立在水上的城市、城鎮以及坐落在陸地上的大城鎮，通往墨西哥城的堤道又直又平，大家都驚嘆萬分。雄偉的城鎮、金字塔等建築是用石頭從水裡堆砌起來，似是《阿瑪迪斯》（*Amadis*）[6]故事中的魔幻景色；有些士兵甚至在問這是不是夢境，所以我把它記載下來也不足為奇。眼前的景色如此美妙，而且是大家見所未見、聞所未聞，連做夢都意想不到，我也不知該如何描述。

我們接近了伊斯塔帕拉帕，遇到另一批盛大的隊伍出來迎接，這次是奎特拉瓦克和庫盧阿坎（Culuacan）的領主，兩人都是蒙特祖馬的近親。進入伊斯塔帕拉帕城後，我們被安排的住所跟宮殿一樣！宮殿十分寬敞、建築精良，用宏偉的石頭、雪松木和其他氣味芬芳的樹木建造，還有大房間和大庭院，景色優美，房間都掛著棉布帳幔。

我們看完這些美景，走到果樹林和花園，那是個無論是觀賞或是在其中漫步都令人回味無窮的地方。我從未如此意猶未盡的一直欣賞這片樹種繁多、充滿各種香氣的樹林。小徑旁種滿玫瑰和許多種類的花，也有當地果樹、玫瑰花叢和清徹的池塘，形形色色的鳥類飛來池塘邊。另一個值得注意的特點是大獨木舟可以直接由開闢好的水道從湖泊駛進這個花園、不用接駁。所有建築都鋪上耀眼的石灰，此外也有各種石雕、繪畫裝飾，美不勝收。我再度駐足看著這片景色，認為

5 這是奎特拉瓦克堤（Cuitlahuac），分隔了查爾科和索奇米爾科（Xochimilco）的湖泊。

6 譯者註：這應該是指《高盧的阿瑪迪斯》（Amadis of Gual），這是征服殖民時期非常流行的騎士小說，小說的內容是一個遊俠騎士披掛著盔甲來到世界的盡頭，在那裡戰勝了巨人、怪獸和各種神奇的生物，同時愛上了一位美麗的女士。

世界上不會再有這麼美妙的地方了（因為當時祕魯還不為人所知）。不過時至今日，我見過的這些事物都已摧毀、荒蕪了，沒有任何東西留下。

這個城市和科約阿坎（Coyoacan）的酋長送來價值超過兩千披索的金子獻禮，科爾特斯衷心表示感謝，親切地和酋長應酬，也通過翻譯人員宣講聖教教義，宣揚我們的國王陛下多麼強大。不過他們交談的內容太多，我就不一一贅述。

14

進入墨西哥城

我們隔天在眾多高貴酋長的護衛下離開伊斯塔帕拉帕，沿著堤道直接前往墨西哥城。我記得這條堤道寬達八碼，而且筆直無彎。雖然堤道是很寬，不過上頭擠滿了印地安人，也沒多少通行的空間。有些人正要去墨西哥城，有些則是從城裡出來，除此之外也有出來看我們的人，所以穿過人群前進有點困難。周遭的高塔和金字塔也都人滿為患，還有許多來自湖泊各處的獨木舟。這也難怪，當地人從未見過像我們這種人和這些馬匹。

大家看著這些美妙的景色瞠目結舌，不知眼前所見的景色是否真實。不僅是湖岸陸上有許多城市，水面上的城市更多。湖面獨木舟遍佈，堤道上有數座橋樑，隔一段距離就有一座橋，然後我們見到了宏偉的墨西哥城。我們只有區區四百人，大家都清楚記得在韋霍欽科、特拉斯卡拉、塔馬納爾科聽聞的警告，各地的人都說進了墨西哥城必須加以提防，墨西哥人等我們進城後就會動手殺人。請興致盎然的讀者體會一下這種情況是否值得躊躇猶豫，世上哪有人比我們更有膽量呢？讓我再往下說吧。

我們沿著堤道進軍到一個分歧點，此處有另一條小堤道岔開通往科約阿坎城，旁邊幾座高塔般的建築是當地的神殿。我們在此碰到更多身穿華麗披風的酋長和貴族，堤道上也站滿了穿著各色耀眼服飾的不同首領。這些人是蒙特祖馬派來迎接的大酋長，他們走到科爾特斯面前用當地語言表示歡迎，接著伏拜親吻地面表示友善。

我們在此停留了一陣子，接著特斯科科的領主卡卡馬特辛和伊斯塔帕拉帕、塔庫巴

（Tacuba）、科約阿坎等各地酋長去迎接蒙特祖馬大王。蒙特祖馬搭著豪華的轎子，在眾多擁有領地的顯赫領主、封建酋長簇擁下接近。我們在鄰近墨西哥城某個看得到幾座小塔樓的地方見到蒙特祖馬大王。他走下轎子，由顯赫的領主攙扶走到華麗的綠羽毛頂篷下方。頂篷上繡了金色、銀色的花紋，邊緣還懸吊著珍珠和松綠石裝飾，呈現出光彩奪目的景象。蒙特祖馬身穿十分華貴而時尚的服裝，腳上穿著當地稱為「科塔拉斯」（cotaras）[1]的鞋子。那雙鞋子的鞋底是金子，鞋面鑲了貴重的寶石。四名負責攙扶他的酋長也各自穿著華麗的服飾，看來他們在路上已經準備好要陪同君王，因為他們此時所穿的衣服和接待我們的時候並不相同。另外四名大酋長高舉著頂篷，而許多領主走在蒙特祖馬大王之前，替他把正要通行的路清掃乾淨、鋪上布匹，使他的腳不會碰到泥地。除了那四名服侍他的領主和外甥，沒有任何酋長敢直視蒙特祖馬，大家都畢恭畢敬的低著頭。

科爾特斯得知蒙特祖馬大王正在接近，就立刻下馬等候，兩人接近時互相深深鞠躬。蒙特祖馬歡迎我們的統帥，科爾特斯則透過唐娜瑪莉娜回答說他祈求蒙特祖馬身體健康。我記得科爾特斯向蒙特祖馬伸出右手，不過蒙特祖馬擺手表示拒絕。於是科爾特斯拿出一條他一直配戴著的項鍊，這是用名為瑪格莉特的彩色玻璃珠精心打造，以浸泡過麝香的金線串起來，聞起來氣味很

1 cotaras其實是古巴字，墨西哥語稱為「卡克特利」（cactli）。

好。科爾特斯替蒙特祖馬戴上項鍊，然後他正打算擁抱蒙特祖馬時被周遭的顯赫領主抓住手臂阻止，因為他們認為這是無禮的舉動。

科爾特斯說他非常高興能見到這麼偉大的君王，加上先前數次賞賜恩典，這次又親自前來接待，他感到十分榮幸。蒙特祖馬說了一些客套話之後，命令負責攙扶他的兩個外甥——特斯科科、科約阿坎領主陪我們去安排住處，而蒙特祖馬在另外兩名親戚——奎特拉瓦克、塔庫巴領主伴隨護衛下回墨西哥城；那一大批酋長、貴族也都尾隨著他回去。我們注意到所有人跟著君王回去時都畢恭畢敬的低著頭靠牆行進，不敢直視他們的君王。後來這個地方就不再那麼擁擠，我們得以順利進入墨西哥城的街道。

誰能算得清街道上、屋頂上和水道獨木舟裡前來看我們的男女老幼到底有多少？這副奇妙的景象對我來說彷彿昨日之事，至今仍時時浮現在我眼前。

對方引領我們進入住所，這是有數間大到能容納我們所有人的豪宅，之前是屬於蒙特祖馬的父親——阿沙亞卡特爾（Axayacatl）。屋子裡有幾座蒙特祖馬的大神殿，還有一個存放金塊和金飾的密室。密室是他從父親繼承的財寶庫，他沒有動過。他們安排我們住在這裡的原因可能是印地安人稱我們為「神人」，希望我們盡量靠近他們的神明。無論如何，他們把我們安置在這個有許多大廳的地方，替我們統帥準備的房間安置了台座，而且掛著帳幔，也為我們所有人都鋪了席子當床，每個床位都掛了頂篷。

我們抵達住所時，蒙特祖馬大王正在大庭院等待統帥。他牽著科爾特斯的手進入依當地風格裝飾得十分豪華的住所，然後取出一條精心打造的昂貴金蟹項鍊，甚至還親自替科爾特斯戴上。科爾特斯如此倍受禮遇，蒙特祖馬的手下見了都相當吃驚。

科爾特斯在儀式後透過翻譯人員表示感謝，蒙特祖馬說：「馬林切，你和你的兄弟就當作是在自己家裡，先好好休息一陣子。」接著就回到離此地不遠的宮殿。

我們按照隊伍分配房間，把大炮擺在適當位置，所有人都分別接到清楚的命令，騎兵和所有士兵都必須充分警戒。之後大家吃了一頓當地口味的豐盛晚餐。

好運與我們同在，我們於一五一九年十一月八日勇敢地進入特諾奇提特蘭（Tenochtit.an）——或稱為墨西哥城。

15

待在墨西哥城

蒙特祖馬用過晚餐，得知科爾特斯和我們所有人都進餐過後，就帶了眾多首領聲勢浩大的來到我們住所，那些首領全部都是他的親戚。科爾特斯聽聞大王駕臨就到大廳中間迎接。他們帶了幾張當地風格的椅子，上面全是用金子打造的各種裝飾。蒙特祖馬請科爾特斯入座，然後雙方都各自就座。

蒙特祖馬發表了一段精彩的談話，他很高興科爾特斯和這些勇猛的戰士蒞臨他的王國、來到他家。兩年前他就聽說某個指揮官到過錢波通，去年也接到報告說另一名指揮官率領四艘船前來。他每次都希望能見到西班牙人，現在終於得以和我們聚在一起；他不僅會為我們效力，也會將所有財富相贈。最後他說我們一定是很久之前的祖先所預言的人：「來自日出的方向的人將統治這片土地。」他如此確信的原因是我們在錢波通、塔巴斯科以及特拉斯卡拉的作戰非常英勇，這些大戰都被畫成栩栩如生的圖畫獻給他看過。

科爾特斯通過翻譯人員答覆：大王連日的賞賜恩惠，我們不知何以為報。我們的確是來自日出的方向，不過我們是統治許多大領主的偉大國王——查理陛下的臣民。國王聽說蒙特祖馬是強大的君王，就派我們到這個國家拜見，請他們和我們國王及所有人一樣成為天主教徒，那麼他和他所有子民的靈魂才能獲救。科爾特斯說之後還會向他解釋我們所信奉的真神上帝是誰、如何拯救靈魂，也談到其他我們曾對蒙特祖馬的大使田迪雷、皮塔爾皮托克、金塔巴爾等人提過的建議。

接著蒙特祖馬大王將準備好的各種上好金飾送給科爾特斯，給所有指揮官一些金子做的小玩意和三捆繡有大量羽飾的精美披風，也給每個士兵兩捆披風，每一件都很華美。蒙特祖馬出手非常豪闊，怎麼看都是偉大的君王。他分送禮物後問科爾特斯我們是否都是兄弟、都是偉大國王陛下的臣民，科爾特斯回答說我們是相親相愛的兄弟，個個都是傑出的人材，也都是偉大國王陛下的僕從。接著蒙特祖馬和科爾特斯又說了一些客套話。由於這是他的第一次拜訪，我們不想讓他感到厭煩，很快就結束對話。

蒙特祖馬命他的管事依我們生活習慣提供一切所需事物：玉米、研磨石、替我們製麵餅的女性、家禽、水果，以及給馬吃的大量飼料。他也殷勤的邀請我們所有人隨他上街遊覽。不過科爾特斯命令大家先靜觀其變，不要離住所太遠。

隔天科爾特斯決定去蒙特祖馬的宮殿，就先派人打聽君王是否忙碌，告知我們即將來訪。他帶了阿爾瓦拉多、胡安·貝拉斯克斯、奧爾達斯和桑多瓦爾四名指揮官和我們五名士兵陪同。

蒙特祖馬得知我們前來，就到大廳中央迎接。他身旁圍繞著的首領都是他的外甥；除非有重要的大事需要和他商議，否則其他首領不能進入宮殿。蒙特祖馬和科爾特斯相互行禮、握手，帶科爾特斯走上他的寶座，在他右邊入座，也要人搬來更多椅子讓我們所有人都就座。

科爾特斯通過翻譯人員跟蒙特祖馬交談，說我們能夠見到這麼偉大的君王並獲得對話的機會，已經達成了國王陛下派我們遠道而來的任務，現在大家也獲得充分休息了。而他要為天主傳達的旨意於先前獲贈黃金的太陽盤和月亮盤時就和三名大使溝通過。科爾特斯說：我們是天主教徒，信奉唯一的真神上帝，祂的名字是耶穌基督，為了拯救人類而受難。而蒙特祖馬他們所敬奉為神明的其實不是神，而是惡靈，是邪惡的存在；這些惡靈不僅看起來醜惡，所作所為更是最大惡極。只要我們立起他的大使見過的那種十字架，那些惡靈就不敢再出現，就可以證明他們信奉的神明有多麼邪惡、不靈驗。如此一來，過一段時日，無論是君王還是他的人民都可以見證這件事。

科爾特斯敦請蒙特祖馬大王仔細聽聽他接下來所說的話。接著他開始詳盡說明創世的經過：我們都是同樣的父母——亞當與夏娃所生的後代兄弟。我們偉大的國王陛下也視他們如兄弟，為這麼多印地安人的靈魂被他們崇拜的偶像帶著墮入地獄感到難過。他們的靈魂將靈魂萬劫不復、在地獄被熊熊大火焚燒，所以國王陛下派我們來阻止這一切，勸他們放棄偶像崇拜。再者，正因為所有人類都是兄弟，那就不應該犧牲人類獻祭，也不該進行雞姦和掠奪。他承諾：過一段時間後，我們國王陛下會派一些在西班牙人當中過更為聖潔生活的人前來充份解釋這些事，我們現在到這裡只能先行警告，請蒙特祖馬照他所說的話去做。

蒙特祖馬正要回答的時候，科爾特斯就中斷對話，對我們這幾名跟隨者說：「這次只是第一次嘗試，我們已經盡了責任。」

「馬林切大人！」蒙特祖馬回應：「你所說的這些論述我已經很熟了，我也知道你曾在沙丘上對大使說過三個神明和十字架的事，你們經過許多城鎮所宣揚的內容我也很清楚。不過我們對此不做任何答覆，因為我們這個地方向來就一直敬奉的神明很好。無疑的你們的神也很好，不過現在就別再談這檔事困擾我們。至於創世的說法我們很久以前就相信，也因此才會確信你們就是祖先預言的那些來自日出方向的人。說到你們的偉大國王，我認為自己對他有虧欠，所以把任何我所擁有的財物相贈；我說過兩年前曾有位指揮官搭船沿著你們來的這條路來過，據說他也是那位偉大國王的僕從，我想知道你們是否都是來自同樣的地方。」

科爾特斯回答：那些都是我們的兄弟、也都是國王陛下的僕從，正是他們先來發現航線、探查海洋和港口，調查清楚後我們才能像今天這樣隨後來訪。蒙特祖馬指的是埃爾南德斯和格利哈瓦的探險隊，是我們較早的兩次航行探險。蒙特祖馬說他當時就能希望邀請這些人來拜訪他的王國、城市，想加以迎接、款待。不過現在他的神明滿足了這個願望，我們現在就在他家中——當然我們也可以稱之為自己的家。我們應該在這裡好好休息玩樂，他會一直款待我們。雖然他之前幾次派人說不希望我們進城，但並不是他個人不願意，而是他的臣民害怕我們。他的臣民說我們會發出閃光和雷電，還用馬殺了許多印地安人，把我們稱為憤怒的「神人」，也說了許多其他幼稚的傳聞。而現在他終於見到了我們，知道我們是有血有肉的平凡人。不過，我們非常聰明也非常勇猛，使他比之前收到報告時還更加敬重我們，會分享他擁有的財物。

我們都誠心感謝他所展現的慷慨之意，而蒙特祖馬以他那偉大君王的姿態笑著說：「馬林切，我聽說你和那些特拉斯卡拉人非常友好，他們對你說我是某種神或『神人』，也說我屋子所有東西全都是用金銀財寶和珍貴的寶石所製。不過我知道你非常聰明，不會相信這些事，只會把它們當成玩笑話。馬林切，你看我和你們一樣是血肉之軀，而我的屋子和宮殿是用石頭、木材、石灰建造。我的確是強大的君王，從祖先繼承了大量財富，但此外的謠言和無稽之談都不可信。我把你們的閃光和雷電當成玩笑看待，你也應該像我一樣對那些無稽之談一笑置之。」

科爾特斯笑著說敵對的人總是會說謊、把怨恨的對象說得罪大惡極，然而他知道在這片土地上找不到比蒙特祖馬更偉大的君王，這就是他的名聲能被我們的國王陛下獲知的原因。

交談進行的同時，蒙特祖馬暗地吩咐他其中一個外甥（某位大酋長）去命管事帶來許多金飾和十捆精美的披風，這很顯然早就準備好要送給科爾特斯。他將這些東西如此分配：科爾特斯和四名指揮官分得那些金飾和披風，而我們每個士兵分到兩條值十披索的金項鍊；蒙特祖馬給我們所有人的金子價值超過一千披索。他將這些東西賞賜給我們的時候面帶笑容，如偉大英勇的君王般爽朗。

此時已經過了中午，科爾特斯不想再打擾下去，就對蒙特祖馬說：「大王，您每天的恩惠真是一批又一批，越來越多，不過我想現在是您用餐時間了。」蒙特祖馬答稱他也感謝我們的來訪。接著大家恭謙有禮的離開，回到住處。我們談起這位君王所展現的良好的教養與禮儀，決定以後要盡可能在各方面表示對他的尊敬，從此之後我們出現在蒙特祖馬面前都會脫帽致意。

蒙特祖馬大王大概四十歲，身材高而勻稱、有點修長，跟一般的印地安人比起來皮膚並不算很黑。頭髮只留到耳邊、並不是很長，黑色的鬍子留的很短、精心修飾過。臉型稍長，看起來很迷人。至於他的雙眼炯炯有神，能表現的很和藹，但在必要的時候也可以很有威嚴。他總是非常乾淨整潔，每天下午會洗一次澡。他有許多妻子和情婦，都是酋長的女兒，但其中只有兩名女酋長是合法的妻子。他和她們尋歡作樂時很隱密，只有服侍他們的人知道。而且他完全沒搞雞姦這種事。他穿過的衣服三到四天內不會重覆再穿。有兩百名護衛他的首領駐守在蒙特祖馬自己房間的隔壁，其中只有一些人允許和他交談。護衛到他面前必須脫掉華貴的斗蓬、換上不值錢的衣物，必須保持整潔、赤腳進屋，低著頭不得直視他的臉。他們接近君王時要行禮三次，一邊說著：「主人，我的主人，我偉大的主人！」他們報告完來意之後，蒙特祖馬會簡要的說句話打發他們離開。所有人離開時不得背對蒙特祖馬，必須面朝君王、低著頭退下，直到退出房間才能轉身離開。我注意到的另一件事是其他遠道而來的大酋長來找蒙特祖馬裁斷爭議或是進行交易時，進入他的寓所前也會脫下鞋子、換上樸素的衣服。來訪者進去之前還必須先在門前繞一段路，不能立刻進入宮殿，因為突然進宮是不敬的行為。

他的侍從每餐都替蒙特祖馬準備超過三十盤當地風格的食物，在每道菜下面放小陶爐加熱防止食物變涼。他們每餐都替蒙特祖馬大王煮超過三百盤食物，替護衛們煮超過一千盤。我聽說侍從會用小男孩的人肉替蒙特祖馬做菜，但他每天都有用各式各樣的材料烹煮的這麼多道菜，我們也分不出來到底哪盤是不是人肉。他們每天都用雞、火雞、野雞、當地的松雞、鵪鶉、家鴨、野鴨、野豬、野鳥、鴿子、野兔、家兔，加上許多各式各樣的鳥類和當地的野獸烹飪，種類太多，我一下子也難以分辨。不過我很確定我們的統帥科爾特斯要求不要犧牲人類獻祭和吃人肉之後，蒙特祖馬就命令他的侍從不要再替他準備人肉。

接著說說侍從是如何侍候蒙特祖馬用餐，如下所述：天氣冷的時候，他們就點燃用樹皮燒製的炭火，這種炭火燒起來沒有煙，樹皮散發的味道聞起來很香。為了不要讓他覺得太熱，他們在炭火前放了一張用金子鑲上神明圖樣做裝飾的簾子。蒙特祖馬坐的是華麗的柔軟矮凳，桌子也是用相同裝飾的矮桌，桌上鋪了白色的桌巾、幾張同樣質料略長的餐巾。四名整潔、漂亮的女孩用當地稱為「希卡雷」（*xicales*）[1]的深水罐裝水讓他洗手，還用其他像是碟子的器具在下方接水，然後遞送毛巾。另外兩名女孩則為他送上玉米餅。

他開始進餐時，侍從會在他前面放上一種用大量金子裝飾的木製隔板，不讓任何人看到他吃東西的模樣。然後四名女孩退下，由四名地位崇高的老酋長站到他身邊。蒙特祖馬時不時會和四人說話、問他們問題，偶爾會把他嘗起來味道最棒的一碟食物賜給某人，這對他們來說是極大的恩賜。據說這些人是他的近親、顧問或審判官，若是他們獲得了蒙特祖馬賞賜的食物，都會恭恭敬敬的站著吃、不敢直視他的臉。

蒙特祖馬的食物都放在喬盧拉製的陶器上，陶器有紅色也有黑色。他正在用餐時，隔壁房間的侍衛只能低聲私語，不敢交談或發出聲響。他的侍從會為他送上這個國家出產的各式水果，不過他只略嘗其中幾種。有時候他們會用精緻的金杯送上用可可做的飲料，據說他在找妻子求歡前會喝，但我們當時並沒有注意到這件事。我只看過侍從裝了五十多罐這種可可，都浮著泡沫，總是恭敬的侍候著讓蒙特祖馬一點一點的喝。有時候在他用餐時會出現一些駝背的侏儒，身體彎的跟從中折斷沒兩樣，這些人是蒙特祖馬的弄臣。此外還有為他說笑的小丑以及其他唱歌和跳舞的人。蒙特祖馬喜愛音樂和娛樂，也會把剩下的食物和可可賞賜給這些人。進餐後由同樣那四名女孩撤下桌巾，恭敬奉上水讓他洗手。蒙特祖馬會和那四名老人談論一些他有興趣的事，然後才要他們畢恭畢敬的退下，自己也去休息。

蒙特祖馬大王用餐過後才輪到所有的護衛和超過上百名侍從進餐。我記得他們吃的菜超過一千盤，浮著泡沫的墨西哥可可兩千罐，還有無數種類的水果。蒙特祖馬身邊有這麼多女侍、女僕、主廚、做可可的人，開銷一定很大。

還有一件事我忘了說：兩名非常俊俏的女性會在蒙特祖馬用餐時送上加了蛋和其他滋補成份的玉米餅。這種玉米餅顏色很白，放在覆蓋了乾淨餐巾的碟子上。她們也會為他獻上各種不同的麵包，那是用各種不同營養食物揉製成的長條麵包，另外還有一種這個國家稱為「帕喬爾」

1 葫蘆。

（pachol）的薄酥餅。侍從也會在桌上放三根炫麗的鍍金管，管子裡把楓香樹脂[2]和一些稱為菸草的草藥混在一起。蒙特祖馬用完餐，於歌舞結束、桌巾也撤下後，就會拿起其中一管開始抽菸。他抽得並不多，然後睡去。

我記得蒙特祖馬當時的管事是一個暱稱為塔皮亞（Tapia）的大酋長，他有一個記載蒙特祖馬所有收入的帳本，那帳本是用他們稱為「阿瑪爾」的紙訂製，他有一整間屋子都是存放這種帳本。不過這些帳本跟我的故事沒什麼關係。

蒙特祖馬有兩間存放各種武器的屋子，大部分武器都裝飾了許多金子、寶石。那裡有許多大小不一的盾牌，某種闊刀，另外有以燧石為刃、比我們的小刀還鋒利的雙手砍刀，也有裝著許多刀片、比我們的長矛更長的五呎長刀。這種長刀砍入小圓盾、盾牌還不會折斷，砍起來猶如剃刀，印地安人甚至能拿來剃頭。他們有非常精良的弓和箭矢，雙尖和單尖的標槍，許多投石器和手磨圓石。另外有一種盾牌在非戰鬥時可以捲起來，不會擋路礙事，但在戰鬥中需要時可以打開護住全身。那裡也有大量棉甲，都縫製了眾多不同顏色的羽毛作為區分的裝置、記號。也有用木頭和骨頭製的盔帽、頭盔，上頭安置了高高的羽毛做裝飾。此外還有各種不同武器，不過怕被嫌囉嗦我就不提了。這些裝備都是由手藝精巧的工匠製作，另外也有負責管理兵器的管事。

讓我們談談鳥舍。我無法一一列舉或描述每一種鳥類的特徵。那裡有所有種類的鳥：從巨鷹到較小的老鷹，許多大型鳥類到五顏六色的小鳥。也有某種綠羽毛的鳥，當地人取這種珍貴的羽毛用來縫製、裝飾。這種鳥的大小跟我們的喜鵲差不多，在這裡稱為「格查爾」（quetzals）。這裡也有一種鳥，有綠、紅、白、黃、藍五種顏色的羽毛，不過我不知道這種鳥的名字。此外有不同顏色羽毛的鸚鵡，種類太多我也記不住。這裡也有毛色美麗的鴨子和另一種跟相似但更大隻的鴨子。當地人在適當的季節會把這些鳥的羽毛拔下來，鳥兒的羽毛之後又會長回來。所有鳥都在鳥舍飼養，繁殖的季節會有負責的男女把鳥安置在鳥蛋上，清理鳥巢、進行餵養。他們對每一種鳥都餵食適當的食物。

鳥舍裡有一大口清澈的水池，那裡有另一種身體、翅膀、尾巴都是紅色的，而腳卻像高蹺一樣長的鳥。我不知道這種鳥的名字，不過在古巴有一種很像的鳥叫伊皮里斯（ypiris）。這口池子邊也有許多不同種類的水鳥。

再談談另一間大屋，裡面放了許多他們稱之為兇神的偶像。屋內有各種捕食性猛獸：老虎、兩種獅子，一種很像狼的野獸，當地人稱之為「阿迪維」（*adive*）[3]；還有狐狸和其他小動物。這裡養的全都是肉食動物，大部分就在這裡餵食。當地人用家禽、鹿、小狗和打獵捕到的生物餵這些猛獸，我之前說過，他們也會把獻祭過的印地安人屍體拿來餵。

2 當地的樹脂。

3 貝爾納爾．迪亞斯這裡記錯了，這個阿拉伯字的意思是豺，在西班牙也是很常用的字。

我已經多次描述過當地的獻祭儀式：墨西哥人用燧石刀剖開可憐的印地安人胸部，迅速地掏出還在顫動的心臟，把心臟和鮮血一起放在要獻祭的偶像之前，然後把屍體的手臂、大腿和頭砍下來，在宴會和儀式上吃掉四肢，犧牲者的頭則掛在橫樑上；他們自己不會吃吃犧牲者的軀幹，而是會拿去餵那些捕食性猛獸。這間可憎的屋子裡也有許多蛇，毒蛇的尾巴都有一種響起來跟鈴聲很像的東西，是最毒的一種蛇。毒蛇都被養在罐子裡，或養在裝有許多羽毛的大陶盆，蛇就在裡面下蛋孵育後代。他們也是用犧牲的印帝安人軀體和自己養的小狗餵這些蛇。我們很確定：墨西哥人把我們逐出墨西哥城時，我方有八百五十多名士兵被殺，他們就用這些士兵的屍體拿去餵猛獸和蛇餵了好幾天（時候到了會再說明這件事）。這些猛獸和蛇就是要奉獻給兇神，所以就待在一起。不過當獅子、老虎吼叫，豺、狐狸嗥叫，毒蛇一起嘶嘶作響，聲音就非常恐怖，好像身處駭人的地獄。

接著必須談談那些手藝高超的工匠，蒙特祖馬雇用工匠們製作各種器物。首先是珠寶匠、金銀匠和能鑲嵌各種物件的鑄造師，他們的手藝也獲得我國銀器匠的激賞。許多最優秀的人材住在離墨西哥城三哩的阿斯卡波察爾科（Atzcapotzalco），那裡有許多製做寶石和松綠石的優秀工匠，也有專門做羽飾的人、優秀的畫家和雕刻工。我們能對他們過去的作品有所評價，現今也能見識到他們的手藝。現在有三個印地安人住在墨西哥城，他們的名字是馬科斯・德・阿奎諾（Marcos de Aquino）、胡安・德・拉・克魯斯(Juan de la Cruz)、埃爾・克雷斯皮爾羅（El Crespillo）；他們是相當傑出的畫家、雕塑家，足以和古代的阿佩萊斯（Apelles）[4]或是當代的米開朗基羅（Michael Angelo）、貝魯格特(Berruguete)[5]相媲美。

接下來談談墨西哥女性，負責編織和裁縫。她們製作了許多用羽毛精心設計的禮服，這些羽毛一般都是從科塔斯特拉地區的村落運過來；科塔斯特拉位在北海岸，離聖胡安德烏盧阿很近。這些華美的衣物在蒙特祖馬的宮殿裡是由那些成為他情婦的酋長女兒穿著。至於其他貴族的女兒嫁出去之前就住在離維齊洛波奇特利神的大神廟不遠的屋子裡，過著類似修女的隱居生活，她們身穿的整件禮服都是這種羽織品。由於信奉某個神明和掌管婚姻的女神，她們的父親在替她們找到丈夫前都把她們留在這裡虔誠的幽居，等到結婚時才帶她們離開。

接著談談蒙特祖馬身邊的那些為數眾多的表演者，其中有舞者、踩高蹺的人，有些人則是表演空中飛躍，也有些像是小丑的人負責取悅蒙特祖馬。這些人住滿了整個城區、專門從事這個行業。此外蒙特祖馬也需要眾多切石工、泥水匠、木匠等無數工匠隨時替他維修屋子。

我們可不能忘了還有個大花園，花園裡有各式各樣的花朵與櫛次鱗比、香氣芬芳的樹林；這裡有數個池塘、蓄水持，清澈的池水就在幾個水池間流動，而且還有個浴場；各種小鳥在樹枝上

4 譯者註：公元前四世紀左右的古希臘畫師，曾於馬其頓宮廷從事創作（效力於腓力二世、亞歷山大大帝。）

5 譯者註：阿朗索．貝魯格特（Alonso Berruguete, 1488—1561），文藝復興時期的西班牙畫家。

築巢，園中也種了醫療及各種用處的藥草。蒙特祖馬的花園景色非常美妙，需要有許多園丁照料。浴場、小徑、盥洗室、類似涼亭的房間（當地人會在這種房間唱歌跳舞）全部都是石砌建造，也全都用石灰粉刷。花園的任何一處都有許多值得一看的景觀，我們不禁暗暗思忖：蒙特祖馬倒底擁有多麼巨大的財富，這麼多工藝品得由多少手藝高超的印地安工匠製作。

我們進入墨西哥城已經過了四天，統帥或我們任何人除了看過這些屋子和花園外都沒有離開住所，科爾特斯說最好去參觀特拉特洛爾科（Tlatelolco）的廣場，看看維齊洛波奇特利神的大神廟（金字塔）。於是他派阿吉拉爾、唐娜瑪莉娜和他自己身邊已經懂點印地安語的侍童奧特吉利亞（Orteguilla）去取得蒙特祖馬的同意。大王收到我們的請求，回覆說他很歡迎我們去，不過怕我們對神明不敬，他會親自率許多首領和我們同行。他乘著高貴的轎子離開宮殿，到了半路想到乘著轎子去拜見神明非常不敬，就在幾間神殿旁走下轎子，由一些地位崇高的首領用手臂扶著他。然後他的首要封臣走在前面高舉兩根類似權杖的棍棒，象徵著蒙特祖馬大王出巡；若是蒙特祖馬坐在轎子，則是帶著半金半木的權杖舉著。眾多祭司護衛著這位君王走上大金字塔的台階，點燃薰香後為維齊洛波奇特利神進行儀式。

先不談蒙特祖馬，回來看看科爾特斯和我們士兵這邊的情況。我們依慣例不分日夜都帶著武器，蒙特祖馬在拜訪我們的時候也很習慣我們全副武裝，並不覺得奇怪。科爾特斯和那些有馬匹的人是騎著馬去特拉特洛爾科，而且我們大多數人都是全副武裝，所以我才又提這件事。我們接近市集時碰到蒙特祖馬指派的首領前來護衛，後來大家對人數眾多卻秩序井然的群眾與數量龐大然而安置的有理有序商品感到驚訝，因為我們從未見過這樣的景象。每一種商品都分門別類被放在固定的位置，伴隨我們的首領一路上為我們指點。

我們從金銀、寶石攤看起，然後是羽毛、布匹和刺繡商品，也有男女奴隸在那裡販賣。大量奴隸被帶到市場上賣，跟我們從幾內亞（Guinea）帶那麼多黑人到葡萄牙販賣一樣。有些奴隸脖子上套了項圈栓在長竿子上，以防他們逃跑，不過也有些人沒被栓住。奴隸攤旁是賣粗布、棉料和綿織線，也有賣可可的商人。這裡可以看到在新西班牙地區販售的所有商品，陳列商品的方式就跟我家鄉梅迪納德爾坎波的集市中心一樣，每條路的攤位都是賣特定種類的商品。這個巨大的市集內，有賣劍麻布、劍麻衣、穿在腳上的草鞋，都是用同類植物原料製作的商品，集中在市集一角分配好的地方。而在另一個區域賣的是老虎、獅子、水瀨、豺、鹿、獾、山貓和其他野生動物的毛皮，有些毛皮鞣製過，有些則沒有。此外還有許多其他種類的貨物。

下一處是賣四季豆、鼠尾草和其他蔬菜草藥，另一處是賣家禽、有許多肉垂的那種鳥[6]，也有賣兔子、野兔、幼鴨、小狗和其他小動物。接著是蔬果攤、賣熟食的女人，而賣麵粉、蜂蜜餅、內臟的各種攤位都分配在市集的各個角落。然後是各式各樣的陶器攤，從大水罐到小瓶子都

6 這是指火雞。

在各自指定的位置一一陳列。還有攤販在賣蜂蜜、蜂蜜醬和像是牛軋糖的甜食，另一處販售木材商品：木板、搖籃、樑木、砧板、長凳。每項商品都有自己的陳列地點。

另一處在賣製做火炬用的剛松木和其他同類的材料。讓我先道個歉，我必須提一下：市場附近的河上有許多獨木舟載著人類的糞便販賣，這是他們製鹽或鞣製毛皮不可或缺的原料。我知道會有人覺得這很可笑，但此事千真萬確。我也想補充：每一條街上都有用蘆葦、稻草、牧草搭的草篷可以讓他們在需要的時候進去休息，或是不讓路人看到他們去清理腸胃，這也是為了不讓糞便遺失。

為什麼我要花這麼多筆墨在這個大市集的商品上呢？若要我鉅細彌遺地描述所有商品將會沒完沒了呀。接著是在墨西哥稱為「阿瑪爾」的紙、裝滿菸草且聞起來像楓香樹脂的蘆管、黃色的藥膏，諸如此類的各種東西都分門別類販售。這裡也賣各種染料，而在市集的拱橋下有許多賣草藥和同類商品的攤販。拱橋下有間建築物，裡頭有三名裁判官坐著，路上也有官員像治安官一樣巡查檢視商品。我忘了說這裡也有賣鹽的攤販和製作燧石刀的工匠，大家就看他們如何把石頭製成刀子。一旁還有漁婦和賣小糕餅的人，他們是把湖裡的水草撈起來凝固製成小糕餅，口感很像乳酪。此地也賣銅、黃銅、錫製作的斧頭，還賣葫蘆罐和色彩鮮豔的木瓶。

我們繼續前往大神廟，快要離開市集、接近大廣場時看到更多商販，他們賣的是剛從礦場採取的金沙。金沙是放在當地大天鵝的薄羽翮內，這種羽翮白的幾乎透明，當地人用羽翮的長度和厚度計算多少金沙值多少布匹、多少罐可可、多少奴隸，或是用來換任何可供交易的貨物。

我們最後環視了一下市集，然後來到大神廟所在的廣場。抵達金字塔所在之處還得先穿過數個大廣場，我覺得它比薩拉曼卡（Salamanca）的廣場還大。這片廣場周圍有兩重石砌圍牆，整個區域都鋪上白色光滑的大石板，而且石板又白又亮、毫無瑕疵，整片場地一塵不染，沒有任何蘆草或塵土。

我們接近大神廟，準備踏上台階前，蒙特祖馬大王派六名祭司和兩名首領從他正在獻祭的地方下來迎接。他們在我們統帥要登上那一百一十四級台階時圍在他身邊，打算和攙扶蒙特祖馬一樣伸手去扶科爾特斯，但科爾特斯不讓他們靠近。

金字塔頂部是開放的方形廣場，有個像平台的地方放了大石頭，可憐印地安人就被放在石頭上牲祭。這裡有著很像龍的宏偉圖案和其他奇形怪狀的畫像，當天已經有大量血跡撒在上面。蒙特祖馬在兩位祭司陪同下從那幅可憎的畫像下的神殿走出來，對我們深深鞠躬，然後說：「馬林切大人，你們爬完我們這座巨大的神廟一定累了吧。」科爾特斯說我們一點都不累。於是蒙特祖馬牽著他的手要他看看這座偉大的城市和其他建立在水上的城池。他對科爾特斯說：要是我們沒看到大市集的壯闊景觀，現在這裡就能好好觀賞一番。由於這座可憎的金字塔非常巨大高聳，能在這裡飽覽一切景觀，大家就站在這裡遠眺。我們看到三條通往墨西哥城的堤道：伊斯塔帕拉帕堤是我們四天前進來時經過的地方；而我們後來被新的君王奎特拉瓦克（Cuitlahuac）大敗、逐出這個城市時，就在夜裡沿著塔庫巴的堤道逃離（時機到了會說明）；另一條是特佩阿吉拉（Tepeaquilla）堤[7]。我們看著從查普爾特佩克流來的清水供應這個城市使用，也看到堤道每隔一段距離被隔開，上頭架設橋樑，而橋洞讓湖水可以流進流出、從一頭流到另一頭。我們又看到大量獨木舟，一些載著糧食前來，而另一些運回貨物和商品；我們也看到城市間那一棟棟只能依次通過的屋子，這些城市全都建立在水上，只能靠木吊橋或獨木舟在其間通行。城市中的金字塔、神殿看起來閃閃發亮的高塔和城堡——整個景色令人嘆為觀止。所有屋子都有平台屋頂，而且堤道上有一些要塞般的小塔樓和神殿。

觀賞回味過上述所見的一切景象後，我們回頭去看那聚集了大量購物及銷售人潮的市集。市集的人聲吵雜，三哩外就能聽到。我們其中有些士兵曾遊歷過世界各地：君士坦丁堡、羅馬，也走遍全義大利，他們說從未見過如此巨大、人數眾多，卻又布置得井然有序的市集。

回來談談科爾特斯，他注意到我多次提到的教士巴托洛梅就站在他附近，他對教士說：「神父，我認為最好試探一下蒙特祖馬是否願意讓我們在此建教堂。」神父巴托洛梅說要是成功的話最好，但蒙特祖馬大概不會允許這種事，他認為現在開口並不適當。

然而科爾特斯還是透過唐娜瑪莉娜對蒙特祖馬說：「閣下是偉大的君王，更加偉大的稱頌都當之無愧。我們已經欣賞過你這座城市的景觀，而現在也身處這座神廟，請你向我們展示你們的神明、『特烏爾』。」蒙特祖馬回答說他要先找祭司商議。他與祭司們交談過後，讓我們先進入一個小塔樓，來到一個像是大廳的房間，那裡有兩個祭壇，而天花板上全是木雕。這兩個祭壇上各有一尊巨大的神像，又高又胖。他們說右手邊的是戰神維齊洛波奇特利，戰神的臉很大，而且有一雙又大又凌厲的眼睛；當地人用某種樹根製成漿糊，用漿糊在戰神的身上和頭上貼滿各種寶石、金子、大小珍珠。戰神身上環繞著用金子和寶石做的巨蛇，其中一隻手上握著弓，另一隻手上拿著幾把箭。戰神旁邊有一尊拿著短矛和滿是黃金和寶石盾牌的小神像，他們說這是戰神的侍童。維齊洛波奇特利的脖子上掛著一些印地安人臉和幾顆像是心臟的東西；人臉是黃金製，心臟是白銀製，鑲上了藍寶石。

此處有幾個燃燒著科巴脂的薰香火盆，裡面還燒著他們當天獻祭三個印地安人的心臟。祭壇四周的牆上遍布凝結的血跡，牆上和地板也全變成黑色，整個地方確實充滿了惡臭。我們往左看向另一尊和維齊洛波奇特利一樣高大的神像：這神像的臉長得像熊，眼睛閃閃發光，是用當地被稱為「特斯卡特」（tezcat）的玻璃所製，跟鏡片很像。而神像的身體跟維齊洛波奇特利一樣貼滿寶石，據說說這兩尊神明是兄弟。這尊是特斯卡特利波卡，是掌管墨西哥人靈魂的地獄之神，身上滿是帶有蛇尾的小惡魔像。這間神殿的牆上也全是凝固的血液，地板上也有大量血污，聞起來比任何一間西班牙的屠宰場還臭。他們當天向這尊神像獻祭了五顆心臟。

7 現名瓜達露佩（Guadalupe）。

金字塔的最頂端有另一個壁龕，木工製作得非常精美，裡面有一尊神像，一半是人型、一半像是蜥蜴，身上鑲滿寶石。他們說這神明的身軀包含了世界上的所有種子，是播種和收獲之神。我不記得祂的名字[8]。這裡的牆上和祭壇上也都覆蓋了許多血跡，惡臭味使得大家都急於離開。而這裡放了一面很大的鼓，據說這鼓面是巨大的蛇皮，發出的聲音非常陰沉，好似來自地獄的聲響，六哩外都能聽得見。小平台上有許多恐怖的東西：大小號角、大刀子、放在神像前和薰香一起燃燒的心臟，每一件物事都血跡斑斑。此處氣味跟屠宰場一樣臭，我們很難逗留下去。

我們的統帥科爾特斯硬是擠出笑臉透過翻譯人員對蒙特祖馬說：「蒙特祖馬大王，我不明白像你這麼偉大又有智慧的君王竟然不知道這些偶像並非神明，而是邪惡的惡靈。只要你答應我一件事，我就能向你和所有的祭司清楚證明這件事。讓我在這座塔的塔頂立起一尊十字架，並在維齊洛波奇特利和特斯卡特利波卡站立的神殿挪出一個地方讓我們放置聖母像（蒙特祖馬已經看過聖母像），你會看到這些欺騙你的惡靈多怕聖母像，是多麼可悲。」

然而蒙特祖馬略帶怒意的回答（他身邊的兩名祭司已經火冒三丈）：「馬林切大人，要是我知道你來這裡是要說這些冒犯的話，就不該向你們展示我們的神明。我們認為這些神非常好，保佑我們健康、收成良好，為我們降雨、讓天氣風調雨順，我們想打勝仗也是靠神明保佑。我必會敬奉諸神、舉行獻祭，請你別再說任何冒犯的話！」

面帶怒氣的蒙特祖馬說了這番話，科爾特斯決定罷口不談，面帶笑容的說：「我們該向大王道別了。」蒙特祖馬說確實如此，但他還必須為「塔塔庫爾」（tatacul）（意思是罪惡）祈禱，並進行獻祭儀式。因為他遭到利用，允許了我們登上大金字塔，使我們來到神像面前出言不遜、冒犯他的神明，他必須為這個錯誤留下來祈禱祭祀。

科爾特斯回答說：「既然如此，陛下請原諒我們。」於是大家走下之前說過的那一百一十四級台階。由於我們許多士兵身上有膿包、發炎，下樓梯時他們的大腿疼痛不堪。

現在我要說說對這座大金字塔周遭的印象，但如果我的描述不正確請別訝異，因為我當時的腦袋並不是想著要說故事，而是在想著別的事。我當時更關注身為士兵的責任和統帥所下的命令。回到正題，我記得大金字塔的基座有我們家鄉六塊大房子的地基那麼大，外型如錐狀體般越往上越窄，頂端是供奉偶像的小塔樓。這個高大的金字塔從中間到最高點有五個像是大炮發射孔的大洞，但洞口開敞著沒有護牆。由於有許多金字塔已經被畫在征服者們的旗幟上，我們的旗幟也有，任何看過這類旗幟的人就很容易想像金字塔的外觀。我曾聽說這個大城的所有居民在這座大金字塔建造時把金、銀、珍珠、寶石放在地基上，浸泡在犧牲獻祭的戰俘的血液之中，也放了這個國家出產的各類種子，好使神明保佑他們能獲得勝利、財富和豐收。有些好奇的讀者可能會問：這座大金字塔已經建築了上千年之久，我們怎麼知道他們在建立的時候埋了金子、銀子、松

8 這很可能是特拉爾特庫特利（Tlaltecuhtli）。

綠石和種子到地基上，然後還淋上印地安犧牲者的血呢？答案是：征服了這座強大的大城市並分配土地後，我們決定為我們的守護、指引者——聖雅各在維齊洛波奇特利大金字塔的位置上建立教堂。我們挖開這個地方的地基時發現大量的金、銀、松綠石、大小珍珠和各種寶石。分得這塊土地另一部分的殖民者在建屋子時也有相同的發現。當時國王陛下的司庫官員宣稱這些發現的財物要歸屬於王室，還為此打過官司。我並不記得官司的結果，只記得他們詢問過墨西哥城的酋長、貴族，也問過當時還活著的瓜特莫克，他們都聲稱本城所有居民曾把金銀財寶和其他東西投入地基中，他們祖先留下的繪畫上也有記載。這批財物後來用來建設聖雅各的大教堂。

接著讓我描述維齊洛波奇特利金字塔前的華麗大廣場。那個地方現在是教堂，當時被稱為特拉特洛爾科（Tlatelolco）。我曾說這裡有兩重石砌圍牆，整片庭院都鋪上白色的大石板，而且石板又白、又亮、又乾淨。離金字塔稍遠的另一處有一座小塔樓，也是供奉偶像的屋子，跟地獄沒兩樣。其中一扇門上的圖案是血盆大口，張著大嘴、有吞噬靈魂的利牙，正是當地人用來象徵地獄的入口。這道門的旁邊有一群惡魔像和蛇像，再進去一點是獻祭的地方，裡面遍布血跡、煙垢。屋內有許多瓶、罐等容器，都裝滿水，是祭司把可憐的印地安人獻祭後煮人肉來吃的地方。獻祭之處附近有許多像是屠宰場用的那種大刀子和砧板。這間猶如地獄的屋子後面稍遠之處有好幾堆柴火，旁邊有個水池，水池的水是藉著封閉水道把查普爾特佩克流進城市的水引入或排出。我們一直都把這棟建築物稱為地獄。

跨過廣場會來到另一座埋葬著某位偉大的墨西哥君王的金字塔。這裡也有許多身上滿是血跡、煙垢的偶像。這同樣有個地獄似的入口，旁邊有另一座堆滿骷髏頭、大骨頭的金字塔；骷髏頭和骨頭被分開堆放，堆得整整齊齊，但數量太多，一眼望過去也數不完，屋內也有一些偶像。而在每一間金字塔或神殿的建築裡都有穿著黑長袍、戴著長兜帽的祭司。

繼續走下去，離那些骷髏頭不遠處有其他幾座金字塔，裡面有一些偶像和畫著恐怖圖案的犧牲祭壇，據說這裡的神像掌管男性的婚姻。不過我不打算再把時間花在描述偶像上了。大庭院周圍都是低矮的房子，全是祭司和負責照料偶像的那些印地安人的住處。大金字塔內的另一處有一口巨大清澈的水池，只供祭祀維齊洛波奇特利和特斯卡特利波卡時使用；這口水池的水也是由來自查普爾特佩克的封閉導管供水。大金字塔旁有一棟像是女修道院的大房子，許多墨西哥城居民的女兒直到結婚前都在這裡居住，過著隱居般的生活。這裡有兩尊掌管女性婚姻的巨大神像，她們也會獻祭、舉行祭典，以求找到好丈夫。

我已經花了許多時間在談特拉特洛爾科的大金字塔及其庭院，最後得說：這座建築是墨西哥城內最大的神廟。墨西哥城還有許多華麗的神廟，每隔四到五個街區就有一間供奉偶像的神殿，而且數目太多，我根本數不清共有多少。然而我也必須說：喬盧拉城的最大的神廟比墨西哥城的還高，喬盧拉金字塔台階有一百二十階。聽說喬盧拉的神靈非常靈驗，來自整個新西班牙地區的人民都會去朝聖、祈求饒恕，當地人也因此建造了那麼大的神廟。喬盧拉金字塔的設計和墨西哥城的大不相同，但同樣有大廣場和雙重石牆。特斯科科城（Texcoco）的神廟也非常高，有一百一十七級台階和華麗的大廣場，外形和其他金字塔也有所差異。有一點很荒謬，當地每個地區都有自己的偶像，每個城市、地區的偶像在其他地方都不通用，因此他們有無數尊偶像，而且全都得獻祭。

我們看了各式各樣的偶像和這麼多獻祭，走著走著也累了，便在蒙特祖馬指派的酋長和貴族的陪同下回到住處。

科爾特斯和梅塞德會的教士知道蒙特祖馬不會允許我們在維齊洛波奇特利神廟立十字架或建設教堂，決定向他的管事要求派泥水匠過來，好讓我們在自己的住所內建立教堂，否則我們進墨西哥城以來，每次進行彌撒都要在桌上擺設祭壇，然後還得拆掉。

管事說會去向蒙特祖馬報告我們的願望，科爾特斯也派翻譯人員去向大王本人請願。蒙特祖馬同意我們的請求，下令提供所需材料。我們的教堂兩天內完工，也在住所前立了座十字架。我們每天都做彌撒，直到葡萄酒用完。由於科爾特斯、梅塞德會教士和其他幾位指揮官在和特拉斯卡拉人大戰時生病受傷，所以我們拿來做彌撒的葡萄酒用得很快。酒用完後，我們每天仍然去教堂的祭壇和聖母像前跪下禱告，其一是因為這是天主教徒應該做的好習慣；其二是要做給蒙特祖馬和他所有的首領看。讓他們看我們虔誠地跪拜在十字架前，特別是我們吟唱聖母頌的樣子有可能會吸引他們效法。

我們習於檢視、調查一切事物，我們某天聚集在住所，考慮著該在哪裡設置祭壇時，有兩個人（其中一位是木匠阿隆索．亞涅斯）注意到了某面牆上的痕跡，雖然那道牆已被塗抹粉刷過，不過還是看的出來曾經有道門。我們聽說過這棟屋子裡藏有蒙特祖馬父親的寶物庫，立刻就猜到那一定藏在這間房間裡，因為這牆看起來數天前才剛封起來。亞涅斯將他的推測告訴他追隨的長官胡安．貝拉斯克斯和路哥（這兩位都是我的親戚），接著他們也把這件事告訴科爾特斯。於是我們偷偷打開這道門，由科爾特斯和一些指揮官率先進去，他們看到房間裡放了大量的黃金製品——金飾、金盤、金塊，所有人都欣喜若狂。其他人見到這麼大批財富也都不知該如何是好。消息很快就傳到其他士兵和指揮官耳裡，於是大家都進去一探究竟。這麼大批財富看得我目瞪口呆，我當時太年輕了，從未見過這麼多財寶，認為全世界的財寶莫過於此。大家一致同意暫時不要去碰這批寶物，立刻將石塊封回入口處，修補成我們發現時的樣子，直到時機來臨前大家都別談論此事，以防蒙特祖馬得知我們的發現。

寶物庫的事先到此為止。某日我們四名勇敢的指揮官和十二名最受信賴的士兵（我是其中之一）在教堂裡把科爾特斯拉到一旁，請他好好考慮現在的處境：看看這強大的城市和那些堤道吊橋，我們就像落入陷阱、自投羅網的獵物。記得之前經過的所有城鎮的人都警告過我們——維齊洛波奇特利神指示蒙特祖馬讓我們進城之後再殺了我們。我們提醒科爾特斯人心易變，尤其這些印地安人更不可信，請他不要輕信蒙特祖馬展現的善意和熱情，他的心意飄乎不定。要是蒙特祖馬想取下我們的人頭，他只要停止供應我們食水，或是升起任何一座吊橋，我們就沒輒了；想想蒙特祖馬擁有數量龐大的軍隊，我們根本無力進攻，也難以抵擋。再者，所有房子都建立在水上，特拉斯卡拉盟友能從何援助我們呢？大家請科爾特斯好好考慮上述情況，若要保全性命，我們就必須立刻挾持蒙特祖馬，一天也拖延不得。我們認為蒙特祖馬所送的金子、在他父親阿沙亞卡特爾寶物庫看到的那些財寶、在這裡所吃下的食物，一切似乎變成蠱惑我們的毒藥，這念頭使我們徹夜難眠。我們最後說，任何不知該如此激烈進諫的士兵肯定是愚蠢的野獸，被黃金衝昏了腦袋，死到臨頭還不知醒悟。

科爾特斯聽了我們的建議回答說：「諸位，別以為我還在睡大覺，你們一定看的出來我也一樣憂慮。但這麼強大的君王在他自己的宮殿有重重的士兵護衛，我們有多大的能耐去實行這麼大膽的行動？我們要採取什麼計劃、計謀以防他立刻就召集士兵反擊？

指揮官們（胡安．貝拉斯克斯、奧爾達斯、桑多瓦爾、阿爾瓦拉多）認為可以用花言巧語把蒙特祖馬騙出宮殿帶到我方住所，要他成為人質，威脅說要是他呼救或製造麻煩就取他性命。若是科爾特斯不願立刻自己動手，也請允許他們行動。他們認為眼前只有兩個選擇，都非常危險，不過比較好也比較有利的是先挾持蒙特祖馬，而非等到他主動進攻。要是等到他動手，我們不就沒救了？有些士兵也注意到負責提供食物給我們的管事越來越無禮，不像一開始那麼恭敬。兩名特拉斯卡拉盟友也曾對阿吉拉爾說他們覺得墨西哥人這兩天對我們不懷好意。我們花了一個多小時討論是否軟禁蒙特祖馬、該如何行動。最後科爾特斯也同意無論如何都得軟禁蒙特祖馬，大家就決定隔天動手。我們整晚祈求上帝指引我們完成任務，為祂效命。

隔天早上，兩名特拉斯卡拉人暗地送上來自「利卡鎮」的信，信裡說當地殖民者在一個叫阿爾梅里亞（Almeria）的地方遭到墨西哥人攻擊，其中一個人和治安官的一匹馬被殺，許多托托納克人戰死，而治安官埃斯卡蘭特和其他六人回到「利卡鎮」後傷重不治。現在整個山上村落和森波拉的從屬村子都反叛了。雖然他們之前把西班牙人奉為「神人」，但那場大敗後，墨西哥人和托托納克人的行逕就跟野獸一樣，拒絕為要塞提供糧食。我們的同伴無法控制這些印地安人，也不知道該如何是好。

這個消息令大家多麼哀傷呀！這是我們在新西班牙地區遭遇的第一場大敗及不幸事件。正如讀者所見，我們往後的處境會越來越嚴峻。

16

軟禁蒙特祖馬

日前我們已決心挾持蒙特祖馬，於是整夜祈禱這項為天主效力的任務能夠獲得幫助，隔天早上依計劃行動。

科爾特斯夥同五名指揮官：阿爾瓦拉多、桑多瓦爾、胡安·貝拉斯克斯、路哥、阿維拉，而我則和唐娜瑪莉娜、阿吉拉爾一起行動。他提醒大家要保持高度警戒，騎兵上好馬鞍、韁繩。不用說大家都全副武裝，反正我們不分日夜都帶著武裝、腳上穿著涼鞋（當時我們總是穿著涼鞋）。蒙特祖馬也習於見到我們每次都以這種姿態去拜見他，不會對此驚訝或警戒，因此科爾特斯和指揮官是全副武裝的過去軟禁他。

所有人都準備完畢，指揮官先派人告知蒙特祖馬我們要去宮殿拜訪。這是我們慣例的做法，不想因任何突兀的舉動引起他驚慌。蒙特祖馬猜測科爾特斯的來訪是由於他對埃斯卡蘭特遭到攻擊極其憤怒。即使知道這點，蒙特祖馬還是說歡迎科爾特斯前去。

科爾特斯等人進去後先照慣例行禮，透過翻譯人員對蒙特祖馬說：「蒙特祖馬大王，你這麼偉大的君王既然宣稱自己是我們的朋友，怎麼會命令駐紮在圖斯潘（Tuxpan）的指揮官攻擊我們西班牙人，這真是叫我意外。我也沒想到他們如此膽大包天，竟敢掠奪我們國王陛下所統治及保護的城鎮，索求獻祭用的印地安男女，而且還殺了我們一位西班牙兄弟和一匹馬。」

科爾特斯並不想提到埃斯卡蘭特和六名士兵在抵達「利卡鎮」後去世，反正蒙特祖馬並不知道他們已死，攻擊他們的印地安指揮官也不知道。他接著說：「作為你的朋友，我會命令我的指揮官盡可能幫你、為你效力，但大王你卻對我們以怨報德。喬盧拉的事件就是你的指揮官和大批戰士奉命行動，不過我非常敬重你，當時就對這件事睜一隻眼閉一隻眼。然而現在你的指揮官和臣民越來越肆無忌憚，背地裡討論著是否要揣摩上意、動手殺人。我並不想為此開戰或摧毀這座城市，要是你現在能安靜的跟我們回住所、不要聲張，那我們可以原諒過去的一切。你在我們那裡可以像在自己宮殿裡一樣得到良好的伺候和照料，但要是你大聲嚷嚷、引起任何騷動，立刻就會被我這些指揮官所殺。我們這次前來就為了這件事。」

這番話令蒙特祖馬聽得目瞪口呆，他說他從未命令人民攻擊西班牙人，他會立刻召集手下指揮官了解真相、加以懲罰。他隨即脫下手腕上有著維齊洛波奇特利標誌的信物——他只有在下達最為重要且必須立刻執行的命令時才會這麼做。至於要挾持他離開宮殿違背他的意願，他可不願被如此驅策，也不願離開。即使科爾特斯用上了精彩的論述要說服他，蒙特祖馬也能用更好的說法反駁，總之就是拒絕離開宮殿，爭論中就這樣過了半小時。胡安・貝拉斯克斯和其他指揮官見到時間就這樣白白浪費掉，急著要捉走蒙特祖馬、把他帶出宮殿，就對科爾特斯大喊：「咬文嚼字有什麼用？不是我們帶他走，就是賞他一刀，如果我們不顧好自己，很快就沒命了！」

胡安・貝拉斯克斯平常說話的語調就是又高又嚇人，蒙特祖馬知道我們的指揮官正在發怒，就問唐娜瑪莉娜他們在大喊什麼，而唐娜瑪莉娜機智的回答：「蒙特祖馬大王，我勸你立刻悄悄地隨他們回住所，這樣他們仍會把你當成偉大君王加以禮遇，要是你堅持要待在這裡，那就是死路一條。事情真相等到你跟他們回住所再查就知道了。」

蒙特祖馬對科爾特斯說：「馬林切大人，我知道你們的決心了，我有一個兒子和兩位嫡出的女兒，請拿他們當人質，別讓我遭受這種屈辱。要是我手下的酋長看到我被囚禁，他們會怎麼說呢？」

科爾特斯說他別無選擇，一定要他親自跟我們走，經過一番交涉後蒙特祖馬終於同意離開。於是科爾特斯和指揮官又開始奉承、討好他，謙恭的請他不要生氣，對他的護衛、首領說他是自願和我們離開。他們的藉口是蒙特祖馬曾和祭司獲得了維齊洛波奇特利神的指示，為了健康及性命安全著想才要和我們待在一起。於是蒙特祖馬喚來平常外出時的轎子，在首領及護衛的陪伴下一起被帶到我們的住處，由我們的守衛監視。

科爾特斯和我們所有人都盡可能為蒙特祖馬提供照料、娛樂，他並沒有受到太多限制。他的外甥和所有墨西哥的重要酋長很快就前來拜見他，並詢問他被監禁的原因，也問他是否要對我們開戰。蒙特祖馬說他並不是被迫，而是自願和我們在一起一陣子，如果有任何需要會告訴他們。他要大家或整個城市別騷動不安，也不用感到難過，他曾和祭司請示過維齊洛波奇特利神，獲得了大神的同意才會到這裡。

這就是我們軟禁蒙特祖馬大王的經過。而蒙特祖馬在這裡的住處仍然有他的侍從、女人、洗澡用的浴池。他跟之前一樣有二十個大領主、指揮官、顧問陪著，遭到拘留的期間並沒有表現出憤怒的樣子。長途跋涉前來的大使依然到他所在之處交涉、進貢，重要的事務也在這裡裁決。

我記得遠道而來的大酋長前來商議疆界或村落所有權之類的事務時，無論他們的地位多麼崇高，都會脫下華麗的服裝，換上粗糙的劍麻布衣。他們必須赤腳走到蒙特祖馬面前，也不能直接進入他的寓所，而是從兩旁進屋。任何一個酋長到蒙特祖馬面前都是低頭看著地面，一邊行禮三次一邊喊著：「主人，我的主人，我偉大的主人。」然後呈上畫在劍麻布上的繪畫、圖案，表達此次前來所要交涉或徵詢的事項，同時用光滑的細棒子在圖上指出他的論點。蒙特祖馬身旁站著兩名年老的大酋長，他們徹底瞭解訴願內容後會告知蒙特祖馬這個案例的權利歸屬，然後由他簡單說幾句話裁定這個領地、村落的所有權。接著請願者立即默默退下，但離開時不得背向蒙特祖馬，也得和進來時一樣行禮三次後才能離去，離開蒙特祖馬面前才能穿回華麗的服裝走出墨西哥城。

蒙特祖馬被軟禁的情況暫且不談。他派了信使帶了他的標誌、信物去傳喚殺了我方士兵的指揮官，囚禁起來帶到他面前。我不清楚蒙特祖馬對他們說了什麼，不過之後就把犯人交給科爾特斯審判。囚犯答口供時，蒙特祖馬並不在場，而他們一致堅稱君王曾下令他們開戰以恢復進貢，如果有任何「神人」參與村落的防衛作戰，就一併殺了他們。

科爾特斯得到了這些口供，就派人對蒙特祖馬說他與案情牽連甚深，不過這位君王極力為自己辯白。科爾特斯說這些口供才可信，依照我們國王的律令：任何人導致其他人被殺，無論是否親自犯罪都應該償命，所以蒙特祖馬應當受罰。不過科爾特斯宣稱出於他對蒙特祖馬的敬愛與關心，他寧願陪上自己的性命也不會讓大王受懲罰。蒙特祖馬得知後非常驚慌不安，科爾特斯也沒再多費唇舌，就判決這些指揮官在宮殿前用火刑處死。判決很快就執行了，而為了避免受到干擾，科爾特斯在火刑時將蒙特祖馬戴上鐐銬。蒙特祖馬受到這個屈辱時憤怒地大吼，也比以往更驚懼惶恐。火刑結束，科爾特斯和五名指揮官來到蒙特祖馬的寓所親自替他移除鐐銬，對這位君王說了許多親切的話，很快的平撫他的怒氣。科爾特斯自稱比兄弟手足還要更重視蒙特祖馬，雖然蒙特祖馬已經是掌管許多地區和城鎮的君王、領主，但科爾特斯能辦到的話，假以時日還會讓他統治更多還沒征服、仍不屬於他的土地。科爾特斯也說蒙特祖馬若想回自己宮殿的話，是可以允許他離開。蒙特祖馬聽著翻譯人員轉告科爾特斯的這番話時幾乎淚流滿面，恭順地感激科爾特斯的寬大。不過蒙特祖馬很清楚這一切只是科爾特斯的口頭試探，對他來說現在還是繼續被軟禁比較好。他手下的酋長人數眾多，而且外甥和親戚每天都來勸他攻打我們、放他自由，一旦他手下發現他重獲自由了，就會有被迫和我們開戰的風險。不過他說不希望在城市內造成動亂，也怕如果不照親戚、手下的意思對我們開戰，他們就會擁立其他君王。蒙特祖馬考慮過種種情況，決定宣稱他信奉的維齊洛波奇特利神喻示他繼續接受軟禁。另一方面，就我們所知，科爾特斯已經命令阿吉拉爾私下告訴蒙特祖馬：「即使馬林切想要放人，其他所有指揮官和士兵也不會同意。」這件事並不是空穴來風。

科爾特斯聽了蒙特祖馬的答覆，張開雙臂擁抱他說：「蒙特祖馬大王，我愛你如己，看來你沒辜負我。」於是蒙特祖馬要求科爾特斯派那位懂一點墨西哥語、名為奧特吉利亞的侍童伺候他，這無論對他或對我們來說都很有利。蒙特祖馬可以問這名侍童許多問題，得知許多西班牙的事，而我們則能知道蒙特祖馬的手下找他說了什麼。奧特吉利亞表現的非常好，深受大王喜愛。

蒙特祖馬被我們大力奉承伺候之後都非常高興，而我們所有人——包括科爾特斯在內，無論何時只要來到蒙特祖馬面前都會脫下盔帽、頭盔（因為我們隨時都全副武裝），他也都十分客氣的禮遇我們。

攻擊西班牙人的指揮官已遭到處決，消息傳遍全新西班牙地區，印地安人都感到害怕，而我方士兵遭襲的海岸鄰近村落又重新為留在「利卡鎮」的殖民者效力。

對這段歷史有興趣的讀者一定會驚嘆於我們當時所做的種種偉大行動：首先是摧毀自己的船隻、破釜沉舟；其次是無論多少人警告我們要是進墨西哥城就會被殺，我們仍膽敢進入那座強大的城市；最後是我們在這個國家君王自己的領土、自己的城市、甚至是他自己的宮殿內軟禁了蒙特祖馬大王，甚至在執行處刑時還把他銬上鐐銬。現在我已經老了，依舊時時回憶當時的那些英勇行動。這些事蹟至今對我來說仍歷歷在目，而且我相信我們執行那些行動並不是出於自己的意志，而是受到上帝的指引。我方當時的士兵只有四百人不到，仍勇於進入墨西哥城這麼強大的城市，而且墨西哥城比威尼斯還大，距離我們的卡斯提爾可是超過四千五百哩，你敢相信我們竟然就在那裡挾持了強大的君王、還在他眼前處決他的手下？此外還有許多值得回憶的事，我不能不帶情感的一筆帶過，不過我接著得先說說科爾特斯派了另一位指揮官去「利卡鎮」繼任埃斯卡蘭特死後空下的職位。

克查爾波波卡（Quetzalpopoca）〔攻擊了西班牙人而被處死的酋長〕和手下的指揮官受到了正義的制裁，蒙特祖馬的憤怒也平息後，我們的統帥決定派一個名為阿隆索·德·格拉多（Alonso de Grado）的士兵去「利卡鎮」擔任他的代理官。格拉多很聰明，而且能言善道、風度翩翩，精通音樂和寫作。他是向來反對科爾特斯向墨西哥城進軍的人物之一，也是在特拉斯卡拉的七人事件中那個反對派的主要煽動者。若是他作為一名軍人也能表現的如他的儀態那麼出色，對我們的冒險事業就會有很大的幫助。我提到他的儀態是因為科爾特斯在任命他時曾如此評價過。科爾特斯知道格拉多並不是勇於進攻的人，就打趣的對他說：「格拉多先生，如你所願，你就要回到朝思暮想的「利卡鎮」了，由你掌管那個要塞。你可千萬別出外遠征，不然會像埃斯卡蘭特那樣被殺喔！」說這席話的同時，科爾特斯朝我們站在附近的人眨眼示意，我們也都知道他的用意，畢竟大家都很清楚格拉多這個人就算會被嚴令懲罰，也不願率軍遠征，更別說主動出擊了。

〔阿隆索·德·格拉多後來在「利卡鎮」作威作福，徵收金銀財寶和漂亮女性，疏於管理要塞。他還策劃陰謀要讓總督迪亞哥·貝拉斯克斯介入殖民地。科爾特斯就立刻派貢薩洛．桑多瓦爾去替換掉他，把他囚禁送回墨西哥城。在新造的木頭監牢裡被關了兩天後（那些木頭上還有洋蔥和大蒜的味道），格拉多就和科爾特斯和解，之後還獲得了類似審計人員的一般職務。貝爾納爾．迪亞斯在本段篇幅的最後寫了一些政治上的陰謀，附註了桑多瓦爾前往「利卡鎮」前所獲得的命令。」

科爾特斯派桑多瓦爾去「利卡鎮」擔任代理指揮官和首席治安官，命他抵達後立刻調遣兩名鐵匠，要他們帶上設備、所有工具，從已經摧毀的船隻取下大量鐵材、兩條鐵鏈（格拉多上任時下令製造）。還要桑多瓦爾把船帆、輪具、營帳、拖鏈、建造兩艘單桅船所需的其他一切材料送過來，並召集一批水手，準備之後要造船在墨西哥湖上航行。桑多瓦爾立即就把科爾特斯要求的材料送過去。

科爾特斯總是能把事情處理的面面俱到，他怕蒙特祖馬被軟禁會不高興，每天祈禱後（只有祈禱沒舉行彌撒，因為我們沒有做彌撒用的酒）都持之以恆的對蒙特祖馬獻殷勤。他向來是和四名指揮官前往，通常有胡安．貝拉斯克斯、阿爾瓦拉多、奧爾達斯。他們會問蒙特祖馬的身體狀況如何、若有任何吩咐一定會照辦，請他不要因軟禁而不開心。相對的蒙特祖馬會回答說他很樂意被軟禁，這是我們的神明授予的權利，也獲得維齊洛波奇特利神的允許。數次交談間，科爾特斯一夥人對蒙特祖馬充份說明我們聖教的教義和國王陛下的權威。

蒙特祖馬有時會和科爾特斯玩「托托洛克」（totoloque），這是一種用黃金特別訂製的光滑小球來玩的遊戲。大家站在離一定距離的地方把小球投向同樣是黃金製的小平板上，投五次來決定獲得或失去押上的金子、飾品。我記得阿爾瓦拉多是替科爾特斯記分，而蒙特祖馬是由他的一個外甥（大酋長）記分。不過阿爾瓦拉多總是為科爾特斯多記一分，蒙特祖馬看了就很有禮貌的笑著說他不喜歡「托納蒂歐」（他們都這麼稱呼阿爾瓦拉多）替科爾特斯記分，因為他記分常常「伊索索爾」（ixoxol），意思是他總是作弊多加一分。當時我們周遭的人，包括科爾特斯在內都因為蒙特祖馬的評論笑得無法自拔。你們可能會問為何這會引我們發笑，這是因為雖然阿爾瓦拉多長得英俊瀟灑、儀態端正，卻有口吃的壞習慣，（由於「伊索索爾」發音和口吃類似，）而且我們都很熟悉阿爾瓦拉多的這個特徵，聽了就忍不住大笑。回來談這個遊戲，若是科爾特斯贏了，他會把飾物送給蒙特祖馬的外甥和那些照料他的親信。如果是蒙特祖馬贏了，他會將飾物分給我們這些守衛的士兵。除了從遊戲後獲得的贈品之外，蒙特祖馬每天都會賞賜金子和布匹給我們這些負責守衛的士兵和指揮官，當時的守衛指揮官是胡安．貝拉斯克斯，他始終對蒙特祖馬很友好，盡心為他效力。

我還記得有一次是一個叫特魯希洛（Trujillo）的人擔任守衛，他又高又壯、體力很好，是個水手。他值夜的時候非常不為他人著想，我不好意思說出他幹了什麼事，總之他發出惱人的聲音被蒙特祖馬聽到。由於蒙特祖馬是這個國家英勇的統治者，認為這個守衛做這件事被他聽見，不僅不敬，沒有教養，也有欠考慮。他就問侍童奧特吉利亞那個下流又粗野的人是誰，奧特吉利亞回答說那個人習慣在海上旅行，沒有禮儀的知識也沒受過教育。奧特吉利亞也對蒙特祖馬介紹了我們每一位士兵的品格教養，哪些人是紳士而哪些人不是。奧特吉利亞總是會為蒙特祖馬解答疑惑。

回來談那個叫特魯希洛的水手。蒙特祖馬某天召見他，問他為何那麼粗野，沒有考慮到蒙特祖馬在場，表現非常不尊重。蒙特祖馬請他別再做那種事，還給了他一個價值五披索的金飾品。不過特魯希洛把蒙特祖馬的話當耳邊風，隔天晚上又故意做同樣的事，還以為蒙特祖馬會再送他禮物。不過蒙特祖馬後來向守衛指揮官胡安·貝拉斯克斯報告這件事。於是指揮官嚴厲責罵特魯希洛，下令之後不准他再當守衛。

還有另一個名為佩德羅·羅佩茲的士兵，是優秀的弩弓手，也擔任蒙特祖馬的守衛。他是蠻正派的人，雖然個性有點難以捉摸。某天晚上他和值夜的軍官爭吵著是否得值班，他喊著：「這該死的狗東西！還得一直看著他，我再守下去就快病死了！」蒙特祖馬聽到這些話非常悶悶不樂，等科爾特斯來拜訪時就說了這件事。科爾特斯為此非常生氣，即使羅佩茲是很優秀的士兵，他還是在我們住處中遭到鞭打處罰。從此之後我們擔任守衛的所有士兵值勤時都很安靜、表現的很有禮貌。然而並不是所有人在為這位偉大的君王值勤時都需要被命令才會有禮貌。蒙特祖馬認識我們所有人，也知道我們的名字和個性。他確實相當慷慨，會給我們所有人飾品，也賞賜某些人布匹和漂亮的女人。我當時還很年輕，每次值勤出現在他面前都會脫下頭盔表示敬意。侍童奧特吉利亞曾對蒙特祖馬說過，我在科爾特斯到來之前就參加過前兩次新西班牙的航行探險。我也請奧特吉利亞幫我向蒙特祖馬要求賞賜漂亮的印地安女人。蒙特祖馬得知後就召見我：「貝爾納爾・迪亞斯・德爾・卡斯蒂略，有人跟我說你沒有布匹和金子，但我今天先下令賞賜一位漂亮的姑娘給你。因為她是某位首領的女兒，好好對待她，他們就會送你布匹和金子。」我畢恭畢敬的回答說想要為這份恩賜，親吻他的手，也希望天主保佑他國運昌隆。

蒙特祖馬問侍童我答了些什麼，奧特吉利亞便解釋給他聽，我記得他說：「我認為貝爾納爾・迪亞斯是個有教養的紳士。」（我曾說過蒙特祖馬記得我們所有人的名字，）於是他下令再給我三枚金塊和兩捆布匹。我後來發現蒙特祖馬會從他的情婦中挑出一些人嫁給手下指揮官或親信，甚至會賞賜給我們這些士兵。賞賜給我的女孩也是其中之一，她的舉止顯示出她很高貴。我們把她取名為唐娜法蘭西斯卡(Doña Francisca)。

建造兩艘單桅船所需的材料抵達後，科爾特斯立刻派人傳話，告知蒙特祖馬我們打算建兩艘小船帶他遊湖，請他派木工伐木，與我們的造船匠馬丁・羅佩茲（Martin Lopez）和安德列斯・努涅斯一起工作。附近大概離十二哩就有橡樹林，印地安人很快就裁修好木材送過來。由於有許多印地安木工幫忙，小船很快的就造好、填補好，也迅速裁剪好船帆的形狀、大小，設置索具，而且兩艘船都裝設了船篷。這兩艘船造得又快又好，跟花了一個月才造得出來的船沒兩樣。馬丁・

羅佩茲是非常優秀的工匠，戰鬥中也是優秀的士兵。他後來又建了十三艘單桅船好讓我們攻佔墨西哥城，時機到了我會再談這件事。

接著回來談談蒙特祖馬，他對科爾特斯說他想去神廟獻祭，為神明奉獻必要的供品。他說這件事一定要辦，他的酋長、首領才會看到他去祭神。尤其是因為他有多名外甥每天都來勸他對我們開戰，希望放他自由，不過他則是一直推拖說樂意和我們在一起。必須讓那些親戚相信他之前所說的話：是維齊洛波奇特利神授意他留下來。

科爾特斯同意了這個要求，但要蒙特祖馬不得做出任何會賠上他性命的事。為了預防他圖謀不軌而暗中命首領或祭司釋放他之後對我們開戰，科爾特斯會派指揮官和士兵同行監視，一旦發現他的舉動有任何嫌疑就會立即取他性命。科爾特斯很贊成蒙特祖馬去祭祀，但不能犧牲任何人類獻祭，因為我們已經對他佈道過，殺人獻祭對我們的真神上帝來說是大罪，而且其實這裡也有我們的祭壇和聖母像可以讓他祈禱。蒙特祖馬說他決不會殺任何人獻祭，接著登上華麗的轎子在酋長的陪同下出發。酋長們在隊伍前頭舉著印記，那是一種象徵著皇室人物正在出巡的權杖，這個儀式新西班牙地區的總督至今仍在沿用。我們是派出胡安・貝拉斯克斯、阿爾瓦拉多、阿維拉、路哥四名指揮官和一百五十名士兵一同出發，梅塞德會的教士為了阻止任何殺人獻祭，也和我們同行。所有人一同前往維齊洛波奇特利大金字塔，抵達那座可憎的金字塔時，蒙特祖馬命人從轎子裡扶他出來，他的外甥和其他酋長則伸出手臂攙扶著他登上神廟。我曾說過所有首領在他通過時都低頭看著地面、不能直視他的臉。到了通往神殿的台階底端，已經有許多祭司等著要幫他登階。

當晚已有四個印地安人遭到犧牲獻祭，無論我們統帥怎麼抗議、梅塞德會的教士怎麼勸阻，蒙特祖馬仍堅持要殺更多男人和小孩為自己的儀式獻祭。我們當時無能為力，只能假裝沒看到，因為當時墨西哥城和其他大城在蒙特祖馬外甥的掌控下正醞釀著叛亂的氛圍，這件事等時機到了再說。蒙特祖馬很快的結束獻祭，我們就和他一起回到住所。他心情十分愉快，把金飾賞給我們這些護衛他的士兵。

兩艘單桅船建造好就立即下水，設置好桅杆和索具，掛起大王和王室的旗幟，由挑選出來的水手操縱。我們負責划船、張帆，發現這兩艘船很容易操縱。蒙特祖馬得知這個消息就告訴科爾特斯，說想去湖上一座有許多岩石的小島打獵；那個小島是他的專屬用地，再怎麼偉大的酋長膽敢在那裡狩獵都得處死。科爾特斯很贊成他去打獵，不過也要蒙特祖馬謹記放他去祭神時的警告：要是引起任何麻煩就會要他賠上性命。此外也請他和我們搭其中一艘單桅船，因為單桅船比任何大獨木船都還要安穩。

蒙特祖馬高興的帶著許多領主、酋長搭上航行的較快的那艘船，另一艘船上也滿是酋長，當中還有蒙特祖馬的兒子，其餘的獵手則是乘獨木舟隨後跟著。科爾特斯命護衛指揮官胡安・貝拉斯克斯、阿爾瓦拉多、奧利德和阿維拉帶兩百名士兵極為警惕的陪同及監視蒙特祖馬。這些指揮官都是辦事一絲不苟的人，帶著兩百名士兵、四門銅炮上船，也帶了我們擁有的全部火藥和兩名炮手：梅薩、阿爾本加。我們為了預防天氣變化，又設置了裝飾精美的篷帳，蒙特祖馬和他的首領就站在篷帳之下。當時該季的風吹得比較強，而且我們的水手也為了取悅蒙特祖馬而賣力划船，單桅船就飛快駛向湖心，儘管獨木舟上的槳手人數眾多，載著獵手、首領的獨木舟仍被我們遠遠的拋在後頭。蒙特祖馬非常開心，認為把風帆和船槳結合在一起真是偉大的傑作。抵達了那座距離並不大遠的小島，蒙特祖馬盡情狩獵了鹿、野兔、兔子後心滿意足的回到城內。

我們即將返回墨西哥城時，阿爾瓦拉多和胡安・貝拉斯克斯就下令鳴炮，這也是為了取悅蒙特祖馬。由於他又直率又和藹，我們對他就像對待國王陛下般畢恭畢敬，他也很尊重我們。

然而當時蒙特祖馬大王的外甥、親屬和其他酋長一致認為應該對我們開戰、釋放蒙特祖馬，而且其中有些人還打算自立為王。

卡卡馬特辛是重要城市的領主，掌管的大城在新西班牙地區僅次於墨西哥城。他聽說他的叔父蒙特祖馬已經被我們軟禁了一段時間，而且我們正在盡可能控制一切，也得知我們已經打開過他的祖父阿沙亞卡特爾的寶藏庫祕室，不過還沒有取走裡面的東西，於是他決定在我們動手取走寶物前採取行動。他召集特斯科科的所有領主，還有他的堂兄弟，也就是蒙特祖馬的幾個外甥：科約阿坎領主、塔庫巴領主、伊斯塔帕拉帕領主，還有另一個大酋長是馬塔辛戈（Maralcingo）的領主。馬塔辛戈的領主是蒙特祖馬的近親，據說是墨西哥王國的合法繼承人，在印地安人當中也是非常英勇而知名的領袖。

卡卡馬特辛要正要安排某天連同各大領主及其他墨西哥首領率全部兵力對我們開戰，而那位英勇而知名的領袖（我忘了他的名字）說若是卡卡馬特辛能確保讓他合法繼承墨西哥王位，他就會率先派馬塔辛戈的所有親屬、首領拿起武器把我們驅逐出墨西哥城、殺得不留活口。然而卡卡馬特辛認為自己是蒙特祖馬的外甥，墨西哥的王位繼承權屬於他，理當由他繼任王位。即使馬塔辛戈的領主和人民不加入，他也會對我們開戰。卡卡馬特辛已經和上述提到諸位領主及其他城鎮的酋長安排好一起進攻墨西哥城的日子，也和城裡的黨羽約好要裡應外合。

蒙特祖馬有一些近親拒絕了卡卡馬特辛的提案，就來向他報告上述交涉計劃，蒙特祖馬為了掌握更多消息，就召見特斯科科的所有酋長、首領。他們說卡卡馬特辛正正打算用禮物或封賞承諾說服許多人幫他開戰，釋放他的叔父。由於蒙特祖馬十分謹慎，也不希望見到城市陷入武裝暴動，就把事情的經過全都告訴科爾特斯。我們和統帥都知道當時的情況動盪不安，卻不如蒙特祖馬告知的那麼詳細。科爾特斯建議蒙特祖馬把軍隊交給他，由我們去攻打特斯科科城和周邊地區。然而這個計畫並沒有被蒙特祖馬採納，於是科爾特斯就派人勸卡卡馬特辛不要挑起戰爭，否則只是自取滅亡。他說想和卡卡馬特辛結交，會為他做任何事，還說了許多恭維的話。

卡卡馬特辛年輕氣盛，而且找到了許多同樣希望開戰的夥伴，就派人對科爾特斯說他知道這全是花言巧語，聽不下去，要是科爾特斯敢來的話再讓他當面說個痛快。科爾特斯又派人警告卡卡馬特辛不得做出損害大王的事，否則他和他的人民都會賠上性命。不過卡卡馬特辛回說他才不管什麼國王，也希望沒認識過這個口蜜腹劍、軟禁他叔父的科爾特斯。

科爾特斯得到這個答覆，就去請蒙特祖馬大王幫忙安排特斯科科的人馬逮捕卡卡馬特辛。特斯科科還有許多大酋長和親戚不喜歡驕傲的卡卡馬特辛、跟他不和，願意聽蒙特祖馬調遣。而且墨西哥城蒙特祖馬自己的家中有個年輕的王子是卡卡馬特辛的弟弟，他也擁有特斯科科王國的合法繼承權，為了避免被卡卡馬特辛殺掉而逃過來接受庇護。於是科爾特斯一方面請蒙特祖馬安排這些特斯科科的手下逮捕卡卡馬特辛，或是暗地召喚卡卡馬特辛前來後囚禁，直到他安份為止。另一方面，由於蒙特祖馬其他外甥還服從他和他的家族成員，而且卡卡馬特辛打算驅使領地的酋長、人民來篡奪蒙特祖馬的王位，科爾特斯就建議蒙特祖馬任命卡卡馬特辛的年輕弟弟取代他統治特斯科科。

蒙特祖馬承諾他會立刻召喚卡卡馬特辛，也會安排親戚和手下在卡卡馬特辛拒絕前來的情況下想辦法逮捕他。科爾特斯非常感激蒙特祖馬的安排，就前去對他說：「偉大的蒙特祖馬大王，請你相信我，要是你願意，就可以回自己宮殿，畢竟我已經看到你對我們釋出的善意，我也無比敬愛你。若不是我們處境如此危急，我也不會堅持要軟禁你，會把你和所有貴族都送回宮殿。我一直把你留在這裡，是因為挾持你的其他指揮官不會允許，而且大人你自己也說為了避免外甥篡奪王位、掌控你的城市，保持軟禁比較好。」

蒙特祖馬表達他的謝意，但他知道這是慣見的甜言蜜語，科爾特斯其實並不打算真的放他走，而是在測試他的心意。此外侍童奧特吉利亞也曾對他說過，確實是其他指揮官建議科爾特斯軟禁他，如果沒有他們的同意，科爾特斯也不可能釋放他。蒙特祖馬就決定繼續待下來，先看看他外甥的陰謀會如何發展。他承諾會立刻派人召見卡卡馬特辛，說是要勸他和我們議和。至於他被軟禁的事，他會要卡卡馬特辛不用擔心，他有很多重獲自由的機會，而且馬林切大人已經兩度提議允許他回自己宮殿，不過他是遵從神明的指示才沒有回去。因為神明說了，若不繼續接受軟禁，離開後馬上就會死。他幾天前由侍奉神明的祭司接獲了指示，要盡可能和馬林切大人及其兄弟們保持友好關係。蒙特祖馬也把同樣的消息傳達給特斯科科的眾酋長，說正要召見卡卡馬特辛和我們和談，要大家小心別沖昏了頭，別被那個年輕人說服一起攻向墨西哥城。

接著談談卡卡馬特辛，他很清楚蒙特祖馬傳達給首領的消息，也正在和他的手下商量對策。他吹噓說四天之內就能殺光西班牙人，而且稱叔父蒙特祖馬為膽小鬼，因為他曾建議叔父攻打西班牙人卻沒有獲得同意。（我們之前越過山區接近查爾科時，卡卡馬特辛原本已經召集部隊，佈置好一切準備開戰。）不僅如此，蒙特祖馬以為西班牙人來這裡是能給他什麼好處，進城後還親自接待，結果反倒是把許多臣民進貢給他的金子全都賞賜出去。更甚的是西班牙人不僅闖入他祖父阿沙亞卡特爾的寶藏庫，還囚禁了蒙特祖馬。現在西班牙人還要蒙特祖馬移除偉大的維齊洛波奇特利神像，好在那個地方換上其他神明。卡卡馬特辛請他手下的首領們幫他，以防情況變得越來越糟，並懲罰那些西班牙人褻瀆神明的行為。他說他陳述的一切情況都是大家親眼所見，他們甚至也見到蒙特祖馬手下的指揮官被西班牙人燒死。現在人民不能再忍耐下去，大家必須團結起來開戰。

卡卡馬特辛向聽從他的手下承諾：統治了墨西哥城，他就會使他們成為大酋長，還會賞賜許多金飾品。他也對手下說他已經獲得他堂兄弟——科約阿坎、塔庫巴、伊斯塔帕拉帕等地的領主協助，而且有其他在墨西哥城裡的酋長支持，無論何時想進城都有人會放他進去。他們有些人可以沿著堤道進城，其他所有人就搭著獨木舟和小船橫渡湖泊，而且他的叔父正遭到囚禁，不會遇到阻礙。墨西哥人也不用害怕西班牙人，他們藉由幾天前的阿爾梅里亞事件就知道他叔父的指揮官殺了不少「神人」和一匹馬，許多人也都親眼看見「神人」的首級和馬的屍體[1]。卡卡馬特辛說他們只需要花一個小時就能解決西班牙人，然後就可以吃人肉飽餐一頓。

據說在場的指揮官聽完這番話面面相覷、不發一語，等著其他通常率先討論戰爭事務的人開口。其中有四、五個人回答主張：怎麼能不經過蒙特祖馬大王的同意就對他的城市、宮殿開戰？他們認為這個計劃必須告知蒙特祖馬，如果能獲得他的同意，那他們會很樂意追隨卡卡馬特辛，要是他沒同意，他們就不想做這種反叛的舉動。卡卡馬特辛似乎很氣這幾名指揮官，下令把這麼回答的其中三人囚禁起來。雖然還有其他一些在場參與商議的人，卻都是卡卡馬特辛的親戚和渴

1 墨西哥人攻擊埃斯卡蘭特之後，在周遭幾個村落展示屍體。

望戰爭的人，都聲稱會誓死協助卡卡馬特辛。於是卡卡馬特辛派人指責叔父蒙特祖馬大王不知羞愧，竟然命令卡卡馬特辛和那些囚禁他、對他如此不敬的人和談。一定是西班牙人用巫術奪走了他的力量和勇氣，再不然就是西班牙人敬奉的神明和那個強大的卡斯提爾女人使西班牙人擁有這種力量。卡卡馬特辛最後那句話說倒是不錯，是上帝和聖母賜給我們力量。總之，無論我們和他的叔父好說歹說，卡卡馬特辛就是打算發兵進犯。

蒙特祖馬大王聽到這無禮的回答極為憤怒，立刻召來他最信任的六名酋長帶著他的印記和一些金飾儘快前往特斯科科，秘密把印記展示給他的親戚和那些認為卡卡馬特辛太驕傲、與之交惡的酋長看，要當地酋長設法逮捕卡卡馬特辛和他的親信，儘快押送這干人回去見蒙特祖馬。收到命令的當地酋長立刻在特斯科科執行蒙特祖馬的命令。卡卡馬特辛非常不得人望，他正在和親信討論作戰準備時在自己的宮殿裡遭到逮捕，另外有五名親信一起被囚禁。

特斯科科城就在大湖旁邊，蒙特祖馬的指揮官準備了一艘有頂篷的大獨木船把卡卡馬特辛和另外五人押上船，由許多槳手帶他們回墨西哥城。他們在卡卡馬特辛下船後又讓他搭上和身份匹配的華麗轎子，非常恭敬的把他帶到蒙特祖馬面前。

卡卡馬特辛在和他叔父交談時似乎比以前更傲慢無禮，蒙特祖馬雖然已經知道了他策劃了篡奪墨西哥王位的陰謀，仍從其他囚犯口中了解更多細節。若說蒙特祖馬之前就很氣這個外甥，現在更是憤怒加倍，把卡卡馬特辛當成犯人押給科爾特斯，然後釋放了其他人。

科爾特斯立即前往蒙特祖馬宮殿裡的住處感謝他莫大的恩典，蒙特祖馬也下令由他身邊那位卡卡馬特辛的年輕弟弟擔任特斯科科國王。為了隆重慶祝這件事，也需要獲得那座城市人民的認可，蒙特祖馬命令特斯科科地區的所有重要酋長都來見他。他們經過長時間的討論後決定推選那位年輕人成為國王，成為大城特斯科科的領主。繼任者後來被取名為堂卡洛斯（Don Carlos）。

科約阿坎、塔庫巴、伊斯塔帕拉帕的領主和其他酋長獲知卡卡馬特辛被囚禁的消息，而且蒙特祖馬也知道他們參與了卡卡馬特辛篡位的計劃，個個都害怕的取消了例行的進宮覲見。同時科爾特斯也一直在慫恿蒙特祖馬將他們全數逮捕，結果一週之內，他們都被上了鐐銬囚禁起來，我們大家才如釋重負的鬆了一口氣。

得知了那三名地方小王被囚禁、所有城池都恢復平靜後，科爾特斯提醒蒙特祖馬：我們進入墨西哥城之前，他曾兩度派人宣稱會向我們的國王陛下進貢。既然他現在已經知道我們的國王有多麼強大，有這麼多地方都對他朝貢、這麼多君王都向他稱臣，蒙特祖馬和他的子民最好也向國王陛下臣服。依照慣例，臣服之後就得進貢。蒙特祖馬說他會召集臣下商議，不過蒙特祖馬的那個近親，之前說過以英勇出名的（馬塔辛戈）酋長並沒有出席。這個人有點莽撞，當時是在自己領地中一個叫做圖拉（Tula）的村子裡。據說他可以在蒙特祖馬死後繼承墨西哥王國。

這名酋長接獲蒙特祖馬的召喚，回覆說他領地已經入不敷出了，他打算出席也不會納貢。這個答覆觸怒了蒙特祖馬，便派一些指揮官去逮捕他，不過由於他是擁有許多親信的大領主，收到警告就躲回自己的領地內，讓人無法逮到他。

除了侍童奧特吉利亞，我們沒有任何人參加蒙特祖馬和全領地酋長的會議。根據他的說法，大王要求酋長們回憶祖先流傳下來那麼多年的傳說，他們的書裡也有記載：「來自日出方向的人會統治這片土地，而墨西哥王國的支配和統治都會被終結。」蒙特祖馬認為我們就是來自日出方向的那些人，這是神明的喻示。祭司曾為了這件事向維齊洛波奇特利神獻祭、請示，但神明並沒有像往常般給出答覆。維齊洛波奇特利神賜予的答覆和以前指示過的一樣，要他們不要再問了。他們就認為神諭是要他們向統治「神人」的西班牙國王臣服。

蒙特祖馬接著說：「目前看來還得不出什麼結論，之後再看看神明還有沒有其他指示，屆時再根據指示行動。我現在要懇求你們自願繳納一些貢品表示臣服。我很快就會告訴你們該怎麼做，而現在我被馬林切大人逼著要進貢，所以我希望你們不要有任何人拒絕。我記得擔任你們君王的這十八年，你們總是對我忠心耿耿，我也賜予權力和財物讓你們擴展領地、變得富有。而我現在正是在神明的允許下被軟禁在這裡，我之前說過不少次了，要不是因為偉大的維齊洛波奇特利神的指示，根本不可能發生這種事。」

酋長們聽了這番話都號啕大哭，表示聽從，蒙特祖馬更是哭得淚流滿面；然而他還是立刻派人向我們傳話：隔天就會向國王陛下臣服。

結束上面那席話，蒙特祖馬又立即和酋長討論臣服之事，這次科爾特斯、指揮官和我們許多士兵也參加，另外還有一位科爾特斯的秘書佩德羅・埃爾南德斯（Pedro Hernandez）在場。他們很乾脆的宣誓效忠國王陛下，然而顯得非常悲傷，蒙特祖馬確實也止不住他的眼淚。

科爾特斯和指揮官平常在討蒙特祖馬歡心的時候問了許多事，其中問到金礦在什麼地方、墨西哥人是在哪條河為收集金沙、如何開採。科爾特斯想派兩名對採礦很熟悉的士兵去調查那些地方。蒙特祖馬說三個地方有金子，其中產量最多的是南海岸的薩卡圖拉（Zacatula）地區，離墨西哥城十到十二天路程。當地人是用瓢器收集金沙，把泥土洗掉後金沙就會留在裡面。蒙特祖馬也說手下從另一個叫圖斯特佩克的地區送來金子，那裡有兩條河可以收集金沙，離我們登陸的北海岸比較近。這個地區附近還有兩個不錯的金礦，在奇南特克人（Chinantecs）和薩波特克人的土地，不過他們都不是蒙特祖馬的藩屬，也不服從他，不過要是科爾特斯希望派士兵去，他也可以派酋長護衛。

科爾特斯感謝蒙特祖馬的提案，立刻派一個叫貢薩洛・翁布里亞的舵手和那兩名熟悉採礦的士兵去薩卡圖拉（Zacatula）[2]的礦區。這位翁布里亞之前想和埃斯庫德羅、胡安・賽爾梅尼奧以及「強人」那批水手偷船去聖胡安德烏盧阿，曾被科爾特斯砍斷雙腳。科爾特斯命翁布里亞帶兩人出發，要他們四十天內帶消息回來。

2 在太平洋海岸。

科爾特斯另外派了一個名為皮薩羅（Pizarro）的親戚去勘查北海岸的礦脈，他當時二十五歲。當時還沒有任何關於祕魯的傳聞，「皮薩羅」[3]這個名字在這片土地上還並不知名。皮薩羅帶了四名士兵出發，還有四名墨西哥酋長護衛。這些礦區距離約兩百五十哩，他也被限期在四十天內完成這次旅程。

幾個探險隊離開後，蒙特祖馬給了科爾特斯一張劍麻布，上面忠實畫出了北海岸的所有河流和海灣——從帕努科到塔巴斯科足足有四百哩。上面標記的河流中有一條科亞查科亞柯斯河，說是水勢又急又深，是唯一我們在格利哈瓦探險中沒調查過的一條河。因此科爾特斯也決定派人去勘查，測量附近所有海灣、河口的水深。我曾多次提到的那位精明又勇敢的指揮官奧爾達斯自告奮勇要承擔這項任務，調查那塊土地及人民的情況，也要求印地安人同行。科爾特斯一開始拒絕了，因為奧爾達斯是非常有見識的人，科爾特斯想將他留在身邊。但為了不讓奧爾達斯不高興，最後還是允許他出發。

蒙特祖馬對奧爾達斯說科亞查科亞柯斯河不屬於他管轄，而且那裡的人非常粗野，必須萬事小心，要是奧爾達斯遭遇任何不測都不能責怪他。不過在奧爾達斯去那個地區的路上有許多駐守在邊境的墨西哥戰士，需要的話可以帶他們一起去。此外蒙特祖馬還大大地恭維了奧爾達斯一番。

最先回到墨西哥城回報任務的是翁布里亞，他和同伴帶了三百披索重[4]的金沙，金沙是他親眼看著薩卡圖拉的當地人開採出來的。據他所說，那個地區的酋長帶許多人乘著像是小木槽的船到河裡淘金。當地有兩條河，如果有好的礦工能像聖多明哥、古巴的礦工工作的話，那裡會是很好的金礦區。另外有兩位當地酋長帶著價值兩百披索的金飾品宣誓效忠國王陛下。科爾特斯面對這三百披索的金沙就像得到三萬披索一樣高興，因為現在十分確定當地有好的礦區。他對那兩名送來禮物的酋長非常客氣，贈送了從卡斯提爾帶來的綠珠子，和兩人友好交談後讓他們高興的回去。

翁布里亞說離墨西哥城不遠有幾個人口眾多的大城鎮，還有一個叫馬塔辛戈（Matalcingo）的地區，一定是屬於那個蒙特祖馬近親的大酋長。依我們看來，翁布里亞和他的夥伴帶了大量金子和財物正中科爾特斯的心意。他們由於之前的事件結怨，科爾特斯透過授予翁布里亞這個任務來討好他。

3 譯者註：征服祕魯印加帝國的是法蘭西斯科．皮薩羅（Francisco Pizarro, 1471－1541），他獲得祕魯的開拓權後，約於一五三〇年出發，與他幾名不同父或不同母的弟弟：埃爾南德斯、胡安、貢薩洛（這幾位都是姓「皮薩羅」）和法蘭西斯科．馬丁（FranciscoMartin）一起去征服印加帝國。

4 譯者註：披索（peso）在西班牙文的字面意思就是重量，西班牙披索即是西班牙銀圓（Spanish dollar），可當重量單位。

接著是奧爾達斯回來報告：他在三百六十哩的旅程中經過了許多大城鎮，並一一列舉了各地地名，各地的當地居民都很禮遇他。他在鄰近科亞查科亞柯斯河的路上發現了蒙特祖馬的駐軍，但周遭整個地區的人都在控訴那些駐軍搶劫、掠奪婦女、強迫納貢。於是奧爾達斯和隨他一起去的墨西哥酋長訓斥了那些駐軍的指揮官，威脅說若是再發現任何掠奪行為，他們就會向蒙特祖馬報告，犯罪者就會跟那個攻擊西班牙人城鎮的克查爾波波卡一樣遭受嚴厲的處罰。這番話嚇住了那些駐軍指揮官。

奧爾達斯只帶了一位墨西哥酋長繼續往科亞查科亞柯斯河前進，一個名叫托切爾（Tochel）的酋長得知他的到來，就帶了許多首領加以歡迎，因為他們從格利哈瓦探險的那次就聽說過我們的消息。科亞查科亞柯斯的酋長了解奧爾達斯的來意，就準備了許多大獨木舟，他也親自和許多首領一起陪奧爾達斯探測河口的水深。他們得知退潮時淺水區的水深有三噚[5]，水較深的地方可以行駛大船，而且越往上游走水越深，而且當時的某個當地村落旁邊可以停泊大商船。

奧爾達斯與酋長們測量完水深、訪察過該地，酋長送給他一些金飾和一名漂亮的印地安女孩，並宣誓向國王陛下臣服。酋長們也在埋怨蒙特祖馬的駐軍，他們最近曾和那些駐軍交戰，在鄰近一個小村子殺了許多墨西哥人，於是就把那裡稱為庫伊羅涅彌基斯（Cuylonemiquis），意思是「墨西哥豬玀被殺的地方」。

奧爾達斯衷心地感謝酋長們的招待，贈送一些早已為此準備好的卡斯提爾珠子。他回到墨西哥城後受到科爾特斯和我們所有人熱烈歡迎。他說科亞查科亞柯斯地區有許多良田和牧場，港口要通往古巴、聖多明哥、牙買加等地也很方便。但是該地離墨西哥城太遠，附近也有許多沼澤。基於這個理由，我們從未把那個港口用來進行和墨西哥的貿易。

接著談談皮薩羅和他的夥伴。他們前往圖斯特佩克尋找金子、調查礦區。結果皮薩羅只和一個士兵回來報告，帶回超過一千披索的金沙。他們說圖斯特佩克、馬利納爾特佩克（Malinaltepec）[6]及鄰近地區都派了許多人和他們同行。他們一起勘查了整條河流，還從第三處收集了他們所帶回來的金子。他們後來又翻山進入了奇南特克人的領地，遇到許多全副武裝的印地安人。那些印地安人帶著弓箭、小盾牌以及比我們的矛還長的長矛。這些人禁止任何墨西哥人進入他們的土地，闖入者全會被殺掉，不過歡迎「神人」。皮薩羅等人就留下墨西哥人繼續前進。奇南特克的酋長知道皮薩羅等人的來意，就召集許多人來淘金。皮薩羅所帶回來的另一部分金沙就是酋長帶他們去河邊收集的。礦工認為當地是河流的源頭，因此這個礦區可以開採很久。此外也有兩名當地的酋長和皮薩羅一起回來要臣服於國王陛下，和我們結交。他們也都送了金子當禮物，所有酋長全都在咒罵墨西哥人。墨西哥人在那個地方大肆掠奪而被當地人極度憎惡，他們無

5 譯者註：一噚約為六呎。
6 現今的瓦哈卡州（State of Oaxaca）。

論是看到還是提到墨西哥人就會感到深痛惡絕。

科爾特斯歡迎那兩名酋長，收下他們帶來的禮物，不過事隔多年，我不記得禮物價值多少。科爾特斯對奇南特克人說了一番動聽的話，會和他們成為朋友、提供協助，而且為了不讓他們在回去的路上被墨西哥人騷擾，他派兩名墨西哥首領護送，直到確保他們平安抵達前都不能離開。於是那兩名酋長滿意的回去了。

接著科爾特斯問起和跟著皮薩羅一起出發的其他士兵何在，這些人分別是巴里恩托斯（Barrientos）、老埃雷迪亞（the elder Heredia）、小埃斯卡羅納（the younger Escalona）和「小丑」賽凡提斯（Cervantes）。皮薩羅說他覺得那裡的土地肥沃、礦藏豐富，而且路上經過的村落都很友善，就命士兵留下來開闢可可田、玉米田、種植棉花、飼養當地的鳥類，再探察當地所有河流看看是否還有金礦。

雖然科爾特斯當下沒說什麼，但這個親戚做了命令之外多餘的事讓他很不高興。我們私下聽說科爾特斯把皮薩羅痛罵了一頓，認為把時間花在養小鳥和種棉花上只會顯示出他的性格懦弱。然後科爾特斯立刻派人去把皮薩羅留在那邊的士兵全都強制召回來。不過，實際的經過我之後在適當的時機會再提到。

由於奧爾達斯和其他士兵帶回的黃金樣品和報告都顯示那片疆域非常富庶，科爾特斯在奧爾達斯及其他人的建議下決定透過蒙特祖馬要求這片大地上的所有酋長和人民都得向國王陛下進貢，而蒙特祖馬身為最偉大的領袖也得貢獻出一些他自己的財寶。蒙特祖馬說他會派人去他掌管的所有城鎮收集金子，但他們有許多人也只從祖先繼承下來一些微不足道的金飾。接著蒙特祖馬立刻派人去有金礦的地區命每個村落都像往常進貢那樣，鑄造同樣大小、厚度的上好金塊，派去的使者帶了兩個金塊當樣本。不過有些地方只能貢獻出沒什麼價值的金飾品。

蒙特祖馬也派人去找那個身為近親但拒絕服的酋長，酋長的領地離墨西哥城三十五哩。信使帶回的答覆是對方不會給金子也不會服從蒙特祖馬，因為他也算是墨西哥的領主，權力和地位應該跟蒙特祖馬一樣可以要求對方進貢。

這個答覆觸怒了蒙特祖馬，於是他派一些忠心的酋長帶著他的印記和紋章去把他那名親戚囚禁帶回來。這個酋長被帶到大王的面前依然桀驁不馴、毫無懼色。他們說他可能是瘋了，在我看來他的確相當失控。科爾特斯得知這個消息，也聽說蒙特祖馬打算殺了他，就派人請蒙特祖馬把這個囚犯交給他。這名酋長被帶來後，科爾特斯溫和的和他溝通，請他別瘋狂違抗大王，那麼我們就會釋放他。然而蒙特祖馬說不能釋放這個酋長，必須跟之前其他幾個被逮捕的地方小王一樣銬上鐐銬監禁。

過了不到二十天，所有蒙特祖馬派出去收集金子貢品的酋長全都回來了。他們抵達後蒙特祖馬就立刻召見科爾特斯、指揮官和我們這些他認識的士兵（因為我們擔任他的護衛）。很鄭重的對我們說了以下這席話：「馬林切大人、各位指揮官大人和士兵，我希望你們知道我很感激你們的偉大國王以及他帶來的善意，不僅是因為他很強大、也因為他從那麼遠的地方派你們來找我。由我們祖先所留下的傳說和神明的指示來看，他一定就是註定要統治我們的人，這件事我一直銘記在心。請收下這些收集來的金子，我惟恐這些還不夠多。而我自己要獻給國王陛下的是從父親繼承的寶物庫，就在你們所居住的寓所裡。我知道你們曾打開探視過所有寶物，不過還是照原本的模樣封起來。當你們將裡頭的寶物獻給國王時請在信中稟報『這些是由忠實的臣下蒙特祖馬獻上』。我也要以我的名義請獻上一些貴重的寶石，這些綠松石只能獻給國王陛下，不能給任何人，每顆都值兩袋黃金。我還要送他三個吹箭筒、彈藥袋和模具，每件物事上都有許多寶石裝飾，他看了一定會很高興。我已經把所有的金銀財寶陸陸續續的送給你們了，所以即使我很希望再送他一些我自己的財物，能送的也不多。」

我們聽了這番話，都對蒙特祖馬的善意及慷慨感到吃驚，大家都恭敬脫帽向他深深致謝。科爾特斯誠摯的承諾一定會以他的名義獻上這批金子，將他的隆重慷慨之情向國王陛下稟告。他們又相互恭維了一陣子，蒙特祖馬命管事把他秘藏的金子和寶物帶出來，我們光是檢視這些寶物和卸下上頭的裝飾就花了三天，蒙特祖馬還派了來自阿斯卡波察爾科的金銀匠幫我們拆卸。寶物數量極為龐大，拆下的金子分成三大堆，總重超過六十萬披索，而且銀子之類的財物、金塊、金箔、從礦區開採的金沙都還沒算進去。我們在來自阿斯卡波察爾科的金銀匠協助下把金子都融鑄成寬兩吋多的金錠。金錠鑄造完成沒多久，印地安人又送來禮物，這次是蒙特祖馬承諾他自己要貢獻的部份。眼見他送來的那麼多金子和各種珠寶，大家都嘖嘖稱奇。其中有幾顆綠松石的質地非常好，當地酋長認為值得上大量金子。三個吹箭筒和彈藥袋上也鑲滿了珍珠和貴重的寶石。此外還有小鳥的羽毛圖畫，上面還用珍珠母鑲成更小的小鳥，極為貴重。其他像是羽飾、羽織品等有價值的物品我就不多提了，種類和數量太多，不勝枚舉。再回來談那些金子，科爾特斯在獲得進一步的命令之前，在我們的一致同意下以國王陛下的名義先指派幾個人擔任皇家官員，當時是由貢薩洛·梅希亞擔任司庫、阿維拉擔任會計。他們下令鑄造了鐵印以便在所有金錠上打印，這個鐵印的圖樣跟里爾（real）[7]一樣是皇家的紋章，大小與四里爾的貨幣相同。不過我們認為不應該損毀那一大批首飾，首飾就沒有打印。

融鑄好的金錠、銀錠和沒拆毀的飾品都要秤重，但我們沒有磅秤也沒砝碼，科爾特斯和司庫官決定製作一些砝碼，重量分別是二十五磅、十二點五磅、兩磅、一點五磅、一磅，也有四盎司和其他重量的砝碼。這樣的話秤起來雖然不夠精確，不過每次秤重的誤差不會超過半盎司。

秤完重量後，司庫官員說這些金錠、金沙、金塊和飾品總共加起來超過六十萬披索，還不包括銀錠和其他還沒估價的珠寶；不過有些士兵說原本更多。當時只要先扣除了繳納皇家稅的五分之一，就可以分給所有指揮官和士兵——包括留在「利卡鎮」夥伴們的份。然而科爾特斯似乎想

7 譯者註：里爾是十六世紀的西班牙銀幣。

要等到有更多金子和更好的砝碼，準確算出總數後才要分配。不過我們都注意到金子從蒙特祖馬的寶庫取出來拆卸時比現在還多，現在就已經比當時還少了三分之一，是被科爾特斯、幾位指揮官和梅塞德會的教士拿走藏起來了。我們眼見這些金子一直在減少，在一番爭論之後，把剩下的部分全秤重完畢，不含金錠和金飾總共六十萬披索，所有人一致同意隔天就要分配。

首先是扣除皇家的五分之一稅的部分，接著科爾特斯要再取走其中的五分之一，這是我們在沙丘上推舉他擔任都督的承諾。科爾特斯接著又說他在古巴有許多開銷、還有在船隊上的花費、向迪亞哥·貝拉斯克斯賠償摧毀船隻的錢都要先行扣除。我們同意了這些支出，也答應要付一筆錢給我們派去西班牙的支持者。接著是給留在「利卡鎮」的七十名殖民者和那匹死馬的支出，另外胡安·塞德尼奧那匹被特拉斯卡拉人砍死的母馬也需要支付。然後梅塞德會的教士、神父胡安·迪亞斯、指揮官和帶有馬來的人都分雙份，火槍兵和弩弓手也分雙份……還有各種花招，結果最後也剩下沒多少。因為能分的太少了，我們有許多士兵根本不屑一顧，剩下的全歸科爾特斯。當時訴諸公正是徒勞無功的，我們只能悶聲吃虧，別無他法。某些士兵拿了他們應得的那一百披索後還吵著要更多，科爾特斯為了安撫他們，偷偷分了一些甜頭，還說了許多花言巧語要他們接受。

當時許多指揮官向來自阿斯卡波察爾科的金銀匠訂做非常大的金鏈條，科爾特斯也訂製各種飾品和宴客用的餐具，有些士兵就趁機中飽私囊，許多打印或沒打印的金錠、各式各樣的飾品就這樣公開流通。我們當時常常聚賭，佩德羅・巴倫西亞諾（Pedro Valenciano）用鼓皮製作的紙牌畫得就跟真的牌一樣。我們當時就是這麼靡爛。

許多士兵對金子分配不滿的事傳到科爾特斯耳中，而且很多人說有一堆金子被盜走，科爾特斯決定用花言巧語安撫大家，說可以把他的份分給大家，他並不想要那五分之一，只需要身為都督的那份，若是有任何人有需要都願意相贈。然而他又說我們擁有的這些金子根本微不足道，大家應該看看眼前那些大城市和含量豐富的金礦，要是能統治這些地方，肯定能發財致富、人丁興旺。他說了許多拿手的甜言蜜語，也私下把金飾分給幾名士兵，或是承諾分配某些重要職務。此外他也把蒙特祖馬的管事送來給他的食物平分給所有的士兵以討好大家。

我想當時所有人都渴望獲得金子，擁有的越多就想要更多，可以看的出來越來越多金子被盜走。此時胡安・貝拉斯克斯正雇用阿斯卡波察爾科的金銀匠製造黃金大鏈條和佈置在桌上的餐具，而司庫官梅希亞私下要求他將金子交出來，說那些金子還沒課徵皇家的五分之一稅，而且是屬於蒙特祖馬進貢的財寶。由於胡安・貝拉斯克斯是科爾特斯的親信，拒絕放棄任何財富，抗辯說他沒有拿走金子，也沒動任何手腳，他擁有的金子是金錠鑄造之前科爾特斯就給的。

梅希亞說科爾特斯自己和他的同伙藏起來的份就夠多了，他身為司庫官員要求交出所有沒課徵過皇家稅的金子。兩人就這樣一來一往，直到雙方都喪失耐性、拔刀相向。若是我們沒有盡快分開兩人的話，其中一人會被殺死，畢竟兩人都非常傑出、也都是驍勇善戰的鬥士。兩人在這短短的衝突中就各自都有兩處受傷。

科爾特斯得知這件事，就下令把兩人都監禁起來、扣上鐐銬。不過據許多士兵說，科爾特斯私下告訴他的朋友胡安·貝拉斯克斯只會關兩天，而司庫官梅希亞則是立即就被釋放了。科爾特斯逮捕他們只是要顯示自己秉公辦事，即使胡安·貝拉斯克斯跟他很親近還是會被囚禁。

梅希亞的情況說起來就複雜許多，這名司庫官指控那些不見的黃金是科爾特斯私下偷走的。他說所有的士兵都找他抱怨這件事，質疑他身為司庫為何不去要求將黃金歸還。不過這件事說來話長，我就不提了。

胡安·貝拉斯克斯被監禁的地方離蒙特祖馬的寓所不遠，由於他身材高大而且非常強壯，常常拖著鎖鏈走來走去、發出很大的聲響。蒙特祖馬聽到了就問侍童奧特吉利亞是誰被科爾特斯關在那裡。侍童回答說是胡安·貝拉斯克斯——他曾擔任蒙特祖馬的護衛指揮官，但現在已經由奧利德接任。蒙特祖馬也問了原因，侍童就回答了黃金失竊的事。

不久之後，科爾特斯來拜訪蒙特祖馬，慣例的寒暄和相互恭維後，蒙特祖馬問他為何要囚禁胡安·貝拉斯克斯這麼傑出、英勇的指揮官。我之前就說過，蒙特祖馬對所有人知之甚詳，對我們的個性也瞭若指掌。科爾特斯皮笑肉不笑的對蒙特祖馬說胡安·貝拉斯克斯的神智有點不清，而且沒分到足夠的金子，有可能會去蒙特祖馬治下的城鎮找酋長討金子。為了預防這種事，也得避免任何人被殺才把他囚禁起來。

蒙特祖馬懇請科爾特斯放了胡安．貝拉斯克斯，並派他去找更多黃金，也承諾自己會分一些金子給胡安．貝拉斯克斯。科爾特斯先是假裝說這不合情理，但最後為了討好蒙特祖馬，還是遵照他的吩咐。我記得科爾特斯判決將胡安．貝拉斯克斯逐出營地，然後他就和蒙特祖馬的使者去喬盧拉索取黃金。然而在這之前，胡安．貝拉斯克斯先和梅希亞和解了。我記得貝拉斯克斯被放逐了不到六天就回來了，還帶著許多金子。我也注意到梅希亞從那時起和科爾特斯就不再是好朋友。雖然這段內容和歷史故事無關，不過我之所以記載下來是要顯示科爾特斯除了秉公處事以及英勇無懼的形象之外，他還十分狡猾。

某天蒙特祖馬對科爾特斯說：「馬林切大人，我是這麼敬愛你，所以想把我其中一個女兒——一個很漂亮的女孩嫁給你，讓她成為你的合法妻子。」科爾特斯脫帽表達他的感謝之情，他認為這是蒙特祖馬賞賜的莫大恩典，不過他已經結婚了，而我們這些西班牙人只能擁有一個妻子。無論如何，他一定會好好對待她，要她得到身為偉大君王女兒所應有的名份，不過希望她跟其他酋長的女兒、女士一樣，必須先成為天主教徒。蒙特祖馬同意了這件事。

雖然蒙特祖馬大王持續不斷對我們釋出善意，但他還是沒放棄日復一日的殺人獻祭。即使科爾特斯試圖勸阻也都沒能成功，就與指揮官們商議該如何處理這件事。科爾特斯不敢貿然阻止儀式進行，怕會激怒侍奉維齊洛波奇特利的祭司和整座城市的人民。最後他選擇的提案是先宣稱我們打算要推倒那些大神像，如果看到對方試圖防衛或激起叛亂，就改成只要求允許我們在大神廟的一處設置祭壇、十字架、聖母像。大家都同意後，科爾特斯就帶了七名指揮官和士兵前往蒙特祖馬被軟禁的宮殿，科爾特斯說：「大王，我常常勸你別再犧牲人類向那些偽神獻祭，但你都置之不理。現在我們所有的夥伴、隨我前來的指揮官要求要把那些神像移出神廟，放上十字架和聖母像。即使你不同意我們也會動手，我可不希望他們殺了任何祭司。」

蒙特祖馬聽了這番話，而且見到指揮官們的情緒有點激動，就說：「馬林切，你怎麼能這樣毀了這整座城市？神明肯定會降怒，屆時你們也性命難保。請你們耐心的等一段時間，我會召見所有祭司，看看他們如何答覆。」

科爾特斯聽了就對蒙特祖馬示意要私下對談，要所有侍奉的人離場，只留下他一個人。其他人都離開後，科爾特斯對蒙特祖馬說：為了不讓這件事公開造成麻煩，也不用為了移除神像激怒其他祭司，只要允許我們在大神廟的一處設置祭壇、十字架及聖母像，那麼他就會勸指揮官們終止行動。只要過一段時日，蒙特祖馬的人民就會發現敬拜十字架好處——能拯救靈魂、保佑身體健康、城市興旺、五穀豐收。

蒙特祖馬露出非常悲傷的表情同意和祭司商議。經過好一番討論，我們的祭壇終於在離那座可憎的神廟不遠處興建，所有人都十分虔誠的感謝上帝，隨即進行彌撒。科爾特斯選了一名老士兵待在那裡守衛，請蒙特祖馬別讓他們的祭司觸碰祭壇，但要他們焚薰香、打掃地板、不分日夜都要保持蠟燭點燃，用鮮花和樹枝裝飾。

17

科爾特斯的困境

我們總是遭逢各種出其不意的危險，若非有上帝保佑，早就沒命了。我們很快就在祭壇設置聖母像及舉行彌撒。維齊洛波奇特利神和特斯卡特利波卡神似乎對墨西哥祭司喻示：「神人」冒犯諸神，諸神不想留在剛被設立的聖母像和十字架附近，除非他們殺光西班牙人，否則諸神就會離開這個國家。祭司不用再尋求別的神喻了，這就是最後的指示，必須盡快讓蒙特祖馬及其統領的所有酋長知曉神喻——立刻開戰殺了西班牙人。神喻也提到我們把那些用來對神明表示敬意的金飾拆毀融成金錠，而且我們不僅囚禁了五名大酋長，還試圖掌控整個國家。為了煽動本國人民開戰，他們列舉了許多西班牙人的罪行。

蒙特祖馬為了傳達這件事，派侍童奧特吉利亞說要和科爾特斯緊急會商。侍童說蒙特祖馬既悲傷又焦慮，而且前一天晚上和今天一整天都有許多祭司、大酋長來找他密談，不知道他們在談什麼。

科爾特斯收到消息就帶著侍衛長奧利德、唐娜瑪莉娜、阿吉拉爾和四名指揮官趕去蒙特祖馬所在的宮殿。所有人向蒙特祖馬大王行禮致敬後，蒙特祖馬說：「馬林切大人，大神對祭司所下的指示令我感到非常難過，神喻要我和所有酋長對你們開戰、殺了你們，把你們趕回海的另一邊。我謹慎考慮過這件事，認為最好的解決之道是請你們在受到攻擊前就立刻離開這裡，不要有任何人留下。馬林切大人，你們非這麼做不可，這是為你們著想，否則所有人都會被殺。要知道你們已經危在旦夕了。」

消息來得非常突然，而且蒙特祖馬斷言我們已經大難臨頭，難怪科爾特斯和指揮官聽了都很苦惱，甚至感到驚慌。事態的確非常緊急，科爾特斯感謝蒙特祖馬的警告，不過目前還有兩件事困擾著他：其一是我們搭來的那些船已經摧毀了，現在沒有船可以離開；其二是蒙特祖馬必須和我們一起走，如此一來國王陛下才能見到他。科爾特斯請蒙特祖馬在我們於沙丘建好三艘船之前幫忙遏制祭司、酋長們的行動。科爾特斯聲稱這會對墨西哥人最有利，要是開戰的話他們沒人能活命。為了證明我們會刻不容緩的造船，他請蒙特祖馬派木匠和我們兩名精於造船的士兵一起去海岸附近伐木。

聽到科爾特斯說要帶他去拜見我們的國王，蒙特祖馬顯得更愁眉不展。他願意立刻派工匠出發，請科爾特斯隨即著手行動，別再浪費時間商議。他也承諾會要祭司和手下首領不要在城內激發動亂，並進行獻祭儀式安撫維齊洛波奇特利神（即使並沒有要殺人犧牲）。這次緊張的會談結束，科爾特斯和指揮官向蒙特祖馬告辭，所有人都忐忑不安的想著何時會爆發戰爭。

科爾特斯立即召集造船師傅馬丁．羅佩茲、安德列斯．努涅斯和蒙特祖馬派來的木匠，討論過三艘船要建造的大小之後，命令羅佩茲和所有人準備好就立即開始工作。由於建造所需的鐵、打鐵用具、索具、填塞物都在「利卡鎮」，他們就直接去「利卡鎮」的海岸附近伐木，測量木材、製作模板，然後迅速開始築船。

當時我們在墨西哥城內非常焦慮，深怕隨時都會遭受攻擊。隨行的特拉斯卡拉幫手和唐娜瑪莉娜也都對科爾特斯說戰爭迫在眉睫，侍童奧特吉利亞總是泣不成聲。大家十分警戒，也在蒙特祖馬身旁安排大量守衛。我們都保持警戒——我從未如此頻繁地覆述這件事。總之我們不分日夜，從未脫下護甲、領巾、綁腿。有些人可能會問睡覺時怎麼辦？我們的床鋪是什麼樣子？其實我們的床鋪除了稻草和一張席子就沒別的東西了，有任何東西墊在下面就能睡。大家睡覺時還穿著護甲、涼鞋，緊緊抱著武器。馬匹整天都戴著馬鞍、轡繩，一切都準備周全，只要一聲令下，大家都能就戰鬥位置待命。我們每天晚上都安排哨兵，每個士兵都要輪流值夜守衛。雖然我不喜歡自誇，不過我還是想說一件事：我已經非常習慣像上述那樣全副武裝睡覺，所以等到新西班牙地區平定之後，我仍保持和衣而眠的習慣，睡得甚至比睡在床墊上還安穩。

我去自己監護征賦權的領地城鎮時其實不用帶床，偶而是會帶，不過並不是出於自己的需要，而是因為和其他人一起旅行時不想讓別人認為我連張床都買不起；不過我還是常常和衣而眠。此外，我在夜裡可以只睡一小段時間，然後就起床看著夜晚的星空，或是頭上不戴帽子、圍巾就在露水中散步。我已經習以為常，也從未因此生病，感謝上帝。我說這些是想讓我的讀者知道——我們這些真正的征服者有多麼習於全副武裝、隨時警戒。

（接下來又回顧西班牙發生的事，迪亞哥．貝拉斯克斯組織了船隊要追上科爾特斯，打算逮捕科爾特斯和他的士兵，如果這個船隊共有十九艘船、一千四百名士兵，由潘菲羅．納瓦埃茲率領。納瓦埃茲遇到了皮薩羅留在北海岸種田、探索的三名士兵，也秘密接見了幾名蒙特祖馬的使者。蒙特祖馬對那支遠征軍的規模稱服不已，派人送禮物給納瓦埃茲。事隔三天，科爾特斯對此事仍一無所知。」

某天，科爾特斯照慣例去拜訪蒙特祖馬，雙方相互客套寒暄後，科爾特斯注意到蒙特祖馬比往常更開心愉快，便詢問箇中原由，蒙特祖馬含糊其詞說身體變好了。不過科爾特斯於同一天第二次來訪時，蒙特祖馬怕科爾特斯已經得知納瓦埃茲船隊的消息，為了避免遭到懷疑，就搶先對科爾特斯說：「馬林切大人，信使片刻之前我通知說有十八艘以上的船艦抵達了你們上岸的港口，全畫在布匹上給我看了，看來你今天第二次前來拜訪就是想告知我這個消息吧！這樣的話你們就不需要建造船隻了，然而你卻還沒主動跟我說這件事。我一方面為你瞞著我而不高興，另一方面卻又為你的兄弟前來而感到開心。你們現在不需要再從長計議就可以回西班牙了。」

科爾特斯聽聞船隊的消息，看了幾幅布匹上的畫，也露出高興的模樣說：「感謝上帝，來的正是時候！」大夥聽了也都極為振奮、無法肅靜：騎兵策馬奔馳、火槍兵鳴槍慶祝。不過科爾特斯卻陷入沉思，他知道這批船隊其實是總督貝拉斯克斯派來對付我們這票人。由於他非常機智，立刻就對指揮官和士兵說了他的看法，也贈送大家許多金子，承諾會讓大家發大財，要求我們支持他。科爾特斯此時還不知道船隊是由誰指揮，而我們都只顧著為這個消息和獲得金子感到高興，把這意外之財當成科爾特斯自己出資慰勞，而沒想到這本來就是我們應得的收穫，還認為這也算是天主耶誕基督的保佑、援助。

〔三名皮薩羅留在北海岸的士兵加入了納瓦埃茲軍，納瓦埃茲透過這三人得知科爾特斯的動向，要求「利卡鎮」投降。然而桑多瓦爾命他身邊那批又老又殘的士兵備戰，並監禁了納瓦埃茲派來威嚇他的三名使者。三人分別是神父格瓦拉（Guevara）、公證人貝爾加拉（Vergara）以及貝拉斯克斯的親戚阿馬亞（Amaya），三人在護衛下被押送到墨西哥城。他們一路上看到富庶繁榮的城市，也為墨西哥城的景觀所傾倒，然後在科爾特斯的賄賂與奉承下見風使舵，回去勸納瓦埃茲的人馬倒向科爾特斯。同時科爾特斯自己也寫信對納瓦埃茲說願意任他調遣，請他別讓印地安人看到西班牙人發生內鬨。賄賂、黃金很快就引發納瓦埃茲旗下人馬不和，也有一些士兵逃去投靠桑多瓦爾，不過納瓦埃斯絲毫不放下他對科爾特斯的敵意。後來納瓦埃茲抵達森波拉，從「胖酋長」那裡把科爾特斯留下的財物全數取走，接著朝墨西哥城進軍。於是科爾特斯決定攻打納瓦埃茲，留下阿爾瓦拉多和一些可靠的士兵守著蒙特祖馬。這位墨西哥大王此時兩面討好，一方面送金子、糧食給納瓦埃茲，也勸科爾特斯不要開戰。科爾特斯在與前來宣令的公證人爭論後，先是派出梅塞德會的教士，而後接著是派胡安·貝拉斯克斯去拉攏他在納瓦埃茲陣營裡的朋友，而這個詭計得逞了。此外科爾特斯也準備了許多奇南特克人使用的長型黃銅尖矛以對抗納瓦埃茲的騎兵，要他的士兵訓練、裝備這批武器。最後科爾特斯對納瓦埃茲軍發動奇襲，一舉使對方損失了所有的火炮。由於當晚非常溼冷，納瓦埃茲軍還很不習慣這個國家的氣候，雖然據守著森波拉的要塞天險，仍然守不住金字塔，納瓦埃茲本人在交戰中負傷瞎了一眼。納瓦埃茲方有五人戰死，科爾特斯方四人戰死。納瓦埃茲的手下不論樂意與否都投靠了科爾特斯軍，也有許多人獲准在這個國家殖民。科爾特斯要求自己的手下把戰利品、馬匹歸還給對方，這項命令還激起了一些手下反抗。納瓦埃茲手下有一名黑人患了天花，導致印地安人間的嚴重的傳染病——因為當地人對這種病一無所知。雖然科爾特斯等人在森波拉獲得勝利，但隨之而來的卻是墨西哥城的噩耗。」

我們獲勝不久，就從墨西哥城傳來阿爾瓦拉多在寓所被包圍的消息。墨西哥人放火燒了兩處屋子，殺了七人，打傷許多人。他先派兩名特拉斯卡拉人帶口信緊急求援，隨後又派另外兩名使者帶著信件前來報告。這個壞消息令我們多麼難過呀！

我們立即以急行軍返回墨西哥城，納瓦埃茲和他的指揮官薩爾瓦鐵拉（Salvatierra）就先囚禁在「利卡鎮」，由羅德里戈．倫赫爾統領此地、看管囚犯，讓納瓦埃茲原本的手下在此療養傷勢。

我們正要出發時，四名蒙特祖馬派來的大酋長向科爾特斯控訴阿爾瓦拉多的惡行。他們哭訴說阿爾瓦拉多帶著科爾特斯留給他的所有士兵離開住所，毫無理由的去襲擊一些為維齊洛波奇特利神、特斯卡特利波卡神舉行儀式，正在跳著舞的酋長和貴族；況且阿爾瓦拉多事前已經允許了這些人行動。許多墨西哥人被殺、受傷，他們為了抵抗也殺了六名西班牙士兵。得知了這些對阿爾瓦拉多的嚴厲指控，科爾特斯的神情嚴峻，只說他會立刻趕回墨西哥城處理。不過使者卻把他的答覆對蒙特祖馬說成是「科爾特斯不僅將此事視為噩耗，還因此陷入狂怒。」

科爾特斯也立即寫信給阿爾瓦拉多，要他確保蒙特祖馬不會脫逃，而且我們的急行軍正在趕來。他同時也告知我軍戰勝納瓦埃茲的消息，不過蒙特祖馬已經先得知了。

18

逃離墨西哥城

墨西哥城叛亂與阿爾瓦拉多遭到包圍的消息傳來後，原本將胡安·貝拉斯克斯、路哥分別派去帕努科及科亞查科亞柯斯統領殖民地的任命就取消了，他們沒有離開，所有人都一起行動。科爾特斯認為納瓦埃茲的手下可能不願意協助我們拯救阿爾瓦拉多，請他們不計前嫌，許諾他們將能獲得財富和官職。他說大家來到此處就是為了謀求生計，而現在正是個大好機會，在這個地方不僅可以為天主和國王陛下效力，還能使自己變得更富有。這話確實很有說服力，結果所有人都願意和我們同行，不過要是他們已經知道墨西哥人多麼強大，我想沒人會自願參與。

我們以急行軍迅速來到特拉斯卡拉，消息傳來說蒙特祖馬直到獲知我們擊敗納瓦埃茲之前都持續派手下進攻，他們燒了阿爾瓦拉多的住所，殺了七個人。信使也說蒙特祖馬終止了對阿爾瓦拉多等人的補給，他們的食物和水已經耗盡。

我們剛抵達特拉斯卡拉，印地安人就立刻告知了這個消息，於是科爾特斯隨即下令清點身邊的士兵數量。算上納瓦埃茲和他原有的人馬共有超過一千三百名士兵、九十六匹馬、八十名弩弓手和相當數量的火槍兵。科爾特斯似乎認為這個數量足以讓我們安全進入墨西哥城，而且特拉斯卡拉的首領還提供了兩千名戰士。我們又立刻以急行軍前往特斯科科，不過抵達那座大城時沒有人出來接待，也不見任何首領的蹤影，所有人都充滿敵意的躲起來了。

我們於一五二〇年六月的聖約翰日（St John's Day）抵達墨西哥城，在街上看不到任何認識的酋長、首領、印地安人，房子裡也都不見人影。我們剛抵達先前駐紮的住所，蒙特祖馬就來到庭院擁抱科爾特斯。蒙特祖馬向科爾特斯表示歡迎，恭喜他戰勝納瓦埃茲。雖然科爾特斯身為勝利者，此時卻不想聽客套話，蒙特祖馬只能憂心忡忡的回自己住所。

科爾特斯急於知道墨西哥人動亂的原因，畢竟看的出來蒙特祖馬也對此感到苦惱。許多和阿爾瓦拉多一起經歷過這段危急時刻的人認為：要是由蒙特祖馬煽動、指使暴動的話，他們早就被趕盡殺絕了。其實蒙特祖馬也曾安撫他的人民，下令停止攻擊。

據阿爾瓦拉多的說法，事件的起因是我們在神廟放了聖母像、十字架觸怒了維齊洛波奇特利神，神祇就喻示墨西哥人去釋放蒙特祖馬。他說許多印地安人曾去祭壇移除聖母像但搬不動，將這件事視為奇蹟向蒙特祖馬報告，而蒙特祖馬就要他們別去動聖母像，就這樣留在祭壇上，據說聖母像還留在那裡。

阿爾瓦拉多也說了暴動的其他原因：納瓦埃茲曾派人對蒙特祖馬說他們會前來釋放他，要把我們全數逮捕，不過這件事無法成真。而他們也同樣醒悟到：科爾特斯對蒙特祖馬承諾過我們一旦擁有船隻就會全數立刻返航回國，這話現在也變成空談。對墨西哥人來說，我們不僅沒有離開，而且還來了更多「神人」，所以他們認為最好趁我們和納瓦埃茲的所有人馬回到墨西哥城之前就殺了阿爾瓦拉多等人，先釋放蒙特祖馬，之後再迎擊科爾特斯的人馬和剩下所有人。而且他們原本相信納瓦埃茲能戰勝我們，但期待落空了。

阿爾瓦拉多說完他們的遭遇，科爾特斯問他為何要攻擊那些跳舞和舉行儀式的墨西哥人。阿爾瓦拉多說他得到一個可靠的消息：那票人的舞蹈和儀式結束，對維齊洛波奇特利神和特斯卡特利波卡神進行獻祭之後，就會立刻攻擊西班牙人。他是從一名祭司、兩位首領及其他墨西哥人口中得知此事。「但他們說了！這個跳舞和儀式已獲得你的允許！」科爾特斯如此質問阿爾瓦拉多。阿爾瓦拉多說他確實允許過，但為了讓對方心生膽怯以嚇阻對方進犯，他想要出奇致勝，才決定先下手為強。

科爾特斯聽了極為憤怒的大吼，認為這下子處理得太糟了，已經釀成大錯，他寧願蒙特祖馬被解救也不願看到事情如此發展。他轉頭就走、不願再談這件事。

接著科爾特斯發現我們的補給比在特斯科科時還少，市集沒有運作、整個城市處於動亂之中，現在也得知阿爾瓦拉多失控攻擊墨西哥人，一切都讓他非常難過。此外，他似乎在行軍路上對納瓦埃茲的指揮官吹噓：他對印地安人很有影響力、相當受到尊敬，墨西哥人總是夾道歡迎他，還會送他金子當禮物。不過他吹噓的一切全落空了，現在印地安人甚至連食物都不願意給。這種情況令科爾特斯非常焦躁，他對西班牙同伴的舉止也顯得越來越無禮。

蒙特祖馬和阿爾瓦拉多商議後，派兩名酋長來請科爾特斯去見他，希望和科爾特斯對話。不過得到的答覆卻是：「為啥要見他？反正市集又不開張、沒狗肉可以買，也沒看到他們送食物過來。」

指揮官胡安·貝拉斯克斯、奧利德、阿維拉、路哥等人得知科爾特斯如此回應，都好言相勸：「大人，請冷靜點，別這麼生氣。別忘了這個國家的國王之前這麼善意禮遇大家。他是好人，如果沒有他，我們早就沒命了，甚至還會被吃掉。更何況他還把女兒許配給你！」

他們這麼說反而更是觸怒了科爾特斯，認為是在指責他。他咆哮著：「為什麼我要對這個偷偷和納瓦埃茲勾結的狗有禮貌？你看看他到現在還不肯提供我們食物。」對此，指揮官們只能答腔說：「你說的沒錯，他確實應該提供食物。」由於目前城市裡有我們和納瓦埃茲的人馬，有這麼多西班牙人陪著科爾特斯，他就越來越肆無忌憚，他轉身要那兩名酋長告訴他們的土人盡快開市貿易，否則後果不堪設想。

兩名酋長能聽懂科爾特斯無禮的言論，也明白指揮官在指責統帥。他們知道指揮官曾護衛蒙特祖馬，而且和君王是好朋友，就將上述對話依他們的理解向蒙特祖馬覆述。也許是他們的報告激怒了墨西哥人，或者是墨西哥人早就計劃好要開戰，不到一刻鐘就有一個身受重傷的士兵匆忙來到我們住處。士兵說他來自離這裡不遠的城市塔庫巴，他們本來負責護衛屬於科爾特斯的印地安女人，其中包括蒙特祖馬的女兒。似乎是在我們出發對抗納瓦埃茲之前，科爾特斯就將她們托付給她們的親戚——塔庫巴領主。這名士兵說那整座城市和路上都有好幾批拿著各種武裝的戰士，他們把印地安女人搶走，並兩度打傷他。他說要是不放她們走，自己肯定就被捉到獨木舟上送去祭神了。墨西哥戰士放過了他，但摧毀了一座橋。

我們聽到這個消息，都和科爾特斯一樣非常苦惱。我們習於和印地安人交戰，很清楚他們總是聚集龐大兵力，而我們身處的這整座城市也如此強大，大家都陷入了莫大的危機，看來性命難保。不過即使我們又餓又累，也知道無論如何都得努力奮戰。

科爾特斯立即下令奧爾達斯率四百名士兵（其中大多是弩弓手、火槍兵，外加少部分騎兵），要他去查看那名受傷士兵所描述的情況是否屬實，若能有任何不動干戈就能安撫印地安人的辦法就儘管去做。奧爾達斯領命出發，但他才行軍到半路，街上就有數批墨西哥部隊對他發動攻擊，還有數量相當的人從屋頂上射擊。第一波的攻勢非常猛烈，敵人當場擊斃我方八名士兵，打傷我軍所有人，奧爾達斯本人也有三處受傷。他們絲毫無法前進，只能一步步退回駐地。返回的路上有一名優秀的士兵萊斯卡諾（Lezcano）提著大刀奮勇抵抗後戰死。

數批墨西哥人朝奧爾達斯軍進攻的同時，有更多墨西哥人到駐地朝我們發射標槍、投石、弓箭，一波攻勢就打傷我們四十六人，其中十二人傷重而死。圍攻的敵方戰士太多，奧爾達斯的前、後方及屋頂上都受到猛烈的攻擊，無法退入駐地。我們的大炮、火槍、弩弓、長矛都不怎麼管用，即使所有人英勇作戰、揮舞著銳利的刀刃也無濟於事。雖然殺傷了不少人，敵軍仍從刀刃、槍尖之間欺身推進，縮緊陣形後勇猛地繼續作戰。我軍無法擊退對方。

最後有賴大炮、弩弓、火槍和我們手上的刀刃所造成的傷害，奧爾達斯終於得以退入駐地。他之前就一直帶著身負重傷的手下猛衝，折損了十四名士兵。此時仍然還有許多支墨西哥部隊持續攻擊，叫囂著罵我們跟女人沒兩樣，稱我們為無賴，亂罵一通；不過他們當時所造成的傷害跟後來發生的事比起來根本算不了什麼。墨西哥人極其放肆，不僅從四面八方發動攻擊，還潛入我們的住所放火。濃煙、火勢令大家難以忍受，後來我們才發現可以撒土滅火，並將火勢蔓延的地方隔離開來。看來對方似乎認為可以將我們都燒死在裡面。這場戰鬥持續了一整天，直到晚上仍有多批人馬持續進攻，他們發射的擲槍、投石、箭矢數量如此之多，猶如打穀場上的穀子，遍佈了整個庭院和圍地。

我們整晚都在照料傷者，修補敵人在牆上破壞的缺口，為隔天作戰做準備。破曉時，科爾特斯決定把我們和納瓦埃茲的人馬聯合起來出擊作戰，要以我方的火炮、火槍、弩弓和不懈的奮戰擊敗對方，至少要讓對方感到我們比前一天打得還要更強悍英勇。我敢說我們在制定這個方案的同時，敵人也在盤算類似的事。我們這場仗打得非常精彩，但敵人也非常強悍，而且有一批又一批的人馬輪換上陣，我看即使有上萬名特洛伊的赫克特（Hector）和《羅蘭之歌》的羅蘭（Roland）也難以突圍。

讓我描述這整場戰鬥：我們連日遭到敵軍頑強進攻，真是有苦難言。大炮、火槍、弩弓都不怎麼奏效，我軍每次發動攻勢、近身肉搏都殺了對方三、四十人，仍然沒什麼用。對方依舊奮勇作戰，比之前攻得更加猛烈。每當我們奪得一塊地盤或清空部份街道，他們會假裝撤退引誘我軍追擊。他們認為可以在我們撤退時阻止我們逃命並予以痛擊，如此一來進攻的風險會更低。

我已經描述過當地房子之間是由吊橋連繫，現在吊橋全都升了起來，我們只能涉過深水去燒掉他們的房子。不過對方又從屋頂上丟來不計其數的石頭，我們難以招架，許多人因此受傷。不知為何，我現在竟能這麼平靜的記錄這段往事；我們同袍有三、四個士兵曾在義大利服役，他們數次對天發誓說：無論是天主教徒之間的戰爭、對抗法國國王的騎兵，還是面對強大的土耳其蘇丹都從未遭遇過這麼猛烈的攻擊，也沒見過像這些印地安人如此勇猛而嚴密的攻勢。

我們竭盡全力才退回駐地，許多墨西哥戰士仍死纏爛打，他們搖旗吶喊、鑼鼓喧天，罵我們是賊人、懦夫，竟然現在就逃之夭夭、不敢和他們打上一整天。

當天又有十到十二名士兵陣亡，大家歸來時全都身負重傷。我們當晚決定在接下來的兩天由所有身體健壯的士兵建造四台戰車，在戰車的掩護下出擊。這些戰車是用堅固的木材造成塔台，每台車上都能容納、掩護二十五個人，而且有窺孔和射擊孔供弩弓手、火槍兵使用。而其他的士兵、弩弓手、火槍兵、炮兵等所有人就緊挨著戰車一起出擊，騎兵也隨時準備好衝殺一番。

商定好計劃，我們隔天就製造戰車，強化、修補牆上的破洞，當天並沒有出擊。不過前來攻擊駐地的戰士仍不計其數，不僅來自十到十二處，甚至是從二十多處侵入，我們不得不分頭抵擋，在各個地點都派人駐守。每當我們還在修補強化防禦工事，就會有許多墨西哥人奮力從缺口入侵駐地，無論用槍炮弓箭還是刀砍劍刺都很難逼退。他們大喊著當天就要把我們趕盡殺絕，拿我們的心臟和鮮血拿去向神明獻祭，砍下我們的四肢好讓他們飽餐一頓，並將屍體餵給獅子、老虎、毒蛇等兇獸——他們從兩天前就預先停止餵食那些毒蛇猛獸了；我們擁有了金子也僅能愉悅片刻，擁有布匹也是如此；至於那些隨行的特拉斯卡拉人遲早都會被關入牢籠養胖，之後再一個個拖出去獻祭。他們也粗暴的喊著要我們交出偉大的君王蒙特祖馬，還喊著其他口號。到了夜晚仍然不斷吹哨、叫囂，並持續投射標槍、飛石、弓箭。

我們黎明時刻向天主禱告，接著和那四輛戰車塔台出擊。火炮、弩弓、火槍兵在前開道，騎兵衝刺突擊，不過還是跟之前說過的情況一樣，戰局沒多少變化。雖然我們殺了許多敵人，仍難以逼退他們。即使敵軍也已經浴血奮戰了兩天，在這種情況下卻還比之前更加兇猛、投入了更多兵力。話雖如此，我們決意不惜犧牲性命，也要和戰車塔台一起推進到維齊洛波奇特利大神廟。

此外，我軍在一間防禦堅固的屋子戰鬥，被對方殺傷馬匹而無法使用……諸如此類的情況就不一一詳述了，反正都徒勞無功。即便我軍全力攻向敵軍，隨之迎來的則是如大雨般落下的箭矢、標槍、飛石，就算全身披盔戴甲也無法突破敵方防線。就算我們追上任何墨西哥人，他們就會迅速跳入水道或湖泊逃命，一旁還有新造的圍牆阻礙騎兵，許多印地安人就拿著很長的長矛等著了結騎兵的性命。若說我們的馬匹無法施展，那麼燒毀一旁的屋子也無濟於事。之前說過，這些屋子都是建立在水上，由吊橋連結。對方在屋頂平台上築起防禦工事，從上面投擲石塊、落石，我們涉水進攻就非常危險，士兵一定會有所折損。此外，即使我們燒了幾間房子，同一棟房子只會燒了一整天卻延燒不到其他地方，畢竟所有屋子的屋頂都是平台，而且週遭都隔著水。我們在不利的情況下冒著生命危險朝著大神廟前進，最後終於抵達。

然而突然又有超過四千名戰士登上大神廟，帶著長矛、投石、投槍加入原本駐守在上面的墨西哥部隊。敵方所有人採取防衛姿態，我們打了好一段時間都攻不上去。我們的塔台戰車、槍炮弩弓有翅難展，即使騎兵想衝上金字塔，也因為整個大廣場鋪設的石板又光又滑，馬匹衝沒多遠就會失足摔倒。對方在神廟台階上阻止我們登上去的同時，也有許多敵人從兩側夾擊。雖然我們每發炮擊都能殺死十到十五人，許多人也死在我們揮舞的刀刃之下，敵方的攻勢仍鋪天蓋地。雖然我方努力不懈地全軍壓上，仍然有很長一段時間無法登上大金字塔。最後我們捨棄了已經被摧毀的戰車塔台，終於攻上了金字塔頂部。

科爾特斯在此戰展現了他有多麼英勇！而且這場戰鬥極其嚴酷、慘烈。我們所有人遍體鱗傷、殺得血流成河，也有不少人陣亡，此情此景令人記憶深刻。我們為了榮耀上帝而抵達了聖母像所之處，沒想到卻撲了空，似乎是蒙特祖馬大王敬奉聖母，就把聖母像保護起來了。我們得到特拉斯卡拉人的大力協助，放火燒掉其他偶像，維齊洛波奇特利、特斯卡特利波卡神像所在的大廳大部分都被燒毀。我們抵達金字塔頂部時，有一些人持續戰鬥，有一些人負責放火，大神廟的祭司只能驚愕地看著我們的所作所為。然而在我們退下時，又有四、五千名由戰士指揮的印地安人從台階上發動進攻，每次都將我們打下五到十個台階。此時還有許多部署在城垛、槍眼的敵人射出無數標槍、弓箭，打得我們手足無措。我們的戰車塔台已經毀壞，所有人都傷痕累累，已有十六人戰死，而印地安人仍持續從兩側及後方進逼。最後我們決定無論再怎麼艱辛、兇險都得返回駐地。這場戰鬥中我們俘虜了對方兩名大祭司，科爾特斯下令把他們帶回來好好看管。

我們外出迎擊時，墨西哥部隊也始終一直對我方駐地頑強進攻。我們的費盡力氣歸來時，發現攻打我方住所的敵軍和追擊我們的敵人數量相當。他們已經破壞了部分圍牆正要強行入侵，不過因我們的歸來而被迫中止。不過敵人一整天的投槍、投石、弓箭仍不見中斷，夜間也不斷喧鬧、持續射擊。

我們整個晚上都在照料傷患、埋葬死者，為隔天的出擊做準備，也得在圍牆被推倒的地方加設矮牆、修補敵人在牆上打穿的缺口。我們也討論著盡可能減少死傷的戰鬥方式，卻發現即使談得再多都無濟於事。

我得提一下：納瓦埃茲的手下開始咒罵科爾特斯，也咒罵這整個國家和迪亞哥．貝拉斯克斯，因為是貝拉斯克斯把他們從和平安居的古巴派來這個地方受苦。他們瘋狂亂罵、難以自拔。

繼續講我們的故事。我們最後決定訴諸和談，以便讓我們撤出墨西哥城。但是月亮才剛落下，就有更多支戰士部隊抵達，從四面八方嚴密的重重圍住我方駐地。他們的投石、飛箭射得比之前更加密集，號叫喊殺聲也比之前更加響亮，剛來的幾批戰士試著在不同的地方強行突破，即使大炮和火槍製造了不少傷亡，仍不見敵軍有罷手的跡象。

科爾特斯看到這種情況，決定必須請蒙特祖馬大王上屋頂和敵軍喊話，要對方停止進攻，告訴他們西班牙人已經打算撤離這座城市。據說夥伴向這位君王轉達要求時，他很哀傷的說：「馬林切還想要我怎麼做？就是受到他的擺佈，我才會淪落到現在這個下場，我不想再聽他的話、也不想活了。」他不僅拒絕現身，也有人說他不想再見到科爾特斯，不想聽他那些曲意奉承的謊言、承諾。於是換成梅塞德會的教士和奧利德去懇求他，他們極盡恭敬、溫和的交涉，然而蒙特祖馬說：「我不認為我對這場戰爭能起任何作用，他們肯定已經推舉另一位君主，決心不留活口，我想你們所有人都會被殺。」

戰爭仍在進行時，許多士兵就護衛著蒙特祖馬移動到屋頂上城垛的後方。然後蒙特祖馬很親切的對他的人民講話，他說若是他們停止進攻，西班牙人就會離開墨西哥城。許多墨西哥首領和指揮官認出蒙特祖馬，就下令手下安靜、停止射擊。其中有四個人來到可以和蒙特祖馬交談的地方哭著對他說：「大王！我偉大的大王！我們深深的為你遭逢的不幸以及降臨到家人的災難感到哀傷。不過我們必須告訴你，我們已經推舉了你某位親戚成為新的君王。」新的君王名為奎特拉瓦克（Cuitlahuac），是伊斯塔帕拉帕的領主（當時還不是瓜特莫克〔Guatemoc〕擔任君王，不過他隨後很快就繼承了王位）。他們說戰爭必須持續下去，因為他們對大神許諾過，殺盡西班牙人之前都不能罷手。他們每天都對維齊洛波奇特利神、特斯卡特利波卡神祈禱，希望蒙特祖馬能重獲自由，若能如他們所願，他還是會跟之前一樣作為偉大的君王受到敬愛；他們乞求蒙特祖馬寬恕。

話音剛落，突然又襲來一波投石、箭雨，由於我方負責護衛蒙特祖馬的士兵之前見到敵軍停手，在對方首領和蒙特祖馬對話時疏於防範，剎那間就有三顆流石擊中蒙特祖馬：一顆擊中頭部，另外兩顆分別擊中手臂和大腿。雖然其他人很親切地對蒙特祖馬說話，請他接受治療、吃一點東西，但都被他拒絕了。相當出乎意料之外，我們不久後就得知蒙特祖馬去世了。

科爾特斯和我們所有指揮官、士兵都為蒙特祖馬的去世而哭泣，這些認識他、照料過他的人沒有哪個人不是像親生父親去世般為他哀悼。這毫不令人意外，因為蒙特祖馬是善良的人。據說他在位統治十七年，是墨西哥有史以來最優秀的君王，也曾在統治的地區親自打過三次大戰獲勝。

話說我們都為蒙特祖馬的去世感到哀傷，甚至埋怨梅塞德會的教士沒先說服他成為天主教徒。教士為自己辯解說他沒料到蒙特祖馬竟然會死於這種傷勢，蒙特祖馬一定是命人讓他服下某些東西才喪失知覺。經過數度討論，科爾特斯決定派我們囚禁的祭司、酋長去把蒙特祖馬大王去世的消息告知奎特拉瓦克和他的手下，也告訴對方蒙特祖馬的傷勢和死因都是由他的百姓造成。我們全都為蒙特祖馬的去世感到難過，請對方要以偉大君王的禮儀將他安葬，並擁立和我們在一起的蒙特祖馬姪子成為君王，畢竟他才擁有繼承權。不然也得由蒙特祖馬的某個兒子繼承，因為他們所推舉的新君並沒有繼承權。對方必須派人和我們和談，好讓我們離開城市。不照辦的話我們就會出擊作戰，燒毀所有房子、造成極大的損害。我們之前是礙於尊敬蒙特祖馬才不想摧毀他的城市，但現下他已經去世了。

為了讓對方相信蒙特祖馬已死，科爾特斯命六個高貴的墨西哥人和所有被囚禁的祭司把蒙特祖馬抬去交給墨西哥首領，由他們傳達蒙特祖馬去世前所下達的命令。由於蒙特祖馬去世時他們都守在床邊，他們便將整個實情告知奎特拉瓦克：蒙特祖馬是被自己人民所丟的三顆流石打死。

墨西哥首領們目睹蒙特祖馬去世，放聲大哭，我們也聽得見他們的哭喊和慟哭。不過他們的猛攻沒有絲毫放鬆，擲槍、投石、弓箭依舊漫天飛舞，而且他們發動怒濤般的攻勢一邊大喊著：「現在你們得為君王之死以及褻瀆神明償命了。想和談就站出來，要談來談啊！」

我記不清他們還說了什麼，依稀還記得的是：他們已經推舉了勇猛的君王，不會像蒙特祖馬那麼善良心軟、被花言巧語所矇騙。我們也不用為蒙特祖馬的葬禮操心，先擔心自己的性命吧，反正我們兩天之後就會丟了性命、也說不出話來了。他們說這些話的同時殺聲震天，飛石、投槍、飛箭連綿不絕，還有許多部隊打算從不同地方侵入我們駐地點火。

面對這種情況，科爾特斯和我們所有人一致決意隔天朝另一個方向出擊。那條路有許多屋子是建在陸地上，我們要是盡可能摧毀屋子就能抵達堤道。首先，我們的騎兵要衝散敵方隊伍，用長矛突刺把敵人趕進湖裡，即使犧牲馬匹也在所不惜。這個計劃是希望盡可能對敵人造成傷亡，逼得對方放棄進攻、安排和談讓我們離開，如此一來我們就毋須再多加破壞。然而，即使我們隔天奮勇殺敵，燒了二十多間房子並抵達堤道，不過傷亡卻過於慘重，無法達成戰略目標。我軍連一座橋都守不住，而且橋樑全都搖搖欲墜。墨西哥人知道我們的馬匹無法通過路障，開戰前就在路上設置了圍牆和柵欄。雖然我們之前就經歷過許多艱鉅的考驗，不過更大的考驗還在後頭。

話雖如此，還是先談談我們決定該如何離開墨西哥城。

當時我方兵力每天都在折損，而墨西哥人的數量卻日益增加。我們有多人戰死，所有的人都有傷在身。我軍驍勇善戰也無法擊退敵方大批人馬不分晝夜的攻勢，甚至連片刻停頓也沒有。我們的火藥、食物、水源都漸漸捉襟見肘，雖然已經派人要求停戰，不過蒙特祖馬已死，敵人不肯放我們平安離開；加上吊橋已被升起，我們可謂離死期不遠。因此，科爾特斯、所有指揮官都決定要選在敵方戰士最鬆懈的夜晚離開。為了讓對方放下戒心，當天中午我們就從囚禁的人當中釋放一名地位最高的祭司，請他安排讓我們在八天內撤退，而且我們會交出所有黃金。不過這只是為了分散敵人注意力以便我們當晚逃走。

我們夥伴中有一個叫博特略（Botello）的士兵，似乎是蠻正派的人，曾到過羅馬、懂得拉丁文。然而他是身為巫師而受到尊敬，有人說他能召喚妖精，也有人稱他占星師。四天前他曾告訴我們：如果不在特定的某天晚上離開墨西哥城，要是有任何延誤、閃失，所有人都無法逃出生天。他在其他場合也說過：科爾特斯之後還會蒙受許多苦難，喪失地位和榮耀，不過他最後終會成為偉大領主，變得非常富有且受到尊敬。此外他也預言了許多事，不過這位博特略的事等到之後會再說。

我們奉命用堅固的橫樑、板條建造架橋，打算帶到橋樑摧毀的地方使用。我們選出四百名特拉斯卡拉人和一百五十名士兵負責搬運、架設，並在所有軍隊、輜重渡橋前負責防衛；接著挑選兩百名特拉斯卡拉人和一百五十名士兵搬運火炮，由桑多瓦爾和奧爾達斯負責領兵開路；再選出一百名年輕果敢的士兵分成兩隊由路哥和紹塞多率領，負責緊急支援受到猛攻的隊伍；科爾特斯本人與阿維拉、奧利德和其他指揮官配置在中軍；阿爾瓦拉多和胡安·貝拉斯克斯配置在後軍，位在納瓦埃茲手下的指揮官、士兵之後；最後是三百名特拉斯卡拉人和三十名士兵負責護衛俘虜和唐娜瑪莉娜、唐娜露西亞。當晚就把上述隊形配置就緒，搬運黃金的人則分配在各個隊伍之中。

科爾特斯命他的管事古斯曼、幾名侍奉他的士兵、眾多特拉斯卡拉人將所有金銀珠寶搬出來放在大廳，要擔任皇家官員的梅希亞和阿維拉看管皇家稅的部分，配給他們七匹受傷瘸腿的馬、一匹母馬和八十多名特拉斯卡拉盟友，無論是人類還是動物都要盡可能運載這批財物。我曾說過，金子大多已經融成金錠，不過現在大廳裡還堆了許多金子。科爾特斯傳來他的秘書和國王的公證人，他說：「請替我見證，我已經無法擺佈這些金子了，這大廳上的金子價值超過七十萬批索，而且眾所皆知，現在難以秤重或妥善保存，我就全數分給任何想要拿的士兵，不然也只是留給那些墨西哥狗東西。」

許多納瓦埃茲的士兵和我們一些人聽了就立刻把金子裝起來。我向各位保證，我當時一心只想活命，欲念不深，不過還是撿起一個裝有四顆綠松石的小盒子迅速塞入懷裡、藏在護甲之下。綠松石的價值不菲，使我後來得以療傷及養家糊口。

我們得知科爾特斯制定好要連夜逃離的計劃，就立即準備朝橋樑方向前進。夜裡很暗，還有霧氣、下著細雨，我們午夜前就開始搬運架橋和輜重，背著金子的駿馬、母馬、特拉斯卡拉人也提早上路。架橋很快就設置好，科爾特斯的先遣隊及多隻馬匹率先通過，此時突然傳來墨西哥人的呼嘯、吶喊，他們用土話對特拉特洛爾科人說：「『神人』逃跑了！立刻駕獨木舟過來截住他們，別讓任何人活命。」接著只見許多墨西哥戰士猛然襲來，整片湖泊密密麻麻的滿是獨木舟，由於許多士兵已經過橋了，我軍難以招架。數批墨西哥人攻過來的同時也打算拆橋，我們自顧不暇，許多人接連倒地。而且屋漏偏逢連夜雨，因下雨地滑，兩匹馬就跌入湖裡。我和科爾特斯的先遣隊拼死抵達橋的另一側，不過即使奮勇作戰也無法抵擋敵方大批人馬，架橋很快就不堪使用，水道、溝渠立刻就遍佈死馬、印地安男女僕從和各種行囊、箱子。

我們擔心最後大家都會被趕盡殺絕，就沿著堤道推進，還發現數批拿著長矛的敵軍等著。他們對我們嘶聲辱罵：「這些賊人！」、「怎麼還沒死一死！」，看來對方和我們一樣，也制定好了可恨的計劃。雖然我們有六名夥伴受傷，不過還是殺出一條生路。科爾特斯和眾指揮官及士兵快馬加鞭、沿著堤道衝刺登上陸地保住性命，背著金子的馬匹和特拉斯卡拉人也平安抵達。我敢說要是騎兵在每座橋都等著接應其他士兵，後果會是西班牙人全軍覆沒。畢竟我們沿著堤道衝殺墨西哥部隊時，一側是水，另一側是平台屋頂，湖上也遍佈了獨木舟，我們除了向前突破外也別無選擇。我軍許多弩弓、火槍都遺留在橋上，而且當時是在夜裡，除了用手上的刀刃砍殺包圍過來的敵人，盡力突圍推進，直到逃離堤道，我們還能有什麼辦法？

若是白天的話情況將會更糟，我們這些人能夠脫逃只是因為受到上帝保佑。當晚見到這麼多戰士前撲後繼的不斷來襲，成群的獨木舟壓制包圍了所有士兵，這副景象相當觸目驚心。我們沿著堤道前進到塔庫巴城附近，桑多瓦爾、奧利德與幾名一起衝在前頭的騎兵就去找已經抵達的科爾特斯會合，他們喊著：「統帥大人，讓我們在這裡停下，有人說我們自顧著逃跑，任由他們在橋上等死。我們回頭幫幫那些倖存者和無法逃跑的人吧。」科爾特斯先是說我們這些人能逃出來已經是奇蹟了，不過後來還是帶著沒受傷的騎兵回頭找人，走沒多遠就碰上身受重傷的阿爾瓦拉多。阿爾瓦拉多徒步拿著長矛，他的栗色母馬已經被殺了。他身邊還有同樣傷勢嚴重的四名士兵和八名特拉斯卡拉人，所有人都遍體鱗傷、鮮血淋漓。

科爾特斯和指揮官們回頭前往堤道時，其他人就在塔庫巴一處的廣場暫時避難。數批來自墨西哥城的部隊一邊大喊，一邊對塔庫巴和另一個阿斯卡波察爾科鎮的人們下令圍攻，接著就開始對我們擲槍、投石、射箭，並用長矛進攻，我軍數次和敵軍交戰、進行抵抗反擊。

回來談阿爾瓦拉多的情況。當科爾特斯和其他指揮官終於找到了阿爾阿拉多，也知道其他士兵沒能從堤道上脫逃，大家頓時熱淚盈眶。阿爾瓦拉多說胡安・貝拉斯克斯和許多西班牙士兵共超過八十人在橋上戰死，他和四名士兵在馬匹被砍死後冒著重重危險，踏在遍地屍體、死馬、箱子上才得以過橋，當時橋上和堤道上都站滿了敵方戰士。那座悲慘的橋後來被稱為「阿爾瓦拉多之躍」（Alvarado's Leap），但我敢跟你保證，當時肯定沒有任何士兵會停下來看他跳得有多遠。這麼說吧，眼見那麼多墨西哥人不斷來襲，我們可是面臨死生存亡的危機，光是保全性命就自顧不暇了。直到征服墨西哥前我可沒聽說過什麼「阿爾瓦拉多之躍」，直到後來才從一個叫貢薩洛・奧坎波（Gonzalo Ocampo）所寫的諷刺文章中看到；不過除了其中那一句：「你應該記得橋上的那一躍」，此外的文章我在此不會引述，也不願再詳述這件事，因為那是教人傷心的故事。

我們還在塔庫巴逗留時，許多來自湖畔城鎮的戰士聚集起來，又殺了我方三名士兵。大家決定盡快離開此地，五名特拉斯卡拉人找到了不經大路通往特拉斯卡拉的通道，小心翼翼引導我們找到幾間小山丘上的房子，旁邊還有一間要塞般的金字塔。那是當地的神殿，我們就在此停下休息。

我們撤退一路上仍遭到墨西哥人追擊，不斷被投石、射箭、擲槍伺候。他們持續包圍、攻擊我們的情況令人心驚膽戰——我已經說過同樣的話好幾遍了，自己也重複到膩了，請讀者別嫌我囉嗦，畢竟只要每次他們攻擊、殺傷我們，我就不得不再說一次。

讓我談談我們是如何保護自己。我們在那個要塞般的神殿中藏身，治療自己的傷口，生起許多火堆，不過一點吃的都沒有。過了一段時日，我們終於征服了強大的墨西哥城，大家就在這神殿的位置建了一座教堂，後來被稱為「救世聖母堂」（Nuestra Señora de los Remedios），現在備受當地人崇拜，許多墨西哥的市民、女士會前去朝聖，參與九日敬禮。

接著談一下我們療傷時的悲慘情形：大家用棉布治療、包紮傷勢，不過傷口因為受寒、腫脹而痛楚難當。然而更可嘆的是我們損失了這麼多騎士和勇敢的士兵，例如：胡安．貝拉斯克斯、弗朗西斯科．紹塞多、弗朗西斯科．莫拉、「好騎手」拉雷斯和許多科爾特斯的追隨者。我在此只提到幾個人，畢竟要寫下所有那麼多陣亡夥伴的名字實在是過於浩大的工程。至於納瓦埃茲的手下，他們大多數都背著金子死在橋上。

現在再說起那位占星家博特略，看來他的占星術對自己毫不管用，他和他的馬死在一起。但容我再說下去：我們脫離險境後從他的箱子裡找到一些捆綁成冊的文件，上面畫了各式圖案、標線、註解、符號，旁邊還有這段文字：「我是否會在這場可悲的戰爭中被印地安人殺死」，旁邊隔幾行的圖案邊寫著：「你會死」，但旁邊又寫著：「你不會死」；其他幾頁則寫了：「他們是否會殺我的馬」，隔幾段後又寫著「他們會殺了馬」。這些文件上還有許多圖形，很顯然是算命用的，也有許多其他成對的矛盾敘述。箱子裡還有一個四吋長、用羽毛做成像是男性生殖器的東西，由於填塞了毛料進去，其相似度令人印象深刻。

橋上被殺的人還包括了蒙特祖馬的兒子、女兒，我們押送的那些囚犯——特斯科科的領主卡卡馬特辛和其他幾名地方領主也都死在橋上。不過可悲的事就言盡於此，我們得設法面對眼前的情況：所有人都有傷在身，只剩下二十三匹馬倖存，沒留下任何火炮、火藥、火槍，只有一些弩弓。於是我們迅速修好弓弦、製作箭矢，然而最糟糕的是大家不知道特拉斯卡拉盟友心裡有何盤算。此外，夜晚降臨時我們又會被高聲吶喊的墨西哥人用標槍、弓箭、投石器包圍射擊，於是我們決定由特拉斯卡拉人引領，午夜時離開此地。我們把傷者排在隊伍中列，讓瘸腿的人柱著枴杖，而傷勢嚴重、不良於行的人騎在瘸腿或不適合作戰的馬匹上；那些沒受傷的騎兵在前頭開路，或在隊伍兩側護衛，受傷的特拉斯卡拉人也走在我們隊伍當中，沒受傷的就和我們一起迎擊敵人。

墨西哥人不斷呼嘯、吹口哨，同時騷擾著我們，他們喊著：「你們已經踏入死地了。」我們當時不明白他們為什麼這麼說，但之後就會知道了。我差點忘了說：大家見到唐娜瑪莉娜和老希科田卡的女兒唐娜露西亞還活著時實在高興極了。她們在橋上被特拉斯卡拉人拯救，還救了墨西哥城內唯一的西班牙女性瑪莉亞·德·埃斯特拉達（María de Estrada）。此外也有一些老希科田卡的兒子（唐娜露西亞的兄弟）率先過橋逃了出來，不過大部份特拉斯卡拉及墨西哥城贈送的女性僕從都被拋在後頭，生死不明。

繼續談接下來的行軍之旅。我們某天抵達一個隸屬於大城夸奧蒂特蘭[1]的農莊（Cuauhtitlan）（征服墨西哥城後，這個地方賞賜給阿維拉）。雖然墨西哥人仍對我們大呼小叫，飛石、標槍、弓箭的射擊也毫不停歇，不過我們還撐得下去。我們打算穿過農舍、棚屋，墨西哥人仍窮追不捨，越來

1 作者記憶可能有誤，並不是很確定是否為此處。

越多人聚集起來要大肆屠殺；他們又展開包圍，頻頻射箭、擲槍，並用投石器射出飛石，在險要的通道上用大砍刀攻擊我軍。我方兩名士兵戰死、一匹馬被殺，多數人也都受傷。不過我們刀砍劍刺也殺了許多人，而騎兵的戰果更是豐碩。大家就在這幾間屋子過夜，吃了那匹被殺死的馬，隔天早上繼續進軍，半數騎兵在前頭開路。我們又前進了三哩，到了一片平地，自以為能安然進軍時，哨兵衝回來報告說偵察到原野上站滿了守候著我軍的墨西哥戰士。雖然大家都對這個消息感到錯愕，但毫不氣餒，決定和敵人奮戰到底、至死方休。我們稍事停留，要求騎兵來回衝刺攻擊，朝敵人臉上猛刺直到破壞對方陣勢；士兵要用利刃刺穿敵人軀體，為我們死傷的夥伴報仇雪恨。要是上帝允許，就讓我們脫逃保命。

我們見到敵軍開始包圍上來，騎兵就五人一組，準備發動攻勢打亂敵方陣形。大家衷心向天主和聖母禱告後，大喊著守護者聖約翰之名一起發動進攻。

這是一場慘烈的戰鬥，場面非常驚心動魄。我們以密集的陣形在人海當中廝殺，用刀劍對敵軍強劈猛刺。不過墨西哥狗賊也兇悍無比，用長矛和雙手大砍刀造成我方不少死傷。不過戰場地勢平坦，我方騎兵能隨心所欲的來回衝擊、刺殺敵人，雖然他們和馬匹都有傷在身，仍英勇的持續作戰。結果我們這些沒有馬的士兵似乎也都氣力倍增。雖然大家都已經傷痕累累，而且還持續受創，不過我們沒有時間停下來包紮，只是一味的朝敵人逼近、用利刃招呼他們。科爾特斯、奧利德、桑多瓦爾、貢薩洛·多明格斯（Gonzalo Dominguez）和胡安·薩拉曼卡（Juan Salamanca）等指揮官表現得十分英勇，雖然他們傷勢很重，仍在原野上四處奔馳、打亂敵方陣形。我記得科爾特斯命令我們這些在密集的敵軍當中廝殺的士兵要朝著敵方首領砍殺過去，敵方首領都穿戴著金色大羽飾和華麗的甲冑做標記。

桑多瓦爾大喊：「各位弟兄，今日是我們戰勝之日，相信上帝！我們一定能保全性命、大獲全勝。」大家聽了莫名振奮，變得英勇無比。然而我還是得再說一次：我們也有許多士兵重創、戰死。

由於上帝保佑，此時科爾特斯和一起衝刺的眾指揮官接近了墨西哥大將所在之處。那名大將身穿金色護甲、頭上戴著高挺的銀色羽飾，身邊有一大批戰士，周遭旗幟飄揚。科爾特斯見到他和身旁的首領們都戴著長羽飾，就對眾指揮官說：「騎士們，我們從中間衝殺過去，非讓他們個個見血不可。」接著他們向上帝祈禱，和我方騎兵聯手攻擊。科爾特斯朝墨西哥大將直奔，將對方的旗幟打落在地，此時其他指揮官也順利突破大批印地安人跟上。不過科爾特斯的攻擊並沒有打倒墨西哥大將，而是由跟在他一旁、騎著花斑馬的薩拉曼卡刺了大將一槍，摘下那頂華麗的羽飾。薩拉曼卡後來把羽飾獻給科爾特斯，說是因為科爾特斯率先突擊並擊落大將的旗幟，才使敵軍喪失戰意，羽飾應該歸他所有。然而三年後，國王陛下將羽飾賜給薩拉曼卡當成紋章標誌，他的後代子孫還把這個圖樣繡在馬鞍布上。

回來繼續談這場戰爭。想必是天主的旨意，那名墨西哥大將和其他許多首領戰死後，敵方的攻勢就遲緩下來。於是我方騎兵開始追擊，而且大家絲毫不覺得飢渴，好似從未經歷苦難艱辛，就這樣乘著勝利大肆廝殺。盟友特拉斯卡拉人也變得跟獅子一樣勇猛，他們無論是拿著長劍、雙手砍刀或是其他從敵人手中奪下的武器，都表現的驍勇難當、相當出色。

我方騎兵乘勝追擊歸來後，由於能從這麼強大的敵人手下活命，大家無不連聲感謝上帝保佑，畢竟我們從未在任何一場戰鬥中見過這麼多印地安戰士聚在一起。敵軍都是墨西哥的精英，特斯科科、所有湖畔城鎮及其他鄰近地區的戰士都參與這場大戰，而且奧圖巴人（Otumba）、特佩特斯庫科人（Tepetezcuco）、沙爾托坎人（Saltocan）也全都參與了大戰。他們原本認為這次就能把我們全數殲滅，身穿的護甲還特別華麗，用了許多金子、羽毛、標記作裝飾，而且幾乎所有人都是酋長或重要首領。這場仗絕對稱得上是一場激戰，若非有上帝保佑，我們必定在劫難逃。這場膾炙人口、熱血激戰的戰場附近有一個村子叫奧圖巴。

興致盎然的讀者應該記得我們回墨西哥城解救阿爾瓦拉多時尚有一千三百多名士兵，其中包括九十七名騎兵、八十多名弩弓手和相當數量的火槍兵，此外還有超過兩千名特拉斯卡拉人和許多火炮。我們是在一五二〇年的「仲夏日」（Midsummer Day）[2]返抵墨西哥城，於同年七月十日逃離。而被稱為「奧圖巴之戰」的這場戰爭是發生在七月十四日。就在短短這幾天內，從墨西哥城內的作戰算起，加上堤道撤退與路上的所有衝突交戰，以至於奧圖巴戰役結束，我們共超過八百六十名士兵戰死，或是被抓去獻祭。其中有七十二名士兵、五名西班牙女性（都是納瓦埃茲的人馬）

和一千名特拉斯卡拉人在圖斯特佩克被殺。現在讓我們再回想這件事，看來科爾特斯分發的那些金子真的是無福消受，許多納瓦埃茲的手下之所以在橋上被殺，就是裝了太多金子才跑不動也游不遠。

後來大家心情舒暢的朝特拉斯卡拉前進，路上吃的是一種叫「阿由特斯」（ayotes）的葫蘆。小村落的墨西哥人不敢再聚集交戰，不過仍從我軍打不到的地方遠遠地丟石頭、擲標槍或射箭。我們先是在農場的屋子裡避難，接著是在某個有座精緻神廟和堅固屋子的小村落裡整晚休息、治療傷勢。墨西哥部隊仍持續跟蹤，不過不敢靠得太近，而有些靠得比較近的人像是在說：「快滾吧！滾出我們國家！」從這個小村可以看到特拉斯卡拉周遭的山區，對我們來說，眼前的景象似乎是在歡迎我們回家。但我們怎麼能確定特拉斯卡拉人仍忠心不二？又怎麼知道他們的態度如何？「利卡鎮」的殖民者是生是死？科爾特斯對大家說：雖然我們人數不多，只有四百四十人以及二十四馬、十二名弩弓手、七名火槍兵生還（總數就和一開始跟著他進入墨西哥城的人馬差不多），即使現在沒有火藥，大家都受傷、瘸腿、殘廢，不過我們還是能清楚的感受到耶穌基督的恩惠，讓大家保全性命，我們無時無刻都必須感激、敬愛祂。

由幾名哨兵騎在前頭探路，我們後來找到了一個山邊的泉水，當地有一些之前留下的圍牆和

2 古代的「仲夏日」也就是本章前面提到的「聖約翰日」，為六月二十四日。

防衛設施。特拉斯卡拉盟友說此處是特拉斯卡拉和墨西哥交界；我們歷經千辛萬難，終於在此暫時獲得平靜，稍事梳洗，隨即又行軍出發。後來我們就抵達特拉斯卡拉人的城鎮韋約特利潘（Hueyotlipan），當地人拿出一些食物接待我們，雖然份量並不多，而且還得用某些人攜帶的金子和綠松石支付。

我軍抵達的消息傳到特拉斯卡拉首都，馬塞埃斯卡西、老希科田卡、奇奇梅卡特克雷和許多酋長、首領立即就與鄰近韋霍欽科的居民前來相見。他們到了我們所在的城鎮，就立刻上前擁抱科爾特斯和其他人，有些人還流著眼淚。他們哭著對科爾特斯說：「喔！馬林切！馬林切！我們為你和兄弟們所遭遇的不幸感到非常難過，也對那麼多跟隨你們的人民被殺感到極為痛心。我們曾屢次告誡要你別相信墨西哥人，他們總有一天一定會動手殺人，然而你卻不信。往事已矣，現在我們能做的就是贈送食物，讓你們照料傷勢。先把這當成家裡休息，我們回到城裡會為你們準備住所。別以為你們從那座強大的城市和橋上逃出來是小事，我們可是比以往還更欽佩你們的勇猛。我想村裡一定會有許多女人為他們的兒子、丈夫、兄弟親戚的戰死哭泣，請不要介意。也多虧你們的神明，讓你們能從奧圖巴那一大批等著襲擊的戰士手中逃命。雖然我們四天前就知道墨西哥人聚集起來要圍殺你們，本想召集三萬戰士前去援救，不過我方戰士還沒集結而未能出發，目前也仍在召集戰士。」

科爾特斯和我們所有人都擁抱他們，表示感謝，科爾特斯給了所有首領金飾、寶石，我們每位士兵也盡可能把身上所帶的財物分送出來，有些人則把禮物送給他們認識的印地安人。看看特拉斯卡拉人見到唐娜露西亞和唐娜瑪莉娜時有多開心呀！不過他們也為其他戰死而未能歸來的人哭得極其難過，尤其是把女兒許配給胡安·貝拉斯克斯的馬塞埃斯卡西，他為沒能回來的女兒唐娜愛爾維拉和貝拉斯克斯痛哭。

19

科爾特斯召集生力軍

（西班牙人在特拉斯卡拉停留了二十二天，又有新的災難降臨。儲放在特拉斯卡拉的金子（「利卡鎮」殖民者應分得的戰利品）被墨西哥人奪走，而且三名運送的殖民者遇害。此外，雖然特拉斯卡拉人仍然熱切忠於西班牙人，領袖也宣稱當地在神明預言的「神人」到來後才發展得欣欣向榮、前所未有。然而年輕的希科田卡意圖激發動亂，打算和墨西哥結盟攻擊西班牙人。但其他領袖察覺了希科田卡的計劃，若非他的父親在場庇護，其他領袖就會下令處死他。不過其他人後來還是放了他一馬。

科爾特斯盡可能四處召集援軍，他向「利卡鎮」寫信求援，卻隱瞞了部分真相，只索取要於墨西哥城鄰近地區作戰用的火藥、弩弓，另外要求納瓦埃茲的手下把兩艘船交給他，不適於航行的船則全部摧毀。結果後來只有七個老弱殘兵從「利卡鎮」前來支援，由一個叫蘭塞羅（Lencero）的士兵率領，這件事在營地間成為趣事流傳。

科爾特斯決定對有墨西哥軍駐守的城鎮特佩阿卡進軍，十六名西班牙人曾在此遇害。他開始訓練那些毫無紀律的納瓦埃茲士兵備戰，不過以安德列斯．德．杜羅（Andres de Duero）為首的納瓦埃茲人馬要求返鄉。他們連署了請願書，指出所有人都身負重傷，武器與儲備都已耗盡，想放棄作戰回「利卡鎮」。然而他們由於見到其他大部分人馬都支持科爾特斯，儘管非常不情願，最後以「時機允許時就會立刻返鄉」為但書，暫時加入科爾特斯的遠征。。

遠征軍抵達特佩阿卡後遭到當地人挑釁威嚇，對方聲稱會比西班牙人逃離墨西哥城及奧圖巴之戰時還要更殘忍地屠殺他們。於是科爾特斯在公證之下起草了奴役法令，用以懲罰那些曾宣誓臣服國王陛下卻叛變的墨西哥人及其盟友。西班牙人從此之後開始合法奴役墨西哥人。

西班牙騎兵在易於部署、馳騁的玉米田上輕易擊潰特佩阿卡人和墨西哥駐軍。於是特佩阿卡人宣誓向國王陛下臣服，西班牙人就把這個城鎮更名為邊安鎮（La Villa Segura de la Frontera），設立成征討鄰近地區的基地，在此處任意捕捉奴隸、把人打上特殊烙印。

此時，蒙特祖馬的繼任者在墨西哥城死於天花，瓜特莫克被推選為繼任君王。貝爾納爾．迪亞斯是如此描述瓜特莫克：「他是大約二十五歲的年輕人，在印地安人當中算是相當英俊，而且十分勇敢。」瓜特莫克的妻子是蒙特祖馬的其中一個女兒。特佩阿卡敗戰、大部分人民被奴役後，瓜特莫克害怕西班牙人會攻擊王國的其他地區而派出增援軍，然而他的墨西哥軍隊並沒有善待瓜卡突拉（Guacachula）和伊蘇卡爾（Izucar）兩地的人民，雖然兩地的主要城鎮獲得增援，人民卻起而反抗。人民得知西班牙人終止了墨西哥人在當地的擄掠後就決定背叛，倒向西班牙人。當時是奧利德率領著那個地區最大規模的西班牙遠征軍，不過他非常優柔寡斷，軍隊中的納瓦埃茲人馬一度勸他撤退，然而特拉斯卡拉人已經從特佩阿卡掠奪了大量戰利品和奴隸，正非常渴望戰爭，於是全軍將墨西哥人擊敗。

此時有兩艘小型船艦抵達「利卡鎮」，上面載著古巴總督提供納瓦埃茲軍隊的補給，因為納瓦埃茲戰敗被俘的消息還沒傳到古巴。科爾特斯很機智的把兩艘船的船員騙上岸，然後說服對方為他供應物資。接著有六十名在帕努科河殖民失敗的生病士兵意外的來到邊安鎮加入科爾特斯，不過後來這些人大多數都死了。由於他們死時的屍體發綠、腹部腫脹，剩下的人就被稱為「綠腹軍」。另外有一批五十三名士兵和七匹馬的部隊，由米格爾・迪亞斯・德・奧斯（Miguel Diaz de Auz）率領。他們原本是被派去增援帕努科殖民地，但發現那裡已經荒廢了。這些人因健康情況較好、更受歡迎而被稱為「虎背軍」；另一支四十人的部隊穿著厚重的棉甲，擁有十匹馬和一些弩弓手，被稱為「鞍馬隊」。後面這兩支來自牙買加的部隊是意外來到這附近，因此古巴總督、牙買加總督幫了科爾特斯重建原本兵力耗竭的軍隊卻毫不知情。科爾特斯此時有超過一百五十名士兵和二十多匹馬可以調度。

科爾特斯得知卡卡塔米（Cacatami）和哈拉辛戈這兩個村落的人殺了「利卡鎮」的殖民者，奪走裝載的金子，而且也有幾個納瓦埃茲的手下在前往墨西哥城的路上遇害。他派桑多瓦爾率領兩百名士兵和大批特拉斯卡拉人去處理這些村落。初步交涉之下，對方拒絕歸還金子，於是雙方在開闊的原野上交戰，印地安人潰敗。西班牙人在幾座金字塔裡發現布匹、棉甲和騎兵的馬轡，不過那些騎兵已經遭到犧牲獻祭，而且也沒有發現那些運往墨西哥城的金子。

這些村落的酋長戰敗後要求停戰，桑多瓦爾就把他們送去見科爾特斯。此時科爾特斯已在印地安人間獲得英勇公正的美名。同時天花在這整個國家蔓延，許多酋長病死。由於科爾特斯得對殖民者應分得的財產負責，經過一連串各式各樣的討論後，最後決定由桑多瓦爾的遠征軍帶回大批印地安女人、小孩烙印成為奴隸。

遠征軍成功的鎮壓整個鄰近區域後，皇家官員協助科爾特斯分配奴隸。當時特拉斯卡拉盟友的男人們已經充分提供必要的勞力、行動支援，所以只有女性和小孩奴隸比較有價值。科爾特斯為了支付皇家五分之一稅，他自己也要抽取分成，便決定把所有俘虜都烙印為奴，並宣佈士兵們在公告後的當天能帶走他們「中意的」女奴。然而士兵們發現不僅僅是五分之二的奴隸已被分走，所有長得好看的女人早已不見蹤影，沒任何漂亮的人可選。於是士兵們群起控訴，尤其是納瓦埃茲一派大力抨擊科爾特斯，也指控科爾特斯錯估了墨西哥城所獲得的金銀財寶。總之，「可憐的士兵們歷經千辛萬苦、遍體鱗傷」，不僅喪失了應得的金子，連想要挑選的女人也被奪走。

然而科爾特斯又和之前一樣用他的三吋不爛之舌平息眾怒，他答應若是長得漂亮的女奴在拍賣上能獲得更高價，所有女奴都一律拍賣掉，使士兵不再埋怨。

逃離墨西哥城後所保留下來的金子又引起另一項紛爭：科爾特斯在離開墨西哥城之前的最後一晚將馬匹和腳夫搬不完的金錠分給所有想要的士兵拿走，多數士兵都帶了不少在身上，不少人也因此賠上性命。現在科爾特斯宣告士兵們必須把三分之一歸還給他，不交出來的人會被囚禁。他強制收回了一些金子，不過由於眾指揮官和皇家官員也都私藏了不少，大多數人都對這個公告視若無睹。

既然科爾特斯已經獲得了援軍，納瓦埃茲一派的人馬便再次要求返鄉。這次他們獲得放行，取得一艘船離開。由於科爾特斯一派仍然被視為叛徒，他就指派奧爾達斯代表他前往西班牙，另外派阿維拉去向聖多明哥的皇家議會陳情。此外他也派人去牙買加購入馬匹，一切費用都是用他私藏的金錠支付。

接著科爾特斯決定將軍隊轉移到特拉斯卡拉，致力於建造十三艘單桅船。他打算日後再度攻佔墨西哥城，船艦則用以避免軍隊在堤道前進時兩側遭到敵軍夾擊。特拉斯卡拉人大力協助造船。此外，馬塞埃西卡斯死於天花後，科爾特斯協助推選他的兒子繼任大酋長，而老酋長自願受洗成為天主教徒。

眾人砍伐木材，從「利卡鎮」召來鐵匠，取得船錨、船帆、索具、鎖鍊、拖繩，從松木裡提取松脂。接著是討論要朝特斯科科還是阿約欽戈進軍，以便讓船隻從河渠下水集結，駛入墨西哥城所在的大湖。最後決定的目標是特斯科科。此時科爾特斯也得知有一艘來自西班牙加那利群島（Canaries）的船艦抵達「利卡鎮」。船上有一支軍隊，也載運了火藥、武器和各式商品。於是科爾特斯向他們購買補給，而船上的軍隊也上岸來到營地暫時

提供協助。〕

科爾特斯獲得了火藥、火槍、弩弓、馬匹等大批補給，而且所有指揮官和士兵都有志一同、渴望進攻那座強大的墨西哥城，於是就向特拉斯卡拉的統治者要求提供一萬戰士加入我們的遠征軍。我們打算先進攻特斯科科城，特斯科科城是新西班牙地區最大的幾座城市之一。老希科田卡（先前提到他已經受洗成為天主教徒，取名為堂勞倫佐・德・貝爾加斯〔Don Lorenzo de Vargas〕）不僅同意派出一萬人，還願意派出更多戰士，並指派另一位勇猛的酋長、也是我們強大的朋友——奇奇梅卡特克雷擔任指揮官。科爾特斯感謝他們的支持，將部隊人數點閱完畢，於一五二〇年的聖誕節後照慣例以嚴密陣勢動身出發，當天晚上在某個隸屬於特拉斯卡拉的村子過夜，由那個村子供應我們所需的物資。

再往下走就是墨西哥人的領土，我們更加警戒，騎兵、火槍兵、弩弓手小心維持好陣列，四名騎著馬的哨兵和四位身手矯健的士兵持著劍、盾在前頭探查地勢險要之處，看看是否馬匹能夠通行。我們到來的消息已經傳到墨西哥城和特斯科科，而當天我們也接獲警告：前方路上某個險要的山道已被砍倒的樹木阻塞。

當天我們沒有遇到任何阻礙，大約進軍了九哩後在山脊下宿營。那天晚上非常寒冷，我們黎明時開始登上某條小徑，此處有一些溝壑橫斷山腰，形成了難以通行的險要之處，山道上也堆了許多松木、斷樹。不過特拉斯卡拉盟友很快就清除障礙，感謝他們。我方弩弓手和火槍兵極度警戒的在前頭開路，盟友劈開樹木後推到一旁以便讓騎兵通行。大家登上山頂，然後又往下走了一段路，一直走到某處，見到整個墨西哥湖和那些佇立在水上的雄偉城市。感謝上帝讓我們得以再度見到那座城市，接著又想起我們之前大敗被逐出墨西哥城，於是大家對上帝發誓，這次要在祂的保佑下採取不同的作戰方式，徹底封鎖這座城市。

我們下山時看到特斯科科及其所屬城鎮設置的巨大煙火信號，接著又繼續前進，在某個險要之處遇上墨西哥、特斯科科戰士。此處的山道穿過灌木林，連接一條似乎被摧毀的木橋，而木橋下是深淵瀑布。不過我們迅速就擊敗敵方人馬，安全通過。後來敵人又從農村和山溝間發出驚人的喊叫聲！不過他們也僅止於叫嚷，其實都遠遠躲在我們馬匹無法接近的地方。儘管科爾特斯曾下令：除非遭到攻擊，否則不要開戰。然而盟友特拉斯卡拉人還是把家禽和任何可搶的東西都帶走。他們認為若是當地人對我們保持善意、想和平共處，就不會在溝壑間的木橋處發動攻擊。

我們已從橋上俘虜的五名墨西哥人得知有數批戰士在另一個地勢險要的地方佈陣，當晚就在一個隸屬於特斯科科的棄置城鎮過夜。我們派出探子、設置崗哨，做好一切對抗夜襲的警戒措施。不過後來才知道對方不敢前來攻打，甚至連守都不敢守。敵方墨西哥人和特斯科科人似乎起了爭執，而且天花也曾經肆虐這個地區，當地人還沒從中恢復。此外，對方也聽說我軍多次戰勝墨西哥駐軍。

我們破曉時繼續朝相距六哩的特斯科科進軍，才走了一哩多就看到哨兵開心的飛快奔回。他們說十個解除武裝的印地安人正帶著金色的印記、旗幟接近，他們經過的農村也不再像前幾天一樣一直有人大喊大叫。所有跡象都顯示對方想停戰，大家都對此感到高興。於是科爾特斯下令全軍停下，等待來自特斯科科城的七名首領。來者帶著一面掛在長矛上的金色旗幟，來到我們面前時垂下旗幟，跪下表示和平。他們對身邊站著唐娜瑪莉娜和阿吉拉爾的科爾特斯說：「馬林切，我們的領主、同時也是特斯科科的領主——科約納科欽（Coanacotzin）派我們前來求和。他正友善的在特斯科科城等候，請收下這面證明友好的金旗。他謙恭的請你的弟兄和特拉斯卡拉人不要破壞這座城市，請進城住宿休息，他會提供任何你們需要的物資。」他們還說駐守在溝壑和險要之地的並非特斯科科人，而是瓜特莫克派來的墨西哥人。

我們聽了這個求和提案都非常高興，科爾特斯立即擁抱了使者，而且我們認得其中三位是蒙特祖馬的親戚，之前是蒙特祖馬的手下。簡短交涉後，由於已締結和平，科爾特斯就立刻召見特拉斯卡拉的領袖，友善的要求他們不要破壞這個地區。特拉斯卡拉人遵從了科爾特斯的命令，不過科爾特斯並沒有要求他們不准拿食物，反正這個地區家家戶戶倉廩豐實。

科爾特斯接著與旗下指揮官商議，然而我們多數人都認為這個和平交涉其中有詐，若是對方真心和談就不需要來得如此匆促，也應該會提供一些糧食。不過科爾特斯仍然接受了那面價值八十披索的金旗，向使者表達感謝。他說如果對方信守自己提出的和平提案，他向來都不會迫害國王陛下的子民，反而還會提供協助，保護他們對抗墨西哥人；他也提到特拉斯卡拉人已經受到了約束。此外，科爾特斯說他知道有四十多名西班牙人和兩百多名特拉斯卡拉人於撤出墨西哥城時在這個城市被殺，身上的金子和戰利品被搶走，他要求特斯科科的領主、酋長、指揮官歸還金子、布匹。至於西班牙人遇害之事，逝者已矣、無法死而復生，他不再計較這件事。

使者同意向領主轉告科爾特斯的要求，不過他們殺死西班牙人、奪走戰利品只是奉命行事，是蒙特祖馬死後繼任的君王奎特拉瓦克授意。他們說奎特拉瓦克要求把「神人」帶去墨西哥城獻祭給維齊洛波奇特利神。科爾特斯對這個答覆並不加以反駁，以免自己的氣憤嚇到對方。接著他為使者送行，留下其中一名使者和我們同行。

我們接著來到科斯科科的近郊，不過我忘了這是什麼地方，當地人贈送了許多食物、提供所需物資。我們把幾間屋子內的偶像丟出去，然後住了下來，隔天一大早再朝特斯科科城進發。特斯科科的街上或屋子都沒見到任何女人、小孩，所有男人看起來都很驚恐、充滿敵意。

我們在幾間大廳、大房間駐紮，科爾特斯認為這個城市的氣氛並不安穩，立即召見指揮官和多數士兵，他要我們不得離開駐紮地的大庭院，必須做好防衛的準備，看看事態如何發展。他派阿爾瓦拉多、奧利德率領一些士兵（我也是其中之一）在二十多名火槍兵的護衛下登上大金字塔觀看整個湖泊和城鎮，因為那裡能把附近的景觀一覽無遺。我們登上金字塔頂部，看到城鎮居民正在移動他們的妻子、兒女和金子、糧食。有些人躲到山裡，有些則是躲到湖邊的蘆葦叢。湖上到處都是大大小小的獨木舟。

科爾特斯掌握了情況，就下令捉拿負責贈送金旗的酋長，但負責前去召喚的祭司發現那個酋長已經和數名首領平安逃離了，而且他們是最早逃往墨西哥城的一批人。當晚我們非常小心的安排崗哨、偵查兵，隔天一大早就下令召集所有還留在特斯科科的酋長前來見科爾特斯。由於這座城市很大，許多人是屬於和逃離酋長對立的派系，他們對於該由誰統領這個地方的確也起過爭執。他們說科約納科欽之前為了謀奪權位，在君王奎特拉瓦克的幫助之下暗地謀殺了他的哥哥奎奎斯卡欽（Cuicuitzcatzin）。他們也提到另一位更適合繼承王位的人選，這位擁有合法繼承權的年輕人不久後就由我們的統帥擔任教父，在盛大的儀式下受洗成為天主教徒，取名為堂．埃爾南．科爾特斯（Don Hernando Cortes）。據說這個年輕人是前特斯科科君王內薩瓦爾皮利（Nezahualpilli）的嫡子，不久後就被推舉繼承了王位，整個特斯科科城歡欣鼓舞的為他舉行了各種盛大儀式。這名新君擁有絕對的統治權，非常愛護他的臣民，也和鄰近地區的城鎮和平共處。科爾特斯為了讓他更忠於天主教信仰，也要他學習我們的禮儀、語言，就指派安東尼奧．德．畢利亞．里爾（Antonio de Villa Real）和一個名為埃斯科瓦爾（Escobar）的學士擔任他的家庭教師。

科爾特斯向這位新君要求大量印地安勞工去拓寬、加深特斯科科附近的幾條溝渠、水道，以便我們的船艦完工後能由此拖運下水，直接駛向墨西哥湖。他向堂埃爾南和其他首領解釋了這麼做的理由及目的，也說明我們圍攻墨西哥城的計劃。

〔堂埃爾南竭盡全力協助西班牙人，而且靠良好的手腕說服其他幾個城鎮和西班牙人結交。水道的工程不斷進行，而墨西哥人一直在獨木舟上監視著西班牙人，希望能來個出其不意的襲擊。〕

我們在特斯科科停留了十二天，由於特拉斯卡拉人的數量龐大，特斯科科無法供養這麼多人，特拉斯卡拉人的糧食即將耗盡。而且特拉斯卡拉人渴望與墨西哥人開戰，為他們在上次大敗中戰死及遭到犧牲獻祭的同伴們報仇雪恨；我們也不想讓他們遭受缺糧之苦，科爾特斯就決定向伊斯塔帕拉帕城進軍。我們上次進入墨西哥城之前曾路過那座城市，離特斯科科十二哩。我以前曾說過那是座美麗的城市，有超過一半的屋子建在水上，其他的建在陸上。科爾特斯親自領軍，率領安德烈斯・德・塔皮亞、奧利德、十三名騎兵、二十名弩弓手、六名火槍兵、二百二十名士兵和特拉斯卡拉盟友出發。此外堂埃爾南還派了二十多名特斯科科的酋長和我們同行，他們都是堂埃爾南的親戚，與現在身處於墨西哥城的君王瓜特莫克為敵。

我們和往常一樣井然有序地前進。墨西哥人則一直保持在安全距離外監視我軍，他們一旦得知我們要攻打哪個城鎮，就會把準備好的駐軍或一大批戰士派過去支援，所以他們就立刻警告伊斯塔帕拉帕人，並派去八千多人。敵方優秀的戰士守在陸地上，隨後伊斯塔帕拉帕人和前來援助的墨西哥人一同英勇地對抗我軍。不過我方的騎兵突破了對方陣形，接著弩弓手、火槍兵延續攻勢，所有的特拉斯卡拉盟軍如瘋狗般撲上前去。敵人剎時間就逃離原野、躲入城鎮。然而這是敵方商定好的計策，如果我們不盡快撤離就會吃上苦頭。他們的計劃是佯裝成四處逃散，一些人登上停在水邊的獨木舟，一些人躲入屋子裡，而剩下的人在蘆葦叢中藏身。他們天黑後仍默不作聲，我們找到湖邊的幾間屋子駐紮時也沒有展現出要進攻的樣子，當時我們正為了獲得的戰利品和預料之中的大勝感到高興。雖然我軍安排了哨兵和守衛，也派出偵查兵和探子，但大家都喪失戒心。結果大水突如其來，淹沒了整個城鎮，若不是來自特斯科科的酋長大聲喊叫要我們盡快逃出屋子躲到高地上，我們可能會全部淹死。敵人放出了淡水和鹹水渠道的水，又挖開了一條堤道[1]使水勢突然暴漲。特拉斯卡拉盟友不諳水性也不會游泳，有兩人被淹死。

我們冒著生命危險逃出來，然而只顧著逃命而沒有帶上身邊的物資，所有行李都浸泡在水裡，火藥也全糟蹋了，大家還渾身發冷。我們在這樣悲慘的情況下渡過了沒有糧食可吃而且相當狼狽的一晚。更甚的是伊斯塔帕拉帕人和墨西哥人安然在屋子和獨木舟嘲笑、譏侮我們，大家極

1 譯者註：這條堤道指的應該是「內薩瓦爾科約特爾之堤」（Albarrada de Netzahualcoyotl），連結了特斯科科湖南岸的伊斯塔帕拉帕和北岸的阿察科亞爾科（Atzacoalco）。而且這條大壩使特斯科科湖的淡、鹹水分流，堤壩東側的特斯科科一帶及其北端的沙爾科湖、孫潘哥湖都是鹹水湖；西側以及向南延伸的索奇米爾科湖、查爾科湖都是淡水湖。

其不悅。而墨西哥城接獲了水淹之計成功的消息，就派出許多部隊、戰士在陸上準備應戰。墨西哥人等到天剛亮就發動攻勢、處處進逼，我軍難以招架。雖然他們殺了兩個士兵、一匹馬，也打傷不少人，然而沒有擊垮我們。等到敵軍的攻勢漸漸減弱，我們就撤回特斯科科。大家因中了水淹之計而感到羞愧，而且後續的戰鬥沒有火藥可用，以至於沒能獲得多少戰果，也令我們惱怒。

不過敵人此戰之後也大感畏懼，再者，無論是埋葬死者、照料傷者還是修補房子都讓他們吃足了苦頭。

我們從伊斯塔帕拉帕撤軍回來後又過了兩天，三個想談和的城鎮派人前來向科爾特斯求饒，因為他們近日對我們動武，之前也殺害過西班牙人。這幾個城鎮是特佩特斯庫科、奧圖巴（那場偉大戰役的所在地），另一個我忘了。他們辯稱當時不得不遵照蒙特祖馬後繼者奎特拉瓦克的命令行動，而且他們也僅止於作戰，至於那些搶到的金子、布匹、馬匹都被送往墨西哥城，俘虜的「神人」也是被送去獻祭。由於此時別無選擇，科爾特斯嚴厲的加以斥責後就原諒了他們。這些使者也再度承諾會永遠與墨西哥人為敵，並歸順國王陛下，成為忠實的臣民。

此時，湖邊有個叫密斯基克（Mizquic）的城鎮也派人前來和談、想要建交（我們也稱這個地方為委內瑞拉）。他們一向和墨西哥人不睦，打從心裡厭惡對方。我們因這些人的投靠雀躍不已，因為這個城鎮的位置在湖上，我們能透過這個地方進一步接觸湖上的鄰近村落。科爾特斯對來使表示感謝，說了不少好話、許下承諾後送他們離開。

交談結束後就有消息傳來：大批墨西哥軍正要攻打最先和我們交好的四個城鎮，其中包括瓜廷昌（Guatinchan）和瓜蘇特蘭（Guaxuntlan）[2]，另外兩個村子我忘了。他們對科爾特斯說當地居民不敢留在屋子裡，想躲到山裡或是逃來特斯科科。由於對方緊急求援，科爾特斯就立刻召集十二名騎兵、十三名弩弓手、十名火槍兵和兩百名士兵，也傳喚阿爾瓦拉多和營地指揮官奧利德前往消息傳來的幾個城鎮；我也參與了這次援軍。

看來墨西哥人確實因那幾個城鎮和我們交好而威脅要摧毀他們，不過爭執的主因其實是湖邊有不少廣大的玉米田，特斯科科和鄰近地區的人已經準備好要收穫並供應我們糧食。墨西哥人則是想奪走那些玉米，他們說這四個城鎮收穫的作物向來都是供應給墨西哥城的祭司。

科爾特斯掌握情況後就要當地居民不要害怕、待在屋子裡即可，他許下承諾：當地人若是為了供應我軍營地或自身需要糧食而打算外出收割，他就會派指揮官帶著許多騎兵和士兵前來保護。這項提議讓當地人心滿意足，我們便返回特斯科科。從此之後，每當營地需要玉米，我們就點召這幾個城鎮的所有戰士、特拉斯卡拉盟友、十名騎兵、一百名士兵和一些弩弓手、火槍兵去農地收割。之所以提這件事是因為我曾參與過兩次，其中一次還和一大批墨西哥人發生激烈衝突。那次敵方來了超過一千艘獨木舟在玉米田邊佈陣。不過我們帶著大量盟軍，即使敵人奮勇作

2 韋霍特拉（Huexotla）。

戰，仍遭到我軍驅逐而逃回獨木舟。我們有一名士兵戰死，十二名士兵和一些特拉斯卡拉人受傷。雖然這並不值得吹噓，不過敵人留下了十到十五具屍體，還有另外五人成為階下囚。

隔天，我們聽說查爾科、塔馬納爾科及所屬城鎮的人民都想建交談和，不過他們受制於城鎮中的墨西哥駐軍而無法派人前來。他們抱怨墨西哥人擄掠婦女，尤其是那些長得漂亮的女性還會在父母或丈夫面前被侵犯。

我們也得知造船所需的木材已在特拉斯卡拉砍伐完畢，不過日子一天天過去，仍沒有任何木材運到特斯科科，這使大家心生疑慮。此外，更多來自密斯基克和其他友好城鎮的人告訴科爾特斯：墨西哥人正準備攻打和我方交好的城鎮。

科爾特斯意識到我們還得分兵維持特斯科科的警戒，若同時派兵援助那些尋求保護的城鎮和打算前來建交的查爾科，將難以對雙方都提供適當的保護。他決定先派桑多瓦爾和路哥率十五名騎兵、兩百名士兵和一些弓手、火槍兵、特拉斯卡拉盟軍去查爾科、塔馬納爾科。科爾特斯要他們擊潰墨西哥駐軍，徹底把敵人逐出查爾科、塔馬納爾科，如此一來我們就能清出通往特拉斯卡拉的道路，我軍和「利卡鎮」的溝通往來也就不會受到墨西哥戰士的干擾。科爾特斯想定計劃，就立刻派幾名特斯科科人悄悄前往查爾科，建議當地居民做好準備，以便日後無論是白天還是夜晚都能襲擊墨西哥駐軍。此舉正合查爾科人的心意，他們就預先準備。

桑多瓦爾軍行進時，他派了五名騎兵和五名弩弓手走在軍隊後方護衛，因為後方是大批背負著戰利品的特拉斯卡拉人，認為這個安排能發揮功效。墨西哥人一直都有間諜在監視我軍，知道我們的人馬正要朝查爾科前進，又再度召集了數批戰士部隊去援助墨西哥駐軍，他們一起對我軍後方背著行囊的特拉斯卡拉人發動攻勢、予以痛擊。那幾名騎兵、弩弓手抵擋不了敵人，兩名弩弓手戰死，所有人負傷。雖然桑多瓦爾迅速掉頭迎擊，殺了十個墨西哥人，不過當地離湖泊很近，而且這片土地處處都有墨西哥城的附屬勢力，敵人能夠很快就跳上前來時所搭乘的獨木舟逃跑。

把敵人驅離後，桑多瓦爾見到那五名留在後軍的騎兵和馬全部都負傷，也看到兩名戰死的弩弓手和其他傷者，他忍不住斥責這幾名留在後方防衛的士兵不僅對抗不了敵人，連自己和盟友都保護不了。桑多瓦爾對這些士兵大發雷霆，說這些人最近才剛從西班牙過來，都不懂真正戰爭時該怎麼辦。於是他進軍到能安置特拉斯卡拉人和戰利品的地方，並寫幾封信給科爾特斯在「利卡鎮」任命的指揮官，告知我軍正打算圍攻墨西哥城，警告對方得小心戒備，也要求派一些有意願參與作戰的士兵前往特拉斯卡拉，不過，在路上變得更安全之前不要妄加前進。

桑多瓦爾派出了信使，也把特拉斯卡拉人送回家後，掉頭朝查爾科前進。他知道任何城鎮、農莊都可能會有敵人發動奇襲，前頭派了斥侯偵查，軍隊一直保持緊密的陣形，極其戒慎的前進。他們來到查爾科附近就見到數支前來應戰的墨西哥部隊。敵軍在種了玉米、龍舌蘭的大片平地上發動攻勢，對桑多瓦爾軍兇狠地投擲標槍、射箭，用投石器發射飛石，並以長矛迎擊騎兵。

桑多瓦爾見到龐大的軍隊襲來，便鼓舞將士兩度沖散敵方陣列，靠著弩弓手、火槍兵和一些還留著的盟軍援護。雖然剛開戰有五名士兵、六匹馬、許多盟友被打傷，但他的猛烈攻勢很快就報了一箭之仇，最後擊敗敵軍。查爾科的人民聽聞他的到來，都跑到路上歡欣鼓舞迎接。

桑多瓦爾和查爾科人碰面後打算隔天就回特斯科科，不過查爾科的統治者幾天前剛死於天花，當地人想讓統治者的兩個兒子隨桑多瓦爾回去見馬林切。那位統治者病死之前要其他首領、長老把他的兒子交給科爾特斯，由科爾特斯任命他們成為查爾科領主，還要所有臣民都臣服「神人」所效力的偉大國王。他們的祖先曾預言：「來自日出方向、有鬍子的人將會統治這塊土地」，而他親眼所見的各種事跡使他認為我們就是預言所說的人。於是桑多瓦爾就帶著軍隊、查爾科領主的兒子、其他首領和八名墨西哥俘虜回到特斯科科。

桑多瓦爾帶回的消息令科爾特斯喜出望外，他聽完副官對這次征途的報告後就到桑多瓦爾的住處接見查爾科首領。查爾科人對科爾特斯行了大禮，解釋前任領主的遺願，奉上價值兩百披索的各式金飾。他們的訴求被翻譯後，科爾特斯非常慷慨的招待對方、擁抱他們。接著他把那對兄弟中的哥哥任命為查爾科的領主，大半所屬城鎮都由他統治；把塔馬納爾科、奇馬爾瓦坎、阿約欽戈和一些地方保留給弟弟。他也對諸位首席長老和剛獲得任命的酋長提供許多建議。然後查爾科人表示要回家鄉，不過，科爾特斯請他們再多等兩天，因為他正要派指揮官去特拉斯卡拉搬運木材、木板，他們能和指揮官的軍隊同行，回家的路上受到保護，預防遭到墨西哥人襲擊。

科爾特斯與查爾科酋長的會見結束，決定把桑多瓦爾帶回來的八名俘虜派去墨西哥城，對君王瓜特莫克傳話：我們並不打算殺他、也不打算毀滅那座偉大的城市。科爾特斯建議墨西哥人求和，這樣我們就會原諒他們在那座城市對西班牙人造成的傷亡、損失，也不會再做任何要求。科爾特斯警告對方：戰爭在初期還很容易罷手，要是等到中期、後期就很難停止了，最後只會導致他們徹底毀滅。科爾特斯知道對方正全力準備對抗，但終究是徒勞無功，因為我們總是有信奉的天主保佑，而且鄰近地區的所有城鎮都和特拉斯卡拉人一樣投靠我軍了。尤其特拉斯卡拉人還一心渴望開戰，報復墨西哥人先前的背信忘義和血腥屠殺。

雖然八名使者見了瓜特莫克傳話，不過瓜特莫克拒絕作出任何答覆，只是一味的派人修築防禦工事、收集武器。他對所有統治地區的人下令：抓到任何落單的西班牙人都要送去墨西哥城獻祭，而且要是他召集各地臣民，所有人就得立刻提起武器準備作戰。此外，他也減輕各領地藩屬的賦稅、許下重要承諾拉攏各藩屬。

我們一直期盼著新船完工下水，好能開始圍攻墨西哥城，統帥科爾特斯決定不要再白白浪費時間，命桑多瓦爾帶兩百名士兵、十二名火槍兵和弩弓手、十五名騎兵，連同特拉斯卡拉盟友和來自特斯科科的二十名首領去取木材，順便送那對來自查爾科的新任領主兄弟平安回家。科爾特斯在出發之前要特拉斯卡拉人與查爾科人議和，因為查爾科人之前是和墨西哥軍同盟的一員，而且兩地相距不遠，墨西哥人對特拉斯卡拉人開戰時總會要求查爾科派兵援助，特拉斯卡拉人從很久之前就很痛恨查爾科人，也將他們視為敵人。

〔桑多瓦爾路上經過摩里斯科人聚落（Pueblo Morisco），發現來自「利卡鎮」的納瓦埃茲人馬在此被殺。他們在神廟中發現西班牙人和馬的屍體，不過當地人承諾會一起對抗墨西哥人，桑多瓦爾就原諒他們。〕

桑多瓦爾繼續朝特拉斯卡拉前進，於特拉斯卡拉大酋長所在的首都鄰近區域就碰到八千名特拉斯卡拉人正在搬運造船用的木材、木板，由頭戴羽飾、佩帶武器的八千名戰士護衛，另外還有兩千人帶著食物並充當腳夫。管理一切事務的是造船匠馬丁・羅佩茲，他負責指揮伐木、裁修木材、計算木板的長度，也有幾個西班牙人跟著他，但我忘了他們的名字。這批人的出現令桑多瓦爾大喜過望，不然他本來預計還得在特拉斯卡拉耽擱一段時間等人完工。接下兩天，特拉斯卡拉人都維持一樣的陣勢和我們一起行軍。我們進入墨西哥領地之後就遇到墨西哥人在農地、溝壑間大呼小叫，不過我方的騎兵或火槍兵都打不到他們。

羅佩茲建議變更進軍的陣列，因為特拉斯卡拉人搬運沉重的木材和糧草時行動不便，怕墨西哥大軍在路上發動奇襲會把特拉斯卡拉人擊潰。桑多瓦爾立刻把騎兵、弩弓手、火槍兵分成兩批，一批在前頭開路，另一批守在隊伍兩側，並要求統領特拉斯卡拉部隊的酋長奇奇梅卡特克雷和他一起在全軍後方壓陣。然而這位酋長誤以為這項命令是低估了他的勇氣，因而感到被冒犯。不過大家努力向他解釋：墨西哥人總是對全軍後方的輜重部隊發動攻擊，而且桑多瓦爾本人也和他一起待在後方進軍，這才平息他的憤怒。

桑多瓦爾又進軍了兩日，帶著特拉斯卡拉人抵達特斯科科。特拉斯卡拉人進城之前就換上了華麗的披風、羽飾，進城時敲鑼打鼓、吹響號角。他們踏著整齊劃一的隊形在城裡繞了大半天，大聲呼叫、吹著口哨，同時喊著：「國王陛下萬歲！」、「卡斯提爾！卡斯提爾！」、「特拉斯卡拉！特拉斯卡拉！」。

一干人等剛抵達特斯科科城，科爾特斯和指揮官們就立即出來相迎，對奇奇梅卡特克雷及其他酋長表現熱切的情誼。而造船用的木材、木板、所有材料就安置在溝渠、水道旁，工匠也隨即動工建造十三艘船。羅佩茲、其他西班牙人、不少印地安木匠、兩名帶著熔爐的鐵匠——所有人在完工之前都全力以赴，以飛快的速度造出十三艘船，不久後就只需要再填塞縫隙、架設桅杆、佈置索具、掛上船帆。我差點忘了提一件事：船隻建造完工下水後，營地為了處理間諜而安排了崗哨和守衛，採取嚴密的警戒措施。十三艘船就停在湖邊，墨西哥人曾三度試著放火燒船。我們逮捕了十五名前來縱火的墨西哥人，科爾特斯也從他們口中得知墨西哥城內的種種消息，也知道瓜特莫克不打算談和，誓要把我們屠殺殆盡，和我們戰到至死方休。

接著必須談談墨西哥人的情況。他們向各個藩屬派出使者和徵召使，減輕各地的貢稅，日以繼夜挖濠溝、加深橋下的水道深度、建築更堅固的矮牆，同時收集標槍、投石，製作刺殺馬匹用的超長長矛。

最後讓我描述一下船隻下水後要通往大湖的溝渠、水道。水道現在變得十分寬敞，水深足以讓大船停泊。我之前說過，這是得力於八千名印地安人努力不懈工作。

20 湖邊征伐

〔因特斯科科的食物不足以供應一萬五千名特拉斯卡拉人，而酋長奇奇梅卡特克雷渴望親自找墨西哥人報仇，於是科爾特斯率軍前往離特斯科科約十五哩的湖上城鎮沙爾托坎，這支遠征軍的主力是特拉斯卡拉人和兩百五十名西班牙士兵。沙爾托坎人已經切斷了湖上屋子連接到岸上的橋樑，不過西班牙人還是成功入侵，燒了許多屋子、繳獲大量戰利品。然而墨西哥戰士在作戰時總是躲到獨木舟上，西班牙人並沒有成功擊敗墨西哥軍隊。接著在塔庫巴，墨西哥人成功將西班牙人引誘到堤道上然後切斷連繫的橋樑，幾乎取得了勝利，但終究被西班牙人殺出一條血路逃了出去。湖泊北岸幾個城鎮的人民長年被墨西哥人嚴重欺壓，在西班牙人回程的路上向他們求援；不過科爾特斯知道他的人馬病痛纏身，難以助戰，便建議對方召集鄰近盟友警戒起來，在原野和墨西哥人一決勝負。結果這個地區的軍隊深受科爾特斯建議、信函的鼓舞，打起仗來有如神助。此時查爾科、塔馬納爾科人也遭到墨西哥人威脅，西班牙人為了確保通往「利卡鎮」的道路，必須施以援手。於是桑多瓦爾領命帶兩百名士兵去解救這兩個城鎮。〕

一五二一年三月二十一日，桑多瓦爾軍舉行彌撒後出發，在隸屬於查爾科的一些農村過夜，隔天早上抵達塔馬納爾科。由於墨西哥軍隊已經聚集在一個大村落瓦斯特佩克（Huaxtepec）及其鄰近的要道，塔馬納爾科的酋長贈送食物後建議桑多瓦爾應立刻朝瓦斯特佩克前進，查爾科地區的所有戰士也會和桑多瓦爾同行。
　　桑多瓦爾接受了建議，命令他的部隊立即擺好陣勢進軍，查爾科派出去監視庫盧阿人的間諜回報說敵人在離奇馬爾瓦坎不遠的岩叢山道上佈陣，桑多瓦爾軍當晚就在這個隸屬於查爾科的城鎮過夜。桑多瓦爾是非常機智的戰略家，他派弩弓手和火槍兵打頭陣，要騎兵三人一組跟在後面，一旦弩弓和火槍射擊後，騎兵就維持隊列奔向敵軍，人人長矛短握朝對手的臉猛刺，驅散敵人。他也令步兵收緊陣形，沒有下令不得輕易追擊敵人，畢竟已經獲知墨西哥軍的數量非常龐大，事實也是如此。由於敵軍在崎嶇不平的路上佈陣，不知是否挖了陷阱、築起障礙，桑多瓦爾便牢牢的約束士兵避免重大傷亡。
　　桑多瓦爾軍繼續前進，見到大批墨西哥人正吹哨喊叫、擊鼓鳴號，兵分三路奔來。敵人如兇獸般一擁而上，桑多瓦爾見到敵軍果敢的舉動就改變計劃，命令騎兵在敵軍和我軍接陣前就先發動一波攻勢，並鼓舞自己的士兵，大喊：「聖徒保佑！衝啊！」率軍衝殺，和敵軍正面交鋒。敵軍迅速集結接戰，高低不平的地勢使我方騎兵難以奔馳衝刺，對敵方比較有利，於是桑多瓦爾派弩弓手和火槍兵再次擺好隊列上前，由盾牌兵護住兩翼，弩弓手和火槍兵等待敵人進入有效射程後才開火射擊。而騎兵先繞到山溝的另一側，聽到開火的信號才一起發動攻擊。桑多瓦爾希望這個計劃能把敵人驅逐到附近的原野，也要求鄰近的盟友上前協助西班牙人。全軍依桑多瓦爾的計劃行動，不過我方還是有不少人在激戰中受傷。墨西哥人在數度交鋒後被迫撤退，然而卻逃入另一個地勢險要的區域，即使桑多瓦爾的騎兵上前追擊也只俘虜了三、四個人。此地崎嶇難行，我們有位名為貢薩洛·多明格斯的騎兵在追擊中從馬上摔下來，幾天後就去世了。

桑多瓦爾率領的軍隊一路追擊敵人，進逼瓦斯特佩克，不過又有超過一萬五千名墨西哥人在他們到達城鎮前現身迎擊、展開包圍，敵人砍傷了我方許多士兵和五匹馬。不過此處地形平坦，我方騎兵以協同作戰擊潰敵方兩支部隊，剩下的敵軍打算逃向城鎮，藏身於剛建起來的矮牆後繼續作戰。不過我方士兵和盟友緊追不捨，使對方無暇擺出防禦陣勢，騎兵也從另一個方向窮追猛打，敵人在圍逼之下躲到城鎮中我軍追不到的地方。桑多瓦爾認為敵人當天不會再來犯，就下令休息，士兵治療傷勢、開始進餐，在這個城鎮繳獲大量戰利品。突然兩名負責守衛的士兵和騎兵衝回來大喊著：「拿起武器！有更多墨西哥人來了！」由於我們總是維持全副武裝，騎兵即刻翻身上馬奔向一塊空地，墨西哥人隨即就朝他們攻過去，又展開一場激戰。敵軍躲在一些矮牆後抵抗了好一陣子，打傷我們一些人。不過桑多瓦爾和騎兵突如其來的猛攻，在弩弓手、火槍兵援攻之下，士兵揮舞著刀劍把敵人驅逐到山溝之中，當天敵軍就不再出現。

桑多瓦爾見到交戰結束，由衷感謝上帝，接著前往這個城鎮的果樹園休息過夜。那裡景色優美，有許多精緻的房子，稱得上是我們在新西班牙地區見過最美的城鎮。

我自己並沒有參與桑多瓦爾的遠征，當時我正隨著科爾特斯軍一路訪察湖泊周遭的大城鎮，直到二十多天後才一起見到那座果樹園。我之前在伊斯塔帕拉帕水淹事件中喉嚨被長矛刺傷，傷勢嚴重、有性命之憂，當時缺陣休養。

隔天早上，桑多瓦爾見墨西哥戰士沒有動靜，就指派我軍在這個城鎮俘虜的五名當地居民擔任使者（其中有兩人是指揮官）傳喚城鎮酋長。他要使者告訴酋長不要害怕，如果前來和談就既往不咎。使者傳達了議和的提案，但酋長畏懼墨西哥人而不敢前來。

桑多瓦爾同日也向一個距離瓦斯特佩克六哩的大城鎮葉卡皮斯特拉（Yecapixtla）派遣使者。他要對方好好考慮和談的好處，想想瓦斯特佩克的庫盧阿駐軍下場如何，不要妄加開戰。桑多瓦爾要求對方前來議和，把墨西哥守衛和駐軍趕走，若不遵從就會開戰懲罰。不過當地人答覆說西班牙人想戰便戰，他們正期待著捉些人送去祭神，然後吃人肉吃個痛快。

隨行的查爾科酋長聽到這個答覆就知道已有大批駐軍集結在葉卡皮斯特拉，等到桑多瓦爾撤退後就會攻向查爾科，就乞求桑多瓦爾前往葉卡皮斯特拉擊退墨西哥軍。但桑多瓦爾不願出擊，其一是因為他自己和許多士兵、馬匹已傷痕累累；其二是他已經打了三場大戰，不想做更多科爾特斯沒要求的事。也由於葉卡皮斯特拉的要塞堅固，許多納瓦埃茲一派的手下勸桑多瓦爾就此打道回府退回特斯科科，以防大難臨頭。不過指揮官路易斯·馬丁力勸桑多瓦爾必須盡全力攻打葉卡皮斯特拉要塞。據查爾科酋長的說法，若不擊敗聚集在那裡的軍隊就此撤退，敵人得知桑多瓦爾離開後就會立即攻打查爾科。

由於兩個城鎮相距只有六哩，最後桑多瓦爾決定出擊。他們剛進軍到敵方視野內就湧出大批戰士，敵軍在交鋒前就以海量的擲槍、弓箭、投石打傷三匹馬和許多士兵。而且敵人爬到峭壁和要塞之上，我軍拿他們沒輒，他們就在上頭鼓號齊鳴，對著我軍大呼小叫。於是桑多瓦爾令騎兵先下馬待命，所有人先在平坦的原野上嚴陣以待，看看是否會有墨西哥援軍在我軍攻打這個城鎮時接近。桑多瓦爾注意到查爾科的酋長、指揮官和印地安人裹足不前、不敢攻向敵人，就試探性的詢問：「你們在做什麼？為什麼不進行作戰、攻入這座城市，我們會保護你們呀！」查爾科人說敵人據守在要塞中的話他們就不敢進攻，正因此才需要和桑多瓦爾及「神人」兄弟聯手。他們是在桑多瓦爾的庇護下才從查爾科進軍到這裡，還需要桑多瓦爾幫忙驅逐墨西哥軍。

桑多瓦爾和所有的士兵、弩弓手、火槍兵全軍進攻，許多人在爬上要塞時受傷，他本人頭部也再度被擊中，許多盟友接連受創。不過我軍成功攻入城鎮後造成敵軍大量傷亡。事實上查爾科人和特拉斯卡拉盟友對敵軍造成的損傷更大，我方士兵認為屠殺印地安人太野蠻了，只要破壞敵方陣勢、使敵軍潰散後就只專注於尋找漂亮女人和戰利品，很多時候還會斥責盟軍過度殘忍的行為，從盟友手中奪下印地安男女保住他們的性命。

大戰結束，桑多瓦爾軍帶著大量戰利品（尤其有許多漂亮的印地安女性）回到特斯科科。

墨西哥城的領主瓜特莫克得知他的部隊戰敗，據說他暴跳如雷，對曾是藩屬的查爾科人三度在戰爭中大膽反抗尤為氣憤。他怒氣沖天，決定召集大批軍隊，等桑多瓦爾回特斯科科城就立即攻打查爾科。於是他匆忙從墨西哥城召集部隊，並要求來自湖畔城鎮的戰士加入，為他們配備各式各樣的武器。結果共有兩萬人搭乘超過兩千艘獨木舟對查爾科發動突襲，打算把查爾科摧毀殆盡。

事態發生得極其恰巧而迅速，桑多瓦爾才剛回到特斯科科找科爾特斯回報，信使就搭著獨木舟跨過大湖前來告知統帥：超過兩千多艘獨木舟載著共兩萬大軍兵臨查爾科城下，請他立刻派出援軍。此時桑多瓦爾正要向科爾特斯報告他剛結束的遠征經歷。科爾特斯非常生氣，拒絕聽取桑多瓦爾的報告，他認為一定是桑多瓦爾犯錯或誤判才使查爾科盟友面臨險境。他要桑多瓦爾將傷兵留下，帶著身體健全的所有士兵立即返回查爾科。科爾特斯拒絕聽取報告的態度令桑多瓦爾感到氣惱，儘管沉重的武器和長途跋涉已經讓他的人馬疲憊不堪，他們仍即刻前往查爾科。

查爾科人似乎已經透過間諜得知瓜特莫克要發動突襲，就向鄰近地區的韋霍欽科請求援軍，於是韋霍欽科人當天晚上就全副武裝的抵達查爾科，兩地軍力合起來多達兩萬人。查爾科人現在面對墨西哥人已不再畏首畏尾，氣定神閒的在原野上佈陣。他們英勇作戰，雖然墨西哥人殺死俘虜了不少人，但查爾科人殺了更多墨西哥人，俘虜了十五名首領、指揮官和許多沒什麼地位的戰士。墨西哥人把這場敗於查爾科人的戰爭視為奇恥大辱，覺得比任何一場從我們手上吃下的敗仗都還難堪。

墨西哥人已經撤退，查爾科脫離險境，桑多瓦爾抵達查爾科後發現不需要他出手助拳，就帶著俘虜返回特斯科科。科爾特斯對這個結果非常高興，但桑多瓦爾還在為之前的事件氣惱，他不去報告，也不見科爾特斯。於是科爾特斯派人告訴他之前是誤會一場，因為桑多瓦爾看似帶著大批士兵、騎兵出陣卻沒擊敗墨西哥人，他誤以為是桑多瓦爾的疏忽導致狀況變糟。這件事就不多談了，反正他們不久後就和好如初，我們的統帥能不計一切地討好這名副手。

〔關於打印分配奴隸一事又出現衝突，有些人仍試著討回漂亮的女奴，而且向士兵徵收皇家五分之一稅貢也有不少困難，因此發生嚴重爭執。

另外有一艘來自西班牙的船載著武器和許多要加入遠征軍的騎士，其中有個方濟會的人帶著新任教宗頒布的詔書前來赦免戰爭中的罪行。這個人幾個月後回到西班牙「變得富裕而有體面」。這艘船也帶來布爾戈斯的主教失寵的消息，因為國王不再相信他之前的說辭，他只是讓迪亞哥．貝拉斯克斯得利以便對抗科爾特斯。〕

科爾特斯已經向查爾科人民承諾過會為他們抵抗墨西哥人襲擊，因而每週都需要派出援軍，於是科爾特斯召集三百名士兵、三十名騎兵、二十名弩弓手和十五名火槍兵，也要司庫官胡利安．德．阿爾德雷特（Julian de Alderete）、阿爾瓦拉多、塔皮亞、奧利德和教士佩德羅．梅爾加雷霍（Pedro Melgarejo）[1]和這支軍隊一起出發，同行的還有我和其他仍留在特斯科科的特拉斯卡拉盟友。科爾特斯命桑多瓦爾和大量士兵、騎兵負責保衛特斯科科和那十三艘船。

一五二一年四月五日星期五的早上，我們聽完彌撒後出發前往塔馬納爾科，以便能在那裡過夜、獲得接待，隔天繼續往相隔不遠的查爾科前進。抵達查爾科後科爾特斯下令召見該地區的所有酋長，通過翻譯人員宣佈：我軍要鎮壓湖上的城鎮，並打算圍攻墨西哥城，需要探查這片土地和周遭各地的情況。他也提到之後會讓十三艘船駛進湖裡，要各地酋長隔天就帶上所有戰士和我們一起進軍。酋長了解命令後都異口同聲說願意聽從指示照辦。

我們隔天晚上在另一個向查爾科進貢的城鎮奇馬瓦爾坎過夜，那裡共有兩萬名盟軍，來自查爾科、特斯科科、韋霍欽科、特拉斯卡拉和其他地區。我參與過的探險或遠征軍未嘗有過這麼大批盟友參戰。如之前所說，這麼多人前來是參戰是希望從中獲得戰利品，當然也有人想要藉機抓人回去吃。無論如何，他們都認為一定會有仗好打。

此時我們也得到消息：許多墨西哥人的軍隊及敵方重要盟友的隊伍集結在附近的原野準備進攻。科爾特斯便鼓舞大家奮勇殺敵。

我們舉行彌撒後，清晨一大早就從奇馬瓦爾坎出發，隊伍齊整的穿過兩山之間的岩叢山地。山上有許多堅固的堡壘、柵欄，許多印地安男男女女聚在一起隔著柵欄對我們呼喊、吼叫，不過

1 胡利安・德・阿爾德雷特是國王陛下任命的司庫官員；教士佩德羅・梅爾加雷霍是帶著教宗詔書的方濟會成員。兩人都是搭近期的那艘船來到此地。

我們不打算攻擊他們，繼續安靜前往一個叫堯特佩克（Yautepec）的大城鎮，但到了之後才發現那裡已人去樓空。我們繼續前進，到了一處平原，發現幾口湧出一些水源的泉水，一旁的峭壁上有許多易守難攻的要塞——我們不久後就體悟了這件事。

我們來到峭壁之下，發現山頂上擠滿了一大群戰士，他們對我們嘶吼，還丟石頭、射箭、擲槍打傷了三名士兵。科爾特斯下令停止前進，他說：「看來這些墨西哥人都躲在要塞裡，認為不會被打到就對我們大肆嘲弄。」於是思考著如何對付在我們身後矮山上的那些人。科爾特斯派騎兵和一些弩弓手去峭壁另一頭看看是否有較容易登上去的路徑。然而騎兵回報說我們所在之處已經是最容易爬上去的地方，其他各處都是陡峭的山岩，沒有其他上山的道路。於是掌旗手科拉爾和其他拿旗幟的人衝在前頭，大家跟在後面，而騎兵留在平地上保持警戒，預防其他墨西哥部隊前來攻擊我方的輜重，或在我們攻擊要塞時從後方突擊。

我們開始爬山，駐守在上方的印地安人就朝我們扔擲無數大小石塊，激烈滾落的石塊非常駭人，我們沒全被砸死真是奇蹟；有名士兵死在我腳邊，就這樣戴著頭盔一聲不響的倒了下去。大家繼續攀爬，而「格爾加斯」（galgas，我們在這個地方是這麼稱呼大岩石）就這樣滾動、彈跳著，又砸死兩名優秀的士兵，不過我們仍持續推進。接著又有一名英勇的士兵被殺，隨即又是一個，還有兩人頭部負傷，幾乎所有人的雙腳都被擊中過，不過大家依舊沒停下腳步，努力不懈前進。

當年我的身手還相當敏捷，一直跟在掌旗手科拉爾身後，兩人來到峭壁間較安全的坑洞、凹陷之處。我在坑洞間奮力移動時，有一塊大石頭跟我擦身而過，我沒被砸死真是萬幸。坑洞內有一些多刺的濃密樹叢，科拉爾就躲在其間避難。科拉爾臉上血流不止，背負的旗子也破了，而且接下來已經沒有任何可以下手支撐的地方，不可能再往上爬了，於是他喊著：「貝爾納爾·迪亞斯！沒辦法再推進了，小心別被那些石塊擊中，快躲到洞裡。」

此時我看到弩弓指揮官佩德羅·巴拉巴和另外兩名士兵正沿著科拉爾與我爬過的同樣路徑上來，便向下對他們大喊：「別再前進了，指揮官。這裡已經沒有能支撐手腳的地方了，你會摔下去的！」巴拉巴也許只是想展現大人物的氣派，表現出一副英勇的模樣喊著：「為什麼你要這麼說？快前進啊！」我有點被他的回答觸怒，就回答：「好吧！那就看你要怎麼爬過來。」於是又稍微往上爬。此時正好印地安人又擲下大量石塊，不僅打傷巴拉巴，也把另一名士兵砸死，他們也無法再往上爬。於是科拉爾大喊：傳話下去，得要科爾特斯知道我們無法再往上爬，撤退也相當危險。

科爾特斯接獲通知瞭解情況，他們在下方平地上也有三名士兵死於大量落石，七名士兵受傷，而且從他的所在之處看不到山間的坑洞，也認為攻頂的士兵非死即傷。我們從喊叫聲與火槍槍聲得知撤退的信號，於是大家臨危不亂，又沿著各個坑洞帶上同伴的屍體下山。人人雙手皮開肉綻、涔涔出血，旗幟也被劃破，共有八人戰死。科爾特斯感謝上帝保佑我們大難不死，佩德羅·巴拉巴向科爾特斯報告了我們的對話，科拉爾也描述了山上的情況有多麼兇險，沒被落石砸死已經稱得上是一樁奇蹟，消息很快就傳遍整個營地。

暫且不談這些吹噓之事。數支墨西哥部隊躲在我軍看不到、找不到的地方，等待時機出兵援助峭壁上的同伴。他們知道我軍難以攻上那個要塞，就決定在和我方交戰之際和峭壁上的戰士展開夾擊。敵方大軍依計前來援助，科爾特斯見狀命令騎兵和所有步兵上前迎擊。此處地勢相當平坦，似是高山之間的平原台地，我們就一路追擊敵人，追到另一個高聳的峭壁旁，追擊中殺了數名印地安人，不過剩下的敵人都躲到我們追不到的地方。

我軍返回原本要攀登的要塞之下，卻發現沒有水源可用。士兵和馬一整天都沒水喝，而且之前說過的水泉只剩下泥濘，沒半點水了，因為許多盟友也去打水，攪得一點都不剩。我們只好轉移陣地，沿著原野下山移動到四哩半外的另一座山下，原本認為在那裡能找到水源，結果也只找到一點點。山邊有幾顆土生土長的桑樹，我軍就在此停下，而山下有十二、三間屋子。當我們來到敵方的要塞之前，印地安人就從要塞上對我們投擲標槍、落石、射箭。我們後來才知道這個要塞比之前峭壁上的要塞更為堅固，人也更多。我方弩弓手、火槍兵朝敵人開火，不過對方的位置太高，壁壘也相當堅固，根本打不到敵人，也無法爬上去攻佔要塞。屋子邊有一些能攀爬的台階，我們就嘗試爬了兩次，但這裡的峭壁也比之前的更為險峻，沿著山道小徑拐了一兩個彎之後就無法再前進。我軍在此也跟前一個要塞一樣，沒能獲得任何戰果，墨西哥人及其盟友則認為他們打了一場勝仗。

我們當晚在桑樹林裡過夜，渴的半死，計劃隔天由所有的弩弓手和火槍兵從另一峭壁爬上山頭（這裡才爬上山的路徑，雖然並不好爬），然後再接近較人的峭壁。如果他們能帶著武器登上去，就能攻擊大峭壁上的要塞了。科爾特斯派弗朗西斯科．貝爾杜戈（Francisco Verdugo）、自稱弓術精湛的司庫官阿爾德雷特與弩弓指揮官巴拉巴率領弩弓手、火槍兵，而其他所有人裝作要從屋子下突出的台階爬上去。於是我們開始攀爬，而許多大大小小的石塊立刻丟了下來，許多人就此受傷，而且其實這裡太過陡峭，我們根本爬不上去，即使用上雙手雙腳也無法前進。不過我們還在嘗試時，我方的弩弓手、火槍兵已經成功上山，從另一座山上殺傷不少敵軍。交戰進行了大約一個半小時，多虧上帝保佑，敵人決定要求停戰。停戰原因是他們也缺乏飲用水，而且峭壁上的人口太多。峭壁頂端的平坦之處有鄰近整個地區前來避難的男女老幼。為了向下方的我軍示意停戰，女人揮舞著衣物，拍手作勢要為我們製作玉米餅、麵包，戰士也不再擲槍、投石、射箭。

科爾特斯明白對方示意，下令停止進攻，招呼他們派五名首領下來和談。五名使者恭順的向科爾特斯求饒，他們是為了自保才在要塞中避難。科爾特斯一臉怒氣，透過翻譯說他們無端開戰、罪該萬死，不過既然願意前來和談，也該立刻去把另一個峭壁上的酋長和領袖傳喚過來，也把屍體帶回去。如果他們都願意停戰，那就既往不咎；如果不願意罷手，那我軍會繼續圍攻，直到渴死所有人，反正我們知道這整個地區都很缺水，對方也沒水可用。於是使者恭順的去召喚另一處的酋長。

〔科爾特斯派佩德羅．德．伊席歐（Pedro de Ircio）和貝爾納爾．迪亞斯去探查這個要塞，下令「連一顆玉米都不準碰」。兩人爬上陡峭的山崖，發現印地安人在頂部的一塊平地紮營，也得知有二十個人滴水未沾而渴死。貝爾納爾．迪亞斯想要把當地人保留起來要進貢給瓜特莫克的一捆長袍帶走，被地位較高的長官伊席歐禁止。但兩人回來後，科爾特斯卻支持貝爾納爾．迪亞斯的作法，使伊席歐感到被愚弄。〕

酋長們從另一個峭壁上下來，和科爾特斯充份協商後，雙方既往不咎，所有人宣誓臣服國王陛下。由於這個地區都沒有水，我們隨即前往瓦斯特佩克，我之前說過瓦斯特佩克的樹林是我見過最漂亮的園地。當晚所有人就在林地過夜，而這個城鎮的酋長來和科爾特斯對話，他們已和來過此地的桑多瓦爾建交，也會為科爾特斯效力。

我們在這裡過了一晚，隔天一大早就出發前往奎納瓦卡（Cuernavaca）[2]，遇到數支墨西哥部隊出城迎擊。我們交戰後追了兩哩，直到他們躲進一個叫迪坡斯特蘭（Tepoztlan）的大城鎮。當地居民雖佈下斥候監視我方動向，但偵察兵在回報前就遭到我軍攔阻，因此這個城鎮毫無防備。

我們在此地發現許多漂亮的印地安女人和大量戰利品，卻沒見到任何墨西哥人和男性居民。科爾特斯三番四次召喚酋長前來和談，威脅說不來的話就先燒了這個城鎮，再把他們找出來，但對方還是不肯現身。科爾特斯為了對鄰近地區殺雞儆狗，明言要下令放火燒掉半數屋子，當地酋長才從我軍當天經過的城鎮堯特佩克急忙趕來宣誓歸順國王陛下。隔天我們到了一個又大又漂亮的地方科德拉瓦卡（Coadlavaca）——這個名稱已無人使用，後來漸漸變成奎納瓦卡——許多墨西哥人和當地的戰士駐守在山溝之間，山溝超過十五呎深，底部還有溪流，不過這條溪流也取不了多少水。然而敵人就在此處設置要塞，破壞兩座渡橋使馬匹無法通過。我們就這樣隔著流水、山溝和敵人交戰，不過敵軍的防禦牢不可破，弓箭、標槍、投石繩擊發的飛石如傾盆大雨般射來，我軍無法強行突入。

科爾特斯在戰鬥中獲知再往前約一哩處可以讓馬匹通行，就立刻和所有的騎兵與納瓦埃茲的人馬一起出發，要士兵留下找路。我們發現生長在深溝邊緣的幾棵樹可以通過，不過有三名士兵行進間摔下山溝，其中一人還摔斷了腿。我必須坦承：橫跨山溝的兇險及難度確實令我感到頭昏眼花，不過我仍掙扎著和一些士兵與特拉斯卡拉盟友跨了過去，接著從後方攻擊隔著山溝射擊我軍的墨西哥人。我軍的出現令對方難以置信，而且人數比他們料想的還多。此時奧利德和塔皮亞也驚險萬分的從一座被破壞的橋上衝了過來，大家就一起奮勇殺敵，最後敵軍轉頭逃向我軍追不到的山上、山谷。不久之後科爾特斯也帶著所有騎兵抵達。

2 根據科爾特斯的第三封信，他們其實是前往堯特佩克。

接著我方探子前來報告：二十名印地安人正在接近，從外觀和服飾來看都是酋長、首領，似乎是要前來求和。對方證實自己是這個城鎮的酋長，非常恭敬的來到科爾特斯面獻上金飾，為先前沒來求和討饒。他們說墨西哥城的領主命令他們從要塞中攻擊，並派了大批墨西哥軍隊援助。不過他們現在知道根本沒有任何地方擋得下我軍進攻，便謙遜地乞求科爾特斯停戰。科爾特斯開心的接受求和，並要他們宣誓臣服國王陛下。

我們繼續往索奇米爾科前進，那是一座離墨西哥城七哩半的大城，大部分屋子都建築在清澈的湖水之上。我們一如以往維持著嚴密陣形小心翼翼前進，穿過了一片松樹林，一路上都沒發現任何水源。中午時分豔陽高照，我們又身穿護甲，人人口乾舌燥，非常難受，也不知道前方是否能找到水，前進了八、九哩還是不知道當地人告知的那口井還要多久才會到。

科爾特斯眼見士兵疲憊不堪，特拉斯卡拉盟友也士氣低落（他們有一個人渴死，我記得我們也有一個又老又虛弱的人渴死），就下令停止進軍在松樹林下避蔭，派六名騎兵先朝索奇米爾科方向探查，看看距離最近的村落或他人告知的那口井還有多遠，以便當晚在旁紮營。

騎兵出發後，我決定避開科爾特斯和騎兵的視線，帶著三名強壯、敏捷的特拉斯卡拉僕從尾隨騎兵出發，不過他們還是發現我跟在後面。騎兵停下來要我回頭，以防我碰上墨西哥戰士無法自保，但我還是堅持要一起出去偵察。我的朋友奧利德同意讓我同行，條件是我得準備好隨時應戰，若是碰到更多墨西哥人要能平安逃回來。不過其實我已經渴到寧願冒著生命危險也要去找水喝。再往前一哩半的山腳下有一些隸屬於索奇米爾科的農地、小屋。我和騎兵在屋子間找水，找到了就喝。我的特拉斯卡拉僕從屋子裡找來了裝滿水的大罐子（這個地方的罐子很大），於是我和僕從就先行解渴。

農場的居民發現了我們，開始對著我們大聲嚷嚷，還呼叫守軍，因此我決定先返回科爾特斯休息的地方。我要僕從帶回水罐，路上就遇到繼續進軍的科爾特斯。我告訴他鄰近的農村有水，我已經先喝了，還把那罐水帶出來交給他。我的特拉斯卡拉僕從之前謹慎地藏著水罐以免被其他人搶走，畢竟人要是渴了，可是會變得無法無天。科爾特斯和其他幾名騎士就先止渴，喝得十分滿足。接著大家又打起了精神、健步如飛，我們在日落之前就抵達那個農村，其他人也在屋子裡找到水，但所剩不多。有些士兵飢渴難當，吃了一些薊類植物，結果傷了自己的舌頭和喉嚨。

此時騎兵回報說那口井離得還很遠，而且這個地區的人已經開始武裝戒備，建議我們就在此地過夜。我軍設置好哨兵、探子、守衛，我也負責守夜。我記得當晚風很大，還下了點雨。

我們隔天很早就繼續進軍，約早上八點抵達索奇米爾科，集結的敵方戰士多到數也數不清。他們站在路上和已經破壞的橋樑入口，也有許多人躲在剛搭建的壁壘、矮牆後。對方有些指揮官把之前在堤道上屠殺西班牙人時所繳獲的刀劍裝在長矛上，弄成長柄鐮刀。許多人也把從我軍繳獲的刀直直的裝在長矛上，刀刃閃閃發光；另外也有弓手和帶著雙尖投槍的戰士，也有人帶著投石繩、圓石、雙手大砍刀。這個區域密密麻麻的遍佈眾多敵方戰士，我們打了半個多小時仍無法過橋。無論是火槍、弩弓還是我們的反覆砍殺都逼退不了敵人，更糟的是敵方許多部隊開始從兩翼包夾。我們見狀就立刻半游半蹬地涉水而過，許多士兵就這樣不情不願的喝了不少水，過橋後肚子都漲得圓鼓鼓。

再繼續談這場戰爭。我方許多士兵就在過橋時受傷，不過仍奮力揮舞著刀劍在街道上追擊敵人，一路打到岸上。科爾特斯和騎兵上岸後轉往另一個方向，不料卻碰上了一萬名戰士，那是前來援助本地居民的墨西哥軍。敵軍拿著長矛嚴陣以待，刺傷我方四名騎兵。科爾特斯也捲入了這場廝殺，他騎上一匹暱稱「矮胖丁」的深栗色好馬（因為牠被餵得太胖了），然而這匹馬可能太胖或過於疲憊，科爾特斯剛騎上去仍踉踉蹌蹌時就遇到一大批敵人，他們把科爾特斯拽下馬，也有人說對方是用蠻力將他連人帶馬掀翻。無論如何，許多墨西哥人擁上前來要生擒科爾特斯。幾名特拉斯卡拉人和一名勇敢的士兵克里斯托瓦爾．奧里亞（Cristobal de Olea）——他來自舊卡斯提爾的梅迪納德爾坎波——衝到科爾特斯身邊，施展了一波精妙的刀法，清出一塊空間讓科爾特斯得以重新上馬。科爾特斯頭部已受重傷，奧里亞也有三處嚴重的刀傷，不過我們鄰近所有士兵已經趕來援助。由於那座城市的每條街上都有大批戰士，我們無法跟著旗幟行動，也無法密集的聚在一起，就依科爾特斯的命令分頭進攻。不過我們由尖叫、吶喊、吹哨聲得知科爾特斯和騎兵所在之處正戰得如火如荼，即使我們也被大批戰士重重包圍，混亂之際仍冒著生命危險不顧一切趕到科爾特斯身邊。然後又有十五名騎兵來到科爾特斯附近，沿著水道攻擊壁壘、矮牆旁的敵人。我們抵達後就驅逐墨西哥人，不過他們並未全數逃走。此時士兵奧里亞身受三處劍傷，血流不止，整個城鎮的街道上仍遍佈敵方戰士，我們便建議科爾特斯先退到幾堵矮牆後，讓奧里亞和馬匹治療傷勢。我們掉頭前進，不過敵人仍從壁壘後射擊，而且墨西哥人以為我們打算撤退，襲擊得更為猛烈，令大家焦慮不已。

此時塔皮亞和奧利德帶著在其他地方作戰的所有士兵趕來，所有人都有傷在身，奧利德臉上流著鮮血，他的馬也血跡斑斑。他們說之前在曠野上和大批墨西哥人戰鬥，難以抵擋。也許是我軍過橋後科爾特斯就和他們兵分二路，而他們又分別遭遇不同敵軍。

大家正在用油脂燒灼傷口治療時，岸上街道突然響起號角、法螺聲，而且擊鼓吶喊聲不絕於耳，接著一大批墨西哥人闖進我們所處的廣場，標槍、投石萬箭齊發，很快就打傷我方數人。不過敵方這次突擊沒佔到多少便宜，我們迅速反擊，在一波刀揮劍舞後把大多數的敵軍砍倒在地。雖然騎兵已經有兩匹馬受傷，他們仍毫不猶豫的上馬刺殺許多敵人。後來我們把敵人逐出這個廣場，科爾特斯見到敵軍全數離開後就率領大家到另一個旁邊有大神廟的廣場休息。神廟裡供奉著偶像，許多士兵爬上最高的金字塔，從頂端俯瞰鄰近湖泊和墨西哥城的一切景觀。他們從看到超過兩千艘載滿戰士的獨木舟從墨西哥城靠近我軍剛剛所待的地方。我們後來才知道墨西哥城的君王瓜特莫克命令那支大軍一兩天內就發動進攻，另派一萬名戰士從陸上的另一頭進軍，打算兩相夾擊，不讓我們任何人逃出城市。（他也預備好另一支一萬人的部隊作為增援，戰爭開始後才要投入這支部隊。我們隔天才從戰鬥中所俘虜的首領得知這個計劃。）

然而吾主自有安排，我們見到大批獨木舟船隊就知道敵軍即將來襲，便從營地密切監視敵方的動態，緊盯著水道和對方可能登陸的沿岸。騎兵將馬匹上好馬鞍、轡繩，整晚都警戒候命，科爾特斯和指揮官也在堤道和岸上徹夜巡邏，我和另外兩名士兵在渠道旁把守。

我在和夥伴放哨時聽到低沉的划槳聲，發現許多獨木舟正打算從我們駐守的地方登陸。我軍飛石齊射，架好長矛阻止敵軍上岸，也派人去警示科爾特斯。此時有更多載滿戰士的獨木舟靠近，他們以標槍、投石、飛箭襲擊。不過我們也還以顏色，不過仍有兩名伙伴頭部中傷。當晚一片漆黑，獨木舟就退回船隊去找其他更深的渠道登陸。而且他們不習慣夜戰，最後就去和瓜特莫克從陸上派來的軍隊會合，所以那支軍隊的人數超過了一萬五千人。

天色一亮，我們就見到所有的墨西哥部隊正靠近我軍駐紮地，不過我們絲毫沒有疏忽大意，率先攻擊對方；騎兵從乾燥的陸地上進攻，士兵和特拉斯卡拉人就從另一方夾擊，此戰打傷敵方三名指揮官，據說他們隔天就死了。盟軍俘虜了不少人，從五名首領口中得知了瓜特莫克的作戰計劃。

許多士兵在交鋒中受傷，然而這場戰鬥還沒結束，騎兵緊追著敵軍，卻碰上了瓜特莫克安排好前來增援的一萬大軍。這支軍隊的墨西哥指揮官帶著從我軍繳獲的刀劍耀武揚威，聲稱西班牙人將死於自己刀下。騎兵的人數與墨西哥人大軍相距懸殊，因人單勢薄而感到害怕，就退到一旁避免直接交鋒，等待科爾特斯和我方全軍救援。我們得知此事，留在營地的騎兵都立刻跨上馬鞍（雖然他們和馬匹都帶著傷痛），所有士兵也都跟在他們後頭。接著我方士兵、弓手、特拉斯卡拉盟友全軍一齊進攻，猛烈地突破敵軍陣勢，雙方陷入肉搏戰。我們精湛的刀法迫使敵人放棄這場不幸的戰事，打得他們棄陣逃亡。

我們又俘虜了幾個酋長，得知瓜特莫克已經派了另一大批船隊載著戰士登陸。瓜特莫克對手下說：西班牙人近日連番激戰、蒙受不少傷亡後肯定感到疲憊，會認為必定不會再有軍隊前來攻打而疏於防範，因此他接下來派出的大軍必能擊敗我軍。大家聽了這番話就更加警惕，而且為了避免再被圍攻，大家同意隔天早上就離開這座城市。於是我們接下來整天都在處理傷勢、清理武器、製造箭矢。

這座城裡似乎有許多富人，許多大房子裡有各式棉製服裝、布料、衣衫，而且布料上還縫著金色的羽飾和各種東西。有些士兵和特拉斯卡拉人趁其他人忙碌之際，由索奇米爾科的俘虜帶路找到了這些屋子。這幾間屋子坐落在湖邊，要先經過堤道，接著通過兩、三條橫跨渠道的橋樑。那些士兵發現了大量布匹，而且沒有人守衛，就和許多特拉斯卡拉人搬了布匹和一些金飾品當戰利品帶回營地。其他幾名士兵見了也前往那幾間屋子，但當他們正從儲放衣物的大木箱拿取布料時，大批墨西哥戰士闖進屋子打傷許多人，四名士兵被活捉帶往墨西哥城，其他人則四處逃散。

瓜特莫克要人將四名俘虜帶到他面前，由這四人口中知道跟隨科爾特斯的西班牙人並不多，而且許多人受傷，也得知了我們遠征的所有消息。他得到消息後就把我們這幾個倒楣伙伴送去祭神，挖出心臟和鮮血，又把他們的四肢和頭都砍下來，分送到與我軍結盟、議和的城鎮，聲稱沒有任何人能活著回特斯科科。

瓜特莫克隨即又從湖上派出數批乘滿戰士的船隊，陸上也調派了幾支部隊，就是不打算讓我們活著離開索奇米爾科。雖然記敘這短短幾天內和墨西哥軍的各種戰鬥、衝突已經令我厭倦，但我無法略過任何一場作戰。曙光一露，大批墨西哥人就從水灣、堤道、陸地攻來，我軍艱難地突破包圍，離開城鎮到了附近一塊當地人舉辦市集的空地。大家就在這裡停下，帶上所有行囊準備再度進軍。科爾特斯對我們說：大家都身陷險境，也知道整個墨西哥城及其盟友的軍隊會在路上的險要之地埋伏，並從水道或溪流包抄截擊。他認為接下來大家應該盡量毫無掛累，把那些在戰鬥中會造成妨礙的戰利品和行囊留下。他認為這樣做比較好，也打算這樣下令我們。士兵們聽了都異口同聲的叫嚷：我們都是能夠保衛自身財產和性命的男子漢大丈夫，而且有上帝保佑，這麼做根本是懦夫。聽了我們的意願，科爾特斯只說祈禱上帝保佑大家。然後我們根據敵人的兵力、強度調整行軍的序列；由於墨西哥人常常攻擊輜重部隊，就把傷者和輜重擺在隊伍中間，一半的騎兵分配在前頭，另一半壓後，要弩弓手和盟軍留在中間護衛。因為火藥用完了，這次火槍兵就派不上用場。我軍就依上述隊列再度出發。

瓜特莫克的軍隊見到我們退出索奇米爾科，認為我們怯戰（事實確是如此），大批兵力便迎頭追上，一下子就打傷我方八名士兵，其中兩人一週後就死了。敵人試圖擾亂我軍陣形、破壞輜重，不過我軍已經擺好先前所述的隊列，他們沒能得逞。我們後來抵達離索奇米爾科約六哩的大城鎮科約阿坎，不過敵人一路上仍從我軍無法反擊的地方不斷突襲，遠遠地射箭、投石、擲槍，然後躲進鄰近的溪流或渠道。我們大約早上十點抵達科約阿坎，此地地勢平坦，現下無人居住。我們知道還得打上好幾場仗才能回到特斯科科的本營，就決定往後兩天都用來治療傷勢、製作箭矢。

兩天後的早晨，我們又以慣例的隊列進軍，沿著大道前往六哩外的塔庫巴。我們在路上某處遭到三批墨西哥人進攻，驅散了三批敵人後，騎兵在平坦的原野上一路追擊敵人，直到對方躲進溪流、渠道內。

我方追擊時，科爾特斯騎著馬率十名騎兵和四名侍者去突襲從溪邊射擊的墨西哥人。敵人假意撤退，科爾特斯及其侍從、騎兵就緊追不捨，結果遇到大批敵人包圍了他們。敵軍攻擊科爾特斯和騎兵，打傷了數匹馬，要是他沒立刻撤退的話，不是被殺就是會被抓走。不過即使科爾特斯自己逃出虎口，墨西哥人終究還是活捉了他的兩名年輕侍童，準備交給瓜特莫克，把他們送去獻祭。

我們全軍帶著輜重、舉著飄揚的旗幟抵達塔庫巴，阿爾瓦拉多、奧利德及所有騎兵已經抵達，但遲遲不見科爾特斯和那十名騎兵，猜測他們大概遭遇了什麼災難。於是阿爾瓦拉多、奧利德和其他幾名騎兵就朝著之前看到他們追出去的溪流尋找，從而找到了兩名逃出來的侍從；兩人交代了之前的遭遇，說科爾特斯等人的馬匹受傷，緩慢的跟在後頭。科爾特斯在我們交談時現身，大家都為他的生還高興，不過科爾特斯似乎難過到快哭了出來。

科爾特斯抵達塔庫巴時，雨下的很大，我們就在大廣場上避雨，等了快兩小時。科爾特斯、幾名指揮官、生病的司庫官阿爾德雷特、教士梅爾加雷霍、許多士兵就登上這座城市金字塔頂的閣樓，從那裡能看到墨西哥城的美景、整片湖泊以及建築在湖上的所有城鎮。教士和司庫官見了這些駐立在水上的偉大城市，不禁讚嘆連連。看著那座宏偉的墨西哥城，湖上遍佈各式獨木舟：有的裝載物資、有的正在捕魚、有的是空船——這片景觀又令他們更為驚奇。他們說大家來到新西班牙地區不僅僅是人為的冒險，更是上帝的恩賜，上帝註定要讓西班牙人擁有、保護這片土地。他們也說像我們這麼拼命為國王陛下效命的僕從，在已知的歷史中可說是絕無僅有，承諾會將我們的經歷大肆宣揚，向國王陛下報告。

話說堤道離我們所在的塔庫巴很近，指揮官便商議著是否應該探查堤道。不過我軍已經沒有火藥，箭矢剩的也不多，軍隊中的多數士兵都有傷在身，然而一個多月前科爾特斯才帶著大批士兵沿著堤道強行突破，以致於受到重挫，大家都會當時面臨的莫大兇險印象深刻。因此所有人一致同意立刻離開，以免在這種情況下又得和墨西哥人作戰。畢竟塔庫巴離強大的墨西哥城很近，瓜特莫克一定還會派大軍前來活捉我們。

我們立即出發，經過阿斯卡波察爾科時發現那裡已經空無一人，接著來到大城鎮特納尤卡（Tenayuca），此地同樣人去樓空。墨西哥人在特納尤卡的神廟內向神祇供奉三隻大蛇，我們便將此地稱為蛇之城。接著繼續前往夸奧蒂特蘭（Cuauhtitlan），那一整天的雨滴滴答答下個不停。大家在行軍時都不分晝夜、片刻不離地抓著武器，但是身上的護甲又被雨水浸透，武器和護甲的重量使人不堪負荷。我們抵達當天的最後一個城鎮時發現此地也不見人影。當晚的大雨綿綿不絕，地上泥濘不堪，當地居民和墨西哥人整晚都躲在我們打不到的水道和其他位置高聲叫罵。夜裡太暗太溼，我軍難以佈置哨兵、巡邏，場面一團混亂，甚至連分配好守衛的位置都找不到人。我是第一批去站崗的人，結果卻一直沒見到任何長官或巡邏兵到我這邊巡視，當時整個營地的情況可想而知。

我們隔天繼續朝另一個大城鎮前進，那裡同樣滿地泥濘、空無一人。次日又通過另一個被棄守的城鎮，第三天來到一個叫阿科爾曼（Acolman）的地方，隸屬於特斯科科。特斯科科人收到消息就前來迎接科爾特斯，我們也見到不少剛從卡斯提爾來的西班牙人。指揮官桑多瓦爾和許多士兵也一起前來接風，還有之前曾提到的特斯科科領主——堂埃爾南。科爾特斯確實很受歡迎，當地及鄰近城鎮的居民比我們西班牙人（無論是他的手下或是剛從西班牙來的人）還更熱烈地迎接科爾特斯、送他食物。

桑多瓦爾為了守衛本陣，當晚就帶著士兵返回特斯科科，隔天早上科爾特斯和所有士兵才繼續朝特斯科科前進。我們身負重物、傷痕累累、疲憊不堪，許多夥伴死在墨西哥人手上，或是被抓去獻祭。不過除了休息和治療傷勢之外，我們還得面對某些貴族（他們是納瓦埃茲的黨羽）組織的陰謀。

古巴總督的密友安東尼奧・德・魏拉范納（Antonio de Villafana），似乎是來自薩莫拉（Zamora）或是托羅（Toro），他和納瓦埃茲一派的士兵（為了顧及這些人的名譽，我就不提他們的名字）計劃在科爾特斯回來後刺殺他。他們的計劃是這樣：正好有一艘船剛從西班牙抵達，那麼就在科爾特斯與其他指揮官在餐桌前用餐時，由其中一名陰謀者送上厚厚的一疊信件，假稱是他的父親馬丁・科爾特斯寄來的信。而他們就趁科爾特斯正在讀信時用匕首刺殺他和其他試圖反抗的指揮官、士兵。

陰謀者商議完畢、將一切準備就緒後，上天卻註定使他們的計劃敗露，和我們一起遠征的兩位重要人士得知了內情。據說陰謀者已經推舉某人在刺殺科爾特斯後擔任都督，也挑選了許多納瓦埃茲一派的士兵去遞補擔任首席治安官、副官、主計官、司庫官、總管，而審判官、議會官員和其他各種職位也都被預訂分配好了，甚至也打算分瓜我們的財物、馬匹。這個陰謀直到我們回到特斯科科城兩天後才被揭發，也由於上帝保佑，計劃還沒被實行，否則整個新西班牙地區將會和我們一起毀於一旦——要是這個陰謀實行了，肯定會出現結黨營私的狀況，接著就是發生各式各樣的鬥爭、愚行。

似乎是某名士兵向科爾特斯揭發陰謀，他向科爾特斯證實有許多重要人士牽涉其中，科爾特斯決定立刻在事件延燒得更大之前加以撲滅。科爾特斯獲知後就給了這名密告者許多禮物，承諾之後還會給更多。接著將這個消息傳達給我方所有指揮官：阿爾瓦拉多、路哥、奧利德、塔皮亞、桑多瓦爾，我也得知了這個消息。此外也告知兩名該年度的地方行政長官路易斯．馬丁、佩德羅．伊席歐與所有科爾特斯的擁護者。

大家了解狀況後就立即做好準備，毫不遲疑前往魏拉范納的住所，找到了魏拉范納和追隨他的陰謀者。科爾特斯已帶了四名治安官前來，在治安官的幫助下逮捕了魏拉范納，追隨魏拉范納的指揮官和士兵則試圖逃跑，科爾特斯也下令制住、拘留那些人。魏拉范納被捕後，統帥從他胸前搜出一份所有陰謀參與者畫押的文件，從中看到了許多重要人士的名字。但他不想損害這些人的名譽，就聲稱魏拉范納在他看到之前就把這份名單吞了。

魏拉范納在審判的供詞中吐露一切實情，而科爾特斯身邊的地方行政官員與營地指揮官奧利德在簽署死刑判決前也獲得許多可靠的證詞。魏拉范納向神父胡安．迪亞斯懺悔後，在他住所的窗外被吊死。

當時還逮捕了許多人，為了震懾他們，原本還要進行懲罰。但科爾特斯不想讓任何人受辱，當時的時機也不適合，即便這個事件令他非常不悅，他終究還是壓抑了怒氣饒了這些人。

於是大家隨即同意讓科爾特斯成立一支私人衛隊，由出身於薩莫拉的騎兵安東尼奧．德．基諾尼斯（Antonio de Quiñones）率領六名優秀、勇敢的士兵不分晝夜守衛著科爾特斯。科爾特斯也要求我們這些他信得過的朋友之後得好好保護他。至於那些參與陰謀的人，雖然他仍常常對他們表示友善、提供幫助，但他再也不信任這些人。

這件事就說到這裡。接著，科爾特斯宣佈要大家在兩天之內把遠征途中所捕捉的印地安男女交出來打上烙印當成奴隸。前兩次奴隸打印中提過的部分我就不說了，雖然前兩次的情況已經很差了，沒想到這次競拍的結果還能更糟。課徵皇家五分之一稅後，科爾特斯也取走了屬於他的五分之一，還挑了三十人分給各個指揮官。任何俊美、漂亮的印地安女人在被打印成奴隸的前一天晚上就會消失的無影無蹤、不再出現。許多被俘虜來的女人其實並沒有被烙印當成奴隸賣掉，而是私下被我們當成僕從雇用。

21

包圍攻佔墨西哥城

安東尼奧・德・魏拉范納遭到正義的制裁，他的陰謀追隨者都被擺平了。科爾特斯得知那十三艘船的索具、船帆安置就緒，船槳也製作完畢，多餘的船槳也平均分配到每艘船上，船隻要通行的水道皆已掘深、拓寬。於是他要求特斯科科地區的所有友好城鎮依照分發下去的西班牙製樣本製造八千枚黃銅箭頭，也依樣本的長度用上好的木材製造八千枝箭矢。科爾特斯限定他們八天內把箭矢和箭頭送來營地。不過特斯科科人在約定的時間內送來了一萬五千枚箭頭和數量相當的箭矢，箭頭甚至造得比原先的樣本還更精良。這批箭頭、箭矢都交給弩弓手打磨、上油、安裝羽毛。他也要求騎兵為馬匹裝好蹄鐵，備妥自己的長矛，每天都要上馬行進、奔馳，訓練他們的馬匹能迅速轉身或進行衝撞。

科爾特斯派人送信去給我們的朋友老希科田卡、他的兒子希科田卡及其幾位兄弟，還有奇奇梅卡特克雷，告知大家我們將於「聖體聖血節」（Corpus Christi）[1]後出發圍攻墨西哥城，要他們從特拉斯卡拉、韋霍欽科、喬盧拉等地派出兩萬名戰士。由於這些地區的人現在都已經成為我們的盟友、夥伴，科爾特斯就派那些還跟我們一起行動的各地印地安人帶著我們探險中獲得的戰利品離開營地，回去向各自家鄉的印地安盟友傳達會合的時間和計劃。科爾特斯也派人去把我們前往墨西哥城的時間告知查爾科、塔馬納爾科及其藩屬，要對方在我軍召集之前要做好準備。他也知會特斯科科的領主堂埃爾南和他手下的酋長、臣民，以及其他所有和我們交好的城鎮。各地印地安盟友都回覆說會遵照命令行動。

科爾特斯決定在「聖靈降臨節」（Feast of Holy Spirit）[2]的次日在特斯科科的大廣場閱兵。一共有八十四名騎兵、六百五十名士兵配著刀劍、盾牌，許多人還帶著長矛；一百九十四名弩弓手和火槍兵。科爾特斯就從中選人登上十三艘船，每艘船都分配了無須划船的十二名弩弓手、火槍兵，另外再挑十二人上船划槳，每六人各划一邊。每艘船也都指派一名指揮官，因此各船上都載了二十五人，一共約三百多人上船。科爾特斯也把艦炮、隼砲和所需的火藥分配到各艘船上。接著宣佈大家必須遵守的法則：

一、任何人皆不得褻瀆天主、聖母、聖徒、聖人，違者重罰。

二、任何士兵皆不得冒犯前來援助的盟友，亦不得取走盟友的任何財物，無論是繳獲的戰

---

1 譯者註：這是天主教特有的節日，紀念天主以自己的生命救贖了眾人，成為人的食糧，讓人具體地分享天主的生命。日期須依每年的復活節推算，復活節後的第七次主日為「聖靈降臨節」，再下一次主日為「聖三節」（Trinity Sunday），聖三節後的週四為「聖體聖血節」。

2 譯者註：又稱「五旬節」（Pentecost），為復活節後的第七次主日，紀念聖靈降臨於耶穌門徒的事件。根據《聖經．使徒行傳》第二章記載，使徒們在耶穌升天之後聚集在一起，忽然從天上發出聲音，好像一陣大風吹過，充滿了他們所坐的屋子。於是他們都被聖靈充滿，並且能說方言，於是門徒們就向當地人講道。這個事件也象徵著早期教會的成立。

利品、男女奴隸、金銀財寶，皆一律禁止。

三、任何士兵不分日夜、無論是為了覓食或出於任何理由，皆不得擅自離開營地前往任何盟軍城鎮，違者重罰。

四、所有士兵皆須穿戴加裝襯墊的良好護甲、頸甲、頭盔、護腿，並攜帶盾牌。

五、任何人皆不得丟失馬匹或武器，違者重罰。

六、除了嚴重受傷者與患病者外，任何士兵、騎兵、弩弓手及火槍兵就寢時皆不得脫下護甲、鞋子。

還有其他作戰中需要注意的規定：任何在守衛中睡著或擅離職守的人將被處以死刑；未經指揮官允許，任何士兵皆不得於營地之間移動，違者同樣處以死刑。

閱兵後科爾特斯發現為那十三艘船划槳的水手人數不夠，於是列舉出所有船上的水手要他們去划船，水手們來自我們已摧毀的船隻、納瓦埃茲的船艦、來自牙買加的船。不過即使把這些人都算在內人數還是不夠，而且有些人還拒絕這項任務。於是科爾特斯又進一步調查哪些人曾擔任過水手、曾出海捕魚，而來自帕洛斯、莫格爾（Moguer）或任何港口的人也都被下令上船，拒絕者嚴重處罰，最後一共選出約一百五十名槳手。船上的人不僅在戰爭中吃的苦沒比我們在堤道上作戰的人多，還掠奪了大量戰利品，發了大財。科爾特斯挑選指揮官下達命令，告訴所有人作戰方針、該在堤道的哪裡會合、應該和哪位指揮官配合。

命令傳達後，科爾特斯接獲消息，得知特拉斯卡拉大軍在希科田卡及其兄弟的率領下接近，另一支由奇奇梅卡特克雷率領的大軍也一同前來，此外也有來自韋霍欽科和喬盧拉的軍隊。然而喬盧拉來的人數最少，據我的觀察，雖然他們遭到科爾特斯懲罰後並沒有說過要支持墨西哥人，但也從未真心支持我們，一直都是袖手旁觀。

科爾特斯得知希科田卡兄弟比約定的時間還早來了一天，就和阿爾瓦拉多及其他指揮官出城一哩去迎接，他們問候、擁抱了所有酋長。特拉斯卡拉人整齊劃一的進軍，人人身上光鮮亮麗、配戴華麗標誌，各隊人馬依飄揚的旗幟站開，旗幟上有著像是老鷹展翅的白鳥圖形徽記。掌旗手揮舞著各種旗幟，所有人都帶著弓箭、雙手砍刀、標槍、投槍器，也有人帶著雙刃劍和長短不一的長矛。特拉斯卡人個個頭戴羽飾、踏著整齊的步伐，不斷歡呼、吹口哨，同時喊著：「國王陛下萬歲！」、「卡斯提爾！卡斯提爾！」、「特拉斯卡拉！特拉斯卡拉！」，花了三個多小時才進入特斯科科城。

科爾特斯下令為所有盟友安排良好的住所、提供營地擁有的一切所需用品，多次和諸位首領擁抱，向大家許下發財的承諾後離開。科爾特斯告訴他們隔天才會傳達命令，今天就好好休息，因為大家應該都累了。

科爾特斯指派佩德羅・阿爾瓦拉多率領一百五十名士兵、三十名騎兵、十八名弩弓手和火槍兵，還任命他的兄弟豪爾赫・阿爾瓦拉多、古鐵雷斯・德・巴達霍斯（Gutierrez de Badajoz）、安德烈斯・德・蒙哈拉斯（Andres de Monjaraz）三人各率領五十名士兵，將上述人數的火槍兵、弩弓手平均分配到三隊，由佩德羅・阿爾瓦拉多本人統領騎兵，並擔任上述三支部隊的總指揮，加上八千名特拉斯卡拉人跟隨。我也被派去追隨阿爾瓦拉多，得知這支軍隊是前往塔庫巴城。

接著科爾特斯派軍需官奧利德率三十名騎兵、一百七十五名士兵、二十名弩弓手和火槍兵，而他手下安排三名指揮官：塔皮亞、弗朗西斯科・貝爾杜戈、弗朗西斯科・德・路哥，由這三人均分率領上述兵力，奧利德指揮騎兵並擔任三支部隊的總指揮。他同樣也有八千名特拉斯卡拉人跟隨，任務是前往離塔庫巴六哩的科約阿坎設立營地。

首席治安官桑多瓦爾則統領另一批由二十四名騎兵、十四名弩弓手、火槍兵與一百五十名士兵組成的部隊，也有來自查爾科、韋霍欽科及一些他曾探訪過的友好地區所派來的戰士，總數超過八千人。另有他的好友路易斯・馬丁、佩德羅・伊席歐擔任指揮官分率上述兵力，桑多瓦爾本人統領騎兵並擔任那兩名夥伴的總指揮。桑多瓦爾奉命在伊斯塔帕拉帕附近築營，接獲進一步的命令前就全力進攻那座城市，盡可能打擊敵人。桑多瓦爾的軍隊是等到科爾特斯親自指揮的那十三艘船準備好航向大湖後才離開特斯科科。

為了避免路上壅塞，我們預定隔天出發，特拉斯卡拉人的部隊就先行前往墨西哥邊境。不過特拉斯卡拉人非常粗心大意，奇奇梅卡特克雷或任何一名指揮官都沒注意到他們的統兵大將希科田卡並沒有同行。奇奇梅卡特克雷終於想到要去找希科田卡時，才發現希科田卡已經秘密連夜趕回特拉斯卡拉，打算奪取奇奇梅卡特克雷的臣民、領地、統治權。特拉斯卡拉人解釋希科田卡這麼做的可能原因：一旦特拉斯卡拉人全都參與了這場大戰——尤其是和他分庭抗禮的奇奇梅卡特克雷也不在，那麼特拉斯卡拉地區就沒有人能反抗希科田卡，因為他的父親老希科田卡一定會幫他。既然馬塞埃斯卡西已死，他需要防備的人本來就只剩下奇奇梅卡特克雷。他們說大家都知道希科田卡並不想參與這場對抗墨西哥人的大戰，也曾多次聽他預言說西班牙人和特拉斯卡拉人都會被墨西哥人所殺。

得知領地與臣民處於險境的奇奇梅卡特克雷迅速掉頭回到特斯科科城向科爾特斯稟報，科爾特斯也立即派五名特斯科科人和兩名來自特拉斯卡拉的酋長去強制把希科田卡帶回來。這些人全都是希科田卡的朋友，他們對希科田卡說科爾特斯請他回來跟特拉斯卡拉人的大敵——墨西哥人作戰，也提醒他：若非他的父親堂勞倫佐·巴爾加斯年老目昏，肯定也會去大戰墨西哥人。況且所有特拉斯卡拉人都已經是國王陛下忠實的僕從，所以他沒有權力自把自為，他的決定只會讓所有特拉斯卡拉人蒙羞。

希科田卡回覆：若是他的父親和馬塞埃斯卡西當時聽從他的建議，就不會讓科爾特斯像現在這樣凌駕於特拉斯卡拉人之上；毋須多言，他絕不回頭。

科爾特斯接獲答覆後立刻下令治安官、四名騎兵和五名來自特斯科科的酋長全速追上希科田卡，抓到人就把他就地處決。科爾特斯說：「這個酋長沒救了，他死性不改，永遠都是個叛徒、惡棍、陰謀家。」他也說現在沒有時間忍耐或原諒這個人的所作所為。阿爾瓦拉多得知後盡力幫希科田卡求情，雖然科爾特斯看似贊同阿爾瓦拉多，但他私下還是命令治安官和騎兵殺了希科田卡。治安官在某個隸屬於特斯科科的城鎮把希科田卡吊死，為這場叛變劃下了句點。有些特拉斯卡拉人說希科田卡的父親堂勞倫佐．巴爾加斯已派人知會科爾特斯，說他這個兒子壞透了，他不會袒護希科田卡，請科爾特斯下令處死。

希科田卡的叛變導致我們在特斯科科多待了一天，隔天五月十三日才出發離開。因為大家都得走同一條路，所有部隊就擠在一起，當天在阿科爾曼過夜。奧利德先派人在前頭確保住所，所有房子的屋頂上都插上屬於他們的綠色樹枝標記，結果是阿爾瓦拉多率領的部隊抵達時幾乎沒有地方可以過夜。我們的人馬氣得幾乎要對奧利德他們拔刀相向，兩軍指揮官也毫不客氣的詆侮對方，幸虧兩邊都有紳士介入，平息了這場爭鬧，不過我們仍忿忿難平。這個消息傳到科爾特斯耳裡，他立即派教士梅爾加雷霍和指揮官路易斯．馬丁緊急送信過來，信裡把兩名指揮官及所有人都痛罵了一頓。這幾名特使抵達後要兩軍和解，不過阿爾瓦拉多和奧利德這兩名指揮官從此之後始終不和。

隔天兩支軍隊繼續進軍，進入了墨西哥人的領地，在一個居民已經逃得無影無蹤的大城鎮過夜。隔天晚上經過大城鎮夸奧蒂特蘭，接著幾天又通過特納尤卡和阿斯卡波察爾科，這三個城鎮都被居民棄置。我們最後一天傍晚抵達塔庫巴城，這裡同樣也被棄置，大家立刻把幾間大廳、大房子當成住所。特拉斯卡拉盟友也在此駐紮，傍晚時就去附近的農場找食物吃。我之前曾說過塔庫巴城離墨西哥城很近，所以我們謹慎地安排守衛和哨兵。

黑夜降臨後，我們聽到湖上傳來喧囂的喊叫聲，墨西哥人正在辱罵、嘲諷我們不敢出去交戰，根本稱不上是男子漢。他們多艘獨木舟搭滿了戰士，堤道上也遍佈軍隊，目的是引誘我們出去夜戰。不過我們已於堤道、橋樑上的戰鬥受過教訓而拒絕出戰。隔天是禮拜天，大家在神父胡安·迪亞斯唱完彌撒後向上帝禱告，決定兩支軍隊一起前往離塔庫巴一哩半的查普爾特佩克，打算切斷該地對墨西哥城的供水。

我們在破壞輸水管的路上遇到許多嚴陣以待的墨西哥戰士，看來敵人知道這是我們打擊他們的第一步。他們在崎嶇不平的路旁迎擊，開始射箭、投射標槍、擊發飛石，剎時間就打傷我方三人。不過我軍隨即就把他們打得落荒而逃，而且特拉斯卡拉盟友順利追擊，殺了二十人，並帶回六到八名俘虜。我們把這幾批墨西哥人驅離後就立即破壞了向墨西哥城供水的輸水管，戰爭期間都沒讓水流向墨西哥城。達成任務後，所有指揮官一致同意應該繼續進行偵察，便從塔庫巴沿著堤道前進，打算盡可能攻佔一座橋。大家來到堤道邊，卻看到湖上已經密密麻麻的聚集了帶著武裝的獨木舟，堤道上也有大量戰士，令我們驚愕萬分。敵軍射來無數標槍、弓箭、飛石，第一波交鋒就打傷我方三十名士兵，不過我們仍朝著橋樑推進。於是敵軍忽然在我們眼前撤退，根據我的理解，這是想把我們引誘到橋的另一側。我們過橋後就有一大批戰士攻過來，實在難以抵抗。堤道只有八碼寬，而且我軍前後雙方都被大批兵力夾擊，只能不斷被敵人當成靶子射，此時此刻我們還能有什麼辦法？我方弩弓手、火槍兵雖然不斷朝著獨木舟射擊，然而他們的船上有木舷牆板防護，所以傷不了多少人。若是我們向堤道上的敵人發動進攻，對方就跳進水裡，有太多敵軍這麼做，我們也拿他們沒輒。印地安人也會從兩側或其他地方砍傷馬匹，要是被追擊了就跳進水裡，接著又起身擲槍攻擊，因而騎兵毫無用武之地。

我們在堤道上交戰了約一小時，敵軍極其猛烈的逼壓上來，我們支持不了太久。最後也看到大批獨木舟從另一個方向接近，打算切斷我軍後路。我們看到敵軍包夾，也意識到特拉斯卡拉盟友擠成一團塞住了堤道，若是要求他們跳進水裡，他們也會喪失作戰能力，因此決定不再推進，保持好陣形開始撤退。

我們退回岸上後還持續遭到墨西哥人糾纏，他們呼喊、咆嘯的同時不斷追擊，不過感謝上帝，我們終究從這場混戰逃了出來。我軍八名士兵戰死，超過一百人受傷。敵人仍在獨木舟上持續叫囂，於是特拉斯卡拉人就叫罵回去，要對方上岸來打，就算人數多了一倍也敢與之一戰。雖然並沒有打贏敵人，不過切斷水源和偵察湖泊是我軍完成的第一項作戰。

隔天早上奧利德說要前往離此地五哩遠的科約阿坎紮營。雖然阿爾瓦拉多和其他人都求他留下，要兩支軍隊共同行動，然而他還是堅持離開。奧利德是很勇敢的人，認為前一天的作戰是阿爾瓦拉多犯錯才會讓我方戰況不利。於是他們前往科爾特斯指派的紮營地點，我軍則留在駐地。不過此時分開兩軍是錯誤的決定，一旦墨西哥人知道我方兩軍的人數變少，就會在我們分開後的四、五天內派兵分頭攻打，則我們在湖上的船隻到來共戰之前就會被墨西哥人重重進逼、蒙受重大損傷。

我們就這樣留在塔庫巴，奧利德也待在他們的營地，雙方都不敢再進行偵察或沿著堤道前進，而且每天都有大批墨西哥人上岸討戰，雙方衝突不斷。

桑多瓦爾於「聖體聖血節」後四日才從特斯科科城出發前往伊斯塔帕拉帕，路上經過的都是隸屬於特斯科科的盟友領地。他抵達伊斯塔帕拉帕後就燒了許多陸地上的屋子，然而過了不到幾小時就有一大批墨西哥人前來援救這個城市，桑多瓦爾和敵人打了一場硬戰。戰鬥之際，他們看到湖邊山上冒出巨大的煙霧信號，湖邊的某個城鎮也打信號回應，因為對方發現了科爾特斯率領的十三艘來自特斯科科的船艦，正在召集墨西哥城以及湖畔城鎮的所有獨木舟。桑多瓦爾離開特斯科科後，科爾特斯就不再耽誤時間，船隊進入湖上的第一步是攻打墨西哥城附近的一座岩叢小島，該處已經集結了許多墨西哥人。城市和鄰近所有城鎮的每一艘獨木舟都出來對抗科爾特斯的船隊，也因此墨西哥軍對桑多瓦爾的攻勢鬆緩了下來。當時湖上還有許多房子，科爾特斯沒辦法對敵軍造成多大傷害。不過他一開始還是殺了許多敵人，並在大批盟軍的協助下俘虜、囚禁了許多鄰近城鎮的人。

科爾特斯見到這麼多群獨木舟艦隊向他那十三艘船一直聚集過來，其實感到非常驚嚇，而且認為非常不合常理，畢竟這可是聚集了上千艘獨木舟。於是他放棄攻打那座小島，移動到作戰吃緊時能任意駛向其他地方的位置。此時正好開始刮起陸風，他就下令各船艦指揮官在風勢變化之前不要出擊、也不要攻擊獨木舟。敵方獨木舟見到我方船艦停住，認為對手怕了他們，指揮官就催促他們立刻衝過來追擊。此時突然吹起一陣對我方有利的強風，時機非常巧妙，我方槳手奮力划船，科爾特斯也下令發動攻勢，靠著風勢撞翻多艘獨木舟，殺死、俘虜了大量印地安人，其他敵人就躲到湖上的屋子或是我方船艦無法追上的地方避難。這是湖上的第一場作戰，科爾特斯取得了這場勝利！我們要為這一切讚美上帝，阿門！

然後科爾特斯和艦隊就前往奧利德紮營的科約阿坎[3]，數支墨西哥軍守在險要之地打算奪取船艦。敵人從湖上獨木舟與堤道上的幾座金字塔猛烈攻擊艦隊，科爾特斯下令搬出四門船上的火炮殺傷了眾多印地安人。不過炮手過於急躁，有些人使用火藥開火時不慎被燙傷雙手和臉部，科爾特斯就立即派人乘船送信去桑多瓦爾在伊斯塔帕拉帕的營地，命他們把當地的所有火藥送過來，但要桑多瓦爾的軍隊守住那個區域。

當時我和阿爾瓦拉多軍駐紮在塔庫巴，接著就談談這個營地發生的事。我們得知科爾特斯到達湖上後就沿著堤道推進，冒著比之前更大的危險抵達第一座橋邊。弩弓手和火槍兵協同作戰，他們輪番裝填、射擊，合作無間。阿爾瓦拉多命騎兵留在陸地上防衛我軍後方，不要和我們一起前進，以防敵人在我軍登上堤道後從我們之前經過的城鎮攻過來。當時我們全都擠在堤道上的難行之地，每天就這樣有攻有守的進行作戰，激戰中損失了三名士兵。

敵人大多躲在水上，僅管我軍能打傷敵方戰士，也難以對伊斯塔帕拉帕造成重大打擊，桑多瓦爾決定先攻擊駐立在湖上的小城鎮和數間屋子，而後順利的登陸展開進攻。不過瓜特莫克在交戰之際就派了許多戰士前來援助當地居民，他們把桑多瓦爾軍經過的堤道挖開、摧毀，也派了許多戰士去了另一邊包圍，打算來個甕中捉鱉，讓桑多瓦爾軍無處可逃。

當時科爾特斯正和奧利德在一起，見到大批獨木舟正朝著伊斯塔帕拉帕移動，決定率領艦隊和奧利德全軍朝著相同方向去尋找桑多瓦爾。他的艦隊從湖上進發，奧利德的人馬則沿著堤道推進。兩軍一路前進，看到眾多墨西哥人正在挖開堤道，推測桑多瓦爾應該是在附近的屋子裡，艦隊就朝那個方向划過去，如其所料看到桑多瓦爾軍正在和墨西哥人戰鬥。戰況緩下來時，科爾特斯命桑多瓦爾放棄伊斯塔帕拉帕的營地，從岸上封鎖另一條從墨西哥城連接到特佩阿吉拉的堤道。這個城鎮現在以瓜達露佩聖（Our lady of Guadlupe）母為名，是個有許多神蹟顯靈的地方。

科爾特斯和眾指揮官都意識到我軍若沒有艦隊支援就無法沿著堤道前進，繼而進攻墨西哥

3 根據科爾特斯自己寫的第三封信，事實上科爾特斯是先佔領了那座岩叢小島，把敵人的獨木舟驅趕回墨西哥城。接著在伊斯塔帕拉帕的堤道登陸，當地有另一條來自科約阿坎的堤道交會。他們就在此紮營。

城，就把其中四艘船分給阿爾瓦拉多軍，在自己和奧利德共用的營地留下六艘，分兩艘給移到特佩阿吉拉堤的桑多瓦爾軍，至於最小的那艘船太輕了，很可能會被獨木舟撞翻，就別再駛到湖上。由於其他各艘船加起來共有二十人嚴重受傷，最小的那艘船上的槳手、士兵、船員們正好就分配補充到其他十二艘船上。

來援的船隻抵達塔庫巴，阿爾瓦拉多命其中兩艘船往堤道的一邊移動，剩下兩艘則移往另一側，我們接下來的戰事就打得較得心應手了。船艦能驅離那些從水上襲擊的獨木舟，我們得以攻佔幾座橋和幾座掩體。然而敵人在戰鬥中還是會用投石器對我們擊發無數石頭，射出大量標槍和弓箭，即便所有士兵都批盔戴甲，臉部和身體仍會受傷。緊接著又是一場硬仗，一直打到夜色籠罩。我必須說明的是：墨西哥人向來都有一批又一批的部隊輪番作戰，我們能藉由護甲上的印記、標誌得知敵軍人員的變化。至於我方船艦每次都被投槍、飛箭、流石招呼，敵人從屋頂上射去的兵器比冰雹還密——除此之外我已經不知該如何形容了；我想若非身歷其境，大概沒人能懂。標槍、箭矢、飛石的數量其實比冰雹還多，迅速就遍佈整條堤道。而且每當我們取得重大戰果攻下橋樑或壁壘，若是沒有派兵駐守，當晚就會被敵人奪回去加深濠溝、強化防禦工事。墨西哥人甚至也會在水下挖洞，以便在隔天的作戰結束撤退時絆住我軍、使人跌入洞裡，得手時敵方獨木舟就會一擁而上。此外，他們為此把許多獨木舟藏在我方船艦找不到的地方，一旦有人落入陷阱就能同時從陸上、水上群起圍攻。他們為了阻止我方的船艦來援，還在水裡釘了許多木樁，要把船艦困住。

我們連日作戰，之前也說過騎兵在堤道上的作戰毫無用武之地：就算騎兵打算攻擊或追擊，敵人就會立即跳入水裡逃之夭夭。敵軍其他大批人馬也都配備了長矛和更長的長柄鐮刀躲在堤道上築起的矮牆後。那些長柄鐮刀是用之前在墨西哥城大敗我軍時繳獲的武器製作，敵人靠著這些長矛、武器、來自湖上的傾盆箭雨就能在騎兵動手之前打傷馬匹。當時的駿馬價值超過八百披索，甚至高達一千披索以上，擁有馬匹的騎手們也不想冒這麼大的風險。其實當時還有價值更高的馬，不過這裡沒有。無論如何，騎兵在堤道上就是發揮不了多少作用。

夜晚來臨，我們用油脂燒灼傷口進行治療，有個名叫胡安．卡塔蘭的士兵在我們的傷口上劃十字、唸禱詞，我們的傷恢復的很快，確信天主耶穌基督每天都展現恩典、賜給我們力量。即使是受傷、用碎布包紮好傷口的人仍需要從早到晚進行作戰，要是傷者就留存營地不用出戰，那麼每支隊伍中能外出作戰的健全士兵連二十個人都不到。

特拉斯卡拉盟友看到士兵卡塔蘭在我們的傷口上劃十字，也跑去找他治療，結果找他治療的人多到他一整天都忙不過來。

我們的指揮官、掌旗手及其周遭的護衛兵都遍體鱗傷，旗幟也變得破破爛爛。掌旗手的傷確實都重到無法連日掌旗，每天都得指派新的人選替換。

另一方面，我們能吃的東西並不是很夠，這指的並不是充飢的玉米餅（我們玉米餅很多），而是指提供給傷患的營養食物不夠。我們僅有的營養食品是印地安人吃的各種葉菜類蔬菜及當地的櫻桃，本地人現今也是吃這些食物。換季後吃的是該季出產的仙人掌果。

科爾特斯、桑多瓦爾營地的情況大致上和我們差不多，如之前所說，每天都面對大批墨西哥人來襲，一直戰到夜色降臨。瓜特莫克早已為此挑選好對每一條堤道增援的指揮官及部隊，而且對特拉特洛爾科及我多次提到的那些湖畔城鎮的人民下達命令，各鎮人民一見到特拉特洛爾科大神廟揚起的信號，所有人就得搭上獨木舟出戰，或是從陸上增援。墨西哥指揮官也都獲得了協同作戰的指令，該於何時出發、去哪個地點迎擊、如何支援友軍都一清二楚。

現在要說明的是我方戰略的變更，如下所述：無論我軍每天攻佔、填平了多少濠溝，墨西哥人都會奪回去並再度挖開。而我們在濠溝的作戰只能殺的了少數敵軍，卻也會有許多人受傷。於是我們把陣地轉移到堤道上的一小塊空地上，那裡有幾座我軍已經佔領的祭祀塔樓，也有一些空間可以建立棚屋。不過這些棚屋非常簡陋，只夠遮蔽夜間的露水，下雨時所有人還是會全身淋溼。替我們製作玉米餅的印地安女性就留在塔庫巴，而所有騎兵和特拉斯卡拉盟友就守護著塔庫巴及各條通道，以防鄰近城鎮的敵人趁我軍在堤道上戰鬥時從後方襲擊。

我們在那塊空地築好棚屋後就盡力摧毀任何攻佔的屋子、建築物，填平濠溝。由於放火燒屋需要燒很久，而且在某棟屋子放火也燒不到其他棟，我們大多是直接拆毀屋子。之前已多次提到：此地所有屋子都建在水上，只能靠橋樑和獨木舟溝通，如果我們打算涉水而過，敵人也會從平坦的屋頂上重創我軍，因此摧毀屋子後，我軍也更為安全。

我們要是攻下敵軍頑強據守的壁壘、橋樑、據點，就得不分日夜守下來。各批衛兵都要一起防衛，守衛是這樣分配：第一批是四十名士兵從正午值勤到半夜，另一隊四十人從半夜值勤到日出前兩小時，但第一批守衛不能離開崗哨，就地直接睡在地上。上述第二個時段被稱為「睡眠警戒」，「睡眠警戒」之後再由另外一批人接替破曉時的警戒，從日出前那兩小時持續到白天。那批「睡眠警戒」的人也得留在同一地點，因此到了早上就會有一百二十名士兵一起守衛。我們已經從戰鬥中俘虜的幾名墨西哥指揮官口中得知瓜特莫克制定的計劃，因此在某些特別危險的夜晚也會要所有人從日落到破曉前都一起警戒，以防敵方人舉來襲，突破我方防線。據說瓜特莫克和指揮官商議制定了計劃，要不分晝夜突破我軍在堤道上的防線，進而把我們壓制在據點內，之後就能迅速去擊潰另外兩條堤道上的科爾特斯軍與桑多瓦爾軍。瓜特莫克也安排好湖畔的塔庫巴、阿斯卡波察爾科、特納尤卡等九座城鎮的人集結起來，選定某天攻擊我軍後方，想藉此攻下我們在堤道上駐守的據點。敵人也打算在某天夜裡奪走我們留在塔庫巴的那些做玉米餅的女人和其他輜重。我們得知了這些計劃，就警告留在塔庫巴的騎兵和特拉斯卡拉盟友每日都得時時警戒、派人徹夜監視。

瓜特莫克執行了他所制定的計劃，多次於午夜時出動大批軍隊來襲，緊接著又會在我們「睡眠警戒」的時段或破曉的警戒時段前來攻擊。敵軍有時是無聲無息的進逼，有時又會高聲吹哨、吶喊；有時是朝我方守衛之處發射飛槍、流石、弓箭，有時是帶著長矛進擊。雖然我們往往有人負傷，總是還能堅守陣地，同時還能回擊打傷不少敵人。此外也有大批敵方戰士去塔庫巴掠奪我軍輜重，不過他們在夜裡根本不堪一擊，被我方騎兵和特拉斯卡拉盟友擊敗。

無論風雨嚴寒，即便是有傷在身，或是不得不停留在沼澤泥濘之中，大家還是得保持警戒。我們只有寥寥可數的玉米餅、蔬菜、仙人掌果可以吃，而且還得面對艱辛的作戰，不過長官只會說打仗本來免不了吃苦。

要是我們攻佔橋樑和堤道後夜間無法派人守衛，敵人夜裡就會挖開堤道，我們隔天再去攻佔並加以填補，墨西哥人還是會再破壞堤道，並加固防禦工事。直到敵方變換作戰策略前，雙方每日就這樣一來一往的僵持不下。我晚點會再談到敵軍新的作戰策略。

科爾特斯與桑多瓦爾那邊的戰況也差不多如此，就暫且不談這一成不變的交戰。我軍接下來的行動是從三方堤道阻止敵人把食物和水運送進墨西哥城。我方船艦平時停駐在營地，原本只有在戰鬥時用來保護我軍後方，防礙獨木舟以及來自屋頂上的敵人射擊。由於墨西哥人不斷的從湖畔的九個城鎮輸送食物和水，也從其他同盟村落得到玉米、家禽和其他物資。為了切斷這些補給，我們一致認為三個營地夜裡都要派出兩艘船在湖上巡邏，見到獨木舟就加以撞毀，或是在能夠擒獲的情況下把敵人抓回營地。雖然這使我軍夜間作戰時各少掉兩艘船的護衛、支援，不過就整體而言是很好的計劃。即使還是有許多獨木舟穿過了我方的巡邏，不過各地船艦仍有效攔截許多墨西哥人補給的食物和水，而且敵方獨木舟運載補給時沒有任何警戒，我方船艦每天都能滿載而歸，甲板上都綁回許多印地安人。

接著換談談墨西哥人為了奪取我方船艦所使用的策略。之前說到我方船艦每天晚上和清晨都會出去巡邏搜索敵方獨木舟，遇到就直接撞翻或加以繳獲，因此墨西哥人決定武裝好三十艘大獨木船，用樹枝覆蓋偽裝，所有人員配備完畢後駛進蘆葦叢中，躲在我方船艦看不到的地方。黑夜來臨時，先派孔武有力的槳手駕著兩三艘獨木舟出發，裝作是正運送糧食、飲水，又在預計我方船艦追擊獨木舟的航線上用許多堅固的木材在湖中打上木樁，要困住我方船艦。幾艘獨木舟就橫跨湖面靠近蘆葦叢，做出害怕的模樣引誘我方兩艘船展開追擊，接著再假裝向岸邊撤退，朝三十艘大獨木船待命的地方駛去，我方船艦就尾隨在後。我方船艦追到了伏擊的地點，大獨木船就全衝出來發動攻擊，立即打傷所有士兵、槳手、船員，而且船艦也被敵軍設下的木樁困住，動彈不得。敵人殺了一位名叫波爾蒂利亞（Portilla）的指揮官、一名曾在義大利作戰的優秀士兵，另外一名優秀的長官佩德羅·巴拉巴身受重傷，三天後就傷重不治。兩艘被奪的船是科爾特斯的旗下部隊，這件事令他痛心疾首。幾天之後，敵人又成功完成了另一次伏擊，時機來臨時我再加以描述。

接著要談談科爾特斯、桑多瓦爾兩地進行的激烈作戰。科爾特斯軍的作戰規模更大，他下令將所有屋子都摧毀、燒掉，把水道、橋洞填平，每天攻佔的據點都加以鞏固。他傳令要阿爾瓦拉多軍在封鎖堤道前不要渡過橋樑、濠溝，必須把每間屋子都摧毀、燒掉。我們就用拆完房子的泥磚、木材填滿濠溝、橋洞，特拉斯卡拉盟友始終都在戰事中支援我們。

墨西哥人見到我們一一夷平屋子、填平濠溝，就決定採取另一種作戰方式。他們吊起橋樑，留下一條又寬又深的水道，讓人只能涉水而行，而這條水道有些地方深的足以沒頂。敵人在水下我們看不到的地方挖了許多坑洞，並在水道兩邊築起圍牆、壁壘。他們很清楚我軍在進攻墨西哥城之前必須先破壞這些防禦工事、渡過水道，就在我方船艦會前來援助攻打防禦工事的周遭釘下許多大木樁。敵軍安排好了許多搭滿戰士及強壯槳手的獨木舟躲了起來，而後在某個禮拜日早上，大批戰士同時從三個方向襲來，攻勢極其猛烈。為了避免被擊潰，我們當天只能苦苦支撐。

此時我們已經摧毀了附近所有屋子，敵軍沒有屋頂可以立足，情況比之前還要安全，於是阿爾瓦拉多下令留在塔庫巴的半數騎兵來堤道上過夜紮營，主因是騎兵現在已經可以在堤道的某些區域奔馳而不會讓馬匹遭受來自獨木舟或屋頂上的攻擊。

接著先前的話題，三支軍隊來勢洶洶，其一來自寬闊的水道，另一隊從摧毀的幾間屋子後奔出，第三支從我們後方塔庫巴城的方向來襲，大抵形成合圍之勢。然而我方騎兵和特拉斯卡拉盟友擊潰了後方那支隊伍，其他士兵則英勇的抵抗另外兩支部隊，直到敵軍撤退。不過這次撤退其實是佯攻作戰的一環。我們藉此攻佔了對方刻意棄守第一座掩體，自認為能乘勝追擊，紛紛涉水而過，一開始渡過的水道並沒有坑洞，就繼續進逼到幾棟屋子和神廟塔樓之間。敵軍雖作勢撤退，卻也開始朝我軍擊發標槍、飛石，射出大量箭矢。接著在我們毫無預警之下，大批戰士從隱蔽之處一擁而上，也有許多人加入了屋頂和屋子的射擊，那些佯裝撤退的敵軍也回頭對我軍迎頭痛擊，打得我們招架不住，於是決定謹慎撤退。不過之前渡過那條沒有坑洞的水道已經被敵方獨木舟佔據，無法通行，我們被迫前往另一條水深幾乎沒頂、挖了許多坑洞的水道。我們撤退時被大批戰士追擊，大家就毫不猶豫地跳進水裡，結果幾乎所有人都跌入坑洞。只見獨木舟群起圍攻，結果墨西哥人活捉了我們五名夥伴送去給瓜特莫克。我們幾乎所有人都被打傷，預計應前來援救的船艦被卡在敵人事先打下的木樁之間無法動彈，也受到了一波猛攻，標槍、箭矢如傾盆大雨般落在他們頭上，兩名划槳的士兵當場倒斃，多人受傷。回來談水道坑洞這邊的情況，我認為大家沒有在此全軍覆沒稱得上是奇蹟了。雖然數名印地安人一度抓住我，不過我奮力掙脫出慣用手，藉著天主耶穌基督所賜予的力量重拾武器，狠狠地刺傷印地安人逃開，保住了這條性命，不過另一隻手臂已嚴重受傷。從圍捕中掙脫已搞得我筋疲力竭，而且又失血過多，我脫困離開水道爬上岸的瞬間雙腿一軟、一口氣喘不上來，就此失去知覺。敵方那些傢伙圍住我的時候，我不斷向天主和聖母禱告，最後是靠著祂們賜予的力量才得以自救，感謝上帝的恩典。

我還想提一件事：阿爾瓦拉多和騎兵驅散了從塔庫巴方向攻擊我軍後方的數批戰士後，只有一名剛從西班牙過來的騎兵穿過水道、壁壘要過來援救水坑裡的士兵，不過他和馬匹終究一起被打死。騎兵隊前來援助時，我們已經開始撤退，若他們下水援助，我們勢必也得回頭對抗印地安人，但敵人詭計多端，騎兵很可能也會落入水坑，若他們下水援救後卻又被逼退，大家都無法逃命。敵方的眾多戰士早已為此備好長矛要刺殺馬匹，而且此地已是城市的中心地帶，周遭都是敵人可以發動攻勢的平台屋頂。

墨西哥人打了這場勝仗後士氣大振，一整天乘勝追擊。之前說過這天是禮拜日，他們派了一批又一批的戰士進犯營地，似乎真打算就此擊潰我們。雖然我們無法一口氣擊退敵軍，但靠著炮火的援護，大夥日以繼夜的齊心防衛、頑強苦戰，我們最後終於支撐了下來。

科爾特斯接獲戰況後大為惱怒，立刻派船送信給阿爾瓦拉多，要他無論如何都得填堵住濠溝，要所有騎兵都在堤道上過夜，馬匹上的馬鞍、韁繩整夜都不能撤下。士兵必須用土塊和木材填平濠溝，沒有填平前不得前進，無時無刻都得在營地戒備[4]。我們知道自己犯錯而導致大難，便動手填平附近的濠溝、水道。我們工作時還有敵人前來搗亂，費了不少功夫，而且有六名士兵被殺、許多人受傷，不過我們仍在四天之內把濠溝、水道填平。

依照科爾特斯的建議，我們每天晚上都看守著濠溝，由三支隊伍一起駐守。墨西哥人也配置了哨兵監視，雙方離得非常近。他們整晚都燃著熊熊的營火，然而哨兵並沒有站在火堆旁邊，我們搞不清楚他們站得有多遠。雖然只能看到那堆火光而看不到站崗的印地安人，不過他們輪班時都會去添加柴火，我們都很清楚敵方的守衛何時輪班。那個季節常常有豪雨，好幾次夜雨淋熄了敵方的火堆，不過他們總是會再度點火。墨西哥人夜裡大多默不作聲、不發一語，只用口哨溝通。

敵方守衛正在進行交班時，我方弩弓手和火槍兵會朝他們的崗哨任意開火，不過其實傷不了對方，因為墨西哥人是站在另外挖開的一條又寬又深的水道之下，或者是躲在築起的路障和壁壘後，我們想打也打不到。不過他們也會用大量流彈回擊。

哨兵的話題就到此為止，回頭談談堤道上日復一日的作戰。我軍循序漸進，攻下了之前說過的深水道。不過接下來一連幾天前來襲擊的戰士實在太多了，落在我們身上的流彈如此之多，即使身穿上精良的護甲萬分戒備仍免不了受傷。敵人似乎認為若是在我們撤退時全力進擊就能擊潰我們，往往都是在僵持了整天，打到天色漸黑，等到我軍認為無法再繼續前進而打算撤退，他們才投入預備好的大批兵力，如猛虎出柙般近身纏鬥。我們後來明白了敵軍的計劃，就都依著以下的步驟進行撤退：首先得讓特拉斯卡拉盟友離開堤道，因為特拉斯卡拉人的數量太多，我軍若是被盟友擋住退路就稱了狡猾的墨西哥人心意，他們會從二到三個方向發動猛攻困住我們，甚至截斷我方部隊。一旦我軍退路被特拉斯卡拉人擋住，就難以抵擋來自敵軍各方的攻勢。若是盟友不再造成阻礙，我們就能面向著敵軍一邊作戰一邊撤退，不需要回頭。其次是要弩弓手、火槍兵分

4　科爾特斯在他所寫的第三封信裡說他探視阿爾瓦拉多的營地時非常訝異，因為阿爾瓦拉多軍的填堵工作做得很好，而且相當深入城市。

配好裝填與開火時間，形成不間斷的輪番射擊。至於湖上有我方的四艘船（堤道的兩側各有兩艘），他們負責妨礙敵人從大批獨木舟、屋頂上、屋子裡擲來石塊。不過即使大家再怎麼小心戒備，退回營地的棚屋前都還是身處險境。我們在營地用油脂燒灼傷口治療、用當地的布料包紮，拿出從塔庫巴帶來的玉米餅混著蔬菜、仙人掌果一起吃，吃完又得立即前往之前提到的水道邊放哨警戒，迎來另一天的作戰。敵軍一大早就會前來攻打，對我們叫囂辱罵，甚至會進逼到營地附近，所以我們別無選擇，日子就是這麼困苦。

阿爾瓦拉多營地的情況暫時就說到這裡，接著談談科爾特斯方。敵軍也日夜攻打他們的營地，殺傷許多士兵。科爾特斯派兩艘船艦整晚巡邏，追逐那些把食物和水送入墨西哥城的獨木舟。其中一艘船從某條載運物資的獨木舟上俘虜了兩位酋長，科爾特斯從他們口中得知敵人又打算奪取我方單桅船，已安排好四十艘大獨木船和其他獨木舟準備再次進行伏擊。科爾特斯對這兩名酋長百般利誘、贈送披風，承諾攻下墨西哥城後會賞賜土地，透過翻譯人員問出那些大獨木船埋伏的地點（因為不可能和上一次一樣）。兩名酋長不僅透露了大獨木船所在的位置，還提出警告，指出許多地點已經打下了大木樁，船艦逃離大獨木船的襲擊時就會被困住，屆時我們的夥伴只能坐以待斃。

科爾特斯獲悉警訊的當晚就把六艘船準備就緒，蓋上大量樹葉偽裝，用布包裹住船槳壓低划行聲，行駛到某處蘆葦叢中徹夜監視，離大獨木船埋伏的地點約四分之三哩。隔天一大早，科爾特斯再派一艘船出發，佯裝是要追逐運貨的獨木舟，兩名酋長也在甲板上指出大獨木船埋伏的確切位置。此時墨西哥人也派出兩條誘導用的獨木舟假裝正在運貨，吸引我方船艦追蹤，朝著設計好的伏擊地點前進。敵我雙方各懷鬼胎，但其實計劃如出一轍。科爾特斯用來施計的那艘船一見到敵方誘餌就追上去，兩條獨木舟也裝作是要逃上岸，往大獨木船伏擊的地點駛去。接著我方船艦作勢不敢上岸而掉頭撤退，大獨木船和其他獨木舟見狀全都悍然出擊，不顧一切的划槳追打。我方誘餌艦迅速逃開，朝著另外六艘船埋伏的地點前進，而大批獨木船就緊追在後。此時槍聲響起，這是我方伏兵出擊的信號，六艘船就急駛而出，朝敵方攻去，撞翻了好幾艘船，殺了大量戰士，抓了不少俘虜。最先派出去當誘餌的船雖然離得有點遠了，不過還是掉頭協助其他船艦進攻。於是我軍繳獲了大批俘虜、獨木船，從此之後墨西哥人再也不敢安排類似的伏擊，也不敢跟之前一樣明目張膽的在湖上運送食水。

湖畔城鎮的人民見到我軍無論在陸上還是水上都接連得勝，其他城鎮也已經和我們締結友好關係，況且我軍不斷向他們開戰造成大量傷亡、捉走許多俘虜，於是就決定一起派人前來向科爾特斯要求停戰。使者非常恭順的為之前冒犯過西班牙人的行為求饒，辯稱之前都是奉命行事、別無選擇。局勢開始好轉，科爾特斯對此感到開心，消息分別傳到阿爾瓦拉多與桑多瓦爾營地後，所有的士兵也都歡欣鼓舞。科爾特斯先稍加威嚇對方，說他們幫助墨西哥人，原本應該受到更嚴厲的懲罰，隨即卻又面露微笑、款語溫言予以原諒。前來求和的有：伊斯塔帕拉帕、秋魯布斯科

（Churubusco）、庫盧阿坎、密斯基克和所有淡水湖上的所有城鎮。科爾特斯宣告：要不是我們在戰鬥中消滅墨西哥人，或是他們派人前來求和，否則我軍都不會轉移陣地。他要這幾個城鎮用上所有獨木舟在作戰中支援我軍，並為我方建造棚屋、提供食物。他們雖然同意會遵照指示作戰、建造棚屋，但送來的食物不多，給得相當不情願。而且我們這區一直都沒有人來建棚屋，任何到過這邊的人都知道此地的六、七、八月每天都在下雨，結果阿爾瓦拉多的士兵就持續每天淋雨。

再回來談談我軍與墨西哥軍於堤道上的交戰。我們已經成功佔領數間祭神的塔樓、屋子，用拆毀建築物後的泥塊、木材堵塞我們所掌控的濠溝、水道、橋洞。雖然我軍一直看守著水道，但再怎麼小心防範，敵人總是能回來把水道掘深、挖寬，在旁築起更多壁壘。我們這三批隊伍中有人認為當其他人正在和墨西哥人正面交鋒，自己卻在填平水道、濠溝、橋洞，這副模樣有失體面。阿爾瓦拉多為了避免分配作戰人員、勞動人員引發爭執，規定三支隊伍都要輪流工作：某支隊伍勞動一天，隔天就由另一支隊伍接替，三隊都要各輪一次。藉著如此安排以及特拉斯卡拉人的幫助，我們把每棟攻佔的建築物夷平，漸漸深入城區。不過鳴金收兵時所有人都同樣危險，三支隊伍必須並肩行作戰。

換去談科爾特斯與桑多瓦爾那邊的情況。來自陸上軍隊或湖上獨木舟艦隊的敵方攻勢日以繼夜，我軍一直無法擺脫敵人的騷擾。雖然科爾特斯的人馬苦戰之後終於奮力拿下了一座橫跨深水水道之上的橋樑，然而敵人立刻在另一側築起障礙物、壁壘擋住了去路，如此一來他們依舊只能游泳渡水。他們只要試著登岸都有大批敵方戰士帶著弓箭、投石器、各式刀劍、長矛在岸上迎擊，湖上也遍佈武裝獨木舟。岸邊的障礙物附近有許多平台屋頂，敵人就從那裡扔出大量落石，而且已有大量木樁布置在附近，我方船艦也無法援護。科爾特斯的軍隊在攻佔這幾座要塞、橋樑、水道時蒙受大量損失，四名士兵在戰鬥中身亡，超過三十人受傷。而且徹底攻下要塞時天色已晚，他們也來不及填堵水道，只能在危急之中帶著傷兵和眾多受傷的特拉斯卡拉人撤退。

接下來要談的是戰場的另一方——瓜特莫克的情況。他命手下軍隊持續作戰，所有兵力都投入備戰。隔天是慶祝施洗者聖約翰誕生的節日，離我軍第一次回到墨西哥城援救阿爾瓦拉多後恰好一年，當時我們大敗而逃。看來墨西哥人也記得這個日子，瓜特莫克命令所有軍隊從陸路、水路對我方三個營地同時發動極其猛烈的攻擊。進攻的時刻是我軍的「睡眠警戒」時段，而且湖上大部分的區域已打下了木樁阻礙我方船艦前來援助。敵軍來勢洶洶，如果我方沒有那一百二十多名經驗老道的士兵正在戒備，敵人肯定能攻破營地。情況極為兇險，不過我們還是堅守陣勢擋住了這波襲擊，然而我軍還是有十五人受傷，其中兩人一週內就傷重不治去世。

科爾特斯營地的情況也相當危急，我方軍隊被逼入困境，許多人受傷、戰死，桑多瓦爾的營地也是如此。敵軍就這樣接連兩夜前來襲擊，墨西哥人在這幾次交鋒中有不少人戰死，傷者無數。瓜特莫克和他手下指揮官、祭司見到接連兩夜的作戰仍一無所獲，就集結所有兵力於黎明前攻向我方位於塔庫巴的營地。敵軍來勢銳不可當，還兵分二路進行包抄，幾乎擊潰我軍，甚至差點截斷退路。感謝耶穌基督，我們又重整隊伍、縮緊陣形，藉著單桅船提供的些許掩護並肩作戰，在狂劈猛刺中稍微逼退敵軍。騎兵則見機突擊、弩弓手、火槍兵也都全力施為，把進逼我軍後方的敵軍一一擊退。我們在這場戰鬥中有八人戰死、多人受傷，阿爾瓦拉多的頭部也被擊中。若是特拉斯卡拉人當晚正好在堤道上過夜，我軍在戰鬥中就會被他們嚴重妨礙而身陷更大的危機，但毋須擔心，得利於過去的經驗，我們已即早要特拉斯卡拉人離開堤道回到塔庫巴。

儘管我們白天把每個攻下來的水道、濠溝填平，墨西哥人每夜都還是會趁機挖開堤道、築起防禦工事，這份苦差事似乎沒完沒了。再說我們所有人都得作戰、填坑，夜裡又要看守，日子十分艱苦。科爾特斯決定和營地的指揮官、士兵商議，也送信到阿爾瓦拉多及桑多瓦爾營地徵詢大家的意見。他徵詢的問題是：我們是否應該迅雷不及掩耳地攻入城市，前往特拉特洛爾科？那裡有墨西哥城內最大的市場，比薩拉曼卡的市場更寬更大。他認為如果我軍攻下了特拉特洛爾科，就能在此安置三營軍隊、設立基地，之後就和墨西哥人進行巷戰，如此一來就毋須每晚退兵，也不用填平濠溝、橋洞。

一如既往，討論時總是有各式各樣的意見。有些人說轉移到城內不是好主意，應該按部就班，從現有位置繼續作戰，摧毀、燒光房子。主要理由是：若我軍轉移陣地到特拉特洛爾科，勢必得放棄已佔領的堤道、橋樑，而墨西哥人有大批軍力、獨木舟，屆時一定又會挖開水道，我們就無法繼續控制堤道。想必墨西哥人之後又會派出強大兵力連日連夜圍攻我們，也會在周遭打下許多木樁，到時候我方船艦也無法前來援助。若是依照科爾特斯提出的計劃，我軍反而將是被包圍的一方，卻讓敵人再度掌控沿岸、原野和大湖。我們寫信傳達上述意見，希望別再次跟逃出墨西哥城時一樣身陷死局。

科爾特斯聽取了我們陳述的意見、理由，然而他們商議最後的結果，仍舊是命三個營地的騎兵、弩弓手、火槍兵、士兵等所有兵力隔天就全部都推進到特拉特洛爾科市集的大廣場。於是我方三個營地都準備萬全，並派人去告知特拉斯卡拉盟友、特斯科科人，也要求最近剛宣誓效忠國王陛下的各城鎮人民駕著獨木舟支援我方的船艦。我軍於禮拜日的彌撒後從營地出發，科爾特斯軍、桑多瓦爾軍也分別離營，三支軍隊各自全力作戰，然後一舉攻下數座壁壘、橋樑。墨西哥人雖然英勇抗戰，但科爾特斯軍取得大量戰果，桑多瓦爾軍也是如此。至於阿爾瓦拉多軍只攻下一座壁壘、橋樑，因為瓜特莫克在此安排了大批兵力駐守，難以攻陷。我們有許多人受傷，其中一人傷勢過重，沒多久就死了，此外也有超過一千多名特拉斯卡拉盟友負傷，不過我們仍精神奕奕、乘勝追擊。

回來談談科爾特斯等人的情況。科爾特斯的人馬攻下了一條深水道，只有一條狹窄的堤道可供通行，這是墨西哥人佈置好的陰謀。敵人預期接下來的情況會如此發展：讓科爾特斯的人馬一路取勝，而且堤道上又全是友軍，墨西哥軍就在他眼前不斷擲槍、投石、射箭，裝作隨時準備逃跑，卻又不時停下抵抗，藉此引誘科爾特斯繼續追擊。

墨西哥人見到科爾特斯確實乘勝追擊，就依計佯攻。俗話說：「福禍相依」，不知是科爾特斯一時不察，還是出於上帝安排，他們一路緊追不捨，忘了要先填平攻佔的水道。這條堤道經過設計，造得十分狹窄，部份路段甚至淹沒在水裡，路上滿是沙土泥濘。科爾特斯等人沒有先行填塞就跨過了水道，正中墨西哥人下懷。此時墨西哥軍已經召集了數批由驍勇善戰的指揮官所率領的戰士，並在湖上安排好大批獨木舟，附近也已經釘下木樁使我方船艦無法靠近。一切準備就是為了這一刻——兇惡的軍隊吼聲震天、一擁而上，震攝了科爾特斯軍，同時打得他們措手不及。我方的士兵、指揮官、掌旗手決定站穩陣腳準備撤退，不過敵方一波又一波的猛烈攻勢把他們逼回之前的險要水道旁。雖然科爾特斯率領的兵力不少，然而友軍誤判了先鋒部隊回頭退避的行動沒有上前援助，還無序的轉身逃跑，科爾特斯雖試著鼓舞大家，大喊著：「停下來！停下來！騎士們！撐住啊！你們掉頭逃跑是什麼意思？」但此時大勢已去、難以挽回。

接著墨西哥人又獲得了獨木舟的援助，科爾特斯軍就因忘了填平濠溝而在這條狹窄、破碎的堤道上被擊敗。敵人打傷了他一條腿，活捉了六十六名士兵，又殺了八匹馬。六、七名墨西哥指揮官一度捉到科爾特斯，不過天主保佑，他雖身受重傷，還是獲得力量掙脫自救。勇猛的士兵克里斯托瓦爾・奧里亞在關鍵時刻前來搭救。見到科爾特斯被印地安人團團包圍，他大劍一揮，剎時間就幹掉了四名印地安人，一名勇敢的士兵萊爾瑪（Lerma）也從旁協助。這兩名士兵的驚人武勇使科爾特斯得以從墨西哥指揮官的包圍中脫困，然而奧里亞在替科爾特斯擋下第二波攻勢時丟了性命，萊爾瑪也差點被殺。許多士兵雖身受重傷，仍奔上前來抱住科爾特斯，拖著他離開危險的泥濘。軍需官奧利德也來到前方，大家抓著科爾特斯的雙臂帶他離開泥巴水道，送他騎上馬以逃出險境、保住性命。科爾特斯的管事古斯曼也帶著另一匹馬前來支援，不過此時墨西哥戰士的攻勢更加兇狠，從屋頂上打傷更多人，結果古斯曼遭到俘虜，之後被交給瓜特莫克。敵人還不斷追殺科爾特斯，一路追到我軍營地陣前，甚至在科爾特斯駐地附近騷擾、不斷大喊大叫，罵他們懦夫。

科爾特斯的大敗暫且不表，回來談談阿爾瓦拉多軍在塔庫巴堤道的情況。我們原本連番獲勝、順利前進，見到數批墨西哥人帶著華麗的旗幟、羽飾前來接戰。他們高聲叫囂，突然把五顆鮮血淋漓的人頭丟到我們面前。墨西哥人殺了不久前才活捉的科爾特斯軍俘虜，砍下這些人頭。

墨西哥人喊著：「我們已經殺了馬林切和桑多瓦爾率領的所有人馬，受死吧！」語聲未落就朝我們欺身靠近，把我們當成靶子猛攻，無論是刀砍劍刺、弩箭火槍都難以阻止。不過我們臨危不亂，維持好陣形依序撤退，命特拉斯卡拉盟軍立刻從我軍要撤退的街道、堤道等險要之處離開。特拉斯卡拉人這次非常樂於聽命，見到五顆鮮血淋漓的人頭，又聽說馬林切、桑多瓦爾所率領的「神人」全部被殺了，個個信以為真，感到非常害怕，認為同樣的事接下來也會發生在他們身上。

我們正在撤退時，聽到那座傲視全城的維齊洛波奇特利、特斯卡特利波卡的大金字塔傳來號角聲，六哩外都能聽見那面陰氣逼人的大鼓發出的悲涼鼓聲。接著又是各種鑼鼓、海螺、號角、口哨的聲響。我們後來才知道墨西哥人此時正在兩尊神像前挖出我方十名夥伴的心臟、鮮血獻祭。

再繼續談我們撤退的情況。墨西哥人大舉來襲，不斷從屋頂、獨木舟、堤道上追殺我們，此時瓜特莫克又派出了一支生力軍，也下令吹響他的號角。吹響這種號角是一種信號，要正在戰鬥的所有指揮官和戰士死命俘虜敵人。一旦聽到這個聲音，瓜特莫克手下的各批人馬、軍隊就會挾著萬夫莫敵之勢一臉猙獰地猛撲過來，努力要把我們從隊伍中拖走。即使現在我停筆回憶，依稀還能看到那場戰鬥的情景浮現在眼前。我們當時皆已傷痕累累，我不由的再度感謝天主耶穌基督所賜的力量，若非祂的保佑，我們根本不可能回到營地避難。我得以在那次戰鬥或其他情況下從墨西哥大軍之中死裡逃生，必須讚美、感謝天主。

我方的騎兵不斷猛衝，安置在附近棚屋內的兩門火炮一門裝彈，另一門就射擊，輪番開火，所有人都苦苦支撐。堤道上站滿了墨西哥人，他們一路乘勝追擊打到屋子附近，不斷投擲標槍、石塊。不過如前所述，我軍用火炮打死不少敵人，當天表現最為出色的是一個名為佩德羅．莫雷諾．梅德拉諾（Pedro Moreno Medrano）的騎士，他現在住在普埃布拉。由於我們正規的火炮兵不是戰死就是受傷，便由他在此役中擔任炮手。他是優秀的士兵，此戰充份支援我軍。我們浴血奮戰、努力防衛，抵抗敵軍的步步進逼。由於那五顆頭是用頭髮和鬍鬚綁在一起而難以辨識，大家都不知道科爾特斯和桑多瓦爾的軍隊是否真的敗戰身亡。此時桑多瓦爾其實是在一哩半之外的地方戰鬥，而科爾特斯戰敗的地方離得更遠，然而我們完全沒有他們的消息。雖然情況令人沮喪，不過無論是健全的人還是受傷的人都團結一心，擋下敵方怒濤般的攻勢。而墨西哥人正好又奪下我方一艘船艦，殺了三名士兵、打傷所有指揮官、船員，認為很快就能將我軍全數殲滅。不過這些船員後來被另一艘由胡安・哈拉米略（Juan Jaramillo）所指揮的船搭救。此時也有另外一艘船在某個地方被木樁困住動彈不得，指揮官是胡安・德・林皮亞斯（Juan de Limpias），他在此戰喪失聽覺，現在住在普埃布拉。林皮亞斯本人作戰時非常果敢，相當能鼓舞士兵，雖然他們個個都受傷嚴重，最後還是賣力划槳撞斷了木樁離開，同時保住了船隻。他們是第一批撞斷木樁的人，對我軍而言是個好兆頭。

回來談談科爾特斯，他和所有手下非死即傷，墨西哥部隊仍持續攻擊營地，並把另外四顆鮮血淋漓的頭顱扔到正在警戒的士兵面前，那是科爾特斯自軍被俘虜的四名囚犯人頭。不過墨西哥人說這是「托納蒂歐」（這是指阿爾瓦拉多）和桑多瓦爾、貝爾納爾・迪亞斯和其他「神人」的人頭，他們已經在塔庫巴把西班牙人殺得一乾二淨。據說科爾特斯比往常更灰心喪志、淚如泉湧，身邊的人個個也都熱淚盈眶，不過他依然沒表現出懦弱的樣子。科爾特斯立即下令軍需官奧利德及其指揮官要確實守好，不能讓正在重重進逼的墨西哥人攻入營地，不分健康、受傷與否，先把所有人集結在一起。接著派塔皮亞和三名騎手從陸路快馬加鞭前往塔庫巴看看阿爾瓦拉多軍是否存活，若是我們尚未被擊敗，就要我們大家團結一體、日夜警戒，雖然其實我們早就這麼做了。塔皮亞和三名騎手盡全力趕來，他和另外兩人在路上受傷，抵達營地時看到我軍仍和群聚的墨西哥軍交戰，他們由衷的感到高興。他們說明了科爾特斯敗戰的情況，並將他的口信傳達。不過他們不敢確實告訴我們有多少人被殺，只說二十五人戰死，其他人安好。

桑多瓦爾的軍隊原先也是接連取勝，沿著入侵的街道不斷前進。但墨西哥人擊敗科爾特斯後就轉而朝桑多瓦爾軍全力猛攻，牽制了他們。敵軍殺了六名士兵，還打傷所有人，桑多瓦爾的大腿、頭部、手臂共三處負傷。酣戰之際，敵人丟出了六顆科爾特斯手下的人頭，號稱是科爾特斯、托納蒂歐和其他指揮官的首級，桑多瓦爾等人也註定會死在這裡，接著又兇狠的進攻。桑多瓦爾看了那些頭顱，要手下不要氣餒、展現出無畏的精神，警告大家在撤退時不能自亂陣腳，且要為數眾多的盟軍立即離開堤道，以免他們妨礙我軍撤退。桑多瓦爾軍在兩艘船艦與弩弓手、火槍兵的支援下艱難的退回駐地。他們個個灰心喪志、身受重傷，而且有六人戰死。撤離堤道後雖然還被墨西哥軍重重包圍，但他仍鼓舞手下、指揮官同心協力、不分日夜守住營地，以防被敵軍擊潰。

桑多瓦爾要指揮官路易斯．馬丁奉命守住營地，而他自己則忍著傷痛、纏著繃帶和兩名騎手向科爾特斯的營地急馳而去。他見到科爾特斯時大喊：「喔！統帥大人，這是什麼情況？你向來的忠告和用兵之策會導致這種慘狀嗎？如此大難是怎麼搞的？」科爾特斯淚流滿面的回答說：

「親愛的桑多瓦爾，我的確有罪才會導致這個局面，但將士們不該如此嚴厲的指責我，這是司庫官胡利安·德·阿爾德雷特的錯，他還缺乏戰爭經驗，也不聽其他指揮官的調遣。我要他在我軍被擊敗的地方填平水道，但他沒有照辦。」不過那名司庫官為了看看桑多瓦爾軍是否戰死或被擊敗，此時就站在科爾特斯身後。他插話說科爾特斯是咎由自取，怎麼能怪到他頭上。科爾特斯在連番得勝時急於乘勝追擊，忘情的大喊：「大夥！進攻！」當時科爾特斯可沒有下令填平那座橋下的險要水道。若是科爾特斯確實指示，他和夥伴、盟友一定會照辦。阿爾德雷特也指責統帥並沒有在適當的時機要求大批盟友先從堤道上撤離。兩人又怒氣沖沖的相互責難，我就不加以記載了。此時兩艘科爾特斯軍戰敗後一直失聯的船艦終於從堤道邊歸來。據指揮官說，他們被木樁困住後就遭到大群獨木舟圍攻，所有人歸來時都有傷在身。不過他們先是得到上帝的援助，得到一股強風助陣，而且大家竭盡全力划槳，船隻才撞斷木樁逃脫。科爾特斯非常高興，因為在此之前一直沒有他們的消息，原以為又要損失這兩艘船了。（不過為了不讓士兵們更為挫折，他本來沒有宣佈這件事）。

然後科爾特斯熱切地懇求桑多瓦爾迅速前往我們在塔庫巴的營地，調查阿爾瓦拉多軍是否遭到擊敗、現況如何，如果我們還存活著，就協助保衛營地、抵抗敵人進攻。科爾特斯很清楚路上必會遭到墨西哥軍襲擊，就加派路哥隨行。科爾特斯對路哥說之前已經先派了塔皮亞和三名騎手去打聽消息，不過怕他們已在路上遭遇不測。他在桑多瓦爾等人出發前抱著他說：「親愛的桑多瓦爾，我現在受傷，哪裡也去不了，就請你確保三個營地的安全。雖然阿爾瓦拉多和他的夥伴們都是貨真價實的騎士、非常驍勇善戰，不過我還是怕那些狗賊的強大兵力會吞沒他們。我就吃了大虧，你也見到了我們的慘況。」

桑多瓦爾、路哥火速奔向我們所在的位置，到達時日暮西沉，見到我們正在和墨西哥軍作戰。墨西哥人正打算從已摧毀的屋子攻入我方營地，其他敵人沿著堤道進攻，許多獨木舟從湖上襲擊我們。我方有艘船在岸邊擱淺，敵人藉機殺了兩人，打傷了其他所有船員。桑多瓦爾正好看到我和其他六名士兵正在水深及腰的湖邊幫忙把船隻推向深水處，而許多印地安人帶著擊敗科爾特斯軍後繳獲的刀劍、燧石刀、大刀攻過來，阻止我們營救船隻。他們也打算用獨木舟把船拖走，就把許多繩索繫在船上，準備拖進城市。桑多瓦爾見狀大喊：「兄弟們！使盡全力！別讓他們奪走這艘船。」我們費盡九牛二虎之力把船拖回安全的地方。不過如先前所說，我們還是有兩人戰死，所有人都被打傷。

當下有更多隊墨西哥人奔下堤道強攻猛打，打傷騎兵和所有士兵，有顆石頭還狠狠地打到桑多瓦爾臉上。不過阿爾瓦拉多和其他騎兵隨即上前救援。此時又有數隊敵軍趕到，只有我和二十多名士兵正在迎戰。為了保住馬匹，桑多瓦爾命我們逐步退後。不過由於我們退得速度比他預想的還慢，他就朝著我們怒吼：「你們想要害死我和這些騎兵嗎？貝爾納爾．迪亞斯！我的友人們！就當作是為了我，請快點後退。」後來桑多瓦爾和他的馬又被打傷一處，印地安盟友終於全部從堤道上撤離，我們才得以面向敵人退後，無須回頭張望。我軍就這樣漸漸撤退，形成一道人牆防線阻止敵人前進，加上弩弓手、火槍兵交替射擊、裝填，騎兵輪番衝殺，佩德羅·莫雷諾不斷裝彈開炮。儘管大量墨西哥人被他的炮擊打死，我軍仍無法擺脫對方的糾纏，敵人反而持續緊追不放，大概是深信當天晚上就能把我們都抓回去獻祭。

我們渡過了一條水位很高的大水道退到了駐地附近，敵方的飛箭、標槍、投石就再也不構成威脅。桑多瓦爾、路哥、塔皮亞就和阿爾瓦拉多站在一起分別述說近來的經歷、討論科爾特斯的指揮。不久後，維齊洛波奇特利神廟又傳來那陰沉的鼓聲，伴隨著海螺、號角及其他類似喇叭的吹奏，形成極為駭人的音樂。我們望向那座高聳的神廟，映入眼裡的是那些因科爾特斯大敗被俘的夥伴正被拖上天台獻祭。墨西哥人把他們拖到那些可憎神像之前的小平台，在許多人頭上插了羽毛，逼他們拿著像是扇子的東西在維齊洛波奇特利神像前跳舞。跳完後，祭司要他們背靠獻祭用的窄石塊躺下，猛然剖開他們的胸膛，一把掏出還在撲撲跳動的心臟供奉在神像之前。接著墨西哥人把屍體踢下平台，在旁等待的印地安廚子上前砍下手臂、大腿，也把死者臉上的皮剝下來，之後要用來製作手套皮革；他們也留下了死者臉上的鬍鬚要在酒宴上取樂。然後墨西哥人就用辣椒和蕃茄調味，開始吃人肉。我們所有的夥伴全都被這樣殺掉獻祭，如之前所說：心臟和鮮血掏出來祭神、砍下四肢吃掉，軀幹和內臟餵給獅子、老虎及其他毒蛇猛獸（之前的篇章中曾提到有間屋子裡養了許多兇獸）。

見到如此殘酷的行為，營地裡的所有人都面面相覷，說著：「沒抓去獻祭真是上帝保佑！」讀者一定記得大神廟其實距離不遠，但我們愛莫能助，只能祈求上帝保佑，祈禱自己別死得這麼慘。獻祭結束的同時，又有數支墨西哥軍從四面八方攻過來，我們倉促之間難以招架。他們喊著：「看著吧！大神已經答應過了，這就是你們所有人的末路。」他們對特拉斯卡拉人的威嚇、喊叫極為惡毒駭人，盟友被嚇得魂不守舍。墨西哥人還把烤熟的印地安人腿和西班牙士兵手臂丟到他們面前，喊著：「來吃這些『神人』和你們兄弟的肉吧！我們已經吃得很飽了，這些就留下來給你們嘗嘗！雖然你們現在把房子都毀了，但我們之後可以逼你們用更好、更白的石頭建回來。再幫『神人』沒關係，就等著看我們把所有人都抓去祭神。」

瓜特莫克戰勝之後還做不少事，他把士兵屍體的手、腳、臉皮和馬匹的馬頭分送給我方盟友、所有友好城鎮，聲稱墨西哥人已經殺了超過一半以上的西班牙人，很快就會解決其他餘孽，要他們立即斷絕和西班牙人的同盟關係、派人去墨西哥城求饒。若不盡快背棄西班牙人，他就會派大軍殲滅他們。

墨西哥人仍連日連夜進攻，不過桑多瓦爾、阿爾瓦拉多及其他指揮官都齊心防衛，即使為數眾多的戰士於夜晚來襲，仍能將他們一一擊退。我方一半的騎兵不分晝夜留在塔庫巴，另一半留在堤道上。不過我們所遭受的苦難絕非如此而已，因為敵軍又把我們之前沿著堤道所堵塞、填平的水道全部奪回，再度挖開，還築起了比之前更堅固的壁壘。雖然最近和我們結盟的湖畔城市日前派了獨木舟幫助我們，現在則決定袖手旁觀。這些人「本來想佔點便宜，現在卻弄得血本無歸」，許多人參戰丟了性命或負傷歸來，大半獨木舟被摧毀。即使如此，他們也不打算幫墨西哥軍，他們因憎恨墨西哥人而決定作壁上觀，靜待戰況發展。

桑多瓦爾及隨他一同前來的指揮官、士兵認為他們得回到自己的崗位，回報這個營地情況。他們對科爾特斯說阿爾瓦拉多軍的警戒狀況良好，而且桑多瓦爾跟我交情不錯，也向科爾特斯報告了我和其他士兵涉水營救船隻的情況。他說如果不是我們加以搭救，船上所有夥伴都會被殺，也說了許多讚美我的話，讓我之後在整個營地名聲人噪，不過我往後就不提這件事了。科爾特斯得知我們戒備森嚴後才感到安心，接著下令三個營地的士兵從此之後就不急不徐的應戰，意思是先別考慮進佔任何橋樑、障壁，僅僅為了守衛營地出來應戰。隔天的曙光初露，敵軍就萬箭齊發、彈如雨下，還伴隨著惱人的吶喊、辱罵，不過我們有那條深水道作為屏障，後來接連四天都沒過河進攻。

〔接下來五天，三支西班牙軍隊都留在各自的營地抵抗墨西哥軍連日的攻勢。〕

姑且不談敵方的大舉來襲，我軍的盟友特拉斯卡拉人、喬盧拉人、韋霍欽科人，甚至是特斯科科、查爾科、塔馬爾納辛戈等地的人都決定回家。他們沒有知會科爾特斯、阿爾瓦拉多或桑多瓦爾就逕自離開。唯一留在科爾特斯營地的是阿華斯披薩克欽（Ahuaxpitzactzin）及其四十名親戚、好友。這位勇者是特斯科科領主堂埃爾南的兄弟，後來受洗取名為堂卡洛斯（Don Carlos）。桑多瓦爾的營地有另一名來自韋霍欽科的酋長和五十人留下；我們的營地留下的則是勞倫斯・巴爾加斯（老希科田卡）的兩個兒子、勇敢的奇奇梅卡特克雷及其親戚、臣屬約八十人。我軍出陣時帶了兩萬四千名盟軍，現在三個營地一共只剩約兩百名盟友留下，其他所有人都回家了。

發現盟軍捨棄我們，科爾特斯和桑多瓦爾分別詢問留下來的人為何其他人都離開了。留下的人說他們得知墨西哥人曾在夜裡向神明請示，神明同意他們殺盡所有西班牙人及其盟軍，多數盟友信以為真，就害怕的逃走了。我軍確實也有許多人被殺，所有人也都有傷在身，盟軍也損失了超過一千兩百人，因此他們才對這個預言深信不疑，害怕其他所有人也都會被趕盡殺絕。另一個原因是科爾特斯下令吊死的希科田卡以前曾對特拉斯卡拉人說過：他用巫術得知所有西班牙人都會被殲滅殆盡，特拉斯卡拉人也無法活命。

雖然科爾特斯私下非常沮喪，但他仍笑著對留下的盟友說不用害怕，這是墨西哥人用來打擊我方士氣的謊言。他極其熱切的和盟友們交談，許下不少承諾，鼓勵他們留下並肩作戰；我們也同樣奉承那兩位年輕的希科田卡和奇奇梅卡特克雷。勇敢的堂卡洛斯對科爾特斯說：「馬林切大人，你這幾天沒辦法和墨西哥人作戰，請不要感到沮喪。好好養傷治好你的腳，聽聽我的建議。我們就這樣留在營地待上一段時日，但持續要船艦日夜巡邏，阻止敵人運送食物和水，也要求托納蒂歐（阿爾瓦拉多）和桑多瓦爾也這麼做。敵人有數以千計的大批戰士守在城裡，幾乎吃光了所有存糧，現在喝的水是從池子裡勉強挖出來帶有鹹味的淡鹽水，最近還接了雨水才得以支撐。試想：要是你阻斷了食物和供水，他們要怎麼過活？敵軍因饑渴所遭受的打擊遠比戰爭更大。」

這席話被翻譯後，科爾特斯抱著堂卡洛斯表示感謝，承諾以後定會賞他封地。雖然我軍也有不少士兵討論過這個方案，但之前沒有耐心，不想等這麼久才攻入墨西哥城。（其實我們早就提過相同的作戰計劃，科爾特斯營地的指揮官、士兵也曾提供同樣的建議。）科爾特斯徹底考慮過這位酋長的建議後才分別派兩艘船向桑多瓦爾與阿爾瓦拉多的營地傳命，要我們多等三天再進攻墨西哥城。墨西哥人打了勝戰後的士氣大振，他不敢只派一艘船出航，所以才各派兩艘。

還有一件事對我們大有幫助，我方船艦現在都敢撞斷釘在湖裡、原本會困住船隻的木樁。方法是先後退保持一段距離好讓船隻可以加速衝刺，然後乘風張帆，同時全力划行。因此我方船艦又控制了整片大湖和許多湖上孤立的屋子，令墨西哥人深受打擊。

接著回來談談目前的作戰方案。現在已經沒有大批盟軍，我們得自己動手填平營地附近的大水道。第一批輪到工作的隊伍辛勤搬運泥塊、木材，另外兩隊就負責戰鬥（我之前已經解說過這個分工方式）。我們四天內就把附近的所有水道堵塞填平。科爾特斯方也實施同樣的計劃，他親自搬運磚頭和木材，直到將壕溝、橋洞填平，確保堤道能穩固的讓我軍安全撤退。桑多瓦爾那方也是如此。此時我方船艦不再需要擔心木樁的阻礙，可以從旁援助，我軍就這樣逐步推進。

〔雖然此時已經沒有盟軍，而且每天一到晚上就必須撤退，西班牙人還是日日持續推進。墨西哥人的攻勢不斷，但得益於船艦通行無阻的援助，加上佩德羅．莫雷諾的火炮支援，作戰的危險大大降低。然而墨西哥人每天晚上都會把擊敗科爾特斯時所囚禁的俘虜拖去獻祭，長達十日之久。〕

我們每日都艱苦奮戰，一一佔下橋樑、壁壘，控制各個水道。我方船艦現在不怕木樁，能在湖上來去自如，幫了大忙。自從科爾特斯被擊敗後又過了十二、三天，堂卡洛斯見到我們恢復了生氣，也意識到神明允許墨西哥人十天之內把西班牙人趕盡殺絕是虛妄之詞，就派人建議他的兄弟堂埃爾南盡可能再從特斯科科派遣援軍。他傳訊後不到兩天就有超過兩千名戰士來援。

科爾特斯見到裝備精良的援軍大為振奮，高興地奉承對方。同時來自托佩揚科的酋長特帕涅卡（Tepaneca）也率領著許多特拉斯卡拉人和指揮官返回我方營地。許多印地安人也來自韋霍欽科，一些來自喬盧拉。科爾特斯接獲消息，要所有盟友抵達後前往他的營地以便和大家對話。他派了我方士兵在盟軍奉命前來的路上進行護衛，以防墨西哥軍攻擊。科爾特斯透過唐娜瑪莉娜和阿吉拉爾對眼前的盟友說：大家都為國王陛下效力，而且幫了我們很多大忙，他現在還是很明白大家的心意。他本來就打算是要給所有人好處、讓大家都滿載而歸，才要人一起去墨西哥城消滅墨西哥人，也是給他們向敵人報仇血恨的機會，攻佔這座大城不會只有他自己得利。儘管盟友始終對我們很友善、在各種時刻提供協助，不過他每天都必須要求他們撤離堤道，這是為了盡量避免我軍在戰鬥時被他們妨礙，其中的原因他之前也說過——我們有信奉的天主耶穌基督無時無刻幫忙、賜予勝利。至於盟友之前在戰爭中的關鍵時刻離開，放下正在艱苦作戰、搖搖欲墜的統帥逃得不見蹤影，原本應該處以極刑。不過他知道大家不懂西班牙人的法規律令，所以會原諒他們。然而大家要知道：現在情況已經好轉，我軍在沒有盟友協助的情況下仍然持續摧毀屋子、佔領壁壘。他要盟友不要再殺墨西哥人，之後打算用和平的方式獲得勝利。科爾特斯說完這番話便分別擁抱奇奇梅卡特克雷、兩位年輕的希科田卡以及堂卡洛斯，承諾會加封更多領土、臣民。接著科爾特斯向所有人告別，讓大家各自回到營地備戰。

我現在寫這些戰爭已經寫到煩了，不過當時置身其中才真的是疲憊不堪，不過我想讀者也對我的絮叨感到不耐。我們接下來的九十三天[5]都反覆持續作戰，要是我遺忘了某些重要戰事，在此先行表達歉意。

繼續我們的故事吧。我軍從三方陣地向城市逼進，來到之前說過敵方汲取淡鹹水的水池，決定動手摧毀，要敵人無水可取。雖然有一些墨西哥人護衛著水池，不過我軍現在已經填平了水

5 這個天數敘述可能有誤。

道，可以沿著一路上佔領過的街道自由行動，我方騎兵重獲應有的機動力而擊敗了敵軍。

科爾特斯見到我軍已經佔領許多橋樑、堤道、城內的壁壘，摧毀了大量屋子，就從俘虜中挑出三名擔任指揮官的墨西哥貴族，要他們去勸瓜特莫克停戰。這三人說君王瓜特莫克一定會殺了他們，不敢傳達這個信息。不過科爾特斯經過一番勸說、許諾，贈送布匹後派他們出發。他們帶給瓜特莫克的信息是：科爾特斯願意承認瓜特莫克是他好友蒙特祖馬大王的血親及法定繼承人，若是這座強大的城市被摧毀了，他也會感到難過；他不想再連日屠殺這個地區的人民，請瓜特莫克停戰。科爾特斯承諾不僅會以國王陛下之名原諒墨西哥人對我方造成的一切死傷、損害，也會給瓜特莫克賞賜。科爾特斯提醒對方：這是我方第四次提議停戰，然而瓜特莫克年輕氣盛，又被身邊的不良顧問慫恿才會拒絕和平、選擇戰亂，主要還是歸咎於祭司、神明的邪惡指示。不過瓜特莫克應該已經見識到戰爭、廝殺付出的代價多大，而且鄰近地區的所有城鎮都站到我們這一方，每天都有更多人反抗墨西哥人。科爾特斯很同情對方損失這麼多城市、人民，也知道他們已經幾乎耗盡了糧食及飲水，同時還指出許多敵方面臨的困境。雖然訊息主要是通過翻譯人員告知，不過那三名指揮官還是向科爾特斯索取信件，他們並不是為了要讀懂信件，而是知道我軍在傳達消息或命令時都會寫在紙上當印記，他們將這種紙稱為「阿瑪拉」。

三名信使哭著來到瓜特莫克面前傳達科爾特斯交代的口信。我們後來聽說瓜特莫克沒想到他手下的指揮官竟然膽敢帶來這種提案，立刻大發雷霆。不過據說他本人其實傾向停戰，就召集了手下的酋長、首領、祭神的祭司前來商議，說他無意繼續與馬林切及其他西班牙人作戰。瓜特莫克自認為已經在戰爭中竭盡全力，也用上了各式各樣的作戰方式，但每當他們自認為即將戰勝時，西班牙人又能更加勇猛的回擊。他也知道我們最近又獲得大批盟友支援，而且所有城鎮都反抗他。我方船艦撞斷了他們佈下的木樁防線，騎兵也能在城市的所有街道上奔馳。瓜特莫克把他們所面臨的缺水缺糧及各種困境一一列舉，請在場的人表達自己的意見，有話直說。瓜特莫克的謀臣似乎是這麼回答：「偉大的大人，你擔當君王一分稱職，所作所為都極為英勇，國家理應由你掌控，但是你期盼的和平不過是海市蜃樓罷了。請你三思，那些『神人』來到這片土地、進入這個城市後，我國所有情況都變得越來越糟。你的叔父——蒙特祖馬大王給了他們多少好處、送了多少禮物，最後還是死路一條。想想蒙特祖馬的繼承人——你堂兄弟卡卡馬特辛的命運，再想想那些親戚：伊斯塔帕拉帕、科約阿坎、塔庫巴、馬塔辛戈等地的領主與蒙特祖馬的兒子遭遇的慘況——他們全死了！況且西班牙人掏空了城裡所有金子、財富，還在你掌管的領地、藩屬把你的子民烙印為奴，奴役的範圍有查爾科、特佩阿卡、特斯科科等地，甚至擴及你統治的所有城市。請你先好好回想我們大神許下的承諾，別相信馬林切的花言巧語，我們寧願在這座城內誓死抵抗，也好過於活到敵人謀求財富時卻遭到百般折磨，或是被迫成為奴隸。」

祭司此時也宣稱他們過去三夜對神明獻祭，神明已經答應會讓他們取勝。於是瓜特莫克帶著怒意說：「如果你們決意作戰，那就保管好所剩的玉米、存糧，人家都奮戰至死。從此之後膽敢提議停戰者，一律殺無赦！」所有人都宣誓會日夜作戰、保衛城市。商議結束，他們安排索奇米爾科和其他城鎮的人在夜裡用獨木舟運水過來，也在其他地方挖池子取水，不過挖出來的都是淡鹽水。

科爾特斯和手下軍隊正在等對方答覆，接下兩天都沒有繼續向城市逼進。結果出乎意料，大批印地安人對我方三個營地同時發動猛攻。阿爾瓦拉多營地面對的敵人像兇猛的惡獸打算把人拖走，據說科爾特斯與桑多瓦爾所面對的攻勢也同樣激烈，儘管殺傷了大量印地安人，他們也差點站不住陣腳。戰鬥中瓜特莫克的號角再度響起，我們連忙緊縮陣形以防被擊潰；之前說過，號角響起時，敵軍會從刀槍劍圍中奮不顧身地伸手抓人。我們一連六、七天都和敵人近身肉搏，終於習慣了敵方的攻勢，打死大量敵軍。不過我方每天都有人受傷或戰死，敵軍也從未因傷亡而受挫，個個在戰場上視死如歸。我記得他們這麼說：「馬林切何必一直提出議和？神明已經允諾我方即將勝利，我們也有充沛的食物和水，不會讓你們任何人活命的！別再提什麼議和了，談條件是女人才做的事，男人就應該用武器伺候。」他們說著這番話的同時，又如瘋狗般不顧性命地撲過來。我們戰到夜幕低垂才非常警戒的退回棚屋。

就這樣僵持了好幾天，隨著時間過去，情況越來越嚴峻。墨西哥人又向三個地方召集軍隊：馬塔辛戈（Matlazingo）、馬利納爾科（Malinalco），另一個我忘了（我只記得它離墨西哥城二十五到三十哩）。這支軍隊從我方營地後方來襲，墨西哥軍也計劃好要出城攻擊，打算來個前後夾擊。馬塔辛戈、馬里納科和圖拉帕（Tulapa）等地都是瓜特莫克曾把獻祭的馬頭、士兵的臉皮、手腳分送過去的幾個城鎮，這些城鎮內的君王族人接獲消息後就立即召集手邊能調度的所有軍力向墨西哥城發兵，援救族人瓜特莫克。這支軍隊路過三個城鎮時和我方盟友發生衝突，一路搶劫農舍、玉米田，殺幼童獻祭。這些城鎮連忙派人向科爾特斯尋求協助，科爾特斯立刻派塔皮亞率二十名騎兵、一百名士兵和眾多特拉斯卡拉盟友援救。我軍大獲全勝，把敵軍趕回家鄉後回到營地。

打敗這支軍隊令科爾特斯非常高興，不過隨及又接獲奎納瓦卡人前來求救的消息，他們說之前那三個地區的軍隊已經兵臨城下。科爾特斯這次派桑多瓦爾率領二十名騎兵、八十名士兵與許多盟友，帶的人馬都是三個營地中身體健全的將士，我和一些同袍也在其中。大家可知道那些留在營地的夥伴個個都有生命危險！他們都傷痕累累、缺乏營養。桑多瓦爾如何指揮部隊、擊敗敵軍可以描述的內容很多，不過我就節制一下不談了。我們很快擊敗敵人，把馬塔辛戈的兩名酋長帶回營地，不僅解除了營地被夾攻的危機，也恢復了那些地區的和平。

〔科爾特斯再次敦促瓜特莫克前來求和卻遭到拒絕。敵軍的攻勢一度極為激烈，不過又趨於疲弱。西班牙人三個營地的火藥也幾乎告罄，不過又有一艘船抵達「利卡鎮」，他們得以接獲補給。〕

回來繼續談攻城的情況。要言之，科爾特斯和所有指揮官士兵商議後決定全軍一起推進到特拉特洛爾科，那裡有墨西哥城最大的市集，周遭還有七座巍峨的金字塔、神殿。我方三支軍隊分別從各自駐地推進，攻佔橋樑、障壁。科爾特斯前進到某個有幾間神殿、小塔樓的廣場，看到其中一間屋子上掛了許多在前陣子的戰鬥中戰死或被抓去祭神的西班牙士兵頭顱。他們的頭髮和鬍鬚變得比生前還長，若非我親眼所見，否則確實難以置信。我也認出了三名同伴，見了他們的慘況感到心如刀割。我們當時顧不上這件事，不過十二天後就回來取下這些頭顱，帶到我們所建的教堂埋葬。這個教堂稱為殉難者堂（Martyrs），離「阿爾瓦拉多之躍」那座橋不遠。

閒話莫提，阿爾瓦拉多的軍隊一路作戰前進到特拉特洛爾科，當地有大量墨西哥人築起許多壁壘守衛著神像、神殿，我們花了兩個小時才攻進去。現在已經有了讓騎兵奔馳的空間，儘管他們多數負傷在身，仍能刺傷無數墨西哥人，幫了我們大忙。敵方軍力極為龐大，我們便把十支部隊分成三方進行抗衡，阿爾瓦拉多命令古鐵雷斯·德·巴達霍斯率軍登上那一百四十階高的維齊洛波奇特利大金字塔與敵方戰士及許多神殿中的祭司激戰。不過墨西哥人奮力將他擊倒，使他倒地滾下十多階，於是我們隨即上前解救。不過其實敵軍部隊對我們緊追不捨，我們也是冒著生命危險進行救援。不過最後我軍還是爬到大金字塔頂部，在神殿放火燒掉那些偶像，還插上了我方旗幟。我們燒毀神殿後又回到平地上激戰到夜晚，然而一時之間無法戰勝那麼多敵軍。

隔天科爾特斯和他的手下將士才從城市中的另一個街區遠遠的看到高聳的金字塔燃起熊熊大

火（當時墨西哥人還來不及滅火），頂端插著我軍旗幟。科爾特斯非常欣喜，希望自己也能置身現場。甚至也有人說他非常羨慕，不過他無法立即趕到，因為他們作戰的位置距離還隔了一哩多，路上還有許多需要攻佔的橋樑、水道。他隨後全軍突擊，卻還是無法像阿爾瓦拉多軍一樣深入城市的中心地帶。不過又過了不到四天，科爾特斯和桑多瓦爾也率軍與我們會師，我軍三個營地之間已能藉由街道彼此溝通，一路上摧毀了所有屋子、壁壘，填平了各個橋洞、濠溝。

瓜特莫克及其手下所居住的屋子、宮殿大多被夷為平地，便撤退到湖上城市的一角。不過他們還是連日出兵作戰，跟之前一樣在我軍每日退兵時奮勇追殺。又過了幾天，科爾特斯眼看敵人仍沒派出使者，看來還無意求和，找指揮官商議後決定設下伏擊。安排方式如下：科爾特斯從三個營地挑選出他認為最有行動力也最好戰的三十名騎兵、一百名士兵，並召來一千名特拉斯卡拉人。這批人一大早就躲在幾間墨西哥領主的大屋子裡，而科爾特斯一如以往率領其他所有騎兵、弩弓手、火槍兵進行作戰，假裝要去填平另一座橋下的水道。這個舉動吸引數支接獲命令的墨西哥部隊前來交戰，瓜特莫克也派了另外幾支部隊守住橋樑。科爾特斯見到敵軍人多勢眾就假裝退卻，也要我方盟軍從堤道上撤離，如此才能讓墨西哥人相信他打算撤退。敵軍一開始僅是緩緩跟上，眼見科爾特斯等人的行動似乎真的是在撤退，所有堤道上的軍隊就大舉進攻。科爾特斯等到敵人衝過我方伏擊地點的幾間屋子後就下令連開兩槍，這是要伏兵一擁而上的信號。於是騎兵率先出擊，而後所有士兵從背後攻擊敵人。科爾特斯率領的人馬也迅速掉頭迎擊，特拉斯卡拉盟友則造成敵軍大量死傷。敵人的傷亡不計其數，從此之後我軍撤退時他們也不敢再追擊。後來阿爾瓦拉多這方也設下了另一次伏擊，不過這次無功而返。

我方全軍集結在特拉特洛爾科，正在作戰的位置離營地已經相隔快兩哩，科爾特斯要所有部隊守好街區保持警戒。我們在這裡待了三天，科爾特斯打算傳喚敵人前來求和，要大家別進逼城市，也不要再摧毀屋子，這三天就沒啥要事發生。科爾特斯又派人去見瓜特莫克，要他不要害怕、前來投降。他鄭重的派人承諾會謹慎的尊重安置君王大人，瓜特莫克能跟之前一樣統領所有的領土、城市。科爾特斯也送去了玉米餅、家禽、仙人掌果、可可等食糧當禮物，因為他也沒別的東西可送。瓜特莫克又和手下商議，手下建議瓜特莫克宣稱考慮停戰，希望先等三天再作答覆，三天後瓜特莫克會和科爾特斯碰面協商。而瓜特莫克這三天內能從維齊洛波奇特利神聽取更多關於停戰的指示，也能派人修補橋樑、挖開堤道、建造壁壘、製作箭矢、標槍、石彈。

瓜特莫克派四名酋長前來回應，讓我們以為他真的想要停戰。科爾特斯下令準備大量食物、飲料款待四名使者，並讓他們跟之前一樣帶上食物當作禮物。於是瓜特莫克又派人送來兩捆精美的披風，聲稱君王準備就緒後就會立即前來協商。不過其實毋須浪費筆墨描寫這類繁文縟節，因為瓜特莫克根本就不打算前來求和；瓜特莫克的顧問說不可相信科爾特斯，要他想想他叔父——蒙特祖馬大王的下場，以及他許多覆滅的親戚、墨西哥王族。這些顧問只會建議他向神明認罪，派出所有戰士出擊，祈求神明能如之前多次許諾過的那樣保佑他們打勝仗。

我軍就這樣空等了瓜特莫克幾天，不久後見到數支墨西哥軍隊帶著不同標誌向阿爾瓦拉多及桑多瓦爾的營地前進，才知道又受騙了。看來對方又要全面開戰，況且我們原以為對方打算停戰而疏於防備，許多人遇襲負傷、三人喪命，敵軍還打傷了兩匹馬。不過我軍很快就組織反擊，並沒有讓敵人佔到多少便宜。這次突擊後，科爾特斯要我軍繼續進攻，拿下敵軍於城市中避難的那些區域。瓜特莫克見到我軍幾乎佔領了整座城市，就派兩名酋長見科爾特斯，聲稱他打算隔著水道和科爾特斯對話，約定隔天早上請科爾特斯站在堤岸的一側，而他自己站在另 側隔岸交涉。雖然科爾特斯準時赴約，但瓜特莫克拒絕出席，取而代之的是幾名酋長，他們說主人怕我們在交涉中會用弩弓或火槍射殺他。科爾特斯發誓他無論如何都不會傷害對方，但毫無用處，因為對方不相信他，認為他言而無信。兩名前來交涉的酋長又故意從袋子中取出玉米餅、雞腿、櫻桃坐下來大快朵頤，要讓我方覺得他們並沒有挨餓。科爾特斯見狀就說：「既然不想停戰，我們很快就會攻入屋子裡，看看你們還有多少玉米餅、家禽可吃。」不過我軍又等了四、五天沒有繼續進攻，期間一直有可憐的印地安人饑渴交迫，餓得跑向我方營地。科爾特斯見狀就下令暫時停手，認為對方很快就會改變心意結束戰爭。不過即使我們修書派人敦促，墨西哥人還是不願議和。

科爾特斯營裡有個士兵說他在義大利時在西班牙大將軍旗下服役，曾參與加雷蘭諾河

（Garellano）之戰[6]和其他重要戰役。他談到戰爭器械時大放厥詞，說可以在特拉特洛爾科製造一架投石器，若是用投石轟炸瓜特莫克退守的街區，兩天內就能逼敵人出來求和。這個人非常伶牙俐齒，把投石器的威力說得天花亂墜，於是科爾特斯立刻下令建造投石器。大家依這名士兵的要求召來木匠，搬來石灰、石材、木頭、釘子，用堅固的欄索和粗繩造了兩條投石索，運來比藤編籮還大的石塊。依要求架設好了投石器，他就說可以開炮了。於是眾人拿了顆大小適中的石頭放上投石索發射，結果只見石塊被舉起來後馬上就落回原地。科爾特斯對這個士兵極為惱怒，也氣自己聽信饞言。他說那個人只會紙上談兵、一無是處，便立刻下令把投石器給拆了。科爾特斯知道墨西哥人毫無停戰之意，見到投石器根本沒用後就下令桑多瓦爾攻入瓜特莫克及其追隨者、王族諸人避難的城市街區，要他把對方的屋子和建在湖上的防禦工事摧毀，但不得殺傷任何印地安人，若是對方攻擊也只能抵禦，不要傷人。科爾特斯自己則登上特拉特洛爾科的大神廟觀看桑多瓦爾軍的行動。

桑多瓦爾率領著多艘船艦勇敢的朝瓜特莫克所在的屋子前進。瓜特莫克被包圍後害怕受縛被殺，早已準備好五十艘大獨木船和優秀的槳手，在情況危急時好先逃入蘆葦叢，之後再上岸藏身逃到其他城鎮。他已經下令城內的手下和其他要人和他一起躲到船上。

瓜特莫克等人見到桑多瓦爾的艦隊駛進屋子之間，立刻登上那五十艘大獨木船，上面已經載滿了瓜特莫克的金銀珠寶、財產、家人妻妾。他自己也在手下的陪伴下上船朝湖心駛去。此時無數獨木舟一起出發，轉眼間就遍佈整個湖泊。桑多瓦爾很快就得知瓜特莫克逃亡，下令所有船艦暫停摧毀屋子、防禦工事，先追上逃散的獨木舟。他要手下搜索瓜特莫克的去處，不過只能要他束手就擒，不得有冒犯或傷害的舉動。

桑多瓦爾有個朋友加西亞・奧爾金（Garcia Holguin）擔任一艘快船的指揮官，那艘船上有最優秀的船帆和水手，於是桑多瓦爾就派他朝著瓜特莫克和那些大獨木船的方向進行追蹤，若發現瓜特莫克就加以生擒。桑多瓦爾自己則率領大批船艦朝另一個也有許多獨木船的方向搜索。奧爾金能追上瓜特莫克一定是天主的旨意，他藉由船上華麗的裝飾、頂篷、坐位認出了墨西哥君王搭乘的船隻。奧爾金揮手要他們停下，卻被對方拒絕，於是他作勢要用弩弓、火槍射擊，令瓜特莫克極為驚恐。瓜特莫克喊道：「別開火，我是這個城市的國王，名為瓜特莫克，請別對我帶的事物動手動腳，也別驚擾我的妻子或親戚，我會立即和你們去見馬林切。」奧爾金聽了樂不可支，畢恭畢敬的擁抱對方。他把瓜特莫克及其妻子、還有另外約三十名手下帶上船，在中板上用布匹、席子張羅出一些位置讓眾人就座，也給了他們一些食物。他沒有去動那些裝載瓜特莫克財物的獨

6 譯者註：Garellano為西班牙文，又稱加利格里阿諾河（Garigliano），加利格里阿諾河之戰發生於一五〇三年，為法國與西班牙爭奪那不勒斯地區的最後一戰，戰後兩國以加利格里阿諾河為界，南北分治義大利。西班牙軍的統帥貢薩洛・費爾南德斯戰後成為那不勒斯總督。

木船，而是用船隻一起拖走。

此時桑多瓦爾得知奧爾金俘虜了瓜特莫克要去見科爾特斯，就下令所有船艦返航，命自己船上的槳手全速划行，他想追上奧爾金索要俘虜。然而奧爾金拒絕他的要求，宣稱抓到俘虜是他自己的功勞，而非桑多瓦爾。桑多瓦爾說奧爾金確實有功，不過他才是這批艦隊的指揮官，奧爾金搭乘的是聽他號令的旗下船艦。因為奧爾金那艘船很快，而且桑多瓦爾把奧爾金當朋友才會派他去追瓜特莫克，現在必須把俘虜交給指揮官。不過奧爾金堅持不從，此時也有另一艘船快馬加鞭跑去向科爾特斯報喜討賞。當時科爾特斯仍留在相距不遠的特拉特洛爾科，從大金字塔的頂部看著桑多瓦爾等人的行動。他得知了桑多瓦爾和奧爾金的爭執，就下令路易斯·馬丁和弗朗西斯科·德·貝爾杜戈把兩人一起召喚回來，而且必須恭敬的將瓜特莫克及他的妻子、族人一起帶過來，他會親自裁決是誰俘虜了瓜特莫克、得到這份功勞。瓜特莫克被帶來之前，科爾特斯下令在短時間內盡可能佈置好一間會客室，準備好席子、帳幔、坐椅，還取出許多科爾特斯自己保存的食物。接著桑多瓦爾和奧爾金一起現身，把瓜特莫克交給科爾特斯。瓜特莫克在科爾特斯面前非常恭敬，科爾特斯愉快地擁抱他，熱情的招待瓜特莫克和手下的酋長。瓜特莫克說：「馬林切大人，我為了守護我的城市和子民克盡職守，現在已經無力再戰，被迫成為俘虜來到你的面前，請你立刻拔刀殺了我吧！」他淚流滿面，不斷啜泣，一同前來的大酋長也紛紛落淚。科爾特斯透過翻譯人員非常和善回應：他極為欽佩瓜特莫克守護城市的勇氣，他完全不會對此責難，反而很稱許這樣的決定。然而他還是希望瓜特莫克在戰敗後能主動求和，才不至於使城市人半遭到摧毀、無數墨西哥人喪失性命。但覆水難收，多說無益，現在也無可挽回。請瓜特莫克和手下好好休息，之後還會讓他跟之前一樣掌管整個墨西哥城和各個地區。

瓜特莫克及其手下為科爾特斯許下的承諾致謝。然後科爾特斯問起那些和君王一起前來的妻子及其他大酋長的妻女，瓜特莫克親自回答說他得知馬林切的召見後就請桑多瓦爾和奧爾金把她們留在獨木船上。於是科爾特斯立即派人將她們找來，下令從營地中找出食物招待她們。此時天色已晚，又開始下雨，科爾特斯下令安排好一切，就帶著瓜特莫克及其家人族人、隨行酋長一起前往科約阿坎。阿爾瓦拉多、桑多瓦爾、其他指揮官則各自回到自己的營地、駐地。阿爾瓦拉多回到塔庫巴，桑多瓦爾回到特佩阿吉拉，科爾特斯自己前往科約阿坎。瓜特莫克及其手下於一五二一年八月十三日傍晚被俘，感謝天主耶穌基督及聖母瑪莉亞。

當天傍晚風雨大作、雷電交加，午夜時下起比往常更大的暴雨。瓜特莫克被俘後，我們所有士兵都似乎覺得一直嗡嗡作響的鐘樓聲突然停止了，還誤以為自己聾了。我會這麼說的原因是：我軍圍攻首都的這九十三天，墨西哥指揮官連日連夜都在大呼小叫，召集大批戰士在堤道上作戰，叫獨木舟上的人攻擊我方船艦、與我們在橋上激戰，或是叫人建築壁壘，在湖中敲打木樁、挖深拓寬水道、橋洞。此外還有各種製造標槍、箭矢以及婦女打磨石彈的聲音。墨西哥還不停打鼓吹號，神殿及眾多神廟塔樓也不時傳來陰鬱的鼓聲。嘈雜聲日以繼夜、不斷喧鬧，我們甚至很難聽到其他人講話。不過在瓜特莫克被俘後，所有的喊叫、噪音戛然而止，這就是為什麼我要用鐘樓作比喻。

瓜特莫克的體型和外觀都較為纖細，臉型略長但很耐看。若是和他視線交會，就能感到他的眼神不怒自威，而且堅定不移。他二十六歲，膚色雖然是棕色，但比大多數印地安人的膚色還淺。據說他是蒙特祖馬的外甥，蒙特祖馬其中一位姊姊的兒子，娶了蒙特祖馬的某個女兒為妻，他的妻子是年輕漂亮的女人。

故事繼續下去之前，讓我們先看看桑多瓦爾和奧爾金的爭執最後如何收場。科爾特斯對兩人說羅馬時期的馬略（Marius）與蘇拉（Sulla）之間也曾發生類似衝突後，說要把這件事交給國王陛下裁決；因為這次俘虜的功業足以記載到家族的紋章，必須交由西班牙決定。兩年後，國王陛下的命令宣佈科爾特斯的紋章應以七位國王裝飾：墨西哥的偉大君王蒙特祖馬、特斯科科領主卡卡馬特辛，伊斯塔帕拉帕、科約阿坎、塔庫巴三地的領主，還有那個據說擁有合法繼承權的蒙特祖馬外甥——馬塔辛戈領主。最後，引起爭執的瓜特莫克也歸屬於科爾特斯。

瓜特莫克之前藏身的屋子裡有大量死屍、頭顱，我鄭重發誓，湖上所有房子和柵欄邊都遍佈屍體和人頭，真不知該如何描述這種慘況。特拉特洛爾科的街道和大廣場也是如此，所有人不得不踩在這些印地安人的死屍上通行。我曾讀過關於耶路撒冷毀滅的記載，不過我不認為那裡的死者比墨西哥城還多，因為這座大城裡曾擠滿了戰士，而且絕大多數都是從其他地區、各地藩屬召集過來的，然而現在全都死在這裡。陸上及柵欄邊都是成堆的屍體，惡臭難耐，因此我軍俘虜了瓜特莫克後就離開城市回到營地。由於臭氣撲鼻，科爾特斯待在特拉特洛爾科那幾天還頭痛到生病。

單桅船上的士兵獲得了最好又最多的戰利品，因為他們能搭船進入湖上的某些街區，知道哪些房子裡有布匹、金子、財物，我軍正在岸上攻打街區和屋子時，他們也能去墨西哥人藏匿財物的蘆葦叢中進行搜索。而且他們在追捕攔截獨木舟運送食物和水時，偶而會追著一些逃往陸上的酋長，就算酋長們躲到鄰近的奧托米地區避難，最後還是被船上的士兵洗劫一空。相對的，我們這些在堤道及陸上作戰的士兵不但沒半點好處，還只能苦苦吞下飛箭、標槍、投石、長矛施加的各種傷痛。我們攻下屋子後，必須先填堵濠溝、橋洞才能上岸，等到完工時當地居民早已帶著財物逃跑了，所以我之前提到科爾特斯在找上船的船員時才會說他們過得比我們這些在陸上作戰的士兵還要好。科爾特斯在向瓜特莫克及其手下索取蒙特祖馬的寶物時也能清楚證明這件事，瓜特莫克等人對科爾特斯說船上的西班牙人已經把蒙特祖馬多數的寶物偷走了。

由於城裡臭氣難當，瓜特莫克請科爾特斯允許那些還留在城裡的所有墨西哥人撤往鄰近村落，科爾特斯同意讓他們立即行動。接下來連續三天三夜，出城的人絡繹不絕，三條堤道都擠滿了男女老幼，個個瘦骨嶙峋、又髒又臭，令人不忍直視。居民離去後科爾特斯才前去視察，我們發現屋子裡滿是屍首，還有一些可憐的墨西哥人留在裡面動彈不得，他們的排洩物跟沒吃多少東西、只餵了草料的瘦豬糞便一樣。整個城市像是翻土犁地過，任何植物草根都被挖開煮來吃掉，居民甚至還剝了一些樹的樹皮煮來吃。城裡沒有任何清水，全部都是淡鹽水。不過我也注意到墨西哥人並不會吃自己人的人肉，只吃俘虜來的西班牙人或特拉斯卡拉人。長期戰爭讓當地人飽受饑渴之苦，很長一段時間都沒有新生兒。

科爾特斯下令在科約阿坎舉行盛宴慶祝大家攻佔墨西哥城，向一艘剛從西班牙來到「利卡鎮」的船買了許多酒以及幾頭從古巴帶來的豬隻。經過考慮後，從三個營地挑選出他認為值得邀請的指揮官、士兵參加。不過大家來到宴會上才知道桌椅根本不夠，甚至連接待的人都沒有。結果是場面十分混亂，有許多難以置信的事發生，不過這確實比沒舉辦過任何宴會還要好一點[7]。

現在我們日以繼夜和墨西哥人交戰的日子終於結束，我極為感激上帝把我派來這裡，但在我見到那六十二名士兵被活活獻祭而死後，我還想闡述一件事。接下來所說的話看起來像是我這個人缺乏作戰的鬥志，但恰好相反。任何人思考後就知道：連番戰鬥的士兵必須具備莫大的勇氣，若不是有過人的膽量，不可能跟我一樣冒著生命危險不斷戰鬥。不過我必須坦承：那段日子每天見到同伴被拖到祭壇前開膛剖腹、挖出顫動的心臟，見到那六十二人的手腳被砍下來吃掉，我很害怕總有一天自己也會落得同樣的下場。我曾兩度差點被拖走，是上帝的旨意使我得以逃離敵人捕捉。每當我想起夥伴們駭人聽聞的死狀，以及諸如「好事不過三」之類的俗諺，就變得比以前更加恐懼死亡。我在投身戰鬥之前，胸中都有一股恐懼、憂慮之情，所以我會喝一兩口水，然後向上帝、聖母禱告。我總是在作戰前這麼做，很快的就不再畏懼。

我的讀者一定會覺得奇怪，為何我對於恐懼仍無法習以為常，畢竟從參與埃爾南德斯的探險之旅算起，到「阿爾瓦拉多之躍」的堤道大敗，我已經稱得上是身經百戰。然而我眼睜睜看著夥伴面臨的殘酷死狀時，體會到了前所未有的恐懼。請那些有豐富軍旅經驗、也曾多次命懸一線的人來評評理，看看我的情況算是心志懦弱還是極度勇敢。畢竟我也說了，我可是必須時時投身到各種危險的處境中作戰，不過當時對死亡的恐懼真的大過了一切。而且我並非總是身體健全，曾多次身受重傷，沒能參與所有遠征。即使如此，我親身經歷過的艱辛與生死危機，無論在我軍攻下墨西哥城之前或之後，對我來說都刻骨銘心。

科爾特斯對瓜特莫克下的第一道命令是修復查普爾特佩克的導水管，恢復供水，讓水源再度流入墨西哥城；也必須清理街道上死者的屍首、予以埋葬，使整座城市保持清潔、不再有惡臭味；同時還要把所有的橋樑、堤道修復成應有的樣子，兩個月內依當地的習俗重建好宮殿、屋子。科爾特斯指定好印地安人應該安置在哪些地方，而哪些場所要清空留給我們。

瓜特莫克及其手下的酋長向科爾特斯訴苦，認為我們許多人把酋長的女兒、妻子帶走，乞求

7 無論如何，貝爾納爾．迪亞斯還是描述了那些大家喝得酩酊大醉時常見的情況。最後是士兵們穿著棉甲醉醺醺的跳舞，放著與會的西班牙女士置之不理。這個段落被記載在手稿之中。

他大發慈悲讓她們回來。科爾特斯說要將她們從現在的主人手中帶回來並不容易，若是找到她們的話可以把人帶來他面前，他會看看她們是否願意成為天主教徒，還是想跟父親、丈夫回家，如此一來才可以命令她們的主人放棄。科爾特斯允許墨西哥人在我方三個營地找人，對擁有印地安女人的士兵下令：如果她們自己願意回家的話就必須立刻把人交出來。許多酋長在找到之前都堅持不懈、一間又一間的找人，不過許多女人不想和父母、丈夫回家，想繼續留在同居的士兵身邊。有些女人自己躲起來，有些則說不想再崇拜偶像，也有些已經懷孕了。最後依照科爾特斯定下的條件而能帶回去的人不到三個。

所有士兵都認為墨西哥城的所有金銀珠寶都應該收集起來，不過總數看起來還是很少。有人說瓜特莫克在他被俘的四天前就把所有財寶投入湖裡，當時特拉斯卡拉人、韋霍欽科人、喬盧拉人及所有的盟友在戰鬥中都已搶走了一份，船艦上的「神人」也偷走了不少。皇家司庫官公開聲稱瓜特莫克把財寶藏了起來，如此一來就稱了科爾特斯的心意，科爾特斯可以事後獨吞一切財寶而不用交出來分配。於是官員們決定拷問瓜特莫克和他最親愛的堂兄弟——塔庫巴領主。這些人竟然為了自身的貪欲而拷問這麼英勇的君王瓜特莫克，令科爾特斯及我們許多士兵感到悲哀。畢竟我們已經徹底調查過財物庫，瓜特莫克所有的管事也說所有的財物都交到那些官員手中，一共三十八萬披索，已鎔成金錠計價，從中課徵了皇家的五分之一稅和科爾特斯所分的五分之一。有鑑於總數並不是很多，與科爾特斯為敵的征服者們和信不過他的納瓦埃茲人馬都向司庫官員胡安・德・阿爾德雷特指控科爾特斯，他們懷疑科爾特斯之所以反對逮捕、拷問瓜特莫克及其手下，原因是他可以藉此獨吞藏匿的黃金。科爾特斯為了杜絕任何指控，不便出面阻止他們拷問瓜特莫克。官員用油燙瓜特莫克、塔庫巴領主的腳，結果瓜特莫克等人供稱他們四天前就把西班牙人逃出墨西哥城時繳獲的大炮、火槍、金子一併投入湖裡。瓜特莫克供稱的地點是他曾居住的宮殿，那裡有一座大湖，我們從中撈起了一座巨大的黃金太陽盤，跟蒙特祖馬曾送過的那個一樣。此外也撈到瓜特莫克自己擁有的許多珠寶和不大值錢的器物。至於塔庫巴領主供稱他在塔庫巴的房子裡有一些金子，離此十二哩遠，如果我們帶他回去，他就會供出那些財物埋在哪裡交給我們。於是阿爾瓦拉多和六名士兵（我也是其中一名）就帶他一起出發。但我們抵達後，他卻說他只是想在路上尋死，其實沒有任何金銀財寶，請我們立刻殺了他，我們只好空手而歸。事實上，蒙特祖馬死後，瓜特莫克繼承到的財寶庫本來就沒有那麼多金銀財寶，價值最高的絕大部分財物都已經當作我們的盛大禮物獻給了國王陛下，價值足足有課徵的皇家五分之一稅和科爾特斯分成的兩倍之多。這份財寶早已被阿維拉帶去獻給國王，此時阿維拉正要從聖多明哥島返航。

我們所有指揮官和士兵看到能分到的金子根本沒多少，感到有點沮喪。梅塞德會的教士、阿爾瓦拉多、奧利德和其他指揮官就對科爾特斯說：因為金子太少，應該全分給那些殘廢、跛腳、拄拐杖的人；眼瞎耳聾的人；癱瘓、腹痛的人；被火藥燒傷或是某些地方承受病痛的人。他們說所有金子應該分給這種人才對，其他那些身體稱得上是健全的人都得同意。這些人對科爾特斯這麼說是別有異心，因為大家還是強烈懷疑科爾特斯要求瓜特莫克說沒有金子，好讓自己藏匿所有財寶。這些人認為這麼說可以逼科爾特斯多交出一點金子來分。

結果科爾特斯表示先看看大家能分到的有多少之後再作決定，大家也都熱切的想知道到底能分到多少，就催促課稅記帳的手續盡快完成。經過計算後，他們說騎兵能分得八十披索，弩弓手、火槍兵或持盾兵能分五、六十披索（我已經記不清了）。我們聽到這個數字後，沒有任何人肯接受這麼低的分賞。

科爾特斯在科約阿坎時所住的宮殿牆壁都漆成白色，用木炭或墨水很容易在上頭寫字。每天早上牆上都會出現咒罵他的文字，其中有些是韻文、有些是散文，都是諷刺性的文章。其中一則說：「日月星辰都有其規律，大地與海洋也有其分界，就算日月星辰從創生的位置偏離，很快就會回到原有的位置。科爾特斯的統治欲也是如此，很快就得回到原點。」另一則寫著：「與其說科爾特斯征服了墨西哥，不如說他征服了我們。我們最好別再自稱為新西班牙征服者，只能算是埃爾南・科爾特斯的玩物。」另一篇寫道：「他拿了身為統帥的分成還不夠，還拿了國王的份，此外又佔了不少便宜。」還有一則是：「直到科爾特斯把他藏的金子交出來之前，我的靈魂會一直哀傷下去。」另外有一則：「迪亞哥・貝拉斯克斯花了大半積蓄探索了整個直到帕努科的北海岸，結果遭到科爾特斯背叛。科爾特斯坐享其成，把財寶和領土通通奪走。」還有其他類似的文字，這裡就不一一記載。

這些諷刺文章的文體非常優雅，字字壓韻、句句成對，讀起來抑揚頓挫，顯然不是我這等愚鈍之人能及。科爾特斯自己也有點詩才，早上從住所出來讀了這些諷刺文章，就自己寫了篇文章回覆，文中大肆誇耀自己的功業，還貶抑貝拉斯克斯、格利哈瓦和埃爾南德斯。事實上他也寫得頗有韻味。然而牆上塗鴉的文章字句一天比一天刻薄，最後科爾特斯寫道：「好好一張潔白的牆壁變成傻子們的留言板。」隔天早上就有人寫著：「留言出自智者與知情之士，遲早讓國王陛下知悉。」科爾特斯知道是誰寫了這個回應而勃然大怒（是個叫蒂拉多〔Tirado〕的人，是貝拉斯克斯的朋友，而且他背後還有其他人想進一步挑釁），就宣告禁止再寫毀謗文字，否則會懲罰這些卑鄙之徒。

多數人都身背債款，有些人買弩弓欠了五、六十披索，有些人為了刀劍欠了五十披索，我們攜帶的任何裝備都如此昂貴。有一個叫胡安的醫官能治療嚴重的傷勢，但也收取高額費用。另外有個叫穆爾西亞（Murcia）的江湖郎中，是藥劑師兼理髮師，也懂得治病，有幾十種詐騙的把戲，還要我們交出分到的金子還債。科爾特斯的解決方式是派兩個信的過的人調查好各種貨品價格，我們要買的任何東西都由兩人估價記帳，無論是購買商品或接受醫生治療所該付的價錢都由他們決定，如果沒錢支付，可以向債主欠債兩年。但我不得不說，我們把奴隸拍賣還錢後，剩下的金子全被皇家官員抽稅收走。

科爾特斯見到仍有許多士兵說他獨吞所有財寶，無禮的向他索要更多分賞或找他借錢，就決定把這些人派去各個適合的地區開拓，以擺脫糾纏。他派桑多瓦爾去圖斯特佩克殖民，並懲罰當地的墨西哥駐軍，因為當地人曾殺了我們住在當地的七十八人、六名納瓦埃茲軍帶來的女性。桑多瓦爾在那裡建立一個叫麥德林的城鎮，接著又到科亞查科亞柯斯河地區的一個港口建立殖民地。科爾特斯也派卡斯塔涅達（Castaneda）和維森特・羅佩茲（Vicente Lopez）去征服帕努科地區；羅德里戈・倫赫爾和之前一樣留在「利卡鎮」，再加派佩德羅・伊席歐；阿爾瓦拉多的弟弟去科利馬（Colima）；畢利亞富埃特去薩卡圖拉；最近剛和葡萄牙女士結婚的奧利德前往米卻肯（Michoacan）；弗朗西斯科・德・奧羅斯科（Francisco de Orozco）去瓦哈卡殖民。

墨西哥城陷落的消息傳遍了這些偏遠地區，所有酋長、領主都難以置信。然而他們還是派人前來向科爾特斯道賀，宣誓臣服國王陛下，同時也要看看他們曾如此敬畏的墨西哥城是否真的被夷為平地。他們帶來大批黃金當禮物送給科爾特斯，甚至還帶著小孩來看墨西哥城，對著斷垣殘壁指指點點，跟我們會說：「這裡曾是特洛伊城！」一樣。

這個話題就到此為止，去談談另一個值得詳加解釋的問題。許多好奇的讀者可能會問：「征服新西班牙的大征服者為何不留在堅固的墨西哥城殖民而要去其他地區？」我也認為這個疑問很合理，值得加以解釋。我們從蒙特祖馬的帳簿上得知有哪些地區進貢黃金，哪些地方曾發現礦脈、出產可可和棉花，藉此決定要去這些地方。而且我們看墨西哥城周遭附近的城鎮沒有金子、礦脈或棉花，只有一大遍玉米田和當地人用來釀酒的龍舌蘭農場，就認為墨西哥城是個窮地方。尤其還見到像桑多瓦爾這麼卓越的指揮官也要離開墨西哥城，畢竟身為科爾特斯密友的桑多瓦爾也作此決定，大家就對這樣的想法更深信不疑，決定去其他地區殖民。不過最後全都上當了。

我記得去找科爾特斯允許我和桑多瓦爾一起離開時，他對我說：「貝爾納爾·迪亞斯·德爾·卡斯蒂略先生，我秉著良心對你說——我認為你錯了。我希望你能和我留在這裡，若是你想和好友桑多瓦爾一起走，我也會祝你們好運讓你離開。我向來都會尊重你們自己的意願，不過我很清楚你離開後會非常後悔。」

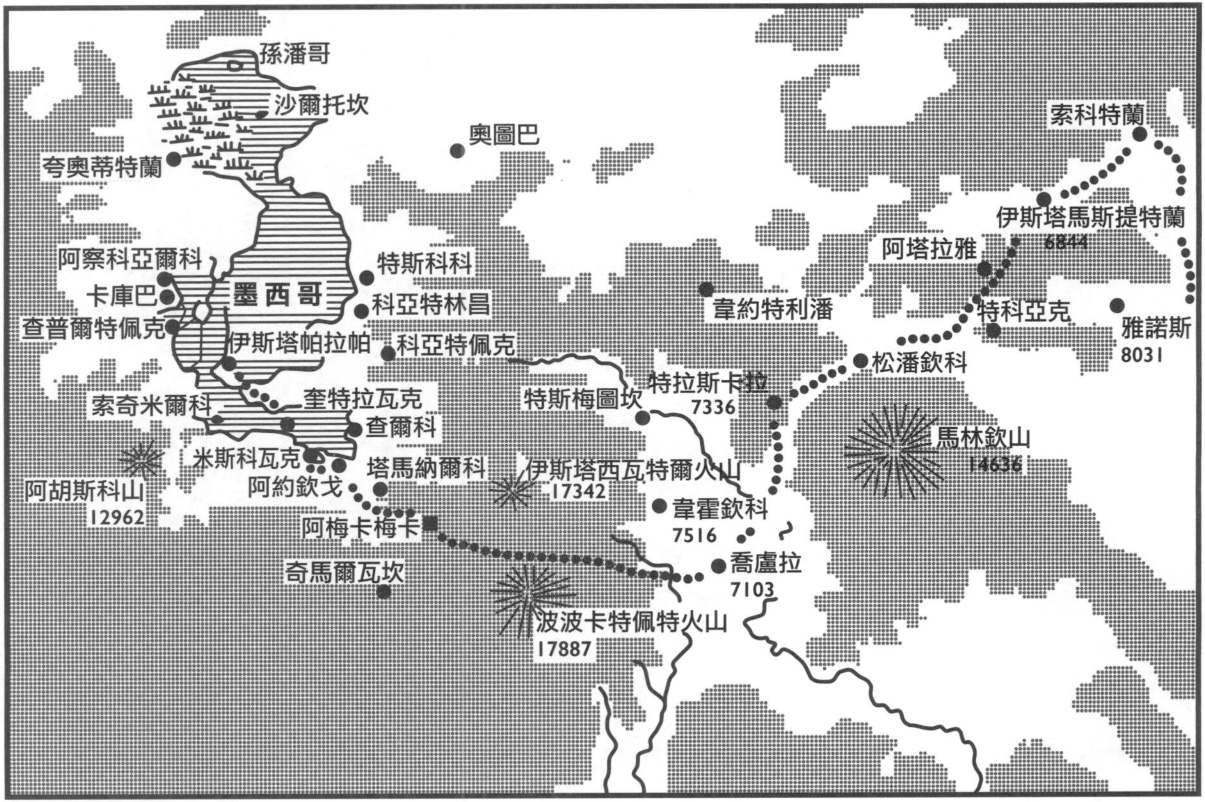

孫潘哥
沙爾托坎
奧圖巴
夸奧蒂特蘭
索科特蘭
伊斯塔馬斯提特蘭
6844
阿塔拉雅
阿察科亞爾科
特斯科科
卡庫巴
墨西哥
科亞特林昌
查普爾特佩克
伊斯塔帕拉帕
科亞特佩克
韋約特利潘
特科亞克
雅諾斯
8031
松潘欽科
特拉斯卡拉
7336
特斯梅圖坎
索奇米爾科
奎特拉瓦克
查爾科
馬林欽山
14636
米斯科瓦克
塔馬納爾科
伊斯塔西瓦特爾火山
17342
阿胡斯科山
12962
阿約欽戈
韋霍欽科
7516
阿梅卡梅卡
喬盧拉
7103
奇馬爾瓦坎
波波卡特佩特火山
17887

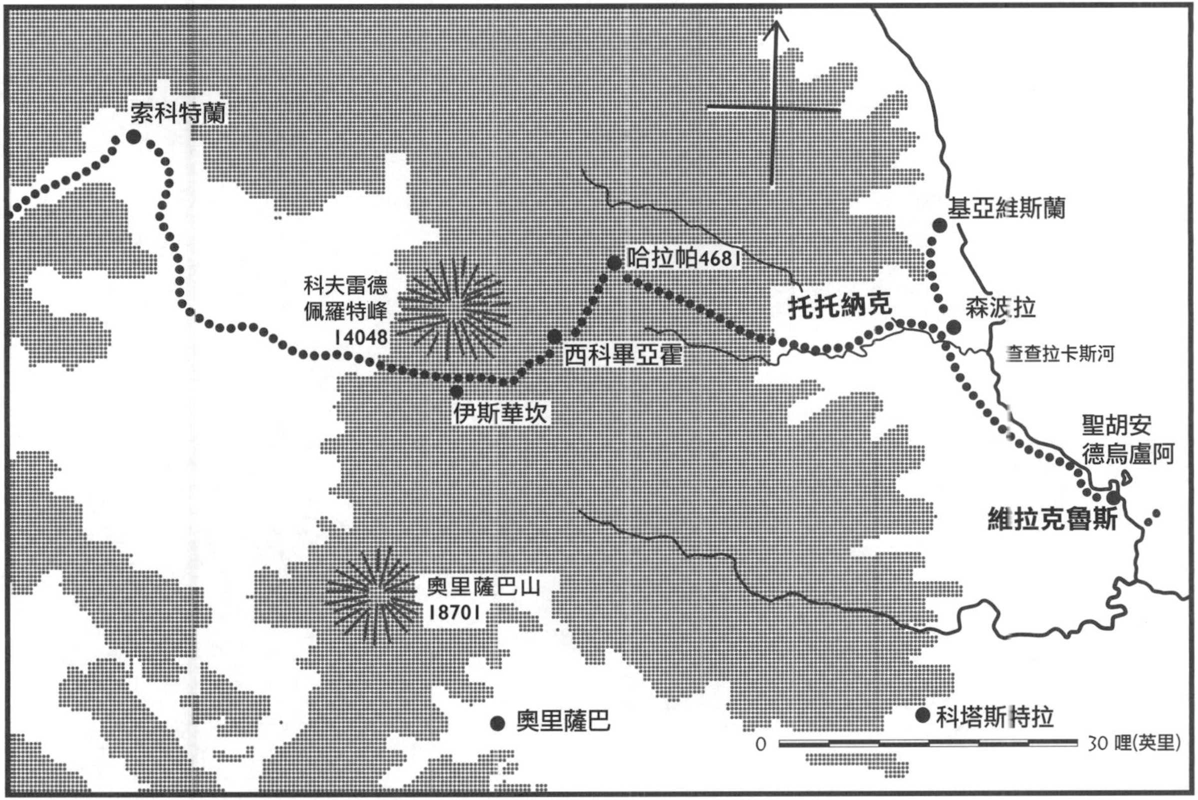
索科特蘭
科夫雷德
佩羅特峰
14048
哈拉帕4681
西科畢亞霍
伊斯華坎
托托納克
基亞維斯蘭
森波拉
查查拉卡斯河
聖胡安
德烏盧阿
維拉克魯斯
奧里薩巴山
18701
奧里薩巴
科塔斯特拉
0
30 哩(英里)

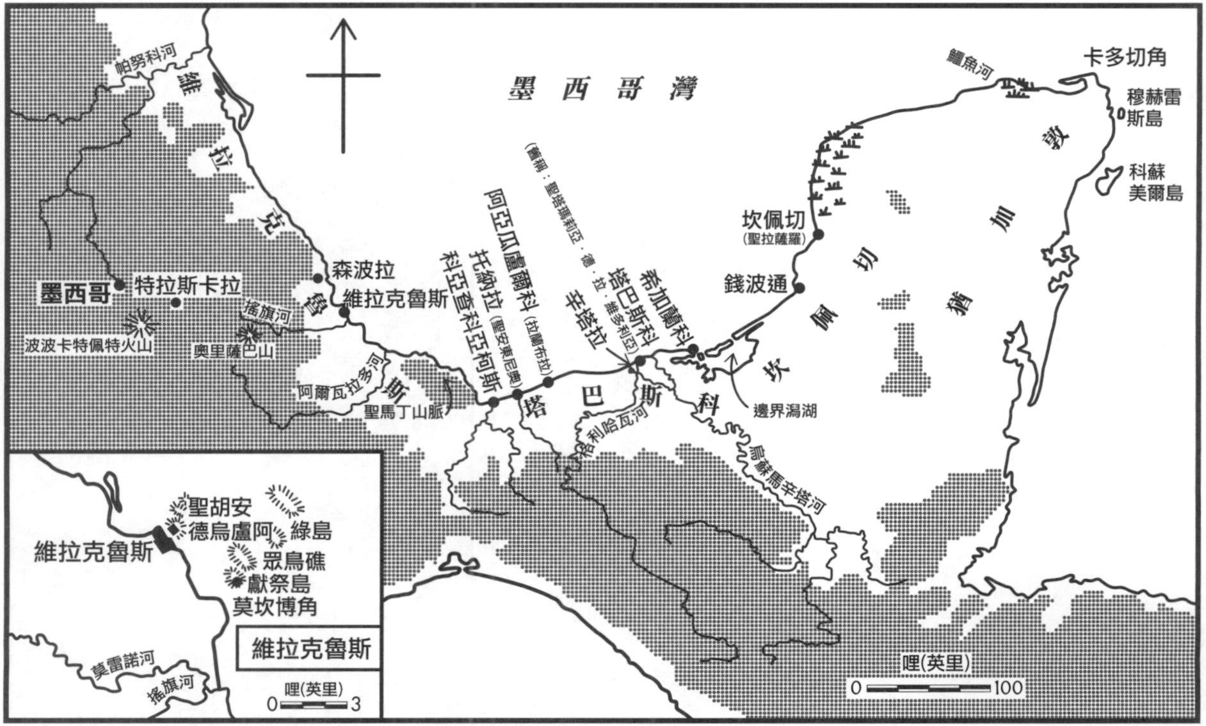
墨西哥灣
帕努科河
維拉克魯斯
墨西哥
特拉斯卡拉
森波拉
維拉克魯斯
搖旗河
波波卡特佩特火山
奧里薩巴山
阿爾瓦拉多河
聖馬丁山脈
阿亞瓜盧爾科(拉爾布拉)
托納拉(聖安東尼奧)
科亞查科亞柯斯
塔巴斯科
格利哈瓦河
希加蘭科
塔巴斯科
辛塔拉
(舊稱：聖塔瑪利亞．德．拉．維多利亞)
坎佩切
邊界潟湖
烏蘇馬辛塔河
錢波通
坎佩切(聖拉薩羅)
猶加敦
鱷魚河
卡多切角
穆赫雷斯島
科蘇美爾島
聖胡安
德烏盧阿
綠島
眾鳥礁
獻祭島
莫坎博角
維拉克魯斯
莫雷諾河
搖旗河
哩(英里)
0
3
哩(英里)
0
100
墨西哥海岸線的地圖

新西班牙征服史

THE CONQUEST OF NEW SPAIN

作　　者　貝爾納爾・迪亞斯・德爾・卡斯蒂略(Bernal Díaz del Castillo)

譯　　者　謝章義

責任編輯　沈昭明

社　　長　郭重興

發行人暨出版總監　曾大福

出　　版　廣場出版

發　　行　遠足文化出版事業有限公司

231新北市新店區民權路108-2號9樓

電　　話　(02) 2218-1417

傳　　真　(02) 8667-1851

客服專線　0800-221-029

E-Mail　service@bookrep.com.tw

網　　站　http://www.bookrep.com.tw/newsino/index.asp

法律顧問　華洋國際專利商標事務所　蘇文生律師

印　　刷　前進彩藝有限公司

一版一刷　2019 年5月

定　　價　550元

國家圖書館出版品預行編目(CIP)資料

新西班牙征服史 / 貝爾納爾.迪亞斯.德爾.卡斯蒂略(Bernal Diaz del Castillo)著 ; 謝章義譯. -- 一版. -- 新北市 : 廣場出版 : 遠足文化發行, 2019.05

面 ;　公分

譯自 : The conquest of New Spain

ISBN 978-986-97401-6-6(平裝)

1.墨西哥史

754.922　　108006683